国家出版基金项目

"十二五"国家重点图书出版规划项目

中国共产党先驱领袖文库

陈独秀文集

第三卷

人民出版社

目　　录

导淮问题与政治

（一九二四年四月二十三日）

导淮和江苏、安徽两省民生问题关系极大，我们应该举起双手来赞成，这是不须讨论的；所要讨论的乃是经费问题。

经费约需二千万元左右，所谓中央政府或地方政府，都不愿担负，遂仍旧提出借款的妙计。

借款导淮之流弊，不但像十三日北京《晨报》所言（向美国借款三千万元，苏齐、张謇及北政府各私得一千万元），十分要不得；即果借美款实行导淮，将置沿淮三省之地于美国势力支配之下，那更是加倍的二十分要不得。华洋义赈会里美国的侦探，想支配导淮事业已经十多年了。他们想垄断导淮的工程，想支配长淮的运输，想利用陇海铁路，想开辟海州商埠，果如此一帆风顺，海州将为第二上海，而中国苏、皖、豫三省腹地遂入大美国的势力范围，这件事并不是他们的空想，实在有此可能。

所以现在导淮当以不借用美款为第一条件，至于是否苏齐任导淮督办，还不是什么要害问题，因为导淮督办由财阀或巨绅担任和由军阀担任，都是半斤等于八两。

不借美款，又用何款呢？我们主张应以江皖两省每年糟粮拨为偿还本息，向国内银行团借款；不及十年，即可摊还清楚。南糟本是东南数省人民不公平的特别负担，拨归导淮经费并以后开发沿淮事业之用，本是情理之常。若说此项办法必至牵动全省财政预算，牵动全省军费，两省军阀政府如何能赞成，这便归到根本上政治改造问题，不单是导淮问题。因此可以证明若不根本改造政治，别的事怎样能够着手进行？江苏的绅士们未尝不想在地方做点事，但总想避免触接到政治改造问题，无论他们如何努力，将来的成绩都可想见。

署名：独秀

《向导》周报第六十二期

1924 年 4 月 23 日

国民党左右派之真意义

（一九二四年四月二十三日）

凡是一个大党，内中总难免含有若干派别，简单的分左右两派，复杂的还分左右极左极右及中央五派，这是主义及政策实施时自然的结果。中国国民党之改造方在萌芽，此时不但不应各怀意见，且实际的政治运动未认真活动以前，也断然没真的左右派之意见发生，即有意见，也不过是私的感情冲突，决不是公的左右派政见之不同。但将来国民党在政治上实际运动丰富时，左右派政见不同，也是不能免的事。他们不同之点，所争者自然属于具体的政策；此等政策，此时我们还不能够预知，惟那时采用政策之主张所以不同，必然由于两方之出发点有一些不同的根本观念，此不同的观念，乃是左右派之真意义，这是我们可以预知的。

将来国民党左右派之不同的观念，即不同的出发点究竟是什么？我们可以说：采用革命方法的是左派，采用妥协方法的是右派；两方的观念不同出发点不同，两方所采用的方法与具体政策，便自然不同了。左派的观念与出发点，是忠诚地要贯彻国民主义，对于任何列强与军阀，终以群众的反抗为目的，而不肯出于根本的妥协；右派的观念与出发点，是急于党的胜利，甚至于是急于自己个人地位的成功，主张在与列强或军阀妥协之下，靠少数人的武力与权谋，获得若干政权。

这是将来国民党左右派之真意义，照这个意义，左派乃是真的国民党，真的国民主义者；右派乃是抛弃了国民主义，实际上可以说不算是国民党了。

怎样才是国民党的左派或右派，本应该是如此解释；有人以为国民党中相信社会主义的是左派，不相信社会主义的是右派，这个观念是完全错误。例如高一涵君前曾表示国民党若采用社会主义，他才肯加入；又如国民党某君曾在广州支部演说国民党应采社会主义，否则便是官僚党；他们这些错误的见解，乃忘记了国民党不是社会党，忘记了国民党的使命和社会党的使命不同。社会党的使命是为阶级的革命而奋斗，国民党的使命是各阶级合作为国民的革命而奋斗。国民党固然也可以采用若干社会主义的政策，而他的使命究竟与社会党不同，所以决不能拿相信社会主义与否为国民党左右派的标准。而且社会党的右派（即反对革命的改良派），在世界革命的工作中，其价值远不及国民党的左派，尤其是在殖民地半殖民地。

因此，相信社会主义的人也肯加入国民党；但他们加入国民党，是为国民革命而加入的，不是妄想赤化国民党利用国民党来做社会主义的运动而加入的；因为真懂得社会主义的人，应该很明白国民党的分子及使命和社会党的分子及使命根本不同，不是可以随便瞎来的。社会主义者在国民党中，理论上固然应该属于左派，但事实上将来是否左派，还是个问题。因为所谓国民党的左派，他的真意义乃是"始终采用革命方法，忠诚的彻〔做〕国民主义，不肯妥协。"并不单是唱些共产主义社会主义的高调，便算是左派。口唱什么共产主义什么社会主义，或什么无政府主义，而实际上不去做革命的工作，这种分子在国民党中是右派不是左派；因为负有国民革命的国民党，他的左右派，应该以革命分子非革命分子为标准，不应该以相信社会主义与否为标准。

我们希望国民党对于社会主义者之加入，及一切社会主义者之加入国民党，都有一个明了正确的认识；同时，我们又希望自命为国民党左派的人们，对于国民党左右派之真意义及左派之使命，也要有一个明了正确的认识！

署名：独秀

《向导》周报第六十二期

1924 年 4 月 23 日

评太戈尔在杭州、上海的演说

（一九二四年四月二十五日）

太戈尔在杭州及上海两次演说虽极简略，却已表示他的根本观念。兹综合其演词，我们可以看出他的两个错误的根本观念。

第一个错误是误解科学及物质文明本身的价值。他在杭州说："现在觉着交通便利，民族很容易接近，这果然是科学的功劳，什么火车啊，轮船啊，但是科学只能使物质方面增加便利，总不能给我们心灵上有许多便利和愉快，反觉着促进人类互相残杀的危机。"他在上海说："中国因物质文明而被创，犹之魔鬼展其破坏之舌，尽吞我生命之涎，欲不哀痛，又乌乎可。以言文化与物质，则如谷粒比钻石，谷虽不如钻价之巨，而其真价值乃远过之。……惟吾人既生人世，不能完全脱离社会，物质文明，亦未尝无所用；余之所言，盖因物质文明在人生历程中所处地位，颠倒乖乱，遂造成无限之恼闷。……且中国文化被物质所迫，濒于危险之境，不得不据实以告，深望于人人心中，引起反抗的精神，以维护东方固有之文化。"太戈尔也知道科学可以使交通便利，他也知道既生人世不脱离社会；他更应该知道除交通以外，吾人所有的衣、食、住一切生活必需品，都是物质文明之赐，只有科学能够增加物质文明。现代无限之恼闷，其最大原因有二：（一）是弱小民族物质文明不发达，遂造成民族间的侵略；（二）是少数人垄断物质文明的恩惠，遂造成阶级间的掠夺。这些侵略掠夺之无限恼闷，都非科学与物质文明本身的罪恶，而且只有全世界普遍的发展科学与物质文明及全社会普遍的享受物质文明才能救济，这乃真正是科学与物质文明在人生历程中所处地位。若是我们自己侥幸有了物质文明的享乐，便忘了世界上还有无数被压迫的民族被压迫的阶级得不着物质的生活而困苦而恼闷，只管由着自己兴趣，高谈什么精神文化，什么心灵愉快，什么讨论思想，把这些生活奢侈品当做生活必需品的谷粒，反把世界上无数劳苦平民所急需的物质当做可有可无的奢侈品——钻石，像这样颠倒乖乱，简直是个糊涂虫，还配谈什么"爱"！若并普劝天下无衣无食无住的苦恼平民也都以进求心灵愉快为重，以物质生活的奋斗为轻，这种人不但是"何不食肉糜"的昏君，而且和牧师们劝工人"向上帝求心灵的安慰胜过向厂主做物质的争求"是同样混账，这种人还配说什么"带了赤裸裸的一颗良心"！

中国诚然因物质文明而被创，但太戈尔要知道，创中国的不是中国自己发生的物质文明，乃是欧美帝国主义者带来的物质文明，这正是中国自己的物质文明不发达的结果。魔鬼是驱使物质文明的帝国主义者，不是物质文明本身。中国文化诚然被物质所迫濒于危险之境，但太戈尔要知道，中国文化到底是些什么，说起来实在令人可笑而且可怕。这种可笑可怕的文化倘不被物质所迫，皇帝仍在坐龙廷，龙廷里还幽闭着许多宫妃与阉宦；男子仍在埋头读八股，女子仍旧裹着足关在绣房里；印刷店仍用雕版或木质活字，不会有现在商务印书馆的图书馆欢迎太戈尔；太戈尔坐小车由杭州到北京，至少要走一个月，太戈尔在路上犯了法，知县大老爷或许赏他数百小板一面大枷。像这样的文化，不但没有维护的必要，还应设法令他速死。一颗炸弹可以杀人，也可以开山通路；一条铁道可以运兵打战，也可以运粮拯饥，所以科学及物质文明本身并无罪恶。太戈尔觉着科学及物质文明足以促进人类互相残杀的危机，他不知道人类个人间的争夺残杀，是由于在私有财产制度之下，社会不能担保各个人物质的生存，各个人遂不得不各自争存并庇及子孙；阶级间的争夺残杀，是由于特殊阶级垄断物质的精神的生存之权利，被压迫的阶级不得不起而抗争；民族间的争夺残杀，是由于特殊阶级不但在国内掠夺劳动平民，并须在国外侵略物质文明不发达的弱小民族，才能够维护其垄断私有之权。这三种争夺残杀之根源，共总都由于社会经济制度之不良，换句话说，就是由于财产制度乃个人私有而非社会公有，完全不是科学及物质文明本身的罪恶。我们敢说，科学及物质文明，在财产私有的社会，固可用为争夺残杀的工具；在财产公有的社会，便是利用厚生的源泉。所以太戈尔觉着科学及物质文明足以促进人类互相残杀的危机，乃由于不明白社会制度之效用并误解科学及物质文明本身的价值。

第二个错误是引导东方民族解放运动向错误的道路。太戈尔在杭州说："人类要用爱来调和……这些大师是代表相互的爱显现出来的，为人类友爱的模范，并不像欧美人带了枪炮等等而来，是拿了他们文化的精华来供给中国的。……前面所说两个印度大师到中国来，只要带了赤裸裸的一颗良心，现在我来，也如这两位大师的精神一样，因为中印两民族间，自有一种不可分离的爱。……现世可怕都是人类自杀的情形，所以大声疾呼，想要回复人类精神上的乐土。"对于太戈尔这些话，我敢说："先生之心诚苦，先生之术则疏矣。"人类社会三种争夺残杀的根源，上面已经说过；现在再单讲民族间的争夺残杀，乃是资产阶级的国家，其资本主义的生产力已发展到必须输入原料输出剩余生产品才能够维护其阶级特权之时，自然形成侵略弱小民族的帝国主义；帝国主义乃是资本主义发展之自然结果，也就是民族间争夺残杀之唯一原动力。欧美人带枪炮来中国，并不是欧美人特别没有良心，乃是他们资本制度发达的缘故；古代印度人只带文化来中国，并不是他们特别有良心，乃是那时印度没有资本制度的缘故。现在的印度人也并非特别没有良心，可是因为受了英人支配，也会带鸦片来中国，并帮着英人带枪炮来中国。"爱"，自然是人类福音，但在资本帝国主义未推倒以前，我们不知道太戈尔有何方法可以实现他"用爱来调和人类"这个志愿。没有方法的一个空空的志愿，本是无用的废物；孔夫子的仁义叫了几千年，基督的爱也叫了几千年，何以现在仍是"人类自杀的情形"？此时太戈尔又来叫"爱"，我要问问你这"爱"之叫声，能够感动欧美资产阶级使他们实行人类相爱，使他们自己取消资本帝国主义，不去掠夺劳动阶级不去侵略弱小民族吗？我看等于向老虎说："你不要吃人罢。"你若是大声疾呼，对被人压迫的阶级被压迫的民族说：我们任他们掠夺任他们侵略，我们不必反抗不必残杀他们，还要爱他们，让他们占据这物质上的乐土，我们只要回复精神上的乐土便得了；这便等于向被老虎吃的人说："你让他吃罢，你还要爱他，你只要灵魂到天堂便得了。"如此，老虎固然要重谢太戈尔先生，可是苦了被老虎吃的人！这就是太戈尔先生要带来中国赤裸裸的一颗良心吗？

太戈尔这两个错误的观念，都是社会改造之思想上重大问题，并不是站在一个纯粹诗人的地位上谈诗说艺；我批评他乃根据他在杭州、上海两次演说，并不是事前臆度。这两点都应该附告《文学》周刊记者"澄"君。

署名：实庵

《民国日报》副刊《觉悟》

1924 年 4 月 25 日

丧权辱国之无线电密约

（一九二四年四月三十日）

美国和日本两年来在中国独占无线电台之争，也就是美国和日本在中国军事上商业上重要的交通机关之争；最狠毒的是他（美国）要占中国重要的交通机关至二十年之久，而建设这机关的经费及其损失还要中国负担，其实中国的军事和商业眼前并不需此。中国无力负担，便要向他负借款的义务；民国十年所订此项借款密约及续约，据日来上海各报所传，说是：电台开办以后，有利益即与中国均分，但中国所得之一半须存美国银行，充作偿还借款之用；倘开办后并无利益，或有亏折，此项借款本利必须于十年还清。电台以外所有交通部一切财源，全数作为偿还之担保。

利益是美国的，损失是中国的，这才真是丧权辱国的外交，反对中俄协定主张派兵收蒙的爱国诸公何以不出来说话？

署名：独秀

《向导》周报第六十三期

1924 年 4 月 30 日

投降条件下之中国教育权

（一九二四年四月三十日）

去年上海三育大学的美国人说："既入教会读书，应当断绝国家关系，爱国二字断无存在之余地。"今年广州圣三一学校的英国人又说："这是英国人的学校，有英领事在广州，断不能徇你们的请，任从你们中国人的自由。"英美人这样反复声明他们在中国办教育的宗旨，昏瞆的中国人总应该醒觉了罢！

中国人果然有点醒觉了，效法清华留美之阴谋侵略的日本对华文化事业，朱经农君怀疑于先，北京学界戒严于后，同时奉天教育界且有收回教育权之实际运动，虽至腐旧《申报》记者亦表同情于收回教育权之主张（见四月二十六日《申报》），他并说："外电并谓国际间尚受投降条件之支配（即外人教育权）者，现惟有中国一国，此吾国向所未闻之意义也。"不过我们在《以后一切对华侵略皆将以教育的形式出之》（见本周报二十二期）、《帝国主义侵略中国之各种方式》（见《前锋》月刊第一期）、《中国教育问题》（见《前锋》第二期）等论文中，都大声疾呼的说过，可惜《申报》记者心史君都未曾注意。

《申报》记者心史君并详论最近土耳其收回教育权及奉天收回教育权两件事，这两件事实是我们收回教育权运动之实例，都是值得我们注意的。

欧战以前，列强在土耳其设立的学校，中小学、女学和大学都有，最多的是法国，其次是德国、美国，不用说，这些学校之目的和在中国的教会学校一样，都是养成奴隶人才，为他们的帝国主义之前驱；大战发生后，土耳其政府否认了以前与各国所定条约，于是法国在土耳其的学校都关门了，美国的和德国的仍旧开着；一九一八年协约战胜后，德国在土耳其的学校，也都破坏了，惟有美国的学校，一直到洛桑会议，尚为土耳其所应许。可是现在土耳其人已明白美国人对他们的教育侵略，和法、德并非两样，所以在收回司法权和关税权之后，最近更收回教育权，凡外人在土耳其所设学校，一律勒令停闭，即美国新在君士坦丁设立之医学校及以六万镑经费开办之女子专门学校，亦在勒令停闭之列；这就是所谓"不受投降条件中最末之一权利"。土耳其人这种独立不羁的气概，实在令有奶便是娘的中国教育家愧死！外人替他办教育便讴歌外人，军阀捐钱给他办教育便讴歌军阀，"有奶便是娘"，还论什么条件！

中国所受列强教育的侵略状况是怎样呢？全国大点的城镇几乎无处没有教会学校。除无数小学普及穷乡僻壤不计外，即在城市之中等以上的学校，据中华教育改进社报告：全国一三七五校中，外人设立者占一六二校；男女学生二六九一○八人中，外人所设学校之学生占二八五三四人。他们在中国所设大学，几乎无一省没有；他们势力最盛的是南京、上海、广州三处，最可耻的是广州、南京，教会学校以外，即中国自设的大学及高师中，也有许多留美学生或教徒为大美国及教会宣传德意，这是中国教育界第一伤心之事。至于外人直接设立的学校，不服中国政府管理权，以耶教经典代替中国的伦理道德功课，更不用说了，所以外电说："国际间尚受投降条件之支配者现惟有中国一国。"试问讴歌教会学校清华学校及欢迎日本对华文化事业诸君，对此外电所云作何感想？

日本人宣传的本领及工具远不及美国人，所以中国人反对日本的潮流，比反对美国不知要大过几千万倍。日本人现时虽然知道，然而他的手段仍是异常笨拙，他方在模仿美国清华式的运动，马上即被中国人看出破绽，尤其是被讴歌清华学校的欧美留学生看出破绽；同时，他在奉天方面的教育侵略也过于肆无忌惮，引起世界上最麻木的中国人也起来反抗了。

日本在奉天教育侵略的方法，是在南满、安奉两路线各站，迭次添设公学堂（即小学）、添设师范学堂，招收中国学生，推行日本风的学校，以造就日本化的中国人。去年奉天省教育会开常会时，教育厅长谢荫昌曾提一案，凡无中华民国国籍者，不得在奉省政权所及之地域，对于奉省人民施行师范教育及小学教育。此案通过后，即由厅派调查员调查两路各站之前二项教育，报告结果，一体认为应予收回。日本听得此消息，遂向交涉署、教育厅质问，谢厅长则主张由中国计费偿还，收回自办，日本人仍不服，最近奉天政府决定召集省教育会临时会解决此案。

日本外务省派员质问谢教育厅长时，问他是反对日本办学堂或是反对办学之人，谢答道：

> 两者都不赞成，对于用人，日人决聘不到好的中国教师，中国人稍有智识血性者，多不肯为日本用，故公学堂之中国教员，多半为中国不用的腐旧老童生。各公学堂实在办

得不好，女缠足，男留辫，学生但知有清国、日本，不知有
中华民国；其余功课均无足观。办法更令人不满意，学生听
讲时，巡警监视，不准教员讲中国人之爱国话。

在这一段话中，我们总可以看出日本人在奉天之教育的侵
略，是何等肆无忌惮！但我们同时应该知道英美教会在中国各省
所办的学校，何尝不和日本人在奉天办的公学堂是同样宗旨，
"三育"和"圣三一"便是标本，决不可像英美留学生一面怀疑
日本对华文化事业，一面却讴歌英美对华文化事业！

我们希望奉天人，收回教育权更进一步勿以小学师范为限；
我们更盼望全国教育界，不但对于日本在华文化事业应该怀疑，
对于英美在华教育侵略也应该反对；就是对于教员中美国化的留
美学生及教徒也应该廓清。勿让收回教育权不受投降条件之支配
的土耳其人专美于前！

署名：独秀
《向导》周报第六十三期
1924 年 4 月 30 日

寸　铁

（一九二四年四月三十日）

好个友爱无争的诗圣

　　江亢虎南游追想记上说："中国之招商轮船局与日本之邮船会社同年成立，四十余年来，彼则巨舰百数，纵横五洋，船长、技师人才如鲫；我则长江近海尚不能与怡和、太古、日清争衡，并大副、二副无本国人，其他更无论矣。"我想太戈尔若听了江先生此话，必然又要说：这些物质文明我们不必羡慕，我们"东方文化重道德"，我们重在"回复精神上的乐土"，"固不在目前侵夺胜利"。在友爱无争的诗圣看来，不但江亢虎所见不广，即哈巴克沁格在上海为英人之阶下囚，也未免自讨苦吃，你看我友爱无争的诗圣，是何等逍遥自在地在北京为英人之坐上客！

洛桑议约与中俄协定

　　《申报》记者心史君说："土耳其为新兴之国，朝气勃勃，一跃而入于独立不羁之位置，凡东方病夫向有之一切沉疴，若外国驻兵，若领事裁判权，若不平等之税则，洛桑议约，一举而空之，久已动世人之惊叹。"心史君所惊叹的土耳其这些独立不羁之位置，中国在中俄协定都得着，并且中俄协定明认中东路可由中国赎回及中国在蒙古之主权；而洛桑议约则土耳其不能收回莫学尔油矿及许外国军舰自由通过海峡，两下对照起来，中俄协定更好过洛桑议约，何以心史君并不惊叹呢？

署名：实庵

《向导》周报第六十三期

1924 年 4 月 30 日

上海租界工部局能
在华界行使职权吗？

（一九二四年五月七日）

奸商卖国贼郑伯昭，为图上海闸北宜乐里房屋加租翻造，被众房客所反对，遂藉洋势，假托英商泰利公司领换道契，于五月一日由泰利洋行大班白兰特，在工部局领取执照，带领印度巡捕二十五人，马队一排，西探十二人，荷枪实弹，督率小工五十余人，到宜乐里，将该里沿马路一带商店，实行动手拆屋。时在早晨七点钟，住在该里各房客均由梦中惊醒，一般妇女小孩搬运什物，如遭大难，哭声震天。当拆屋时，一部分工人涌入各商店内，拆除楼板地板，一部分工人上屋抽瓦，一时砖瓦乱飞，有房客赵子祥及某姓小孩均击伤头部。该里房客联合会及闸北国土维持会均召集紧急会议，以图对付；闸北各公团也都愤慨，开会讨论设法援助。

我们若问：工部何故派人到宜乐里拆屋，他们必说为保护泰利洋行产业。

我们若问：外人开的泰利洋行何以能在中国内地置产，他们必说泰利洋行在宜乐里置有房产，曾得中国官厅准许；因执有道契的缘故，外人在邻近租界之内地（如闸北、浦东等处）置有产业者很多。

如此，我们便要问：闸北宜乐里房捐门牌向归中国工巡局办理，明明不在租界之内，即泰利洋行翻造该里房屋亦曾向中国工巡局请领执照，此次泰利洋行何不仍在工巡局控告，或请英领向中国交涉署交涉，而控之租界工部局；工部局又遵何条约有何权力能派武装巡捕到完全华界拆毁房屋？他们敢说"租界工部局照条约能在中国任何内地行使职权"吗？

我们敢告维护国土反对推放租界的全上海市民，此次工部局拆毁宜乐里房屋，决不是单纯的宜乐里房客被压迫问题，乃是工部局越界行使职权侵犯中国国土国权问题呵！

署名：独秀

《向导》周报第六十四期

1924 年 5 月 7 日

欢迎广州上海两学生会

（一九二四年五月七日）

中国爱国的青年学生，自"五四"、"六三"后，几乎一蹶不振，各地学生会大半有名无实；尤其是学生之重镇上海、广州学生会，连名也没有了！

好了，现在否极泰来，不但北京、武昌学生会渐渐活动起来，而且广州学生会及全国中最有力的上海学生会，都已恢复他们的组织了！

三月九日复活的广州学生联合会，在改组宣言里，已显现他们彻底觉悟。我们更忠告全广州的学生，今后将地方观念、宗教观念荡涤净尽，坚固的团结整个广州学生会，永远勿从安那其的谬见，自由退出而分裂而自杀！

"六三"运动的青年英雄——上海学生，亦于"五四"纪念日，将可敬的学生联合会重整旗鼓，出席者三十余校代表，会中职员都已选出了。我们更忠告全上海学生：（一）今后之活动应全体动员，各个都能尽职，勿但责难少数领袖；（二）应视全国学生为一体，勿存南北之见；（三）勿以宗教之故分裂上海学生团体。

我们更有忠告于上海、广州学生会的是：全国学生总会是学生界必需的组织，是学生界作战的重要工具，是敌人——列强与军阀——所疾视的，是学生界所应拥护的。学生总会应发见以前的错误，努力与上海学生群众携手合作；上海学生亦应捐弃细故而谋全国学生的大团结！

　　爱国的青年们！我们应该只看见敌人们——列强与军阀——压迫我们侮辱我们是何等凶猛，我们不应该单看见弟兄们的小过，大家亲密地团结起来吧！

署名：独秀

《向导》周报第六十四期

1924 年 5 月 7 日

工界厄运重重

（一九二四年五月二十一日）

自"二七"后，全国工界（只有广州除外）都在军阀及中外资本家猛烈的进攻之中，最近流血的惨痛又将复现了！

第一件事就是本月十三日汉口工人杨德甫、周天元、黄惠、萧晋德、许白豪、吴玉山、钱生财、罗海丞、黄子章等被捕，目下尚在稽查处审讯中；他们大半是京汉失业工人，落在正面的敌人直系军阀手里，自然是有凶无吉！

第二件事就是湘潭锰矿运工罢工，公司向官厅请兵弹压，前由湘潭县署派兵拘去工人仇六生；近又请长沙县署派荷枪兵士十余人到炭塘子取消工会，强制工人上工，工人向之理论，兵士即放枪示威，并拘去工人及旁观者四人，公司且有贿请县知事枪毙此四人之说。此矿运工工资，向来按照斤两计算，裕甡锰矿矿公司在官厅立案，以二十四两为一斤，已经出乎情理之外，乃该公司复违反成案，竟私以三十六两为一斤，工人等终日拼命搬运犹不得一饱，迫不得已乃为要求减秤而罢工，要求不着还要被捕流血，世间竟有此不平之事！

第三件事是开滦煤矿矿井，前曾压毙工人五十余名，事后只挖出尸身十七具，所有被难家属境况极其惨窘，乃矿局抚恤只给有亲无尸者二百二十元，有亲有尸者一百十元，此数只等于购买一骒马之价，虽工人家属备极哀求亦无效。

我们的生活必需品，哪一样不是工人血汗所赐，而军阀资本家竟这样毒杀虐待工人，一般社会倘竟不为工人表示同情，那真是工人无负于社会，而社会有负于工人了！大家还要明白：中国社会若始终是这样冷酷，必不单是工人阶级之不幸！

署名：独秀

《向导》周报第六十六期

1924 年 5 月 21 日

汉口之党狱

（一九二四年五月二十一日）

直系军阀吴佩孚之走狗萧耀南，近又在汉口逮捕多人，外间传为压迫工人过激运动，其实是破坏国民党运动；因为杨德甫等九人虽是工人，也都是国民党党员，并且是汉口党部之重要职员，同时被捕的律师国民党党员刘芬（即刘伯垂）和工会向无关系，况且自"二七"以来，汉口工会运动异常沉寂，哪里还有什么过激运动。

国民党是创中华民国的政党，中华民国的招牌一天未下，国民党当然在任何中华民国领土内有公开的活动之权利。创造中华民国的党不能在中华民国公开，已经是奇了；不但不能公开，还要因为是国民党而被捕，岂非奇之又奇？

最近改组后的国民党和党魁孙中山先生为中华民族独立奋斗的精神与决心，已渐渐得着全国民众的同情。卖国媚外的直系军阀见了眼红，遂一面在香港、北京制造传播中山先生逝世的消息，一面在汉口大捕其国民党党部人员；他们这样倒行逆施，爱国的民众应该对他们更加一层深的憎恶，因为得罪国民党人其罪小，摧残为中华民族独立解放运动的国民党其罪大。

摧残为民族独立解放运动的国民党，实际上便是帮着外人压迫中华民族。

署名：独秀

《向导》周报第六十六期

1924 年 5 月 21 日

世界的反动政象之转机

（一九二四年五月二十一日）

一年以来世界的反动政治之表现，最显著的便是意大利之穆李〔索〕里尼内阁、法兰西之普恩赍内阁及日本之清浦内阁。但就近日新选举之结果看来，这种反动的政象已略有转机了。

意大利之选举，国民党从一百零六席降至三十九席，社会民主党从一百二十二席降至四十八席，独有共产党从十三席增至十七席。其结果穆索里尼一年余"清一色的意大利议会"之努力完全失败。

法兰西之选举，左翼诸党共得二百九十六席，内计急进社会党一二七人，社会党一〇一人，共和党三九人，共产党二九人；右翼诸党即政府党共得二百七十四席，内计稳健共和党一三七人，左共和党九二人，独立急进党三四人，保守党一一人。政府党既失败，普恩赍势必出于辞职。

日本选举之结果，宪政会得一五三席，政友会得一〇一席，革新俱乐部得二八席，以上反对政府之三党共得二八二席；政友本党即政府党只得一一〇席，此外商业同志会一二席，中立派五七席，政府党在国会所占议席勉强只及三分之一，清浦内阁已无留恋之余地。

　　此中更可注意的，属于第三国际之共产党，不但在法国获得胜利，而且在备受意大利政府压迫摧残之下，尚能够得工人之拥护增加议席。

署名：独秀

《向导》周报第六十六期

1924 年 5 月 21 日

寸　铁

（一九二四年五月二十一日）

中国命运已在华盛顿会议决定！

去年上海三育大学的美国人说："既入教会读书，应当断绝国家关系，爱国二字断无存在之余地。"今年广州圣三一学校的英国人说："这是英国人的学校，有英领事在广州，断不能徇你们的请，任从你们中国人的自由。"现在广州圣心学校的法国人又说："中国命运已在华盛顿会议决定，尔等学生无须去救，亦不能救。"

热心收蒙的先生们哪里去了？

英兵侵入西藏的消息，一天紧似一天，班禅且被逼来京了，热心收蒙的先生们也应该热心收藏，现在何以一声不响？难道主张只英国应该有藩吗？

黎元洪又缩头了

　　黎元洪南来投机不成，已厚着脸由日本回到天津了。他自己说一生为人利用。其实有机可投时，他便由大都督而大元帅而大总统，无机可投便将头缩进去，谁能利用他？

署名：独秀

《向导》周报第六十六期

1924 年 5 月 21 日

寸　铁

（一九二四年五月二十八日）

巴尔达里尼与太戈尔

意大利巴尔达里尼教授对中国青年说："余虽主张和平，然为弱小民族计，则自卫之战，亦认为不得已，余亦不反对君等之主张。"巴氏这样主张和平，还算比太戈尔说得有分寸。我的朋友说："巴氏和平运动是积极的向统治意大利的法西斯党反抗，太戈尔那比得他；太戈尔的和平运动，只是劝一切被压迫的民族像自己一样向帝国主义者奴颜婢膝的忍耐、服从、牺牲，简直是为帝国主义者做说客，所以在北京的英美人尤其是宰制中国的舒尔曼、安格联都很欢迎他，第二次诺贝尔赏金——和平运动的赏金，太戈尔诗圣或者可如愿以偿"！

可怜想吃天鹅肉的中国人！

美国人以庚子赔款充中国学生留美学费及在中国办清华学

校，一方面可以造成许多亲美的奴才，一方面名为退还，其实这笔钱仍旧用在美国，并且博得无知的中国人歌功颂德，这是何等巧计！可怜上海的平民教育促进会和道路建设协会都想吃点天鹅肉，这是何等痴愚！

军阀是帝国主义者的工具又一证据

一班卖国贼合伙凑拢的所谓北京政府，竟接受日本公使的照会，通令全国严禁人民"五七"、"五九"开会纪念国耻。湖北的军阀近又禁止在全国运动会散放排日的传单，且逮捕散传单的人。这班军阀们不是帝国主义者的工具是什么？

太戈尔是一个什么东西！

太戈尔初到中国，我们以为他是一个怀抱东方思想的诗人，恐怕素喜空想的中国青年因此更深入魔障，故不得不反对他，其实还是高看了他。他在北京算未曾说过一句正经，只是和清帝、舒尔曼、安格联、法源寺的和尚、佛化女青年及梅兰芳这类人，周旋了一阵。他是一个什么东西！

卖阶级的工党政府

全世界的阶级对抗与阶级战争，已紧迫而且需要得万分，却只有英国工党政府的殖民部大臣汤姆斯，还闭着眼睛向各殖民地代表演说："请各消除阶级战争，勿发阶级议论。"听你如何消除阶级战争，听你如何不发阶级议论，而资产阶级的政党——保守党及自由党，在他们所代表的阶级势力瓦解以前，除非工党政府绝对抛弃工人阶级的利益事事唯资产阶级的利益是图，他们终于不能容忍工党久握政权，这是很明显的事。汤姆斯在世界社会党人中，是一个卖阶级的老手，他这种论调，也正是想买资产阶级之欢心，以苟全他们的所谓工党政府这块招牌，只恐怕英国的工人阶级终不能这样可欺罢！

太戈尔与北京

北京城里提倡道德的大官，正在严禁共产公妻的邪说，社会上一班同善悟善等东方文化派，也相和着齐戒礼佛迎接铁牌；似乎如此这股的东方道德神佛精神已充满了北京城，用一百万倍的显微镜也寻不出丝毫科学与物质文明底影儿。太戈尔在北京乱吠了一阵，其实他那伟大的东方精神，比起北京社会还是小巫见大巫。

康有为的道德

　　此时社会上最时髦的名词是"道德"。究竟什么是道德？康有为于二十四日在青岛讲演道德，不知道他所讲是复辟尊君等公的道德，还是劫夺经像敲索皮袍等私的道德呢？

署名：独秀（实庵）

《向导》周报第六十七期

1924 年 5 月 28 日

答张君劢及梁任公

（一九二四年五月二十五日）

张君劢在《人生观之论战》序中，对于适之及余之意见加以驳诘，关于适之方面，自有本人负责答复，不劳我为代庖；关于我的方面，先讨论重要的三点，次则略论其他。

第一点，张君劢说："马氏自名其主义曰科学的社会主义，以别于翁文辈之乌托邦的理想，且推定生计上之进化，遵正反合之惟物史观之原则，故资本主义之崩坏为不可逃之数。然自今日观之，以欧洲而言，资本主义之成熟，英远在俄上，顾劳农革命，何以不起于英而起于俄乎？以俄与德较，则德资本主义之成熟又在俄上，何以德之革命成绩，反居俄后乎？"怀这样疑问的人，世界上很多，不止中国张君劢一人，都是因为不明白社会科学之方法论的缘故。因果律虽是一切科学共通的原则，而各种科学之方法论却各不相同，不但社会科学和自然科学不同，即自然科学中数学和化学、动植物学都各不相同。社会上有相类的因之现象，必将有相类的果之现象；唯其果之现象之特定的时空及现象中之个体现象，则另有其因果关系，而非社会科学范围以内之事，这本是社会科学重要方法之一。譬如，一社会中资本主义的工业发达起来，其社会中劳动运动必将因之发生，此一社会科学之公例，在各国简直没有例外；而其劳动运动将发生于何日何地以及运动中之领袖将为何人，此事只有请问六壬卜算大家，社会科学无此神通。马克思科学的社会主义，预料资本主义必由发达而崩坏，崩坏后继之者必为社会主义，此乃就人类社会历史的进化一般趋向而言；至于资本主义之崩坏与夫社会主义之现实，果在何国开始及完成，又另有其特殊的因果关系；固然，在特殊的地域内，倘有特殊的社会现象之因，亦可推见其特殊的社会现象之果（其特定的时空及个人关系，仍非社会科学之事）。然究竟和马克思所指人类历史的进化由资本主义而社会主义之一般的社会现象，不是一件事。俄国劳农革命何以先于英、德，将来英、德劳农革命后，其社会主义实现之日程，必速于今日之俄，这是因为他们资本主义发展之进程各有特殊的原因（例如俄国资本不及英、德，而集中速度则过之），和马克思所指全人类社会历史进化的过程，是两件事。法兰西资本主义之成熟，自始至今都远不及英国，而巴黎共产团之暴动，还远在俄国劳农革命之前，马克思亲见之，原不待张君劢先生今天来驳难了。人类社会因果关系非常复杂，所以社会现象也非常复杂，因此，社会科学，马克思科学的社会主义，决不像张君劢先生所称引的那样简单，并且一定还不像我们今天所知道的这样简单。

第二点，张君劢说："且即以俄论，私有财产之废不及二年，而已许私人买卖私人土地所有权，且大招致外国银行与外国资本家，不知此等翻云覆雨之局，又遵科学的社会主义全书中何种公例乎？"有这种疑问的人，世界上也不只张君劢先生一人，这是因为不明白俄国新经济政策之实质与意义的缘故。非到共产社会实现，私有财产是不能完全废绝的，此事谈何容易，俄国劳农革命家是马克思派，不是玄学家，自始便未尝妄想一革命便能够将私有财产完全废绝，不过照马克思共产党宣言所指示将大企业及土地收归国有罢了，在现在的新经济政策之下仍是这样，并未翻云覆雨。小企业初因资产阶级的怠工自己放弃，不得不由国家经营，今因他们愿意继续营业而租给他们，也无所谓翻云覆雨。战争时军需万急，不得不禁止买卖强制征发，战后停止征发，生产力又未到能实行社会主义的分配时期，自然没有禁止私人买卖的必要，这也无所谓翻云覆雨。俄国劳农革命家果曾妄想一革命便马上能够实现共产主义的社会，便马上能够完全废绝私有财产，果如张君劢所言现在允许私人买卖是翻云覆雨，因为前此已废止私有财产已不许私人买卖，如此，试问苏俄宪法第六十五条第二三项，剥夺坐食以资本生息者及私人商贩之选举权被选举权，岂不是赘文？在新经济政策之下，这两种人仍然没有选举权被选举权，实无所谓翻云覆雨。说他翻云覆雨的都是不明白俄国新经济政策之实质的缘故。革命的内外战争中，势不得不采用军事共产政策（其实只是"禁止买卖强制征发"，无所谓共产），非此无以应军事之急需，且非此无以覆敌对阶级之基础；战争停止，破坏事业告了一段落，无产阶级开始建设的时候，即在产业充分发达的国家，也不能没有一种过渡的经济政策，才能渡到实行废绝私产，实行社会主义的分配，何况半亚洲式的俄罗斯；所以此时苏俄采用的经济政策，在社会革命之经济改造的过程上，正足以证明客观上的必然性，也正足以证明科学的社会主义和乌托邦的理想不同。说他是翻云覆雨的都是不明白俄国新经济政策之意义的缘故。

第三点，张君劢说："我之清华讲演中所举九项，谓非科学所能解决，而断其起于人类之自由意志……独秀复胪举社会学家言以相难，谓此九端之因果尽为科学家所能解释，而归结于物质为社会变动之大因。夫大家族也，小家族也……在一事既已过去，科学家汇集各种事实，推求其由来，而为之说明，此事之可能，何待赘言？顾我所以举此者，非曰社会学家之说明是否可能也，乃问人类对于此九项之态度之变迁之动因何自而来也。甲以为然，乙以为否，甲曰以为是者，乙曰又以为非，其变迁之速如此，而推求所以致此者，则曰人类之自由意志为之，非科学公例所能一律相绳也。夫不究九端之动因，而但言科学的解释，则社会学家之关于九端之说明之文，连篇累牍，我虽浅学，岂并此而不知？夫科学之大本曰因果公例，有同因则生同果之谓也，吾人据此公例，得以推定物理上天文上种种现象，虽历久而不爽毫厘；若夫人事，但能关于已过者，于事后为之解释，此种过去之解释，能视为与物理公例有同等价值乎？殆不然矣！故独秀虽能举尽社会家言以难吾九端之列举，然吾之根本主张，仍是一丝一毫不能动摇也！何也？小家族后之家庭制度如何，谁知之乎？公有财产后之制度如何，谁知之乎？"张先生这一篇说话，说坏点，直是遁词；说好点，他的观念，他的论点，他的文义，他使用术语，都大欠明瞭。张先生果始终承认他所说的"夫大家族也，小家族也……在一事既已过去，科学家汇集各种事实，推求其由来，而为之说明，此其事之可能，何待赘言？"这段话不错，我们已经用不着论辩。汇集各种事实而推求其由来，而为之说明，此非科学之方法而何？此方法倘有应用于说明及推求社会现象所由来之可能，则社会现象亦必为因果律所支配，尚何待赘言，社会科学亦得成为科学，又何待赘言？社会现象若不为因果律所支配，虽事后亦无法推求其现象所由来；若既为因果律所支配，则可据今果以推求前因，亦可据今因以推求后果；惟张先生如欲超越吾人犹未及闻见之今因，凭空推算千百年后之果，虽历久而不爽毫厘，此事大类神秘的《推背图》、《烧饼歌》，不独人事的社会科学所不许，亦物质的自然科学所难能。例如天文学无论如何进步，亦不能于气压之动象未现以前，预示数十百年或数年内某地某时风雨寒热之定象，虽历久而不爽毫厘。资本制度发达，宗法制度破坏，其结果小家族制度自然发生；共产制度实现，私产制度破坏，其结果家族制度将简之又简而至于无；生产力大发展，分工制度大发展，生产方法及生产工具都日趋于集合而不可分离，其结果财产制度亦必日趋公有；此等都可据今因以推求后果，过此以往，欲求知千年万年后的社会制度如何，只待富于神秘性的玄学大家重造新推背图，社会科学家唯有甘拜下风！前所辩论之九项中，一部分明明是推求社会现象变迁之动因及人类态度随此变迁而变迁之动因，如第一、第二、第三、第四、第六、第九皆是；一部分明明是推求人类之人生观所以不同的动因，如第五、第七、第八皆是。乃张先生一则曰"不究九端之动因"，再则曰"乃问人类对于此九项之态度之变迁之动因"，我真不懂他所谓"动因"，在术语上到底是何意义？而且张先生所指九项，究竟是说社会现象还是说个人态度，其观念及论点实在太不明瞭。在他"乃问人类对于此九项之态度之变迁之动因，何自而来也，甲以为然，乙以为否，甲日以为是者，乙日又以为非。"这几句话看起来，明明是指个人态度即个人的主观，不是指社会现象，他对于我解释的社会现象之动因，似乎已经承认，他所以说："此事之可能何待赘言"，又说："社会学家关于九端之说明之文，连篇累牍，我虽浅学，岂并此而不知？"（张先生倘不抛弃玄学家以个人自由意志为社会变迁之根本动因的谬见，无论他如何博学，对于我关于九端之说明，其实未曾知，且恐终身亦未必知；然而他竟自欺的说："岂并此而不知？"他若再将我说明九端之文细心看一下，他必然自悔发言轻率。他倘不自悔发言轻率，便真是知道我关于九端说明之可能，也便真是知道社会变动及人生观变动之唯物的说明之可能了。）然而同时又说："独秀虽尽举社会家言以难吾九端之列举，然吾之根本主张，仍是一丝一毫不能动摇也，何也？小家族后之家庭制度如何，谁知之乎？公有财产后之制度如何，谁知之乎？"似此，他又是指社会现象而非指个人态度，其论点不明如此！吾再简单的正告张先生：社会现象变迁之动因及大多数个人对此变迁之态度即社会心理，推求其最初原因都是物质的，而为因果律所支配，因此，社会科学家才有加以物质的因果的说明之可能（幼稚的社会科学家所说明的因果是否和社会现象之实际因果一一符合，这是另一问题），至于个人对于各项问题之态度之变迁，其异时而态度不同者（即甲日以为是，乙日又以为非），则仍是明显的社会心理或隐伏的社会实质变迁之结果；其同时而态度不同者（即甲以为然，乙以为否），则因社会之新旧变迁终属相续而相错，没有截然的突变，于是个人不同的历史和环境遂造成个人不同的态度，即不同的人生观；这些个人态度即人生观之变迁与异同，在表面上看起来似乎完全是个人自由意志之活动；在一定范围内，个人意志之活动，诚然是事实，而非绝对自由，因为个人的意志自由是为社会现象的因果律并心理现象的因果律支配，而非支配因果律者。

以上三点之外，还有数事须请教于张先生：

（1）讨论真理，当以符合实际与否为标准，不当以其说新旧为标准；张先生说我生当今日而犹守马氏之言若圣经贤传，然而张先生自己却连篇累牍的称引穆勒约翰与詹姆士（我生平论著绝不似张先生动辄称引古人）；不知穆勒约翰以后唯物派的经济学与社会学，詹姆士以后测验的心理学均大有进步，何以张先生犹守穆勒约翰、詹姆士之言若圣经贤传？

（2）张先生说："生当今日，而犹守马氏之言若圣经贤传如陈独秀者，岂为求真哉？亦曰政治之手段耳！墨司哥之训令耳！"吾当正告张先生：我是一个共产主义者，当然应该服从墨司哥共产国际之训令，这件事可以公开的告诉普天下人而毫无惭愧与隐痛。若张先生鼓吹玄学反对马克思学说，是否求真，是否政治手段，是否直接的受研究系之训令间接的受北洋政府之训令，像这类逾越讨论道理之轨道以外的话，我在此处不屑多说！

（3）张先生所谓生当今日不应犹守马氏之言的理由，乃是"谚不云乎，思想者事实之母也，此区区一语中，而历史之真理已描写尽净。"张先生（不但张先生，自来唯心论者）在社会动象中，只看见思想演成事实这后一段过程，而忘记了造成思想背景的事实这前一段过程，这本是各派唯心论之共同的中心的错误。他们只看见社会上一种新制度改革之前，都有一种新思想为之前驱，因此便短视地断定思想为事实之母；他们不看见各种新思想都有各种事实为他所以发生的背景，决非无因而生。第一先有了物质的世界这个事实，第二才有能思想的人这个事实，第三又有了所思想的对象这个事实，然后思想才会发生，思想明明是这些事实底儿孙，如何倒果为因，说思想是事实之母？笛卡儿说："我思，因此，我存在。"我说："我存在，因此，我能思。"我并且说："我不存在时，因此，我不能思；而宇宙间一切物仍存在。"敢告一切唯心论者，倘不能论破我这辩证的方式，别的千言万语都是支遁之词。

（4）张先生在此序文中，分"物质科学"、"个人心理"及"社会生活"为三类，在此三者中，只承认物质科学是真正科学，并力言社会生活之超科学较个人心理为尤甚，其论点视前文明晰，不犯笼统混淆之弊，这或者是他的思想更成熟之故。但张先生要知道：这是因为个人心理现象比物质现象复杂，社会现象比心理现象更复杂，所以我们人类对于这些现象因果之认识便有比较的精粗迟速之不同，并不是宇宙间诸现象中，一部分是有规律秩序的，一部分是乱杂无章毫没有规律秩序的。宇宙万象之有规律秩序是一件事，我们人类的知识已否认识这规律秩序又是一件事，不能拿我们主观上犹未能完全认识某一部分之规律秩序，遂断定客观上某一部本来没有规律秩序。现在不必谈马克思的社会科学，单就个人主义的经济学来说，斯密亚丹以来，果如张先生所谓"绝无一条真正公例"吗？此时物质科学之公例视社会科学之公例多而且正确，也不过是比较之词，其实物质科学之公例仍不敷应用于一切物质现象而包括无遗及其已成的公例又时复动摇，这都是彰明的事实，张先生岂能因此更主张物质现象也不为因果律所支配，并对于物质科学也要否认吗？我想生在今日的张君劢必不至如此。但是在五百年前，物质科学即张君劢今日所承认之真正科学，那时他的公例又有几条呢？那时人们否认物质科学，否认物质现象为因果律所支配，比现在的人们否认社会科学，否认社会现象为因果律所支配，岂不更为凶猛？

（5）张先生说："所以以人生观与科学对举者，谓科学有一定之公例者也，人生观则可以人类意志左右其间，而且在创造之中者也。"张先生又说："思想者事实之母也。"却是他又说："事实如此……十九世纪以来，欲进人事于科学之迷梦，今可以觉醒矣。"张先生这段文章未免太逞笔锋，忘其所以了！原来张先生所说以人类意志左右其间而且在创造的人生观，不受科学因果律所支配的人生观，仍然要跟着事实走！原来事实仍然是思想之母！原来思想仍然没有超越事实的可能，超越事实的想头乃是迷梦！原来张先生也重视事实，竟不相信人类思想意志可以自由创造！

梁任公在非"唯"文中（见二十期《教育与人生》），对于我们也有两个误会，这两个误会原来是各国学者对于马克思派普遍的误会，在欧洲在日本都有不约而同的误会，梁任公误会我们，也和他们完全是一样的论调。

第一个误会是他说我们是"机械的人生观"。这大概是因为他不甚注意近代唯物论有二派的缘故：一派是自然科学的唯物

论，一派是历史的唯物论；机械的人生观属于前一派，而后一派
无此说。历史的唯物论者，以为人是物质造成的，历史是人造成
的，如何说他是机械的人生观？我曾有《列宁之死》一短文载
在第十六期《中国青年》，也是说到历史的唯物论和机械的唯物
论不同，兹摘录于下：

　　唯心派素来把历史变动之唯一原动力归到个人意志之伟
大，因此将俄罗斯革命事业，无论功罪是非，都当作列宁个
人的事业；因此，列宁死了，他们便以为俄罗斯革命将随之
寿终（即苏俄瓦解之意）。他们不明白俄罗斯革命有历史的
意义；他们不明白俄罗斯有农工大群众及组织坚强的党为之
拥护；他们不明白个人的主观意志无论如何伟大，决不能创
造客观上绝对不可能的东西；他们不明白苏俄之政治军事经
济及国际地位，已有不随列宁之死而动摇的程度；所以这派
人的想像，是和事实不符的。

　　然同时，我们也要明白：个人的意志固然不能创造客观
上不可能的东西，而在客观上可能的范围以内，却有个人意
志回旋的余地；并且必须有许多个人的努力及天才的创见，
这客观上的可能才能够适当的实现。人们的意志，是人们物
质生活关系造成的；人们的历史，是人们贪欲无厌的意志造
成的；这便是我们所相信之历史的唯物论和机械的唯物论不
同之点。列宁生前在革命中的成绩，是我们所知道的；他死
后，在新俄建设及世界革命中的损失，也是我们所应该承认
的。人造的历史和机械的影戏不同，我们决不可陷于机械的
唯物论之误解，说列宁之生死存殁都和俄罗斯革命事业绝无

影响。

梁任公第二个误会是他说："唯物史观的人们啊！机械人生观的人们啊！若使你们所说是真理，那么我只好睡倒罢，请你也跟我一齐睡倒罢！'遗传的八字'，'环境的流年'，早已经安排定了，你和我跳来跳去，'干吗'？"这个误会也是因为他把历史的唯物论和机械的唯物论看做一样。张君劢先生也说："假如其言，社会进化为生计条件所支配，而无假于人力之推助，则马克思之宣传与颠沛流离，岂不等于庸人自扰？"胡适之先生也曾以同样的理论质问我；最有趣是张君劢也以同样的理论质问适之。历史的唯物论不否认个人之努力及其和宿命论不同，本是唯物史观中一部分重要的理论，Boudin 的马克思学说之体系附录二中论此颇详，怀疑者觅此一读便自明了。兹再录我答适之的话以答梁任公与张君劢：

> 在社会的物质条件可能范围内，唯物史观论者本不否认人的努力及天才之活动。我们不妄想造一条铁路通月宫，但我们却不妨努力造一条铁路到新疆；我们不妄想学秦皇、汉武长生不老，但我们却不妨努力卫生以延长相当的寿命与健康的身体。人的努力及天才之活动，本为社会进步所必需，然其效力只在社会的物质条件可能以内；思想知识言论教育，自然都是社会进步的重要工具，然不能说他们可以变动社会、解释历史、支配人生观和经济立在同等地位。

此外，对于梁先生非"唯"的意见，我也要附说几句：

　　原来哲学上对于宇宙观及人生观，向分物质一元论和精神一元论两派（我不承认二元论能够成立），唯物唯心是沿用翻译佛典之名词，在西文里原没有什么"唯"字；但物质论者是说世间一切都是物质，精神亦为物质所生；精神论者是说世间一切都是精神，物质亦为精神所生；二者结论虽正相反对，其均为一元论则同，一元便与"唯"无别。

　　互相联系的森罗万象，本来是一气呵成的整个世界，其根本或云都是物质，或云都是精神，却不能说是分途并进各别为一世界如二元论者之所想像。因此，二元论之归结，恒为客观的唯心论，即使他本不欲"唯"，而事实上令他终不得不"唯"；犹之唯心论者终必采纳宗教神灵之说，因为在有人类意识以前，单纯的物质世界久已存在，若不抬出神来，精神一元论的招牌便须自己取下。

　　二元论终不能成立也如此，无论物质或精神，世界终属一元，一元就是"唯"，不是哲学者为分门户，主观的故欲其"唯"，乃是探讨万象穷源尽委，客观的说明此现象时不得不"唯"。梁先生所信分明是二元论，二元论本无可"唯"；自己无可"唯"便责骂他人"唯"，自己主张二元便责骂他人主张一元（"唯"就是一元，唯物论就是物质一元论），便下哀的美敦书来宣战，这是何等"学术界专制帝王的口吻"！

　　客观的说明宇宙现象之"唯"，和李斯、董仲舒对于人为的学说定一尊绝异端迥不相类，乃梁先生竟并为一谈，这是何等浮光掠影的望文生义！浮光掠影的望文生义而不能深入骨髓解析其内容，或者正是梁先生一生治学之受病处；梁先生果真欲在学术界指导青年，须先于自己受病处深加猛省！我知道梁先生不是饰非文过的懦夫，故敢进直言。

五月二十五日

署名：独秀

《新青年》（季刊）第三期

1924 年 8 月 4 日

杨德甫等冤杀与国民党

（一九二四年六月四日）

据近日上海各报电传，五月十三日在汉口被捕之国民党党员工人杨德甫、周天元、罗海澄、黄志章、许白昊五人及律师刘芬，确于五月二十六日由汉口解赴洛阳，二十七晨，由吴佩孚亲自审问数语，即将杨等五个工人绑出枪毙，唯刘芬因湖北省议会电保，尚在押候讯。

他们被捕被杀的罪名，据《申报》五月二十九日汉口通信说："军署系先得沪探密电，谓杨受粤孙密令，纠集党徒回鄂，图结工人起事，故军署饬令稽查处逮捕，而工党之狱遂起。"又据萧耀南所给湖北教育厅密令说："案准府军事处据沪探称，此间过激党禀承孙文，联络苏俄，实行共产主义，派遣党徒，分往内地。"

原来杨德甫等是奉孙中山的命令回湖北实行共产主义而被杀，世界奇案冤案，莫奇过于此冤过于此了！

第一，孙中山并未在他政权所及之地鼓吹共产主义，何以能够派人到湖北实行共产主义？第二，杨等五人加入了国民党和在汉口党部担任职员，这都是事实；然周、罗、黄、许四人并未到过广东见过中山，杨德甫去年虽见过中山，新近个人由上海回汉口，哪里有什么受密令纠集党徒之事；而且中山先生即有密令图鄂，怎会给关系很浅的党员杨德甫！第三，爽直的工人们，他们加入了国民党，向人直言不讳，杨德甫素好大言，又不择交，声称受命来鄂，因此召祸，这都是意中的事；然而说他是过激党回鄂想行共产主义，则未免太冤了，因为杨德甫、周天元在上海在湖北都曾极力反对过激党反对共产主义。

极力反对过激党反对共产主义的人，竟以过激共产运动之罪名而被杀，世界上奇案冤案岂有过于此者！

可是军阀官僚们所视为过激之内容和我们大两样，例如马联甲所谓教育已经过激，平民教育更是过激，则全国教育界都是过激党，何况工人杨德甫！更何况革命老祖孙中山！

军阀官僚们眼中心中的孙中山国民党，始终抱定三民主义努力革命，实在"过"于"激"烈，实在是北洋旧势力唯一的敌人；国民党改组后，他们更忍无可忍，所以一面增加兵力压迫川、湘、闽、粤，一面在北京、汉口大捕党人。

营私无法乱国残民的军阀官僚们，他们这种行为本不足责，我们所希望的是有良心有判断力的国民，能在这些具体的事实上分出是非向背，然后国事才有可为。

署名：独秀

《向导》周报第六十八期

1924年6月4日

中俄协定签字后之蒙古问题

（一九二四年六月四日）

停顿日久之中俄协定，忽于五月三十一日正式签字，其中有无特因，我们不必推敲，我们所要讨论的是今后蒙古问题。

在中俄国交上论起来，俄国撤退驻蒙兵，承认蒙古是中国之领土，都是应该的；但在数年来努力建设的外蒙自治政府而论，便有问题了。第一不幸是中国犹在极横暴不法的军阀统治之下，决不会有丝毫尊重蒙民自治的观念，他们如果实行派兵收蒙，所派的兵无论是直方或是奉方，都一定要重演参战军焚杀淫掠故事，可怜素受中国军队凌虐的库伦市民，才平安了数年，现在又要重逢浩劫，这是何等不幸！第二不幸是蒙古民族中还有与平民对抗的旧势力王公喇嘛等特权阶级存在，这些守旧的特权阶级，本来愤恨新得政权的平民新党，本来天天在那里做中国军阀扶助他们复辟的梦，现在他们的梦却真有实现的希望，这件事不但是蒙古现代政治进化史上一大关键，并且是蒙古现代文化史上一大关键。

在中俄协定签字之后，蒙古民族中新起的平民阶级，如何能够继续支持他们数年来新的政治新的文化之建设，而不为王公喇嘛等和中国军阀相勾结的旧势力所倾覆，中国及俄国有理想的平民，对于这件事似乎都不能对岸观火！

署名：独秀

《向导》周报第六十八期

1924 年 6 月 4 日

外人对于商标之无理要求

（一九二四年六月四日）

据本月二日《申报》北京电：荷使新照会，对商标要求，（一）商标公报应用英文；（二）商标局应聘外人为顾问；（三）反对第十条更换代理人之规定；（四）反对六个月期限。农商部决采纳前两条，驳覆后两条。

此消息若确，北京的农商部真是昏聩极了！他所驳覆的后两条，第三条不过防杜流弊，第四条更无关重要，到是第一二条关系重大，他反而采纳了。商标公报用英文，不但于一般华商不便，而且中国还不是英国的属地，为什么政府所刊发的公报定要用英文？无论公私何种机关，若自动的聘用外人办事，本是很寻常的事，若以外交的拘束必须聘用外人，便于国家用人行政的主权有碍。在此互市时代，无论何项行政机关，绝对没有关系外人事务的很少；因有外人事务的关系，便须聘用外人，中国还成何国家！

海关必须聘用外人，税务处、盐务署、稽核所都必须聘用外人，铁路也必须聘用外人，司法方面更加有会审公堂和使领裁判，现在商标局又须聘用外人，从此扩充起来，将来因有外人设立的学校之故，教育部也须聘用外人，外交部更是不用说，再扩充到海陆军部及各省军民长官署，那时候中国更加体面了！

署名：独秀

《向导》周报第六十八期

1924 年 6 月 4 日

寸　铁

（一九二四年六月四日）

以伪乱真

贼人也大呼捉贼，因此竟逃过追贼者之眼而遁去。日本人想冒充中国货，于是在劣货上大书"毋忘国耻"四字。有一班穿长衫的人，想混进工人队里去利用工人，于是也大呼逐出穿长衫的，工人事由工人自己干。以伪乱真，天下事真是无独而有偶！

诗人却不爱谈诗

太戈尔初到中国，人家都称他是诗圣或诗哲，他自己最后演说也说："各国之有名哲学家、政治家、社会家，均到过中国演讲，供献甚多，余乃区区之诗人，如何能应诸君之要求？"太戈尔果以诗人身份来中国谈诗，我们虽不会做诗，也决不反对欢迎一个诗人，尤其不反对欢迎一个被压迫民族的诗人。所以吴稚晖先生说得好：太先生你做诗罢，管不了人家的家国，你莫谈天下事！可是太戈尔在中国始终未谈过一次诗。

太戈尔与金钱主义

我们不佩服太戈尔，明明白白是因为他反对科学与物质文明，此事任何人都应该知道。然太戈尔却妙想天开的说："今有人反对余，或系恐惧余反对一般金钱主义之人。"难道科学与物质文明就是金钱主义吗？太戈尔在北京未久竟染了军警和研究系的毛病，造谣诬陷异己！难怪北京有人说他，是一个政客，不是诗人。而且太戈尔他自己如果反对金钱主义，便应将他所受物质文明社会的造孽钱——诺贝尔赏金，散给无衣无食的印度人。

大同主义与弱小民族

大同主义，世界和平，废战，博爱，人类的努力本应该奔向此路；但有何方法使我们能够开步向此路走，能够除去横梗此路之障碍物，乃是一个最紧要的问题。倘无此等方法，只空喊这几个名词，在强大民族口中喊出，虽未必有益而却无损；在被压迫的弱小民族口中喊出，则是何等昏聩无耻的话！是何等可怕的麻醉药、催眠剂！

亚洲民族联合与亚洲平民联合

日本人因为美国通过了限制移民案，转过头来鼓吹什么亚洲民族大联合，还要组织什么亚洲联合会。我要请问日本人：你们最得意的压迫中国、印度人之日英同盟，你们忘记了没有？你们在中国关于廿一条强占旅大以及在汉口、长沙等暴行，你们有了觉悟没有？你们惨无人道的对待朝鲜人，你们觉悟了没有？我今正告日本人：我们的主张是"日本、中国军阀政府及一切特权阶级除外之被压迫的亚洲平民大联合，不是整个的亚洲民族大联合"。

署名：实庵（独秀）

《向导》周报第六十八期

1924 年 6 月 4 日

德国对华赔款问题

（一九二四年六月十一日）

此时中外宣传的德发债票问题，其实不单是德发债票问题，我们应注意到全部德国对华赔款问题。

德国对华赔款，原来是二万三千三百万元，中国允以战前所欠德国债票作抵一部分。计中国所欠德债，计五厘借款，四厘半借款，津浦借款及续借款，湖广路借款，善后借款，六项共计二千八百五十四万镑，略与对华赔款相等。唯此项债票，已于欧战前后多半转入他国商民之手，曾由中国宣布作废，可抵赔款者，面额只有一千零三十九万八千七百九十五镑，其余德国应另付中国的现款，当在一万万元以上；再除去扣付战前所欠德商借款及战时没收德产，亦不过五千七百万元，其余五千万元何以竟无着落？

至于收回抵作赔款之一千余万镑债票，除去用作偿还战时德侨在华损失四五千万元，净余债票面额约尚有四五千万元；此理应销毁之四五千万元债票，为什么必须折成一千五百万元交德华银行经理？将来这二三千万元的损失归何人担负？

北京政府对于这一切都不顾，一心只顾德发债票案速签订好提用前存伦敦拟付德债之款。此案并不交所谓国会通过，已于本月六日在德使馆秘密换文；换文之后，北京军阀们便可取回伦敦存款九百万元，全数用作军费。

对德战争中，中国人民尤其是赴法的华工，受了不少损失，所得赔款名为二万万元以上的巨额，东折西扣，一无所有，实际上只收回伦敦存款九百万元，供给军阀挥霍，北京军阀官僚们营私误国的黑幕重重，即此德国赔款一端，已令国民不能容忍。

署名：独秀

《向导》周报第六十九期

1924 年 6 月 11 日

无政府工团主义与黑暗势力

（一九二四年六月十一日）

由无政府主义到工团主义，在理论上，或者有人说是退了一步，然在实际进行上，实在是进了一步。所以有些革命的工团主义者，在反抗黑暗势力之联合战线上，应该是我们最亲近的好友；在日常生活的经济争斗之联合战线上，更是我们最得力的同盟军；因为工团主义者了解阶级利益调和之不可能，不似伪马克思主义的改良派采纳劳资妥协政策。

唯工团主义尤其是无政府工团主义之根本理论，我们非是不肯赞成，真是不忍赞成。他们的根本理论有二：

只做经济争斗，反对一切政治行动及政治组织；

工人团体独立自治，反对一切政党。

我们以为人类社会尤其是今日经济组织复杂的社会，想把经济、政治两下绝对的分开，已经不容易，每个经济争斗剧烈起来，都会变成政治争斗；因为工人们经济争斗的对方，资产阶级及资本帝国主义者，他们所以要占有政权，正为拥护有利于他们的生产、交换、分配等经济制度，不服此等制度的人便是叛徒，便要受他们政权所表现的法律之制裁。工人应该是社会之支配者，如何放弃政治不问；如何不要政权管理政治；如何将社会上最重要的机关——政治组织让给资产阶级永远专有，使他们永远支配社会支配经济制度，工人阶级永远在他们政权支配之下只做经济争斗！

既然要问政治管理政治，便不能不要政党，这更是很明白的事。况且同一工人阶级里的各分子，他们的阶级意识及革命之决心不能一致，这便是不能拿整个独立自治的工人团体来代替工人政党之唯一的理由。

以上是理论，以下再就事实说。

大战后，欧洲资产阶级濒于破产，一时全欧洲的工人阶级尤其是俄国工人都卷入革命的漩涡，各资本主义的国家即支配各国的资产阶级都战慄危惧，他们自救的方法是：（一）用武力、宣传、封锁等破坏俄罗斯工人革命事业；（二）组织欺骗工人的国际劳工局，吹出几个改良政策来和缓工人阶级的革命风潮；（三）造谣诬蔑革命的工人政党——国际共产党，说他们利用工人支配工人，使工人阶级离开革命的指导者；（四）在各种工会中实行分裂政策，排斥革命分子尤其是共产派的工人，使工人大的团结分裂为几派。这四个方法同时并行，一九一七年以来的工人革命怒潮居然遏住了；各资本帝国主义的黑暗势力，遂因此得以保持并且复兴起来。这次黑暗势力之保持与复兴，以背叛阶级的第二国际及亚姆斯德丹之黄色职工国际为最有力的工具。他们帮着各资本帝国主义的政府去实行上述四个方法；去帮着宣传劳农俄罗斯的罪恶；去出力讴歌国际劳工局；去造谣诬蔑共产国际，更是他们最得意的技能；去实行驱逐共产派分裂工会，乃是亚姆斯德丹派公开的政策。这班背叛阶级的改良派如此这般的做资本帝国主义的走狗还不足怪，最奇怪的是无政府派和无政府工团主义者，也于是时大鼓吹其"反对一切政治"，"反对一切政党"，"反对一切国家与政府"，"反对共产党在工会中活动"；大鼓吹其什么"独立主义"，就是主张纯粹的职工联合会向共产党宣告独立，换句话说，就是工会和共产党不发生关系。照他们的主张，总括起来，是要使工人运动和政治运动脱离关系，是要使工会和政党脱离关系。他们虽说是反对改良派，而实际上这种行动，却是和改良派取了同样的步调；因此，实际上也和改良派一样帮助资本帝国主义的各国遏住了工人革命的怒潮，让黑暗势力得以安然保持与复兴。工人脱离了政治运动并且脱离了革命的政党，又在高呼独立自治之下，在高呼不要支配不要首领之下，分裂又分裂，自己消灭自己集中的战斗力，哪里还有什么革命之可能。无政府派及无政府工团主义者，在欧洲引导工人向这样错误的道路上走，实在是资本帝国主义各国所快意的事，而是我们所痛心的事！

再讲到中国，小农及手工业的社会，本来对于政治及政党不甚关心，这是中国进步迟缓的现象，决不可说是好现象，军阀政治正是根据这个现象而发生而续价存在的。主张"不问政治"、"不要政党"，此时一定很受人欢迎；然而这种主张越受欢迎，越是中国人的灾难。无政府派在中国鼓吹不问政治不要政党，也和太戈尔在中国反对科学反对物质文明一样，都是拿催眠药给磕睡虫吃。

况且军阀政府最不愿人民干政，尤其不许工人干政，更不许工人和政党发生关系。最近萧耀南通令汉口各工厂，勒令工人具结永不加入政党。无政府工团主义者若在工人中宣传；"不问政治"、"不要政党"，倒正合军阀的口胃，因为他们怕的是工人要问政治加入政党。军阀们不但不要工人干政和加入政党，并且设法截断工人阶级和知识者的关系，例如：今年日本政府允许工人"五一"游行，但以非工人的社会党不加入为条件；中国的军阀官僚们屡次向铁路工人劝诫"勿为学生政党利用"。这是什么意义呢？原来知识这件东西，是人类社会进化之发酵母，被压迫的工人阶级，因为失去了经济的权利，便也失去了知识的权利；所以无论何国劳动运动之初期，都少不了知识者之奔走鼓吹和扶助，我们敢说这是没有例外的。军阀们有意或无意窥破这个关键，所以极力破坏工人和知识者之间的关系；他们不但在工人中宣传"勿为人利用"的口号，并且在每次工潮中特别注意和严惩参加运动的知识者，例如：上海因邮差罢工而监禁李启汉，长沙因纱厂工潮而杀黄庞，汉口因铁路罢工而枪毙施洋，这便是他们知道而且实行消灭工人革命之发酵母。

无政府工团主义者，若鼓吹工人不问政治不要政党，并且鼓吹工人团体独立自治，工人的事由工人自己干，反对一切知识者参加扶助；这简直和军阀是一样声口，这简直是阻止工人参加革命运动，这简直是帮着军阀宣传，这简直是无形中延长黑暗势力的生命。

在工人心理幼稚的中国，不但对于政治组织（政党）和政治争斗不敢出头做，有许多便是对于经济组织（工会）和经济争斗还有点怕。在这种情况之下，指导劳动运动的人，不事急进，不作高论，暂时专力工会运动和日常生活的经济争斗，以养成由经济争斗到政治争斗的力量，这样的方法，我们是不能反对的；若从根本上主张工人永远不问政治不要政党，说好点，这种主张是幼稚的左倾；说坏点，便是避去革命的行动，免得和现政治冲突。

中国工人所受军阀政治的苦痛，别的且不说，黄庞的血，"二七"京汉工人的血还未干，洛阳工人血又在我们眼面前流着，我们怎忍心不去革命，怎忍心不去和现政治冲突！

有人说工人即得政权也不能解决劳动问题，并引俄国劳农革命为证。我们固然不能造谣瞎说俄国劳动者已经一步登天了，而且因全社会生产力向来幼稚之故，俄国工人物质的生活当然不及英美的工人贵族（一部分技术工），比起其余任何国工人却只好不坏；至于实行八时制及其他教育、游艺等精神上的愉快与夫政治上的自由，也可以说是一步登天；若依据资本帝国主义的英日路透、东方等通信社反俄的宣传，便真相信俄国工人还在失业困苦之中，那便是太无常识了。

以一个无政府工团主义者，不肯相信劳农革命的俄罗斯，而却肯相信资本帝国主义的通信社，这是万分不应该的事呵！

我们以极诚恳的情绪来劝全世界无政府工团主义的同志们，你们的言论行动都应该加意考虑，万勿只顾攻击我们客观上正帮助了黑暗势力而自己还不觉察！你们口头上攻击我们，说我们革命不彻底，你们应该要比我们更彻底些更高明些，然而事实上你们在欧洲取了和改良派同样的步调，在中国更老实和一向反对革命的研究系合作起来，你们果何以自解？

署名：独秀

《向导》周报第六十九期

1924 年 6 月 11 日

上海丝厂女工大罢工

（一九二四年六月十八日）

自本月十五日起至今日止，上海各丝厂女工罢工已有十天了，罢工的丝厂已由两家扩大到十四家了，罢工的人数已增加到一万多了；在近来，不但是上海劳动界一大事件，并且是全中国劳动界一大事件。

此次罢工的原因是：因为厂主一面公同议决每日工资至多四角二分，比去年减少三分；一面还要增加做工时间。工人方面以为既要增加时间，就不说加薪，至少也要恢复去年四角五分的工资；厂主方面坚执不允，遂至酝酿罢工风潮。其初十二日，天宝路天昌丝厂工人即有发动之意，经厂主报告警署，派队弹压乃已。至十五日，胡家木桥云成丝厂工人首先罢工，经警捕劝谕无效，狄思威路同丰永丝厂工人亦继起。十六日加入罢工者，又有梧州路之裕经、统益、元丰、长源、福华，七浦路之永泰及天宝路之天昌等七个丝厂的工人。随后加入者又有分水庙之物华厂，斐伦路之瑞纶厂等数家工人。警区在同丰永厂附近捕去女工九人，后释放七人。为首之曾胡氏及黄陆氏尚押在警厅；而罢工风潮不但不因此静止，尚有日见扩大之势。

现在女工们的口号是：工资不恢复到四角五分不上工，工作时间不恢复到十点钟不上工，不释放被捕的姊妹不上工，不恢复我们的工会不上工。

我们平心讨论此次罢工女工之要求，是否正当：第一，在工资方面说，上海各丝厂女工工资最底额每日一角，最高额每日四角，其余二角、三角、三角半不等；向例新茧上市时，每日工资多的加到四角五分，少的也有一角五分，此外每星期每人赏工半个，每月赏工四个，现在都一律取消了。厂主减薪的理由，是说去年丝价每百斤售银一千七八百两，所以工资加到四角半；今年丝价每百斤只有九百两，所以只定四角二分。这个理由实在似是而非。丝茧总公所开会时，王抚卿君说："现在新茧三担才烘干茧一担，干茧七担才制丝一担，成本需千元。"成本一千元，卖价九百两，还是赚钱。所以《新闻报》记者羲农君说得好："丝市不振，固系实情，生活增高，亦为事实，欲求两全，殊无善法；惟工人方面关于生活问题，丝厂方面仅属于利益之厚薄。"第二，在工作时间方面说，厂主们要想更多赚钱，只有设法和外丝竞争市场，若要穷苦的女工多做点工，拿他们的血汗，来弥补你们的损失，漫说丧良心而且也有限呵！况且照部颁工厂通则及省长通令，每日工作不得过九小时；而上海各丝厂都是自晨五时起，到晚六时止；其间除去午膳一小时，实际做工也还有十二小时，现在又要延长时间到晚七时止；上海物价日见其高，女工们所得工资已经不够生活，凭空又要延长做工时间，她们怎能不聚众反抗！

因此，我们承认此次女工罢工所要求的都很正当；我们希望一般社会，尤其是主张改良劳动者之生活状况的国民党，对于这些穷苦无告女工们，公开的出来加以援助。

署名：独秀

《向导》周报第七十一期

1924 年 6 月 18 日

国民党与劳动运动

（一九二四年六月十八日）

在半殖民地之国民革命中，劳动运动有最重大的意义，国民革命的国民党，对此最重大的意义，实有了解的必要。可是现在尤其是将来实际动作时，都会竟不了解而陷于错误的观念，因此我们必得详细解释一下。

第一，就国民党的主义上讲：此时任何政党党纲，都论列到社会的经济政策，可是中国国民党二十年前造端时即注意到民生问题，这是受了德、法两国劳动运动的影响，而后进的中国国民党遂有此特色——和民族、民权并列的民生主义。什么是民生主义？简单说，就是如何解决劳动平"民生"计问题，不是说解决全民生计问题；因为全民中富有的部分，当然不劳国民党锦上添花为他们来主张民生主义，国民党的民生主义，乃为着劳动平民雪中送炭，这是毫无疑义的。至于如何解决劳动平民的生计，国民政府之经济政策及农工立法，尚在将来，眼前急需的经济组织（工会、农会）及日常生活之改善，乃解决劳动平民生计之最小限度，国民党对于此类最小限度的劳动运动若不实行援助，则民生主义的理论及保护农工利益之党纲条文，便都是不兑现的支票。各种主义的党派，对于劳动运动之性质与内容及劳资间的关系，虽不同途，而于最小限度之经济组织及日常生活改善，则殊无二致。若并此最小限度而否认之，则已无劳动运动之可言，这是军阀阶级的主张，提倡民生主义的国民党当然不能如此。若恐怕参加此等最小限度之实际运动有赤化的嫌疑，这便和军阀官僚们把一切工会运动及罢工都当做社会主义或过激运动是同样的无常识了！

　　第二，就国民党的组织分子上讲：有人以为国民党是各阶级合作的党，若出力援助劳动阶级，岂不违背了资产阶级的利益失了合作的同情？这是一个错误的观念。不错，国民党是各阶级合作的党。然正为他是合作的党，便不能只代表那一阶级的利益，国民党应该代表资产阶级的利益，同时也应该代表劳动阶级的利益，必如此，才有各阶级合作之可能。国民党若恐怕援助劳动阶级，违背资产阶级的利益，失了资产阶级之同情；但是不援助劳动阶级，不怕违背劳动阶级的利益，失了劳动阶级之同情吗？国民党若只看见资产阶级的利益，若只珍重资产阶级之同情，那便是一个单纯代表资产阶级的党，不是什么各阶级合作的党了。要他合作，却不顾及他的利益，现代的劳动阶级未必还是这样可以愚弄的罢！国民党既是各阶级合作的党，拥护资产阶级的利益也是应该的；但是拥护资产阶级的利益，也有拥护之道，就是应该站在民族及民权主义上拥护资产阶级的利益，不应该站在"反民生主义"上拥护资产阶级的利益。详言之即是：破坏中国资产阶级利益的，第一是外人制我工商业死命的协定关税和外人在中国设厂制造，第二是军阀官僚之战争及厘金等苛税阻碍工商业。因此，国民党为资产阶级利益而奋斗，唯有厉行民族主义反抗掠夺中国经济的帝国主义者，和厉行民权主义反抗紊乱中国政治及财政的官僚军阀；若不努力于此等奋斗，转向穷苦的劳动平民，要他们多做点工少拿点钱，以弥补资产阶级被外人及军阀官僚所掠夺的利益，此种"杀穷人起家"的办法，不但不合天理人情，而且在此半殖民地状况的中国，即尽杀穷人也不能起家，因为劳动平民无论如何牺牲，比起资产阶级所受外人之掠夺及军阀之损害，不过九牛之一毛。因此，我敢说：国民党若怕违背了资产阶级的利益而不肯参加劳动运动，简直没有理由；何况他是各阶级合作的党，不是单纯代表资产阶级利益的党，更不是和绅士们相依为命的陈炯明。我曾在《国民党与资产阶级》一文中，说明国民党的革命是于中国资产阶级有利益的，劝资产阶级应该赞助国民党，因此有班朋友们指责我，说我轻蔑国民党是资产阶级的党；其实我在那篇文中并未如此说，因为我始终希望中国国民党是各阶级合作的党，此时他的组织分子上也实际是各阶级合作的党。这班朋友们不愿意人轻蔑国民党说他是资产阶级的党，这是很对的；可是若同时恐怕违背了资产阶级的利益而不肯参加劳动运动，倒现出资产阶级政党的面目来，这却不对了。我们现在所用"各阶级合作"这个名词，应该要知道这名词有两个重要的解释：（一）是各阶级合作，不是各阶级合并，因为阶级是不能合并的；（二）是国民革命之政治的合作，不是劳资妥协之经济的合作，因劳资两阶级在经济上没有能够合作之共同点。各阶级合作的国民党，若不将这两个合作之意义解释清楚，在实际工作上必发生无穷的纠纷与困难。

第三，就国民党革命的战斗力上讲：我们固然不能武断资产阶级永远是不革命的，然而我们的确知道他们的革命热总是间歇的；越向上层的资产阶级越富于妥协性；越向下层的劳动阶级，越富于革命性；这些情形在各国都没有例外，在埃及、印度、爪哇、飞律宾等国民革命运动中，劳资两阶级对于革命的态度，更是眼前的明证。中国又何独不然！由工人农民群众，而商联会与学生会，而总商会与教育会，这三层阶级对于革命的态度是怎样，我们应该知道。总商会所代表的，又应该分资本家和财阀两派，中国此时财阀的力量更大过资本家，若新旧交通系，若京、沪银行业者，若香港、广州的富商，都属于财阀派；他们是依赖外国帝国主义者和本国军阀官僚而存在而发展的，他们不但不是革命派，而且是反革命派。革命的国民党，固然是各阶级合作的党，然而也应该看清财阀、资本家、小有产者（学生、小商、小农、小工业家等）、工人农民这四个阶级当中，那个阶级能够供给他更多的革命战斗力。国民党若是看轻了工人农民；若是恐怕参加劳动运动得罪了财阀和资本家；若是觉得财阀和资本家不但比起劳动者是绅士，而且比小有产者更有力量；若是相信财阀和资本家能帮助国民党成功，一味交欢他们，因此便不敢和劳动阶级接近；如此，国民党的革命战斗力必然要衰弱下去，革命的色彩也必然要淡薄下去。各阶级合作的国民革命党，不用说，他的党纲，他的行动，都应该努力于中国资产阶级之解放对内对外的战斗；但同时，万不可忘了更有革命战斗力的是更向下层的阶级，尤其是最下层的劳动阶级，更万不可牺牲这最有革命战斗力的阶级来维持资产阶级之利益；因为若没有这最有革命战斗力的阶级起来奋斗，中国资产阶级之解放运动，中国之国民之解放运动，是不能成功的。因此中国国民党，在中国国民革命运动总观察上，在估量国民革命运动全战斗力上，都知道劳动运动有最重大的意义，不应该为任何次重大的意义而牺牲他。

署名：独秀

《向导》周报第七十一期

1924 年 6 月 18 日

寸　铁

（一九二四年六月十八日）

研究系之丑表功

研究系的先生们，居然在《时事新报》上丑表功，说当日主张对德参战只梁任公一派有此先见之明；参战的利益，此时已由德国赔款见之于数目字了。其实德国赔款的数目实际上已等于零，倒是因参战所借日债的数目字，一个也少不了，研究系的先生们看见没有？这种误国殃民的日债，也应该列入主张参战者丑表功之一。

为美国排日

奉天收回教育权及一切排日运动，我们对之都非常表同情；但此神圣的国民运动中，夹杂了许多基督教青年会——美国侵略中国的走狗在内，实是一件极可耻的事！我今正告奉天人：最好是为中国排日，其次是为奉天排日，最下流是为美国排日！

研究系不至如此下流！

有一位朋友劝告我："你们这班书呆子慎勿冒犯研究系，他们会越出辩论事理的轨道，以'过激'、'莫斯科训令'、'第三国际宣传费'等说话中伤你们，暗示军阀和你们为难。"我说："研究系不至如此下流！"

还不问政治吗？

部令总邮政局查禁上海的劳动旬刊，此报会主张不问政治，可是现在政治却来问他了！

署名：独秀

《向导》周报第七十一期

1924 年 6 月 18 日

智利领判权与中国主权

（一九二四年七月二日）

帝国主义的列强蔑视中国的主权，要算最近硬派智利驻沪领事有裁判权是最露骨的表示了。

据六月二十三日上海《文汇报》说："本埠智利领事是否有权过问本国人民之诉讼事件，北京来讯，外交团未与臂助云云。兹据上海消息，领事团已议定，将有关智利国人民之事交由智利领事署办理，不以中政府所称该国无治外法权为意。"又二十四日《文汇报》说："本埠领事团议定智利国应享治外法权，闻已通知会审公堂。"

领事裁判权本是列强加于弱小民族最大的侮辱，此时我国民正在要取消他；况且列强所视为神圣的华府会议也曾议决取消；况且德国、俄国都已先后实行取消；况且中智条约并未许他有领判权；而上海领事团居然硬出头代替中国政府允许智利国应享此权，这是何等露骨的否认中国犹有主权！

中国政府所应许交还的俄使馆，北京使团硬不许交还；中国政府未应许的智利领判权，上海领团硬要他享有此权；照此下去，中国的外交，到底是中国政府作主，还是外国使领团作主呢？

外交部给江苏特派交涉员的训令说得好："查中智条约，既无领事裁判权之规定，此次智利派驻上海领事，本部发给证书时，亦经郑重声明：且此事系中智两国问题，第三者更无代为决定之权利。"

向来不说理的北京公使团尚知理曲不与臂助，而上海领事团公然一意孤行，简直是目中无人！向来媚外的北京外交部尚知据理力争，而爱国的上海市民何以没有严重的表示？

署名：独秀

《向导》周报第七十二期

1924 年 7 月 2 日

法西斯党与中国

（一九二四年七月二日）

意大利法西斯党穷凶不法，世界上哪一国不知道！中国北洋军阀穷凶不法的苦，人民已经受够了，不图混账的美国人用尽方法，又要把穷凶不法的法西斯党介绍到中国来；他们去年在《大陆》报上大鼓吹其意大利法西斯党有代表在上海，劝中国商人去请教；现在又有一个私贩军火的美国人什么凯南中尉，竟将美国的法西斯党引到中国来了。目前上海破获的三 K 党机关，虽没有法西斯的名称，实际上他们在美国利用憎恶黑人底群众心理，做出种种穷凶不法的事，和意大利法西斯是同派的恶徒。

他们别高兴，他们同派的法西斯在意大利就快失败了。自众院议员社会党麦台悌氏被法西斯党谋害以来，全欧洲舆论都很激昂，各国社会党在日内瓦召集大会，直斥法西斯党是凶犯是强盗。牵涉此案而被捕的法西斯党重要人物甚多，地位仅次于穆索里尼的领袖罗锡氏，亦因被控自向警局投案。参院议长狄士尼在院痛诋杀人自利之目的，首相穆索里尼亦表示异常愤懑与惶恐。据六月廿七日罗马电：意国全境本日一律停工十分钟以纪念麦台悌氏，各公共事业亦皆停顿二分钟。又廿八日罗马电：在野党考虑议员麦台悌氏被害案后，今日开会通过不信任现政府之决议

案，要求另立迅速废除法西斯党军队及严厉取缔各种不法行为之
政府。

　　日暮途穷的法西斯党，他的穷凶不法，已暴露于全世界；美
国对我们经济的文化的侵略，我们已领教够了，现在他们觉得教
会学校青年会、华洋义赈会、红十字会等工具还不够用，又要把
穷凶不法的美国法西斯党即三 K 党引到中国来（六月二十五日
淞沪警厅破获的三 K 党机关，明明是美国人主持的），试问他们
对中国人到底有什么特别的深仇大恨？

署名：独秀

《向导》周报第七十二期

1924 年 7 月 2 日

美国侵略中国之又一形式——三K党

（一九二四年七月二日）

穷凶不法的三K党，就是美国的法西斯党；但是他标明纯美国主义，不独肆行惨杀黑人，即非美国土生的白人，亦在排斥之列；照常情此党之发展，只限于美国以内，断没有走到美国以外，提倡纯美国主义，排斥一切非美国人的道理。

可是近来上海竟发见了什么中国三K党，纯美国主义的三K党上，忽然加上中国二字，奇一；什么中国三K党，标榜的是狭义爱国主义，而党名却用外国文字，党务则由外国人主持，奇二。

六月二十五日淞沪警厅在横浜路破获他们的机关，拿着的七个党员当中，有两个是美国籍，他们指着室中所挂美国国旗对警察说："我们是美国公民。"警察进屋时，他们正在和一个美国人名叫凯南（Kearny）的谈话；同时，附近的美国人立即通知美国领事。事后，凯南公然自己具名投函《字林西报》说："余为该党之顾问……三K党……认目下一部分华人及一部分外人所宣传之排外说为错误，于中国有害，故该党对于此说，力辟其谬。……该党一切党员均负有阻止排外宣传之义务。"

依据上列事实，当然可以明白所谓中国三 K 党完全是美国人的阴谋；《字林西报》说得好："其目的究竟是为美国呢，还是为中国，非有若干中国人出而为该党发言，此疑问终难解释。"我们并可以明白这党是一个为害中国尤其有害于上海治安的团体，因为三 K 党在美国多穷凶不法的行为和他们在上海的顾问是一个私贩军火的人物。

美国三 K 党本是极端排外的，而据凯南说中国三 K 党乃是一个阻止中国人排外的机关，这岂不矛盾得很？所谓中国三 K 党也曾标榜狭义爱国主义，然而以抱狭义爱国主义的人，入外国籍，受外人支配，托庇在外国国旗势力之下求生活；这不算，还要帮助外人阻止中国人排外，这岂不更矛盾得很？

其实并不矛盾，因为他名为中国三 K 党，仍旧是美国三 K 党，仍旧是排外，他们在中国也是外人，所以阻止中国人排外；诚然是狭义爱国主义，唯所爱的是美国不是中国，并且还要中国人也爱美国；这是美国对中国总的经济侵略之下在教育侵略新闻侵略外之另一形式。

署名：独秀

《向导》周报第七十二期

1924 年 7 月 2 日

外人私运军火与中国治安

（一九二四年七月九日）

意大利人几乎是公开的在天津发卖军械，最近马联甲又在那里购去大批手枪子弹等；上海方面，法国邮船安乾尔号私带军火案才判决，本月四日又发现了美国船拖儿开脱号密运大批军火来沪，已经海关查出大木箱六十二只，内藏手枪来复枪一百九十九支，旋轮手枪四百〇一支，机关枪八尊，子弹十三万五千粒；同时，日轮白山丸船员亦在虹口马路上被巡捕搜出手枪五支，子弹三百五十粒。

帝国主义的列强，动辄以华府会议镇压我们，现在他们对于所议决的禁止军火来华案怎么样？

他们一面输入多量机器制造品，摧毁了中国的农业手工业，使多数农民工人失业而流为兵匪；他们又一面输入多量军火，使中国的兵匪得着武器更加横行。中国兵匪的势力，完全是列强制造出来的，于是他们又可以借口兵匪扰害外人，向中国政府讹索敲诈，这都是英、美、法、日、意各大强国各文明国对待我们中国的行为。

他们在中国制造了兵匪，还要责备中国政府不能维持治安，还要向中国政府敲索赔偿；可是土匪们已经光顾到列强支配的租界，近来上海租界几乎每天都有抢案发生，不知列强对于租界治安将责备何人维持，其损失将向何人要求赔偿？

若是美国人果然能在上海组织一个强有力的三 K 党，一面召集中国土匪，一面密运美国军器，那时上海租界上的治安，还要比现在好看十倍哩！

署名：独秀

《向导》周报第七十三期

1924 年 7 月 9 日

寸　铁

（一九二四年七月九日）

沈恩孚、梁启超眼中的平民

沈恩孚说："中华民国人民在法律上都是平等，所以叫做平民。"他这样解释平民，自然可笑。梁启超把全国人分为两部分：一部分是自食其力的农、工、商，叫做有业平民；一部分是抢骗他人血汗的官吏、兵官、议员，叫做无业游民。他这样解释平民，固然好过沈老先生，不过官吏、兵官、议员……外，被内外资本主义挤迫而失业的，何尝不是平民？反而商之中，居奇致富的大腹贾，有时势倾王侯，哪算得是平民？

梁启超勿忘今日之言！

梁启超发愤说："做官的，带兵的，当议员……种种阔人，以及他们的附属品什么太太、奶奶、少爷、小姐，他们自以为高贵，也许有人认错他们是高贵。其实这班人有最下贱不过的。因为他们都靠人养活——笼着手不做事，只会张着嘴吃饭……笼着手吃饭的人，吃的不是饭，是别人家血和汗。别人家的血汗怎么会吃得着？不外两种把戏：一是骗，二是抢。骗是光棍行为，抢是强盗行为。……唉，真倒霉，中华民国的生命，全部掌管在这班最下贱的人手里！'一品大百姓'往那里去了？哈哈，都睡觉哩，不管事。"哼！梁启超现在说得太过高兴了！他现在这样发愤，即或是一时憎恶军阀政治之真情；但是日后自食其力的劳动百姓们，如果真能起来从张嘴吃别人血汗的光棍、强盗手里夺得掌管中华民国之权，那时，梁启超倘尚生存在世，必然因为太伤了高贵人的体面，又要出来大呼"贱民专制"。他如不服，请以今日之言留证将来！

假 革 命 党

中山先生说："升官发财，畏难苟安，这是假革命党。普通国民以为这就是革命人才，所以革命的名誉，被他们弄坏了，我们一定要排斥这种假革命党。"凡属中国国民党员，每日至少要自问一次是不是中山先生所指责的假革命党！

"七一"与"五七"

日本人因美国限制移民案，以七月一日为国耻纪念日，实在没有道理。日本人以强力侵入中国，"五七"才真是中国之国耻；限制移民案，不过限制一切外人自由侵入美国，并不专为日本而设，更未侵入日本国土，何以竟是日本人之国耻？必须全世界都让日本人像在中国一样的横行才不是国耻么？

玄学家言原来如此

孙中山分明没有死，而吴佩孚硬说照易理推测一定死了。钱能训分明已经死了，而悟善社的人却说他并没有死，是陪李太白下棋去了。这班玄学大家只顾主观不顾事实竟至于此！

北京的议员哪里去了？

郝莱氏即便是被人打下水，自有美国领事出来说话，何劳英国舰队司令官直接发炮威逼地方官，不经审判立即斩杀凶手二人？此事尚有英国议员在英国众院质问，何以北京的议员竟无一人说话？

署名：独秀

《向导》周报第七十三期

1924 年 7 月 9 日

给维经斯基的信

（一九二四年七月十三日）

亲爱的维经斯基同志：

您从北京写来的信和从莫斯科发来的电报收悉。鉴于急需给北京、哈尔滨、天津和汉口派遣工作人员，所以我们同意召回的同志务必尽快返回中国，特别是张太雷。我们也在期待教授返回。

8月10日，国民党中央执行委员会将在广州举行会议。根据国民党中央执行委员会广州分部的声明，这次会议将讨论和决定所谓的共产党问题。据说，孙中山虽不会马上抛弃我们，但根本无意制止反动派对我们的攻击。为了明确"如何在国民党中做工作"，我们给各区委各地委和各独立组发出以下通告。您的意见如何？我们急切地期待着您的建议。

至于国民党目前的状况，我们在那里只看到了右派反共分子，如果说那里有一定数量的左派，那是我们自己的同志。孙中山和另外几个领导人是中派，而不是左派（即便戴季陶也不过是左翼理论家），所以现在支持国民党，就只会是支持国民党右派，因为他们掌握着党的所有机构。在他们的对内政策中表现出反工人倾向，而在对外政策中表现出反苏倾向。如果以后还以这种精神（援助反动派）给以支持，那么这就会对远东的革命产生很大影响。这是一个需要解决的严重问题。您需要紧急给鲍罗廷同志发一份电报，请他提供实际情况报告。我们期待你们将根据他的报告制订共产国际的新政策。我们认为，对国民党的支持不能沿用以前的形式，我们应该有选择地采取行动。这就是说，我们不应该没有任何条件和限制地支持国民党，而只支持左派所掌握的某些活动方式，否则，我们就是在帮助我们的敌人，为自己收买反对派。

署名：陈独秀

转自《联共（布）共产国际与中国国民革命运动（1920—1925）》，北京图书馆出版社 1997 年版

收回教育权

（一九二四年七月十六日）

教育改进社今年在南京年会中所通过的各议案，算是收回教育权案有点历史的价值。

无数在外国教会学校诱惑锢蔽之下的中国青年，受了土耳其封闭美国人所办学校的刺激，"收回教育权"的呼声，首由广州学生喊将出来，不期而应者几遍全中国，教育改进社的右派分子，竟为全国青年的呼声所迫，容纳了左派分子之主张，通过了此案。将来实行至何程度，现在虽不可知，而最小限度（一）总可以使外人感觉中国人心犹未死尽，无形的文化侵略究竟不象有形的军事侵略、经济侵略那样便当；（二）总可以使在外人势力之下麻醉久了的青年明白教育权应该收回，是中国教育界所公认，并不是什么过激派的主张。

然而恐怕也只有这两个最小限度的效果，因为他们的议决案中，并没有明白坚决的办法；他们的办法是：（一）凡外人借学校实行侵略，经调查确实，应由政府勒令停办；（二）施行甲、乙两种注册；（三）于相当时期接收外人所设学校。

这种明白实行侵略的事实，尚待调查，岂不是笑话！注册是取缔不是收回。相当时期，是不是无期？

　　他们堂堂的收回教育权案何以这样二百五？这缘故很容易明白。（一）是因为教育改进社完全在研究系操纵之下，他们如何能赞成这样急进的主张！初提此案时，研究名人范源濂犹极力称赞教会学校之成绩，经陈启天等纷起驳斥，才将会场空气转换过来。（二）是因为教育改进社社员中，有许多耶教徒或教会学校出身，他们都加入讨论，议决案怎能不二百五？

　　我们认真讨论起来，与其主张"收回教育权"，不如主张"破坏外人在华教育权"；因为在国民革命成功以前，目下二百五的中国政府和中国教育界，都不会有收回的决心；至于破坏的责任，便不须依赖政府与教育界，只要在教会学校受奴隶教育的二十万男女青年有这样的觉悟与决心。

署名：独秀

《向导》周报第七十四期

1924 年 7 月 16 日

寸　铁

（一九二四年七月十六日）

假革命党与反革命党

国民革命和民族解放是两个意义相类的名词，所以反抗国外帝国主义之压迫是国民革命运动之中心工作，反对国内军阀政府，只算是这工作中之一种，因为军阀政府不过是帝国主义者之傀儡。因此，我们可以知道：不肯反对帝国主义的人，便不算是国民主义的革命党，便是假革命党；阻止别人反对帝国主义的人，更是反革命党。

精神生活与金钱

章行严、太戈尔、张君劢，他们极力提倡精神生活反对物质文明的高论，我们都领教过。然而第一个章先生竟发起召集十万元办周刊，并且投身交易所事业；第二个太先生在香港为他自己办的学校大募捐款；第三个君劢先生因为他的自治学院经费取消了大肆咆哮。难道所谓精神生活还得要依靠金钱养活着吗？

署名：独秀

《向导》周报第七十四期

1924 年 7 月 16 日

新银团与中国

（一九二四年七月三十日）

银团为中国之隐患和使团为中国之显患，是帝国主义的列强侵略中国一个政策之两方面，前者是经济方面，后者是政治方面，这两方面有时也会有私的冲突，而根本上我们没有方法说他是两件东西。

银团内部也随着列强自身政治经济之变化而变化，由英、美、俄、德、法、日六国银团，而英、俄、德、法、日五国银团，而英、美、法、日四国银团，这个大战后改组的四国新银团，实权上只是英美的银行团。

去年八月新银团在巴黎集会，英、法、美、日代表都到会，发表宣言，宣言中有重要二点：（一）本团愿以国际合作代替国际竞争，深合华会公约；（二）本团苟为中国承募国债，必须该款用于适当用途，且可到期归还，因欲达此目的，自须有若干之监督办法。第一点，明明和华会对中国由瓜分政策到共管政策由单独侵略到共同侵略，是一鼻孔出气；第二点，明明说到共管之实际。

现在，新银团又正在伦敦开会。此次开会乃由英国提议，提议的主旨有二：（一）因该银团到明年十月已满五年期限，意欲讨论可否继续下去；（二）因从前新银团内部规约过于束缚，意欲改订规约，以便各国自由投资。其结果，据路透电：议决合同满期当再延长五年，是英国提议的第一个问题业已解决，第二个问题如何解决尚未宣布。唯闻英美银团的意见，拟变政治投资而为铁路投资；同时中国大军阀吴佩孚也主张急设到库伦、新疆两条铁路；此事如果实现，一方面列强益扩张其纵横支配中国之权力，一方面中国军阀不但挪用路款，而且增加其构乱杀人的速度。

在中国现状之下，列强对华铁路投资即是间接的政治投资，这是列强和军阀勾结为患中之一大计划。

署名：独秀

《向导》周报第七十六期

1924 年 7 月 30 日

帝国主义者援助军阀之又一证据

（一九二四年七月三十日）

对华禁输军械之约，本是由美国提出于华府会议，而经列强议决的，现在他们因为要援助北洋军阀，不惜自毁前约，将大批军械运到中国。

意大利售大批军械于曹锟之后，接着就是首倡禁械的美国售大批军械于吴佩孚，此事虽经美使馆否认，而事实昭彰，怎容他抵赖。

发见并扣留此大批军械的乃是天津海关。此项运械并有陆军部所发一二四九号护照，护照时日是民国十三年四月二十日，盖有大总统印及陆军部印，填发护照之负责人，除陆军总长陆锦外，复有吴佩孚之署名盖章，照上所载军械数目：步枪一万枝，小枪一千五百枝，机关枪二百五十枝，步枪子弹一千万粒，小枪子弹二十万粒。海关所以扣留的原因，以实数只有步枪五千八百枝，子弹五百六十四万，小枪二百五十枝，子弹二十万，和护照所载不符，故不放行，现在运存关栈，经运之美国人次洛耳夫，已电告洛阳，并得复谓即派员来津交涉。

同时，日本亚尔太丸由德国汉堡运军火三百五十箱至天津，此项军火有北京政府护照，也是吴佩孚所购。

同时，我们又应该知道未来内阁颜惠庆向来的政策，是以整顿财政名义，借新债五万万整理旧债，且曾得新银团之同意，即以新银团和财政整理会为一买一卖的包办机关。在此五万万大借款内，吴佩孚可分得一万六千万元为统一费，因此他对颜阁甚表同情。

野心勃勃的吴佩孚，既得到大批军械，又得着大宗借款，有款有械，自然要向西南、东南、东北、西北四方八面横挑战祸；因此，我们应该明白：帝国主义者援助军阀是中国祸乱之源泉。

帝国主义者为什么要援助军阀？这是他们对待殖民地半殖民地惯用的政策：扶植旧势力，抑制新势力，俾永远在他们支配之下。况且中国国民革命运动正在猛烈地进行，他们如何不加紧援助北洋军阀！

因此，我们更应该明白：历来军阀（自袁世凯至吴佩孚）都是依靠帝国主义者的援助而生存而恣意为恶，革命党若只反对军阀而不反对帝国主义者，乃是一个极大的错误观念。

署名：独秀

《向导》周报第七十六期

1924 年 7 月 30 日

沙面罢工与民族主义者

（一九二四年七月三十日）

日本取缔中国留学生，美国、南洋取缔华工，已经是人类不平的事了；然而这些取缔都还是在他们国境内行之，现在他们却更来到中国国境内取缔中国人，这是一件何等喧宾夺主的事！

沙面新警律为中国人所最不能受的是：从八月一日起，沙面华仆出入，概须携带执照，照上须粘主人照片，每晚九时后，华人非携带执照，不能入境两次。凡欧美人、日本人、印度人、安南人等，均可自由出入，独取缔中国人在中国国境内行路的自由，这明明是加于全中国民族不可忍受的侮辱！

沙面全体华工罢工抵制，这种为全民族受辱而消极的和平的运动，没有人能够加以丝毫非难的。现在因为沙面英领事坚持不肯让步，罢工风潮将扩大到香港，且有抵制港币之说。外国货币在中国境内直接使用，本来也是一件怪事，因此抵制不用，也是很正当的。

像这些事，都是广东革命政府应该出头做的，现在却让民众抢先做了！

现在外人方面对于此事的言论，大有责备广东政府在暗中鼓动的意思。这种荒谬的言论，固然是外人太轻视中国人的人格，也是广东政府自己态度不对所招惹的。像这种为民族争人格争自由的运动，凡是中国人都应该鼓动，国民革命的国民党、国民革命的广东政府更应该为此事堂堂正正的出头率领民众为民族的人格与自由权利而战斗，岂止应该鼓动。不料广东政府竟站在调人地位，而且声明和此次运动无关；此种声明，不啻说广东政府不是为民族主义运动而设的，所以才惹起外人的猜疑与责难。

"为民族的人格与自由权利而战斗"，革命的国民党是为此而组织，革命的广东政府是为此而设立，凡属此类运动，每个民族主义者都应该站在民众前面，不应该跟在民众后面，更万分不应该站在中立调人地位。若恐怕因此触怒列强，那便万事干休！

署名：独秀

《向导》周报第七十六期

1924 年 7 月 30 日

再论外人私运军火与中国治安

（一九二四年八月六日）

意大利售给曹锟的军械价值五百五十万元，现在美国售给吴佩孚的军械价值三百二十八万元，日轮又由汉堡运到天津军火三百五十大箱，此外齐燮元、马联甲都在天津购得若干意械，这都是帝国主义者供给北洋军阀杀戮中国人民的。

七月廿四日上海《字林西报》说："昨日法国邮船盎高尔号进口后，未及半小时，关员即在船中抄出自动手枪五十枝，子弹五千粒，近来法邮各轮屡有违禁物品查出，此次已属第六次，前如肯博特号、布尔介号、安德来朋号、安博司号、安乾尔号等五轮，相继被关员查获军火。"此外上海租界发见日人私藏军火的事，几乎每星期都有。这都是帝国主义者供给盗匪杀戮中国人民的。

帝国主义者口口声声责备中国不能自保治安，不能保护在华外人生命财产之安全，他们却忘记了这是他们自己以商业侵略逼得中国人穷无资了和以军火供给军阀盗匪之结果。

我们敢说：帝国主义者对于中国的侵略不停止，中国决无治安之可言，尤其于治安有直接影响的是私运军火。

他们供给军阀盗匪无数军火杀了无数中国人，他们向来不以为异；可是有一班盗匪竟拿这军火来光顾租界，杀人杀到洋大人身边，住在租界的任何人都难免波及，因此洋大人才恐慌起来，《中法新汇报》说："不幸吾沪秘密贩运军火者，继续不断，外洋来船时有大宗杀人器具运入，虽关员屡有所获，而破案者殆不及十分之一。吾人苟欲杜绝此项不名誉之营业，必须于贩运之人不问国籍之谁何，尽人处以死刑，夹带之船舶，在若干数目以上，不问其主人之为华人为外人，概予没收，以后犯法者庶知所畏惧而不敢为。……匪徒之行劫杀人者，治以死刑，而于彼私运军火以导其为恶者，反释而弗治，吾人自问良心，宁得谓之平允？"工部局总巡强森氏报告董事会说："埠内违法贩运军火之徒日多，所贩数目又不在少，皆有证据可引，外人营此犯禁事业若是其众者，全因处罚太轻所致，毫无疑虑，如某领事公堂最大罚则不过监禁三月，又如某领事公堂最大罚则谨能监禁二十九天，目前更有一私售军火与华人案，破获之后，因其为本国人故，即行释放，处罚之轻若此，无怪乎外人贪利犯禁者之众也。外人私贩军火之罚则，非至确可收禁阻之效，恐匪风未必能戢，而街中流弹横飞，危及行人之事，亦未必遂能中止。"

他们只看见盗匪得了军火，在租界中流弹横飞，危及行人事；他们不看见军阀们得了大批军火，在全国中流弹横飞，危及人民之事。他们只主张处罚在上海贩运军火之外人，他们并未想到如何处罚在天津贩运大批军火之外人，及其政府。如此，"自问良心，宁得谓之平允？"

《字林西报》说："不幸目下有关系之各当道，并无一致行动之征象，而捕房所处地位，尤因各领事态度之大异，办理极为棘手，是故目前于防杜军火，直可谓之毫无办法；长此不改，窃恐私运之风永不能稍戢……"像这样"私运之风永不能稍戢"，像这样"毫无办法"，外国领事老爷们只有把租界之司法权、行政权交还中国人自己治理罢！

署名：独秀

《向导》周报第七十七期

1924 年 8 月 6 日

日本在华侵略之新计划

（一九二四年八月六日）

南满铁路会社，不但为日本开发满蒙之总机关，亦即其侵略中国之重镇。加藤内阁成立，首先更换南满铁路总裁，以图扩张南满铁路会社之营业范围，使日本在满洲之经济尽量发展，然后再向北满及内外蒙与美国商业竞争。新任南满铁路总裁安广伴一郎氏，对于开发满蒙，素抱急进主义，赴任后，即拟定营业发展之新计划；并以上海为中国商业中心，又与日本、满洲均关系密切，亦特别派出多员调查，以为实行新计划之准备。闻所定新计划重要的是：

（一）推广抚顺（即千金寨）煤矿之产量，由现在每年最多额五百五十万吨，将来增至七百五十万吨。

（二）收并大连轮船会社，并以一百八十万元新造五千吨以上之快轮数只，专供大连、上海间之直航，以利运输。

（三）调查抚顺煤在上海方面之销路，拟以后每年在上海出售抚顺煤五十万吨至一百万吨。

（四）修改上海满铁会社之码头，增设上海仓库，并在吴淞新筑码头及仓库。

（五）将满铁窑业试验场所制玻璃商品，运供上海市场。

（六）将由上海运转大连之棉线、棉布、药料、毛织物、麻袋、面粉等，设法直接输入满洲。

（七）利用上海之标金交易，均衡满洲之银价，借以操纵满蒙金融。

照日本这个发展满铁会社营业范围之新计划，至少可以说明他们对于废除廿一条按俄旧约交还已过租借期之旅大及南满铁路，做梦也未曾想及。

署名：独秀

《向导》周报第七十七期

1924 年 8 月 6 日

寸　铁

（一九二四年八月六日）

留 美 学 生

美国限制移民律，竟影响到中国赴美的留学生，以至未动身的不能动身，已动身的到了美国不能登岸，在普通感情上，我们应该愤恨美国，然而我却十分感谢美国。因为在一般留美学生成绩上看起来，几乎无一人不反对革命运动，几乎无一人不崇拜金钱与美国，这种人少一个好一个；若是美国简直不许一个中国人去留学，那才是为中国造福不浅！

不要动气？

《申报》的平民周刊上有一首《不要动气》歌，歌词是："我们耕田，人家吃大米；我们织布，人家穿新衣。我们自己，为什么受冻忍饥！咳！你若是不胡乱用钱，就没有这个道理？劝你不要动气。"只有不耕田而吃大米不织布而穿新衣的人们，才会胡乱用钱，可怜那耕田织布的人，吃饭穿衣还来不及，哪有钱胡乱用！我想做这首歌的睡白先生，不是"何不食肉糜〔糜〕"的书呆子，便是一位留美学生。

帝国主义者对华一致行动

帝国主义的使团，霸占俄使馆不肯交出，和北京外部往返辩论，说来说去，理说穷了，如今说出真心话来了。他们的真心话就是：加拉罕从前言动多不利于各国，应担保不再有此言动，与各使馆融合感情，一致行动。原来使团不交俄使馆，是想迫得俄使和他们一致行动！加拉罕是苏俄驻华公使，为什么必须和使团融和感情一致行动？他们在中国一致行动干的是什么勾当？有人说苏俄也是帝国主义者，何以帝国主义的使团却以为苏俄的行动不和他们一致？

署名：独秀

《向导》周报第七十七期

1924 年 8 月 6 日

欧战十周年纪念之感想

（一九二四年八月十三日）

牺牲无数劳动平民之帝国主义的国际大战争，此时已届十周年，战败国战胜国都忙着开会纪念，大概都没有丝毫悔祸的意思，并且都还有准备第二次大战的决心。

在这帝国主义的国际战争中，交战国的资产阶级因供给军需品，中立国的资产阶级因供给生活品都发了大财，被牺牲的只有各交战国的劳动平民及被蹂躏的弱小民族。这种状况在过去大战争中已经明白指示我们看过，在未来的大战争恐怕更要加甚；因此，我们不得不努力反对国内军阀主义及国际资本帝国主义，他们都是国际大战之源泉。

有人以为帝国主义的国际大战争虽然造了许多罪恶，而其结果却倒了俄德两个专制皇帝，于人类社会进化未必无意义，若世界大战再来一次，或者又可以消灭几个强者；其实，这乃是机会主义者的谬见，这种谬见和希望军阀间相互战争而自己自然消灭是同样的妄想。我们要倾覆帝政，我们要倾覆特权阶级之统治，都应该实行横的国内阶级战争，不应赞成纵的国际战争；因为国际战争，乃是资本特权阶级利用劳动平民对别国资本特权阶级的战争，换句话说乃是各资本帝国主义的特权阶级各以爱国主义

（资本帝国主义者假借爱国主义，欺骗劳动平民来拥护自国的帝国主义，这种爱国主义是我们应该反对的；被压迫的弱小民族以爱国主义号召全民族来反抗国际帝国主义，这种爱国主义是我们不应该反对的）。关于民族主义也是这样，资产阶级所谓民族主义，即帝国主义之工具；在无产阶级的观点上，民族主义乃是弱小民族起来反抗帝国主义者的意义，我们对于爱国主义和民族主义之态度是如此。欺骗自国的劳动平民，盲目的拿着机关枪向别国的劳动平民放；其结果，无论战胜国战败国，都只有劳动平民同样的伤亡、失业无法救济，即战胜国的资本特权阶级即小受伤痕也不难恢复，并且还是拿劳动平民的血来恢复。至于国内战争，乃是劳动平民对资本特权阶级的战争，乃是劳动平民有目的的拿着机关枪向特权阶级放，其结果，至少也不是劳动平民单独的损失。

帝政及特权阶级都只有国内战争可以倾覆他，俄、德也是如此；决不是国际战争可以倾覆他，英、法、意、比就是如此。国际战争，只有国际的劳动平民白受无报酬无目的的大牺牲，为胜利国的资本特权阶级增加利益，此外别无意义。在此时代，我们不愿反对一切战争，我们只主张以国内战争代替国际战争。而且至凶极残的国际大战争，只有各资本帝国主义国内的劳农革命和各殖民地半殖民地反抗帝国主义者的独立战争之胜利才可以止住，此外决非空言及其他方法可以止住，这第二次帝国主义的国际大战争之必然的到来。

大战中，不但各交战国的劳动平民大受屠杀，全世界的弱小民族也几乎都无辜而被蹂躏；邻近欧洲的不用说了，即僻在远东的中国亦大受其影响。在这欧战十周年的纪念中，我们中国纪念的是：

日本迫我的二十一条件；

因参战而增加的外债：日金一万四千万元，美金五百五十万元；

参战华工死伤数千人；

因参战而起政潮，解散国会，复辟，南北分裂，督军割据。

不幸第二次大战若在远东发生，则中国所受的蹂躏更将百千万倍于此。我们求免之道：只有联合全世界反帝国主义的势力并自己努力排除国际帝国主义，使他们不至因为争夺中国这块商场而战，战时受彼蹂躏，战后受彼胜利者之独断的处分。

署名：独秀

《向导》周报第七十八期

1924 年 8 月 13 日

反革命的广东商团军

（一九二四年八月二十日）

帝国主义者、军阀、绅士、奸商，他们本来是气味相投的一串货色，在广东商人中尤其容易看得出，陈炯明便是这一串货色的串子。陈炯明自称须与绅士相依为命，他如何将中山先生外交政策向香港政府告密，香港政府又如何帮助陈炯明在香港、汕头间的交通及陈派以香港为攻击广州的策源地；省港商人尤其是二陈（陈廉伯、陈席儒）向来如何倾向北政府，如何拥护陈炯明，如何罢市反抗革命政府，这都是很明显的事实；这很容易看出香港政府、北方政府、陈炯明、省港商人是一串的货色。

据《民国日报》十一日广州电：粤海关查获由外轮私运入口枪枝一万杆，子弹三百万发。据《申报》十一日香港电：商团向外商南利洋行购枪弹……政府派员查验，共七九步枪四千八百五十枝，弹二百十五万发，驳壳枪四千三百三十一支，弹二百零六万发，手枪六百六十支，弹十六万五千发，价值百余万。据《新闻报》十三日香港电：商团总部会议，闻决定不交还该械，即全城罢市；旋派出团军二千余赴帅府请愿。据《新闻报》十四日香港电：花县商团于十三日武装抵省者七百余名……三水、佛山及南鹤十四埠等商团，均备武装来省。据《民国日报》十四日广州电：陈廉伯假商团名义私运军火，现已发现证据多件。
十五日电：陈廉伯已全家逃往香港。商团军都已有武装，现在又
购大批军火做什么？广州商人屡称困苦罢市抗捐，现在何来巨款
大买军火？动辄以罢市反抗革命政府，是不是革命之敌？商团本
以御盗，现在纷纷武装到省是御谁？

　　我们于广东政府对待商团的优柔政策，老早就表示警告，现
在这种反革命的商团军势力日见膨胀，竟至抗违政府命令，自设
联防总部，竟至私运大批军火，我们敢说革命政府真正心腹之
患，不在东江而在广州！我们以为革命政府军事计划：第一步是
解散商团军，第二步是讨伐陈炯明，第三步才说得上北伐。革命
政府若不能解散商团军，一旦东江或北江军事失利，第二次以枪
弹"请孙下野"的便是商团军！

署名：独秀

《向导》周报第七十九期

1924 年 8 月 20 日

日本对华经济侵略之最近表现

（一九二四年八月二十日）

中国实业家不赞助国民革命运动，真是自灭的蠢物！

中国人何以这样一年穷似一年？总原因是：每年进口货价超过出口货价约在四万万元左右，即去年最少亦尚超过近三万万元。如此巨额的外溢年复一年，中国安得不穷！

今年怎么样？即以日本而言，其地震以后，需要巨量之输入品，因此，本年上半年入超竟达六万万元之巨额；照常情论，当此日本入超巨大之千载难逢的机会，今年中国对日贸易至少可望出入平均，乃事实竟大谬不然！自新年起至七月底，中国对日输出值日金九〇五七四〇〇〇元，由日输入则值日金二〇〇三〇一〇〇〇元，出入相抵，入超已达一万万元以上，以此推之，今年中国对外贸易之损失，即日本一国亦有二万万元。

日本在灾后入超激增的时候，何以独能对于中国竟至如此巨大的出超？因日本灾后积极奖励国内生产，扩张国外贸易，尤注意于中国及南洋，不惜由国库支出一万二千万元，补助商人扩充此方面商业之用，此为增加输出的政策，他方又利用关税政策减少输入，即增加奢侈品新税率是也，所谓奢侈品竟多至十七类六百四十七种，即日常需用之陶器及麻织品（中国夏布即属此类，每年输入日本、朝鲜值五六百万元）亦列入，税率增至百分之百，而且对英、法等十余国准展期三月，独于中国则限期实行，什么奢侈品新税率，简直就是禁止中国货输入日本、朝鲜罢了！

不用说，此新税率实行后，中国对日贸易之入超，更将有可惊的增加。

日本对中国的经济侵略，除输入货物以外，更有输入资本的毒计：东三省投资每年在日金二万万元以上，黄豆之输出，纺织业、矿业、森林，无一不为日商所垄断；上海纱厂，日商居三分之一以上，最近明治制糖会社，以日金三千七百四十五万元，在上海设立明华糖厂，并强求中国免税，以与香港糖竞争（中国所用只香港糖、日本糖二种），而独占中国糖市。日本在美国被排以后，势必移用其资力来中国经营，从此日本在中国之制造业将日见扩张，其直接掠夺中国的廉价劳动力与原料，为害比输入货物更甚。

因此，我们应该觉悟：对待日本如此激进的侵略，决不是消极的排货所能抵御，排货手段，已由本年对日贸易入超的数目字证明破产，我们不应再依赖此手段了，我们宜采用积极的革命手段：改协定关税制为国定关税制及禁止外人在中国设立制造厂。除此，中国人别无生路。

中国实业家不赞助国民革命运动，真是自灭的蠢物！

署名：独秀

《向导》周报第七十九期

1924 年 8 月 20 日

江 浙 战 争

（一九二四年八月二十七日）

我们不是非战论者，当然不绝对地反对一切战争，只注意这战争对于大多数平民有何意义。譬如资本帝国主义的国际战争，在各国资本阶级间相互争雄上固然有意义，而对于各交战国大多数平民，除单纯的牺牲外别无意义。国内军阀间的战争，在他们争夺领土上固然有意义，而对于两方领土内大多数平民，也是除单纯的牺牲外别无意义。唯有大多数平民对于军阀或资本特权阶级的国内战争，则对于大多数平民，无论是如何牺牲，都绝对有意义。

有人以为国际帝国主义的国家或可由相互战争而倾覆，中国军阀间也或可由相互战争而灭亡，这是一个痴人说梦。帝国主义者或军阀间的战争，其结果仍有一个胜利的方面支配着世界，例如：欧战后仍是帝国主义的英、美、法、日、意的世界，直皖、奉直战争后，仍是直系军阀的江山，他们哪会因互战而全倒。要他们全倒，只有大多数平民起来对他们的革命战争，俄罗斯就是一个榜样。

正在酝酿的江浙战争，早迟总难免发作，在浙方虽然竖起反直的旗帜，而至少须与广东革命政府协同动作，才有多少意义，不然仍是一个纯粹的军阀间地盘战争。

　　此次战争如果起来，我们将取何态度呢？第一，我们应该努力使此次战争变为革命战争，不叫他成为两方地盘战争；第二，我们应该努力在此次战争中增加平民的力量与利益。不但帮忙一方面做留声机器（如南京商会）是下流，就是消极的哀求和平也不是办法。

署名：独秀

《向导》周报第八十期

1924 年 8 月 27 日

寸 铁

（一九二四年八月二十七日）

革命党怎好希望敌人优容！

越受敌人的疾视，越是革命党的荣誉；越受敌人的优容，越是革命党的耻辱；这本是国民党和进步党根本不同的地方。想减轻敌人（列强与军阀）的疾视与压迫而排除急进分子，这是革命党领袖们应该注意的危机！

国民党与中国革命

中国目前所急需的是民族革命运动，这个运动的领袖应该是中国国民党；民众若不认识国民党和国民党若不认识自己，都是中国革命之最大障碍！

革命党和农民第一次见面

中山先生在广东农民联欢会演说:"革命党为民族、民权两个主义,奋斗了十三年,民生主义十三年总没理过。……今日开这个农民联欢大会,这是革命党和农民的第一次见面……就是从今日起,要实行民生主义。……民生主义若是不能实行,民权主义不过是一句空话。"国民党改组后,几个老党员竟有"亡党"之痛,照中山先生这般演说,不但党未曾亡,并且三民主义的党如今才第一次完全叫人看见。

"亡　党"

主张民族主义的党,便应该代表民族的利益而奋斗,决不应该单是对民族运动表同情;主张民权主义的党,便应该代表人民的利益而奋斗,决不应该单是对民权运动表同情;主张民生主义的党,便应该代表劳工贫农的利益而奋斗,决不应该单是对工人农民运动表同情;因为表同情是局外人底态度,主张一种主义的党,不应该这样滑稽的不负责任。无论是什么主义的党,若党员们都取局外人不负责任的态度,那党也就去亡不远了!若再等而下之,做民族运动恐怕有伤列强感情,做民权运动又恐怕妨碍一部分军阀之友谊,做工人农民运动更恐怕开罪资本家与地主,连局外人底同情态度都不敢表示,那才真是"亡党"呵!

中俄协定与奉张

　　奉张为什么反对中俄协定，看七月廿八日的《申报》通信便明白了。原来奉张和谢米诺夫有那么深的关系，而且订有密约，现在还时有密电往来，他当然要反对中俄协定。日本素有利用谢米诺夫来支配蒙古、利用张作霖来支配满洲的野心，谢氏依靠日本不用说了，奉张反对苏俄，同时对于日本取何态度，这是我们应该注意的！并且我们现在便应该注意《申报》十二日北京电：奉俄谈判破裂，奉日协定妥协，日在南满有三十年租地权。

佛　化　恶　人

　　报载山西怀仁县水泉村王隆，虔奉佛法，阿弥陀佛不绝口，乃因其母误伤其子，锄母至死且食其心肝。大家听了此事必以为至奇，其实毫不足奇。我所知道的几位家乡熟人：奔走军阀官僚间无钱不要的何雯，任安徽财政厅长时大刮地皮且为军阀侦探安徽民党在沪行动之马季平，敲诈民财逼成刀匪事变之六安县知事丁景炎，无一不是满口阿弥陀佛，几乎可以说凡受佛化的都是恶人！

署名：独秀

《向导》周报第八十期

1924 年 8 月 27 日

我们对于义和团两个错误的观念

（一九二四年九月三日）

义和团，在中国现代史上是一重要事件，其重要不减于辛亥革命，然而一般人不但忽略了他的重要，并且对他怀着两个错误的观念：

第一个错误的观念：憎恶义和团是野蛮的排外。他们只看见义和团排外；他们不看见义和团排外所以发生之原因——鸦片战争以来全中国所受外国军队、外交官、教士之欺压的血腥与怨气！他们只看见义和团杀死德公使及日本书记官；他们不看见英人将广东总督叶名琛捉到印度害死，并装入玻璃器内游行示众！他们只看见义和团损害了一些外人的生命财产；他们不看见帝国主义军事的商业的侵略损害了中国人无数生命财产！他们只看见义和团杀人放火的凶暴；他们不看见帝国主义者强卖鸦片烟、焚毁圆明园、强占胶州湾等更大的凶暴！他们自夸文明有遵守条约及保护外人生命财产的信义；他们忘了所有条约都是帝国主义者控制中国人之奴券（最明显的是关税协定及领事裁判权），所有在华外人（军警、外交官、商人、教士）都是屠戮中国人之刽子手，所有在华外人财产都是中国人血汗之结晶！他们指责义和团号召扶清灭洋及依托神权是顽旧迷信；他们忘记了今日的中国仍旧是宗法道德、封建政治及神权这三样东方的精神文化支配着！义和团诚然不免顽旧迷信而且野蛮；然而全世界（中国当然也在其内）都还在顽旧迷信野蛮的状态中，何能独责义和团，更何能独责含有民族反抗运动意义的义和团！与其憎恶当年排外的义和团之野蛮，我们宁憎恶现在媚外的军阀、官僚、奸商、大学教授、新闻记者之文明！

　　第二个错误观念：以为义和团事件是少数人之罪恶，列强不应因少数人之故惩罚全中国人民以巨额负担。他们不曾统观列强侵略中国，是对于全民族的，不是对于少数人的；剧烈的列强侵略，激起了剧烈的义和团反抗，这种反抗也是代表全民族的意识与利益，决不是出于少数人之偶然的举动。即或义和团当中及纵容义和团之贵族夹有思想上政治上争执的动机或其他更卑劣的动机，而群众之附和义和团，则由于外力尤其是教会压迫的反应，可以说毫无疑义。义和团事件，无论是功是罪，都是全民族之责任，不当推在义和团少数人身上。全民族都在外人压迫之下，若真只有少数人义和团不甘屈服，那更是全民族无上的耻辱了！若因为参加义和团运动者为全民中之少数，则参加辛亥革命与“五四”运动者，也是全民中之少数，我们决不能只据实际参加者之数量，便否认其质量上代表全民族的意识与利益。文明的绅士学者们，说义和团事件是少数人之罪恶，说列强不应该惩罚到义和团以外的人，不啻是向列强跪着说：我们是文明人，我们不曾反抗汝们惩罚少数的义和团，不应该皂白不分连累到我们大多数安分屈服的良民。情形如果是这样，还幸亏有野蛮的义和团少数人，保全了中国民族史上一部分荣誉！

　　义和团的野蛮，义和团的顽旧与迷信，义和团时的恐怖空气，我都亲身经验过，我读八十年来中国的外交史、商业史，我终于不能否认义和团事件是中国民族革命史上悲壮的序幕。

署名：独秀

《向导》周报第八十一期

1924 年 9 月 3 日

给维经斯基的信

（一九二四年九月七日）

亲爱的维经斯基同志：

想必您已收到我的第一封信。也许日内我将收到您的回信。张太雷、彼得罗夫等人早就到了上海，而中央执行委员会派到莫斯科去学习的 40 名学生，自己支付了费用，将分几批起程。很有意义的是，党派遣许多工人到莫斯科去学习，有 20 多名工人已被录取。在被录取的工人当中，有 10 人已辞去工作，在上海等候起程。您曾答应为他们筹集旅费，如已弄到，请马上把钱寄来。

国民党中央执行委员会全会已经闭幕，这次会议对我们是一个很大的打击。孙中山等人的态度在口头上保持中立。他们不能同我们的同志争吵，也不敢得罪右派和反动派，但实际上，他们利用反动派施加的压力和他们的反共宣传来压制我们，目的在于把中国共产党置于国民党的领导之下，或至少使中国共产党对它开放。我们必须反对这种行为。可是鲍罗廷同志不是站出来反对，而是建议他们成立所谓国际联络委员会，隶属于国民党政治委员会，并且拥有解决（国共）两党问题的全权。中国共产党中央执行委员会绝对不同意这个建议，并指出，鲍罗廷同志上了孙中山等人的圈套。中国共产党中央执行委员会给鲍罗廷发去电报，说明了孙中山等人的这个阴谋，以及这个建议和我们党绝对不承认任何这类决定将带来的不良后果。但遗憾的是，在国民党中央执行委员会全会上作出了这种决定。

在远东的工作中，中国的工作是最重要的。像我们这样年轻的党，很难把工作做好。我们始终需要共产国际的好的建议和指示。请建议共产国际提醒鲍罗廷同志，同孙中山打交道必须十分谨慎，否则他还会上圈套，还要提醒他始终要同我们党进行协商。

我们党的经济状况很严重。由于经费不足许多方面工作处于荒废状态。我们希望您立即从共产国际和红色工会国际给我们寄7、8、9、10月份的钱来。

既然我们的同志对我们党中央执行委员会扩大全会的决议都很了解，而在实践中没有很好贯彻执行，所以我们党的全国代表大会将提前举行。我们期望经过不长时间能从您那里得到一千多元钱来支付会议开支。我们迫切需要共产国际给代表大会发来电报。最好，您能再来一次。

致同志般的敬礼

陈独秀

一九二四年九月七日

转自《联共（布）、共产国际与中国国民革命运动（1920—1925）》，北京图书馆出版社 1997 年版

我们的回答

（一九二四年九月十七日）

我们因为有促进中国国民党的必要，而以个人的资格加入了中国国民党，似乎于国民党革命的倾向只有进无退，然而正因此惹起了党中一部分党员之误会，攻击；他们不但是口里攻击，还用白纸黑字写出，我们遂不得不简单回答几句，以免社会上有人在误会上又加以误会。我们在此处仅仅是答复他们的攻击，至于他们自己的言行，是否真算一个革命的国民党党员，他们党中是否有更反动的反革命的言行，则不在此文讨论范围以内，所以不必提及。

我们在答复之先，须指出他们的根本错误：根据国民党的宣言或章程之某条某项指责国民党任何党员，开除国民党任何党员，这都是正当应有之事；乃并不依据国民党的宣言或章程之某条某项，具体的指责国民党党员某某个人，而竟抽象的笼统攻击加入国民党之共产党党员，并且因此攻击到在国民党之外的共产党，这是他们的根本错误。以一个革命的党要取消别个革命的党，已经是不应该，何况中国共产党是共产国际一个支部！中国国民党，若认真因为中国共产党党员加入了国民党之故，便要取消中国共产党；并且中国共产党若也因此自己承认取消，这岂非中国人在世界革命史上要闹出特别新奇的笑话！若主张不肯脱离共产党的人便不许加入国民党，则虽另再召集一次国民党全国大会，取消前次大会准许共产党党员跨党的决议便得，何苦以有用的光阴与经费，发行许多印刷品，不是攻击帝国主义与军阀而是攻击我们！

以上是提出他们对待我们的根本错误，以下是分别回答他们的攻击。

一切道路传说、报纸记载及个人的谈话与书信且不涉及，现在只取《护党特刊》、《民权旬刊》、《共产党破坏国民党证据之一部》这三种印刷品为他们负责的言论。

他们共同的唯一口号是"共产党破坏国民党"，他们所谓破坏国民党的证据、铁证，都是指社会主义青年团七号团刊所载《中国共产党关于国民运动及国民党问题的决议案》、《共产党在国民党工作及态度决议案》及《青年团在国民党工作及态度决议案》。在这些决议案中，充满了"我们须努力扩大国民党的组织于全中国"、"扩充国民革命的国民党"、"使全中国革命份子集中于国民党"、"扩大且改进国民党的组织"、"在国民党各种工作中我们同志应努力工作"、"使其（指国民党）变成一个有组织能行动的党"、"我们要使国民党真成为国民主义的党"这类文句，如果是一个懂得中国文的人，能说这些议决案是破坏国民党的铁证吗？

《共产党破坏国民党证据之一部分》的导言上说："国民党主张凡赞成革命的都应一律欢迎入党；共产派则极力介绍农人、工人与中等学生以成就他们的势力。"共产派一向不和军阀、官僚、政客、商人接近，所以只能介绍农人、工人、学生到国民党，既是介绍到国民党，试问成就了哪个的势力？必须介绍军阀、官僚、政客、商人到国民党才是成就国民党的势力吗？他们已否忘记了国民党宣言上"国民革命之运动，必恃全国农夫工人之参加然后可以决胜"这句话？他又说："国民党的民生主义是主张平均地权、限制资本的；共产派则主张劳资斗争，惟恐国民党对劳工运动有调和的倾向。"劳资斗争是社会进化上一种不可免的革命现象，主张劳资调和是一种和缓革命的政策，无人能够相信不革命的调和政策可以平均地权，可以限制资本，世界上哪有这样好说话的大地主与资本家？他又说："国民党主张以武力打倒国内军阀，然后再运用政权以实现三民主义；共产派则处处宣传，叫已觉悟革命的份子往田间去。"国民党固然应该以武力打倒国内军阀，然试问这武力要建筑在什么基础上面？若建筑在已有的军队上面，退一百步说，即令能用他取得政权，也断然没有能够运用政权实行三民主义的希望，试看现在的广州政府实际上能管理军政财政吗？广州一切政治有一件能根据国民党的主义或政策吗？若要建筑在"国民革命必恃全国农夫工人之参加然后可以决胜"的原则上面，"往田间去"这个口号，当然不违背国民党的大会宣言。他又说："国民党主张中华民族自求解放；共产派则主张民族自决，首先就鼓动蒙古人脱离中国。"民族主义有二种：一是资产阶级的民族主义，主张自求解放，同时却不主张解放隶属自己的民族，这可称做矛盾的民族主义；一是无产阶级的民族主义，主张一切民族皆有自决权，主张自求解放，不受他族压制，同时也主张解放隶属自己的弱小民族，不去压制他，这可称做平等的民族主义。蒙古人愿意脱离中国与否，我们应该尊重他们的自决权，用不着鼓动，我们也并不曾鼓动这个，我们只反对一班人否认蒙古民族的自决权，硬说蒙古是中国的藩属，主张军阀政府出兵收蒙，因此我们主张蒙古人根据民族自决权，有独立反抗的权利。国民党大会宣言上说："国民党之民族主义，有两方面之意义：一则中华民族解放，二则中国境内各民族一律平等。"又说："国民党敢郑重宣言，承认中国以内各民族之自决权。"据此宣言，国民党的民族主义，却实不是单单自求解放的资产阶级民族主义，并且郑重承认国内各民族自决权，做那导言的人，如果真是一个国民党的忠实党员，确有细心把国民党大会宣言再读一遍的必要。若是自己连党的大会宣言还不能了解、记得、奉行，那里还有什么护党的资格？

那导言最终又说："总括他的意义，可以看出以下四个要点：（1）一面说赞助国民党革命成功，一面又令国民党的自身岌岌不可终日；（2）其中措辞，未免有些污辱纯粹国民党党员的人格；（3）他们集合许多人们，成立一个共产党，但对于政党道德未免太不讲究；（4）他们破坏国民党的步骤，第一多拉无产阶级入党，以建筑他们将来的基础，第二在国民党原有的党员中，吸收所谓阶级觉悟的份子，成立一个国民党的左派，第三即或革命成功，纯粹国民党员已无能为力了。"

关于第一点，所谓令国民党的自身岌岌不可终日，不知所指何事？若是指反对帝国主义使国民党伤了列强的感情，以后不能安住租界不能亡命外国，则我们实在不好意思回答，且亦不必回答，因为国民党大会宣言上早已回答了，国民党孙总理最近又代我们回答道："中国欲免为印度、埃及之续，必国民合力铲除为革命成功大障碍之帝国主义。"若是指我们反对和任何军阀妥协是破坏国民党的左军；我们不相信任何派军阀真能为国民革命的左军，退一百步说，即全说是左军，也只是一时军事的联合，决不是主义上政见上的妥协。若说反对和任何军阀妥协，即是全国民党的自身岌岌不可终日，那么朱执信便是第一个会使国民党岌岌不可终日的人。

关于第二点，我们更不知其何所指。

关于第三点，是他们明白反对共产国际的支部在中国存在，此层前面已经说过。

关于第四点，第一步骤所谓多拉无产阶级入党，若指拉入共产党，此事和国民党无关；若指拉入国民党是破坏国民党，此事我们可以认错，并且在此处可以切实声明以后不拉无产阶级入国民党，免得有破坏国民党的嫌疑。然而这一来，国民党成了什么阶级的党？所谓第二步骤，我们简直不能理解，在国民党内成立一个左派，直算是进步，不是破坏，既然不过是国民党的左派，为什么必须吸收有阶级觉悟的份子才能成立？若指吸收有阶级觉悟的份子入共产党，这乃阶级分化政党分化之必然的社会现象，非人力所能拦阻；而且浅薄些说，为什么只许共产党党员加入国民党，而不许国民党党员加入共产党呢？此时疾视共产党的，应该只有帝国主义者、军阀、官僚、资本家，国民党还不必如此。第三步骤所谓革命成功，自是指国民革命；既然是纯粹国民党员，他们唯一的工作与目的，自然正是国民革命成功，此外，还有何事是他们应该为力的呢？

《民权旬刊》及《护党特刊》中，其谩骂及和上项导言之意见相同者，兹不论及，所论及的只是他们特殊的意见。

《旬刊》上说："吾间闻共产党员之宣言矣，'国民党者共产党之过程也'。"国民党是何种性质，共产党是何种性质，我们不相信真有这种无知的共产党员说出"国民党是共产党之过程"这样昏话！他说："吾又尝见共产党之行动矣，有所宣传必以共产为言论，有所进作，无必以共产为张本。"共产党的宣传进作，自应不离共产，这都是共产党的事，与他党无涉。他又比论国民党和共产党主义主张上有三种不同之点，其比论的错误此处不必论，不同之点并不只此三种此处也不必论，因为国民党和共产党主义主张之不同，此何待论；此处所讨论非两党主义主张不同问题，乃是加入国民党的共产党员曾否破坏国民党的问题。更进一步说，此次大家所纷纷争论的，还丝毫不是国民党和共产党主义主张不同的冲突，仅仅是因为国民党内左右派的主张不同而冲突，此义不明，决不能了解此次争论的真相。

《护党特刊》第一号上，主张"真正的革命党，在同一时代同一国家里面，只有一个，并没有两个的"。又主张什么主义单一，什么组织单一，不然便麻烦极了。在这些议论里，我们可以看出他们未曾研究过各国革命前后的历史，无论是俄是法，当时革命的何止一党；各国的革命党，恒有左、右、中央政见不同，本党和青年组织各别，即国民党主张三民主义，又何尝单一；若怕麻烦，那便是旧式会党简单的头脑，二十世纪进步的革命党决不是这样。他们说："在一个党里，怎么好谈两种的主义！"我们说：诚然，在国民党里，当然只能谈三民主义。他们说："我们只信服孙总理的三民主义……其他主义，我们不必去做。"我们说：诚然，诚然，我们只希望国民党员不但信服而且实行三民主义，其他主义，国民党党员当然没有必须去做的理由。他们说："他们要谈他们的主义，不妨在党外去谈。"我们说：诚然，诚然，诚然，只要不是疯癫，决不会有人在甲党内谈乙党的主义。他们说："没有大元帅的命令，怎么好停止军事行动，何况是阻止他。"我们说：国民党应否集全力于军事行动，乃党中重要的政策问题；若要"以党治国"，不是要"以大元帅个人治国"，则大元帅的命令便应随党的政策而决定，党的政策不应随大元帅的命令而决定。他们说："我们在军事上政治上……为什么缘故不要妥协。"我们说：民国元年和袁世凯妥协的结果如何？他们说："中国社会主义青年团的观念，确想把本党逐渐变为属于中国共产党。"我们说：不能把中国国民党属于中国共产党，也和不能把中国共产党属于中国国民党是一样。他们说："苏俄常常运动帝国主义者通商或承认，也曾向中国宣布白党的罪恶，并要请中国驱逐旧俄的使领，拿这种种举动比较总理的吊电或对外宣言，谁是谁非？"我们说：国家的通商外交行动，和依赖外力解决国内问题绝对不同。苏俄只要求中国不承认驻中国的旧俄使领，取缔中国境内的白党，而未尝请求中国干涉在俄国境内的事；苏俄只于革命成功旧党势力灭亡之后，向一切外国办理国家的外交及通商，而未尝在革命没有成功以前，想借帝国主义者的势力倾覆旧俄政府。试问中国革命政府统一中国时，不和外国通商吗？不要外国承认吗？仍要各国承认前政府的使领吗？宣布旧政府的罪恶，宣布帝国主义者援助旧政府之罪恶，都是应该的，至于希望帝国主义者否认旧政府而表同情于我们的革命政府，那便万分不应该了，因为国内的事应由自力解决之，无论是非善恶，都不能容帝国主义者左右于其间！况在半殖民地之国民革命的意义上，国外的帝国主义者，比国内军阀政府是我们更大的仇敌。他们说："本党联络段芝泉、张雨亭和卢子嘉们，与容纳他们的精神毫没有一致。"我们以为这几句话是再侮辱国民党不过的了，我们不愿回答，我们要求国民党中所有革命分子加以评判！他们说："本党的民生主义，是要消弭阶级斗争的；在劳动运动上，老实不客气的说，主张改良。他们别有怀抱，眼睁睁望着劳动者过非人的生活，大喊奋斗！奋斗！我们实在不忍！"我们说：既然要谈民生主义，当然以大会宣言中所解释的民生主义为重要标准。宣言明说："盖国民党现正从事于反抗帝国主义与军阀，反抗不利于农夫工人之特殊阶级，以谋农夫工人之解放；质言之，即为农夫工人而奋斗，亦即农夫工人为自身而奋斗也。"而他们竟指斥主张劳动者奋斗是别有怀抱，不知道他们这句话是反对我们还是反对国民党宣言？阶级斗争是历史上不幸的事实，也是历史上必然的事实，共产主义之最终目的，正是要消弭阶级；但是，若在资产阶级未灭以前，主张消弭阶级斗争，便是主张劳动者不要向资产阶级斗争的意思；主张劳动者不要向资产阶级斗争，便是主张劳动者安心受资产阶级压制，过那非人的生活而不必起来奋斗的意思。"改良劳动者的生活"这句话，我们当然不反对；但是如何才能够达到改良之目的，乃是一个问题，由阶级斗争的革命方法，或是由劳资调和的改良方法？我们以为劳资两方面的利益绝对冲突，只有一方面退让，而无调和的可能。希望大地主或是资本家一旦大发善心，牺牲他们自己的利益，对劳动者让步，这等于希望北洋军阀一旦觉悟了将政权交给民党。民党不革命，如何能得着政权！劳动者不奋斗，如何能改良非人的生活？我们以为只有劳动者自己起来奋斗，才能够改良非人的生活；他们不主张劳动者奋斗，却明说：在劳动运动上，老实不客气的说，主张改良；试问这样的主张改良，是不是一句口惠而实不至的空话？眼睁睁望着劳动者过非人的生活，而反对劳动者起来奋斗，这未免太忍了吧！他们说："本党主张与苏俄联络……因为他们凭空造谣，中间才停顿了一会。……他们矫称接了密令，拿本党的名义做了一次苏俄的留声机。"我们说：为什么要联络苏俄，自然建立在反帝国主义革命的同情上面，既然言此，为苏俄说几句公道话，也是中国革命党正正堂堂的应有态度，用不着以做留声机自贬。至于什么"中间才停顿了一会"，什么"矫称接了密令"这些怪话，希望他们以后不可这样凭空造谣！他们说："他们（指青年团）对于扩大且改进国民党的组织，为什么不受本党的指挥，而受共产党的指挥呢？"我们说：青年团是共产党所组织的青年团体，不是国民党所组织的，这个决议案又是在青年团议决的，不是在国民党议决的，自应说受共产党指挥，如何能说受国民党指挥呢！这类团体组织系统及管辖权限，他们也应该弄清楚！他们说："这'不必要的冲突'的话，便含有必要的冲突的意思在话外。"我们说：诚然，若有人主张不反对帝国主义，主张和军阀妥协，主张不为农夫工人利益奋斗，以及其他主张有背宣言的反革命言论行动，我们都应该与之冲突，这正是国民革命进行上、国民党进步上必要的冲突。

他们攻击我们的总口号虽然是所谓"共产党破坏国民党"，而归纳他们所举的证据，明眼人当知道实际争点完全和他所呼号的口号不符，乃是因为他们的主张和我们的主张不同：

我们的主张：

（1）为农夫工人奋斗而拥护其利益；

（2）建设革命力量于农民工人等一切民众不集全力于军事行动；

（3）尊重蒙古民族自决权；

（4）反对国际帝国主义与反对国内军阀比〔并〕重；

（5）不与任何军阀妥协；

（6）反帝国主义的苏俄是中国好友。

他们的主张：

（1）反对为工人农民争利益的奋斗；

（2）集全力于军事行动；

（3）反对蒙古民族自决；

（4）反对北政府，同时可以对帝国主义妥协；

（5）与一派军阀妥协；

（6）和北政府订立中俄协定的苏俄是国民党仇敌。

以上实际的争点，没有一件是共产党的共产主义和国民党的三民主义之争，更不是共产党与国民党之争；实在是国民党内左派与右派之争，也就是国民党内革命派与不革命派之争。左派代表的是民众利益，右派代表的是私人官僚利益。

他们解决相争的办法是：加入国民党的共产派退出共产党或退出国民党，后者更是他们的本怀。

他们为什么希望他们退出，这很容易明白，现在世界上反革命的社会民主党和黄色工会，莫不极力排除革命的共产派，恐怕共产派搅乱他们妥协和平的好梦。我们明白普告天下：凡是一个真革命党都不会想到取消别个革命党；凡是一个真革命党人，都没有自己退出一个革命党的权利；中国国民党，是中国各阶级革命份子集合起来进行国民革命的团体，这团体应该是各份子所公有，谁也不配叫谁退出，除非是反革命非革命份子或违背党纲的人！

此外我们还有一件事，应该附带着声明一下，即是他们借所谓京汉路总工会代理委员长张德惠的话来攻击我们。京汉路不幸被曹、吴摧残以来，不但总工会的职员入狱的入狱，走散的走散，即各站分会的组织都早不存在了，张德惠竟自称代理总工会委员长，不知他们何所依据？张德惠是长辛店一个工人，他攻击我们，乃是他侵吞京汉恤金数五百元受我们责问的反响；他攻击我们之点，前后都有事实证明，我们在此不必空言与辩。我们要说的是：现在各国资本帝国主义者及其走狗社会民主党，造谣诬蔑各国的共产党无所不至，中国的军阀官僚也正在用这个方法离间工人与共产党之间的关系，我们希望中国国民党不要这样！

署名：独秀

《向导》周报第八十三期

1924 年 9 月 17 日

告在教会学校读书的中国学生

（一九二四年九月二十三日）

中国青年急需有良好的教育，这是无人能够否认的；此时中国人自立学校的发达不能尽量容纳急于求学的青年，遂使许多青年误投教会学校，这也是不可免的事实。因此我们可以说：青年因急于求学而入教会学校，这是无可责难的；可是一入教会学校，不但得不着良好的教育，而且变成一个崇拜外国及外国人、蔑视本国及本国人的新式奴才，那便是有教育更坏于无教育了！

我们要研究科学，自然必须懂得外国人，不但目前如此，而且在国际语之文字未统一以前永远是如此。教会学校虽称注重外国语科文字，然而他们教外国语之文字之目的与方法，大半是养成通译人才，能为他们做爪牙喉舌，教者学者都不把外国语言文字，当作研究科学的工具，所以注重发音与说话而不重文法与读书。他们教授科学大半用外国文，因此科学进步极慢，名义上虽是科学功课，实际上还是学习外国文，他们对于本国文，概是雇佣一班陈腐不通的老秀才，当作可有可无的功课教授。因此，一班会说洋里洋气薰人的教会学生，不但忘了本国，并且连外国的学术文化也丝毫不懂，男学生之最高目的是外国硕士博士、本国的官吏、基督教青年会干事、外商的洋行买办公司职员、外力侵入军阀奸商卖国之居间人；女学生之最高目的是留学生中硕士博士的官太太。这种教育的结果，只是养成一班附属帝国主义者军阀官僚的奴才，决不是中国青年所需要的良好教育。我有一位老朋友曾说："我的子女宁使他们一字不识，也不愿送到约翰大学中要塾教成洋奴。"我想他这话一定不错，我更觉得这班洋奴已有许多站在中国社会重要地位，公然为帝国主义者辩护，他们是系缚中国人做外人长期奴隶的绳索，他们是中国民族解放在内的障碍。这种民族精神在内的自腐，比外面什么军事侵略、经济侵略都还要厉害。

可怜许多懵懂的青年，只因急于求学，误投教会学校，他们梦也想不到"急于求学"这样好的动机，竟会损坏他们底民族的精神，断送他们国家的生命！

我们以为中国人进教会的中小学自然更万分要不得，即中国自立的大学专门虽然很幼稚，也未必比教会学校还不如，大家尽可改条路走。

倘或有种不得意的原因，不得不仍留在教会学校读书的，觉悟万千，便应该努力进行左列各事。

（一）公开的或秘密的组织反帝国主义反基督教的团体；

（二）在校内进行教育和宗教分离的运动；

（三）阻止同学间在校内校外用外国语谈话；

（四）要求学校延聘有进步思想的人物教授国文；

（五）在同学中鼓吹学外国文重在研究科学不重在说话，尤应自动的研究外国文明史；

（六）参加各本地学生会，破除学生会中教会学校非教会学校的界限；

（七）反对学校中对于教员及学生是教徒非教徒的不平待遇；

（八）其已入教的学生，也勿忘了仍旧是中国人，勿以宗教之故遂甘做外人奴隶！

在外国教会学校读书的中国青年们！别的帝国主义对中国之侵凌，或者你们还不甚感觉（这句话或者很侮辱你们），教会学校的重重罪恶是摆在你们眼前，你们身受的比我们听说的更为密切，你们还不是外国的硕士博士，你们的环境还能使你们的思想发生变动。然而同时我们却要警告你们！去了崇拜外人的途径，千万不可去提倡国粹与东方文化等另一歧路！

署名：实庵

《时事新报·学灯》

1924 年 9 月 23 日

西南团结与国民革命

（一九二四年九月二十四日）

"西南自主"乃中国过去内战史上一名词，此名词，乃民国六七年间，由西南数省新兴的小军阀以"暂时自主"的名义，脱离北方大军阀之管辖而产生。先后加入此运动者为两广巡阅使陆荣廷，广东督军陈炳焜，广西督军谭浩明，云南督军唐继尧，湖南督军谭延闿，四川督军熊克武，贵州督军刘显世，和西南数省人民都无关系。随后由"西南自主"一变而为"联省自治"的口号，主其事者为陈炯明、唐继尧、赵恒惕这几个军阀，及附属他们的政客，和人民也没有关系；陈炯明且公然解释他主张联省自治是在以小军阀推倒大军阀。

自"西南自主"到"联省自治"，其性质其内容，都纯粹是南北军阀间冲突的问题，丝毫不是人民与军阀间冲突的问题象"五四"运动与"二七"事件。这种南北军阀间的冲突，和北方军阀自身的冲突（如直皖、直奉战争）南方军阀自身的冲突（如川滇黔战争、粤桂战争）等军阀间的混战，加于人民之灾害，对于国家之戕贼，都是一样；其结果不能产生新的希望，也是一样。

孙中山先生想把艰难的革命事业粘附在利用南北军阀冲突的

机会上面，然而民国七年一月炮击观音山，被陆荣廷派逼迫而离粤，这是利用政策第一次失败；民国十二年八月被陈炯明军队逼迫而离粤，这是利用政策第二次失败；最近被滇军逼迫而屈服于反革命的商团，这是利用政策第三次失败；陆荣廷、陈炯明、范石生、廖行超等这班军阀，他们本来不要革命，他们和北方军阀之冲突，纯是为了自己的利害关系，都可在相当的条件之下而投降的，孙中山定要拉他们上革命的路，他们如何不倒戈相向！

我们看透了所谓西南团结其力量乃建立在西南将领上面，这便是新兴的南方军阀之团结，他们顶争气也不过与北方军阀争夺地盘到底，和力量建立在人民团结上的国民革命——打倒国际帝国主义及一切军阀——相差何止十万八千里！因此，我们于去年北京政变时，曾指斥"西南团结"是和南方军阀有关系的政客们投机运动，不是革命的方法；我并且面告中山先生"西南团结"不是革命的方法，因为西南将领不但没有一个能走革命的路，而且多是反革命的人物。中山先生回答我的话是："我的西南运动是自下而上，是要去掉那班将领。"

现在又来了！自但懋辛、石青阳奔走滇黔以后，"西南团结"的呼声，充满了国民党的机关报。据九月二十三日《民国日报》的广州通信，所谓西南大团结之大人物如下：

（一）陈炯明

（二）唐继尧

（三）熊克武、刘成勋、杨森

（四）刘显世、唐继虞

（五）沈鸿英、林俊庭

我们看了这张人名表，好像看了"四杰村"、"八蜡庙"一类的戏报，中山先生能运用这班角色的势力来做打倒国际帝国主义及国内军阀的国民革命吗？这样西南团结至多只能再闹出一个像民国七年五月七总裁军政府的局面。在这个局面之下，中山先生若能事事俯首听命于他们的主张像此次对待商团一样，或者能得着主席、总裁的荣位；若主张民权主义讨伐一切军阀到底，他们便要发生重大的变化，至于什么离奇古怪的打倒帝国主义的民族主义，什么离奇古怪的拥护工人农民利益的民生主义，中山先生早晨要实行，他们晚上便请他下野。

我们实不愿看见一个革命的领袖为投机的军人政客所玩弄！

我们大声疾呼：中国国民党若不放弃国民革命的口号，便不应再走"西南团结"这条旧路！

署名：独秀

《向导》周报第八十四期

1924 年 9 月 24 日

国民党的一个根本问题

（一九二四年十月一日）

国民党在国民革命的策略上，目前应否停止军事行动及放弃广州政府，乃是一个重要的根本问题，我希望每个忠实的国民党党员，对于这个根本问题，都有就理论上事实上仔细研究并发表意见的必要，慎勿固执"主张停止军事行动放弃广州政府便是破坏国民党"的偏见，硬闭起眼睛不理！

反对停止军事行动放弃广州政府的人，他们所持最有力的理论是：革命党须有军事行动，也须有根据地，更便于一切革命的运动及宣传。这种理论，仅仅是一些抽象的原则和形式的逻辑，至于国民党本身状况及其在中国所遭遇的事实，完全不是这样。

第一，现在已不是揭竿斩木时代，画符念咒又恐怕不济事，除了乞求帝国主义者的援助，我们有何方法能得着和军阀对抗的武器？姑且不说全军阀阶级的军事力量，即以直系而论，想用广州政府现有的军力打倒他，不待军事专家，即稍有常识的人也不应作此奇想。

第二，广州政府现有的军队内容又是怎样？完全是以利结合的雇佣军队，我敢说没有一连一排是可靠的革命军队，并且也还没有相当数量质量的革命党人能在这些军队中宣传活动，能左右这些军队的群众；建立在这些军队力量上的军事行动，只能攻取若干北方或其他军阀力量所不到的地方，向平民掳掠搜刮，连陈炯明、赵恒惕也不曾打倒，而说可以用他们打倒国际帝国主义打倒北洋军阀，这是欺三岁孩子的话。

在这种情形之下，国民党此时绝对没有做革命的军事行动之可能，现在的所谓军事行动（北伐包含在内）若不停止，和反动的滇军妥协，和反动的西南将领妥协，和反动的段系、奉张妥协，都成了必需的政策。孙中山先生未尝不知道因滇军勾结商团而妥协是国民党的耻辱，然而因为要做军事行动，便不得不容忍这班反动的军队；孙中山先生未尝不知道反动的西南将领不可与之革命，然而因为要增加国民党军事行动的实力，便不得不和他们联合；孙中山先生未尝不知道段系、奉张都是革命党所应讨伐的军阀，然而因为要增加国民党军事行动的声势，便不得不称他们为友军；这些耻辱的行动，这些错误的政策，都是军事行动所必然产生的，因为此时的国民党除了采用这些政策，本来没有北伐或其他军事行动之可能。然而采用这些政策来做军事行动，不但这些军事行动不是革命的而且是反革命的，因为滇军、西南将领、段系、奉张自身便都是军阀及帝国主义者的工具。这样的军事行动，且可使国民党打倒帝国主义打倒军阀的革命宣传完全无效。

应否放弃广州政府，和应否停止军事行动，是两件事不可分开的一个问题，因为要保持政府所在的一块领土，便不能停止军事行动。

在理论上，应该先有了强大的革命党，然后才能有革命军队；有了革命军队，然后才能有革命政府。而实际上广州革命政府并不是照着这个理论成立的，支持这个政府的既没有革命的军队，又没有强大的革命党；因此，在名义上在极少数政府首领的愿望上，是一个革命政府，实际上，这革命政府完全建立在反革命的军队、反革命的官僚及反革命的商人阶级之力量上面，这反革命的军队、官僚与商人，不但是支持政府的力量，并且是国民党右派的反动势力之大本营。因此，政府中极少数首领仅仅是有革命的愿望，并没有实权能支配所属的军力、财政用在革命的意义上；并没有实权能制止革命政府所万不应做万不忍做的事：开赌，拉夫；并没有实权能制止军队、警察、商团压迫工人农民；并没有实权能制止军队、官吏和帝国主义者的爪牙商团勾结妥协；这些都是广州政府在客观上不可避免的事实。

在这种情形之下，国民党若仍要保持广州政府，对内，不但上述各种可痛的状况必然继续下去，而且反革命的军人官僚和反革命的商人之混合政府也必然要实现；对外，永远不能抛弃和西南将领及北方一部分军阀妥协的政策。如此，国民党的实际行动，将使国民党的革命运动及宣传在全国民众中丧失信用，不生效力。而且因为要保持革命政府所在的一块领土，国民党的力量与注意，事实上必然集中到关于保持这块领土的一切应付，没有余力可以计及全国的革命运动及宣传，即在领土内，亦以军警官吏之横暴，取消了党的宣传效力。本以为有一根据地更便于一切革命的运动及宣传，而结果实得其反。

总而言之：在原则上，我们不但没有理由可以反对一个革命党做军事行动及建设革命政府，并且极热忱地希望中国国民党早日进展到能做革命的军事行动能建设革命政府之一日。但在实际情形上，我们一方面观察得国民党的内容，还没有进展到军事行动及建设革命政府的时期，勉强假用种种反革命的力量来做革命的军事行动及建设革命政府，实在是此路不通！一方面我们观察得国际帝国主义者在中国的力量及国内军阀的力量，要想占据一隅之地，养数万军队，来打倒他们，那更是此路不通！

现在有一条虽较远而可通的路给我们走，就是只有全国工人、农民、兵士之联合的大暴动，才可以破坏全军阀阶级的军事势力；才可以惊醒帝国主义者条约神圣的迷梦，使他们不得不放弃在华不法的权利；才可以击碎商人绅士勾结帝国主义者及军阀的奸谋；才可以实现革命的军事行动，才可以轰起全国革命的高潮及热忱，扫荡旧污，建设新国。

因此，我们希望国民党毅然决然改走这条新路；毅然决然抛弃以前的旧政策：建立政府，军事行动，北伐，西南团结，等等；毅然决然断绝一部分有名无实的政权之留恋，回到革命同盟会的时代；毅然决然下全党动员令"到民间去"，在一切民众中做广大的政治宣传，组织工人、农民、兵士的大民众，不断的为这些大民众之自身利益而奋斗，使这些大民众都认识国民党的确是为民众利益而革命的党，的确和军阀派及其他官僚的政党不同；如此，中国国民党才有军事行动及建设革命政府的真实力量。

这样本是国民党在国民革命的策略上一大变动，反动的右派，在他们自身的利害上当然要反对这种变动；即畏难苟安的中派分子，亦未必有赞成这变动之勇气与决心，然而这个变动确是中国革命运动所需要的，革命的领袖们若是看清了这个需要的事实，便应该拿出革命的责任心克服他们那游移不定的意志！

如果大家的头脑，都被军阀战争及局部政情之琐屑应付的具

体问题占领了，没有考虑全国革命所需要的事实之余地，诚然是
国民党的不幸；然而我们相信终有大家回过头来考虑这个事实之
一日，如此，我们只好改日再谈。

署名：独秀

《向导》周报第八十五期

1924 年 10 月 1 日

辛亥革命与国民党

（一九二四年十月八日）

　　我始终承认中国国民党（此处所称中国国民党，乃包括自同盟会一直到现在中山先生所指导的党）在辛亥革命是失败了，至少除剪了一些辫子和挂上一块民国空招牌外，别无所谓成功。何以如此，根本上自然有当时社会的经济原因；而专就革命党人努力及其政策上说，我们不能不承认有三个重大的错误，也是失败之原因。

　　第一是误用了不能贯彻革命宗旨的口号。当时革命之唯一的口号是"排满"，这种感情的煽动，自然也是革命运动之重要工具；然而不拿住民众真实的物质要求，专以煽动感情为唯一工具——感情是一件浮动不能固定的东西，把革命运动建立在这浮动不能固定的条件上面，哪有不失败之理！当时民众真实的物质要求，是对外收回权利（矿山、铁路等），是对内反对中央官有企业（浙路、川路等），革命党人忽略了这种适合国民革命之真实的物质要求，而专事感情的排满运动，当时的党人，信仰三民主义而加入同盟会的几等于零，囿于满清虐政之直觉，以为清倒则万事自好而加入革命的党人居最大多数，因此清室一退位，革命党便失了革命运动的机能，不但首先叛党之章炳麟、刘师培公然宣言只知排满不知共和，大部分革命党人都减少了革命的热忱，即革命的领袖们也真无法解释一般民众"反对清室退位后继续战争"的谬误心理，因为当时只有排满的呼声占领了全社会。而且在这单调的呼声中，竟将民众真实的物质要求，即反抗外国侵略的呼声掩住了，使帝国主义者安然以巨款援助袁世凯解散革命的势力。当时党人的理论，未尝不是由推倒满清而革新自强，由革新自强而挽回权利；然而这种转弯的想象，不如直接反抗帝国主义的侵略能够号召民众，当时直接鼓动民众革命情绪的只是推倒满清，所以"满清倒而革命运动即应停止"，在当时民众心理上，竟成了一个合理的逻辑，后来袁世凯死，护国运动便应中止；徐世昌逃，孙中山便应下野，都是同样的逻辑。这个逻辑诚然合理，确是不错，只是错在"排满"、"讨袁"、"讨徐"、"护国"、"护法"一直到现在的"讨曹"、"讨吴"、"反直"、"北伐"等不能贯彻革命宗旨的口号；有了这等口号，自然结果到那样合理的逻辑。可是中国革命运动，正是被这合理的逻辑葬送了，也就是被那些不能贯彻革命宗旨的口号葬送了！

　　第二是专力军事行动，轻视民众宣传及党的训练。革命自然应有军事行动，然而在没有相当的民众宣传及党的训练以前，即贸然做军事行动，且专力于军事行动，即令军事上占得胜利，也断然没有成就革命事业的可能。没有民众的宣传，则军队的力量，和民众的力量不生关系，并不能得着民众的了解及军事上、建设上的援助；没有党的训练，当然无法由党的主义、党的政策来支配战时的军事行动及战后的政治建设不违背革命的意义。国民党的军事行动自始即失之过早，辛亥革命也因此而早熟而失败了；至于民众宣传方面：仅仅只有一小部分排满的鼓动，兵事起后，连这一小部分的鼓动都停止了，唯一的机关报——《民报》，竟未曾在民党占领的地方继续出版过一次；党人自办的宣传革命的《民立报》，兵事起后，撰述权竟委诸反同盟会的章士钊之手；军事行动普遍了南方十二省、北方二省，竟无一个正式的宣传机关（《民权报》是天仇个人的关系）。因为官厅禁止出版么？当然不是。因为党中无力供给出版经费么？当然不是。只是因为党中只看见军事行动在革命上有价值，办报不过是无聊文人混饭吃的把戏，一万张报内也寻不出一兵一弹来，有何用处？从前在《民报》上《民立报》上做宣传工作的党员，兵事起后，都去做了大官，做了伟人，哪还肯低头小就来充当什么新闻记者！只专力军事行动不做民众宣传这一点，不但是辛亥革命失败的原因，并且是国民党至今还没有社会的基础之原因。

即于党的训练方面：当时的右派（首领是黄兴、宋教仁、章炳麟等）附和官僚派"革命军兴革命党清"之说，固属荒谬；而左派首领孙中山、胡汉民、陈其美等又何尝想起召集一个全国党的会议。兵事起后，站在政府方面，开过多少军事、财政会议；而未曾站在党的方面，开过一次会议，决定党的政治主张，来教育党员，训练党员，团结党员，使之一致行动。既然没有了党的政治主张与纪律训练，党员的个人行动及背党行为自然要层出不穷：第一个背叛者便是章炳麟，公然通电毁谤党魁，力主政府北迁，推举袁世凯，非袁无人能统治中国；第二个背叛者便是南京临时参议院中多数党员，不遵党魁命令，议决政府北迁；第三个背叛者便是刘揆一，为了想做袁世凯政府的工商总长，宣布脱党；自此以后，相继叛党者，若孙毓筠，若胡瑛等，不计其数，几乎可以说是同盟会之衰党化。革命党这种失败，比较军事上政治上任何失败都重大，而且可耻。然而当时党中并不曾把这种可耻的失败看得象军事上政治上失败那样要紧。只专力军事行动而不注意党的训练，不但是辛亥革命失败的原因，即现在的国民党仍然不曾抛弃这种旧观念。

第三是左派首领过于和右派妥协了。国民党自始就有左右派的痕迹，其原因乃由于地方的经济组织影响到两派政策之不同：左派首领孙中山等，生长在广东海岸外国新式产业发达的地方，所以产生了三民主义革命的理想；右派首领黄兴等，生长在湖南内地农业社会里，所以抱定了简单的排满理想。这两派革命的宣传，自始也就不同：广东派的朱执信、胡汉民、汪精卫等，在《民报》上便有一些关于民权、民生的理论；而湖南派的陈天华、杨笃生等，却只有激烈的很流行的排满小册子——《猛回头》、《新湖南》。自从清室退位，右派的理想已实现，遂渐渐表示妥协的倾向：第一步妥协是黄兴在南京政府即开始与旧官僚及大绅士合作；第二步妥协是包围孙中山，让权袁世凯并政府北迁；第三步妥协是孙、黄到北京和袁世凯筹商国是，协定什么内政大纲八条（一、立国取统一制度；二、主持是非美恶之真公道以正民俗；三、暂时收束武备，先储备海军人才；四、开放门户，输入外资，兴办铁路矿山，建置钢铁工厂，以厚民生；五、资助国民实业，先着手于农、林、工、商；六、军事、外交、财政、司法、交通皆取中央集权主义，其余斟酌各省情形，兼采地方分权主义；七、迅速整理财政；八、竭力调和党见，维持秩序，为承认之根本）；第四步妥协是解散同盟会与几个非革命的政团合组国民党；第五步妥协是向袁世凯要求组织袁派阁员都临时加入国民党的国民党内阁。经过这些妥协，不但革命运动停止了，连一个革命的党也消灭了！这些妥协的责任，大部分固应归之右派，而左派诸领袖，为什么也尽量容纳右派的主张，与之合作也是一个问题。直到民国二年，国民党完全失败，孙中山才公然指责党员不服从他的主张，才断然和黄兴派分裂，另组中华革命党，继续革命运动。

在这继续革命运动中，所采用的政策，是否因袭旧的政策——采用不能贯彻革命宗旨的口号，专力军事行动、轻视民众宣传及党的训练等——仍然是一个问题；左派自身是否也有妥协的错误——郑重宣言保护外人生命财产、履行条约义务等——这又是一个问题。

辛亥革命失败了，继续辛亥的革命运动仍然是失败了，我们对于这些过去失败的回顾，是十分痛楚的回顾！

我们为什么要做这些痛楚的回顾？"前事不忘，后事之师！"

署名：独秀

《向导》周报第八十六期

1924 年 10 月 8 日

给共产国际远东部的信

（一九二四年十月十日）

致共产国际远东部书记

亲爱的同志们：

直隶集团与反直隶集团之间进行的内战，在中国目前的政治中掀起了一场风暴。目前战争的性质和我们对它的态度，我们在关于政治局势的第三个宣言中作了说明，这里就不再重复了。

目前，作战双方，即江苏与浙江，直隶与奉天，哪一方都没有取得胜利，各方都在采取适当方式加固自己的阵地。不过哪一方都不会取得决定性胜利，因为他们势均力敌，每一方都得到一个大国的帮助，所以结果会是这样：在列强进行干涉的压力下，将成立由各列强集团同国内彼此达成妥协的军阀共同组成的联合政府。

在国民党内，我们支持这样的看法：我们应当反对这种战争，尤其要反对列强对中国事务的干涉。然而国民党仍然坚持老政策：同张作霖和卢永祥联合，在战争期间，不做任何有利于人民的宣传。

共产党决定 10 月 10 日以党的名义散发传单，我们要向民众说明，国内军阀在帝国主义的帮助下进行的这场可怕的战争，将会给农民、工人和所有阶级带来很多痛苦和灾难，对人民没有好处。

关于广东商团问题，孙中山和中派（只有共产党人代表国民党中的左派）一开始决定用武力来镇压以这些商人和帝国主义者为代表的反动派，但后来，当商团同滇军和国民党右派联合（特别是外交使团）向他和中派施加压力时，一方面他们知道，他们无力镇压反动势力，另一方面由于直隶与江苏开战，他们改变了最初计划，决定开始进行北伐，并任命孙为总司令。现在孙已去韶关。所有这些情况导致放弃了对商团的镇压计划。

更有甚者，中派首领胡汉民竟向商团作出让步，把广州的警察力量交给其首领李朗如，而把市政厅交给了与这些军队有联系的军阀李福林，旨在以这种方式来驱逐孙科（孙中山之子，原广州市长）和吴铁城（广州警察局长）。

中派想通过这种途径使右派同这些部队断绝联系，而实际上胡汉民想利用与他有联系的这些军阀和部分商团部队来打倒孙科及其一伙，以便自己掌权。他想在中派和商人阶级之间建立联系，也就是要造成更反动的局面。

国民党中央的紧急会议在 8 月结束。三项决议案，即关于反帝运动计划、工人运动原则和对右派反动行为的惩罚的决议，没有提交讨论，而交给了临时书记处。临时书记处通过了这些决议案，但没有公布，也没有执行，原因是：

1. 我们参加这次会议的同志，对中派作出的让步太多，对自己的观点捍卫太差。

2. 关于这件事的细节和广州的政治局势，中共根据瞿秋白同志的报告已作出决议，因此没有必要再重复。

中国无产阶级、中国国民革命应当采取联合行动的策略，而共产国际代表同中共也应当对国民党采取共同行动。然而鲍罗廷同志从不同我们党协商，好像在中国不存在共产党。结果，对国民党没有采取联合行动。按照党的意见，国民党必须停止北伐，必须放弃广东政府，但鲍罗廷同志坚持另一种意见，他为孙中山的军事行动制订了计划并支持这样的观点：占领广东省无论对于对内政策还是对于对外政策都具有很大意义。在如此重要的政治问题上的这种意见分歧给广东同志造成了混乱，他们遵循的是两种不同的意见，无法对国民党施加影响。我们在国民党内的工作也面临很大威胁，所以我们希望共产国际给他提出警告。

在财务方面，鲍罗廷已经改变了他原先的计划，停止资助国民党各省党部。我们给他去信，要求把原定给国民党省党部的这笔钱转给我们中共的省委，用来资助那些在我们控制之下并对国民运动的实际工作提供很大帮助的省党部。

一九二四年十月十日中国共产党书记　陈独秀

转自《联共（布）、共产国际与中国国民革命运动（1920—1925）》，北京图书馆出版社 1997 年版

这是右派的行动吗，还是反革命？

（一九二四年十月十五日）

一个党的左右派分化，不但是应有的现象，而且或者是进步的现象。不过近来国民党中所谓右派的反动行为，说他是右派实在还是太恭维了，实在只是反革命的帝国主义及军阀之走狗；因为如果是国民党的右派，不过是比左派和平些，大体上仍要抱定国民主义，更不能违背国民党的三民主义，更万万不能做帝国主义及军阀的走狗。依照国民党大会的宣言，对于一切帝国主义及军阀的走狗，不使享有民权，何况认为党员！

现在这班所谓右派的反革命的行为是怎样？在此次上海国民大会的暴行上，更是充分地暴露出来了。

据上海大学学生通电说："当我们同学洪野鹤、何秉彝、王秋心、王环心、刘一清、黄仁，在会场之下为赞成反帝国主义及军阀之演说而鼓掌之时，台上主席喻育之（国民党党员）便喝令禁止，加以'扰乱会场'之罪名，台下大队流氓，闻声响应，一呼百诺，蜂拥而前，向洪、何、王、刘、王、黄诸同学施以惨酷之打击，同时，并以'这是齐燮元的奸细'之口号诬害我洪、何、王诸同学。……当时恰有全国学生联合会总代表郭君寿华登台演说：'我们应当推翻一切军阀一切帝国主义……'话犹未了，该会会计童理璋（国民党党员）即上前将郭君拦阻，扯下演台……不意童理璋、喻育之辈，狼毒豺狼，猛将黄仁、郭伯和、郭寿华三君一推，竟自高逾七尺之台，跌至台下硬石上面，一时怆痛之声，惨不忍闻。黄仁君跌伤腰部，呕吐交作，一时昏迷不省人事（次日已死于医院）；郭君伯和跌伤头、胸、足三部，血流不止，多时不能行动；郭君寿华挨打之后，又复加以跌伤肩背等处，时台下流氓，又加以殴打。"

安福部雇流氓包围国会，吴景濂雇流氓打学生的方法，现在挂名革命党籍的人，也居然效法起来，而且被打死打伤的都是些同党的党员，这情形是何等严重！

他们在卢、何势力之下，诬爱国学生为齐燮元的奸细；同样，在吴佩孚、齐燮元等势力之下的走狗，又何尝不可以卢永祥、何丰林的奸细诬爱国学生而加以残杀；这种为一派军阀捧场作伥的卑劣手段，不意挂名革命党籍的人也公然行之，这情形又何等严重！

前此上海执行部坐视右派数十暴徒殴打邵力子而不与以惩罚，纪律废弛，识者早已忧之。我们固然不应该因几个党中下流分子的行动，归罪全党；我们现在只十分注意党中负责任的最高党部，对于此次杀伤十几个青年学生的巨案如何处置；并同时注意各级党部的公正党员，对于党中几个反动分子取如何态度，然后才可以判断党的价值。

署名：独秀

《向导》周报第八十七期

1924 年 10 月 15 日

北京政变与中国人民

（一九二四年十月二十九日）

此次北京政变，显然是英美帝国主义者抛弃了一个旧工具——吴佩孚，另换上一个新工具——冯玉祥，这个新工具比旧工具更柔顺服从一点，更得中国的所谓"舆论"赞助一点，近来英美人士极口称赞这位基督将军的军队如何优良，青年政治家基督教徒王正廷等如何为冯玉祥奔走联络，这都是新工具登场的广告。

这次英美更换新工具，乃是因为帝国主义者势力均衡（英美不能完全打倒日本在华势力，日本对英美亦然）和中国军阀势力均衡（直不能完全平奉，奉亦不能完全平直）之故；他们的阴谋，乃是实现一个由列强共同操纵的各派军阀首领之和平会议（即政变中所传天津会议），并由此会议产生一个由列强共同支配的各派军阀（或加入一二财阀？）首领合作之委员制的政府。

我们百口断定这种结局，不但决不能解决中国的纠纷，而且必然是帝国主义者和军阀结合起来更加紧他们对于中国人民之枷锁；随后他们当中又必然互相争斗起来，加中国人民以空前的屠杀与践踏。

被压迫的中国人民呵！自鸦片战争到临城案件，中国的经济权政治权都渐渐落在帝国主义的列强手里，我们如何能妄想任何军阀的政治行动不受列强的操纵？我们如何妄想他们给我们吃的任何东西不是毒药而是滋养品？

在二重压迫剥削之下的中国人民呵！我们不扫荡一切帝国主义者及一切军阀，决无实现和平安定的局面之可能。袁世凯死了，我们希望段祺瑞出来可以弥缝一个和平安定的局面，结果可是失望了；段祺瑞、徐世昌都倒了，我们又希望吴佩孚出来可以弥缝一个和平安定的局面，可是结果又失望了；现在曹、吴又倒了，我们若仍希望基督将军出来或段祺瑞再出可以弥缝一个和平安定的局面，结果仍然是要失望！而且不但失望，譬如毒疮，不施以剧烈的外科手术，弥缝一次，溃烂必更甚一次。

我们与其年年坐着失望，任他溃烂，不如奋起以自力创造和平安定的局面；我们所要的和平安定的局面，决不是什么"排满"、"讨袁"、"讨徐"、"讨段"、"反直"、"讨曹吴"、"讨冯玉祥"可以得着，只有扫荡一切帝国主义与军阀可以得着！

署名：独秀

《向导》周报第八十九期

1924 年 10 月 29 日

肃 清 内 部

（一九二四年十月二十九日）

中国国民党，在党内，在广东境内，都急需积极的采用肃清内部政策。

民国二年中山先生组织中华革命党，决心和妥协的黄兴派分裂，此次国民党于无形中淘汰了一部分反动分子，他们随后形成了一个政学会。民国十年中山先生和买办唐绍仪决裂，此次国民党又于无形中淘汰了一部分反动分子，他们随后形成了一个民国十一年的益友社。虽然经过这两次无形淘汰，而并未曾经过一次正式的洗党，因此留在党中的反动分子仍不等数，他们的反动性，由全国大会宣言发表后，党中革命的空气日益浓厚起来，逼得他们反革命的言论行动也日益鲜明起来；其事实略见国民党全体执行委员会提出，常务委员会通过之整顿纪律案如下：

《民国日报》记者说中国人并不愿侵犯外国已得之权利并拒绝登载废约运动的通电；顺德县长兼国民党分部长周之贞，以擅立农会罪名拘捕农民领袖；广宁县长兼国民党分部长李某，煽动土豪所组织的民团摧残农民协会；兵工厂长兼广州市党部工人部长马超俊，不惩办凶殴工人的护厂队长，反而破坏工人组织俱乐部；粤汉铁路局长许崇灏压制要求发给欠薪之工人；公安局长兼广州市党部委员吴铁城，派警察禁止圣心学校学生反抗帝国主义之罢课，左袒枪击酒业工会之商团，力助工头压迫人力车夫；市长兼市党部组织部长孙科，命警备队恶打请愿免捐之轿夫并不准轿夫入党；代理省长兼市党部监察委员陈树人，竟执行法国领事命令，派员查办圣心罢课学生，并在洋教师前大声呼喝立拿劝阻教员上课者；中央监察委员张继，曾公然说反对帝国主义为本党之错误。

此外若统率商团军反抗政府的陈廉伯、陈恭受；若为上海南洋烟草公司出头摧残工人的李援、邝公耀；若利用流氓杀伤十余学生的童理璋、喻育之等；若在沙面罢工事件中，在商团反叛事件中，许多力谋和帝国主义者及商团合作的军人政客；他们不但挂名是中国国民党党员，并且自称是热心护党的党员。

其实这班党员留在党内，终必直接或间接断送党的生命；倘真欲护党，只有肃清内部之一法。

说到广东境内的政治军事问题，目前也非注全力于肃清内部不可。反革命的商团虽然打退了，而广州政府所受反革命势力宰制的危机并未曾稍减：第一是心腹之患的范、廖等军；第二是各县绅士大地主所统率的乡民团；第三是久据东江的陈、洪、林、叶各军；广东境内这三种反革命的势力，随时都可以单独的或结合起来向北勾引直系，向南勾引英国帝国主义者，最客气也是"请孙下野"。因此，我们总以为国民党目前重要的工作，不是侈言北伐，而是肃清党内的反动分子和境内的反动势力。自己内部一蹋又糊涂，还北伐个什么？

署名：独秀

《向导》周报第八十九期

1924 年 10 月 29 日

俄罗斯十月革命
与中国最大多数人民

（一九二四年十一月七日）

自俄罗斯十月革命一直到现在，在中国也和其他资本主义的国家一样，有许多人把他看做洪水猛兽。他们为什么有这样的误解呢？一般的总原因，是观察力薄弱的人们误信了各帝国主义者的通信社、新闻纸之造谣诬蔑及反革命的白党（旧俄之贵族、大地主、军人、官僚、社会革命党、少数党、无政府党等）之奔走呼号；其次乃是布尔什维克党人加旧俄皇室以重创，此事大伤了宗法社会里人们的感情；再其次则是新俄宪法，剥夺了以资本生息者及私人商贩之参政权。在第一个原因，本来毫不足怪，因为新俄一面自己放弃了旧俄的帝国主义，一面拒绝其他帝国主义的势力之侵入，帝国主义者自然要造谣诬蔑他，可是我们被帝国主义者欺压得不成话说的中国人，也竟然误信帝国主义者的谣言来攻击反帝国主义的新俄，未免认不清敌与友了。旧俄贵族失了特权，大地主失了土地，军人、官僚失了权位，社会革命党、少数党、无政府党失了和资产阶级苟合的可能，他们奔走呼号也是应有的事，可是特权阶级以外的中国最大多数人民，却没有同情于他们的必要。在第二个原因，象张勋、辜鸿铭、康有为这等复辟保皇的人们，自然应该太息痛恨俄之布尔什维克党人悖伦灭理，而稍有进步思想的人，却应该承认俄人取法于法人处置路易者处置尼哥拉士，断绝后患，善于中国人之处置清室。只有第三个原因，自有史以来是俄罗斯十月革命之特色，这个特色自然为任何国家的资产阶级所不喜；然而在资产阶级幼稚的中国，大一点的资本家与地主在国民中真是少数又少数，小资产阶级若手工工业家、小商人、自耕农，都被英、美、日、法等资本帝国主义之工商业挤得濒于破产，生活艰难，也应该行向革命才是生路。

再由积极方面，说到十月革命的俄罗斯之真情实况，因革命而得救的，第一是占国民十分之八的农民得着了土地，其次是工人得着了政治上教育上的优越权利，再其次是科学者、技术家得着了最优的待遇，就是小工业家、小商人亦因受国家企业之雇佣，免了被大资本企业压迫的忧危，吃亏的只有贵族、大地主、大资本家等最少数的人；因此我们可以说：俄罗斯十月革命是真有利于最大多数人民——农民、工人、小工商业家——的革命。俄罗斯十月革命，更有一个重要的主义是：在国内保障全俄人民经济生活脱离外国帝国主义的宰割而独立，在世界给一切被压迫民族反抗帝国主义之一个有力的暗示。

中国的贵族、大地主、大资本家，比俄罗斯更是少数，其余最大多数的人民——农民、工人、小工商业家——所受国际资本帝国主义的欺压，比十月革命前俄罗斯人民所受的更是厉害多少倍；因此，我们以为中国最大多数的人民，应该接受俄罗斯十月革命的精神，而不应该误信谣言把他看做洪水猛兽！即令他对于帝国主义者、贵族、大地主、大资本家是洪水猛兽，而俄罗斯最大多数人民却已由他而得救了！

署名：独秀

《向导》周报第九十期

1924 年 11 月 7 日

国民党的政治态度

（一九二四年十一月十二日）

国民党的分子本来复杂，遇了现在这样复杂的政局，各派分子对于政治的态度，自然不会一致。兹假设其不同点而略评其得失。

此时中国的一切政治局面，都是各帝国主义者及各派军阀暗斗明争循环起伏的局面，只有革命的大民众之长期的暴动，打破此循环仍旧的局面，别开一新局面，是唯一出路。放弃政权与军事行动，从民众中去，宣传民众，组织民众，训练民众，领导民众，对于一切帝国主义一切军阀，不放过每个争斗；这是国民党的政治态度所应取之上策，因为中国只有此策可救。

或以为此策迁缓而难行，就现有的政权与军事势力，对各派帝国主义与军阀，采用一时攻守缓急不同的策略，或利用军阀中的反抗派推倒最反动的军阀，以进展革命的势力，或参加军阀会议，发表己党的政治主张，暴露帝国主义及军阀之阴谋于全国民众；此种行动，虽不能根本打破一切帝国主义与军阀循环起伏的旧局面，而却是革命的行动，可以算是中策。

若是绝口不提反对帝国主义，绝口不提打倒一切军阀，对于与己党有关系的军阀战胜他派军阀，便视为革命之胜利，以为他们的胜利可以解决中国政治问题而无须革命，不惜牺牲己党的党纲政纲逢迎军阀，怂恿己党党魁无条件的与军阀合作，与帝国主义妥协，以冀在政权上分得若干余沥；这种下流的政治态度，不待言不能救中国，并要葬送国民党的生命！

在广东之政治态度也是如此，毅然抛弃政权，从民间去，乃是上策，因为右派与军阀利用政权压迫工人、农民，剥削小商人，不抛弃政权，民间大不欢迎；或以事实上无法即时抛弃政权，则即利用此政权，肃清境内种种反动势力若商团、乡团、善堂不法的军队等，停止种种弊政若开赌、杂捐、拉夫等，这也不失为中策；至于日与各种反动势力妥协牵就，以保此背革命而行的政权，实是下策！

国民党将来在历史上的荣誉至何程度，当以其政治态度采用此三策至何程度而定。

署名：独秀

《向导》周报第九十一期

1924 年 11 月 12 日

国民会议及其预备会议

（一九二四年十二月三日）

我们为什么赞成国民会议？第一，因为这个会议无论将来成功或失败，眼前便给我们以民众的政治活动之机会；第二，将来成功固佳，即失败也能够给一部分人以革命需要的教训。

我们为什么并且赞成国民党所主张的预备会议？这是因为国民会议比较的形式严重些，决非三数月甚至半年所能正式开会，在此半年中，帝国主义与军阀相互勾结暗斗明攻所加于中国之损失与危机，无法遏制；所以我们不但赞成国民党所主张的预备会议，并且看清此会议单是议政机关还不够，应该同时是执政机关，主张即以此人民团体选出的预备会议执行临时政府之职权，以期中国政权即由摄政内阁奉还于人民。今不幸段祺瑞怀抱"北洋正统"的旧观念，竟不待预备会议之召集，硬以军人拥戴，入京自为执政，自己颁布临时政府制，以延军阀政府将坠之生命。国民党领袖们及全国各阶级的民众，即令能容忍段祺瑞这种专断的事实，亦应严厉的督责他马上召集预备会议，马上将摄政内阁给他的政权奉还人民——由人民团体选出的预备会议。

毫无法律根据的临时执政政府延长一日，即为中国加增灾难一日。

在外交上说起来，往事且不提，军阀政治的根性是必然要丧权误国的，何况段祺瑞在战争中所受外力的援助及最近对外的表示，他的执政政府延长期中，所谓战争中损害赔偿，所谓金佛案，所谓无线电台合同，所谓保障外人已得权利，甚至于所谓参战借款转期案，都会为了执政之承认和东交民巷公平交易。

在内政上说起来，如果是革命的苟迭达，吾人自然没有理由绳之以法，至于反动的苟迭达，每酿成政治上极大的扰乱，吾人应许拘泥成法（指民国临时约法）等犹彼善于此。段氏对外态度之妥协，对内破坏摄政内阁差强人意之设施——修改优待条件及监视清帝，压迫反曹之国民军，恢复安福系、交通系之政权，没有一件事能够表示丝毫革命态度，所谓"彻底改革"，所谓"更始为宜"，只是毁法以便私图之饰词。这种非革命的毁法，不但无与〔益〕于政治的革新，且足以使反对派假护法（指民国约法）以争政之机会，造成将来的乱源。

欲救此对外对内之危机，只有一途：速开国民会议之预备会议，现在的临时执政奉还政权于人民，即以此由人民团体选出的预备会议执行临时国民政府的职权，国民会议由他召集，他的主席团就是此临时政府处理各部行政的首长。

署名：独秀

《向导》周报第九十三期

1924 年 12 月 3 日

孙段合作与国民党之运命

（一九二四年十二月十日）

"真金不怕火来烧"，所以孙中山先生此次入京虽然是一个"险途"，在革命党的态度上自不应避免不去，至于他是否真金，此次一烧便能明白。

无论孙中山先生还没有什么实在的力量，然而在中国政局上，却常常使帝国主义者及军阀感觉不安，拒绝他呢，还是拉拢他？

此次中山由广东而上海而日本而天津，到处都有民众的欢迎。在这些欢迎声中，一方面可以看出中国民众革命的情绪正在发展；他方面因此更使帝国主义者（尤其是日本）及军阀（段祺瑞、张作霖）由惊恐而各逞其拒绝或拉拢之技能。英美帝国主义者自然是到处拒绝他，而日本及段祺瑞为支配全中国计，是想拒绝与拉拢互用，使中山在投降式的条件之下和他们合作，我们所谓"险途"即此。

民众为什么欢迎中山先生，不用说是因为他屡次宣言主张为民族的人民的利益而奋斗；段祺瑞、张作霖为什么拉拢孙中山，只要不是痴子，便不会说他们拉拢孙中山和民众欢迎孙中山是一样的意思。这两种意思都明白地摆在中山先生眼前，是接受民众欢迎的意思，还是接受军阀拉拢的意思，这是中山先生脱离或陷入此"险途"之唯一标识。

换句话说，在民众方面，正在帝国主义利害意见不一致及军阀分裂动摇的时机中，力图发展他们自己的力量，并且在中央在地方都要求一个德谟克拉西的政治；在军阀（段祺瑞）方面，正在借日本帝国主义的援助恢复其势力，并且想邀英、美、法各帝国主义之同情集中其势力，复兴其军人狄克推多的政治。前者是终得胜利之坦途，后者是残灯复明之迷梦。这两条道路都明白地摆在中山先生眼前，若走前一条路，便应始终为民族的人民的利益而奋斗，即退让一万步，亦不应因帝国主义者及军阀之压迫或拉拢，而放弃其最近宣言中废除不平等条约及召集国民会议两个最重要的主张，这乃是国民党与国民合作；若走后一条路，便是中山抛弃其主张，自食其宣言，实现所谓"孙段合作"。

或以为在孙段合作的情形之下，也可以实现中山的主张。这种想头未免太滑稽了！段祺瑞以前的政治罪恶，如亲日卖国，滥借外债以蓄私党，妄开兵祸以除异己等，都姑且不论，请看他现在的行为：

一、以安福派垄断政权如李思浩为财政总长，龚心湛为内务总长，吴炳湘为北京警察总监，姚震为法制院院长，姚国桢为烟酒督办，曾毓隽为税务督办，丁士源为公债局总裁，王揖唐为安徽省长。

二、任安徽姜案正凶刑事通缉未取消之倪道烺（督军团首领倪嗣冲之侄）为凤阳关监督。

三、反对摄政内阁修改清室优待条件，纵清废帝出逃外国使馆。

四、起用全国公认的卖国贼曹汝霖、陆宗舆为参政。

五、宣言"外崇国信",即是明白答覆列强保障外人既得权利之要求,亦即是反对废除不平等条约。

上列诸事已充分说明段祺瑞纵庇群小卖国乱政的行为,丝毫未改。他正在拿"外崇国信"这份厚礼乞怜一切帝国主义者之援助,以恢复并巩固其安福群盗之旧日江山,他将要受一切帝国主义者之指使,压迫各阶级民族解放的运动,并且已经阻止孙中山在京津之演说及欢迎,他对于修改清室优待条件尚且骂李石曾少年胡闹,他对于废除洋大人之不平等条约更说是乱党过激的主张,希望他修改不平等条约,只有修改廿一条为廿二条,希望他召集国民会议,除非是军阀官僚的国民会议来选举他为正式执政。

军阀们牺牲民族的利益,以结帝国主义的欢心,以保其权位,这本是常态;国民党为民族的人民的利益奋斗计,揭破军阀和帝国主义者勾结的阴谋与罪恶,这也是常态;军阀失其常态,便不是军阀,国民党失其常态,亦不成其为国民党。国民党与国民合作是坦途,国民党与军阀合作是陷阱,中山先生将何去何从呢?"不怕火烧才是真金!"

署名:独秀

《向导》周报第九十四期

1924 年 12 月 10 日

国民会议促成会与中国政局

（一九二四年十二月十七日）

年来中国政局之变动，都是由于帝国主义者与军阀的动力，不是由于人民的动力，民主政治决非没有人民的动力而可以实现的。

英、美帝国主义者之工具——曹、吴等直系军阀倒后，中国人民得了表现其力量的机会，并且已经有了开始表现其力量的事实，例如各省由人民团体发起的国民会议促成会。最近上海促成会成立大会之宣言，已看清中国政局有两个可能的倾向：一是人民取得政权，实现民主政治，保障人民利益及国家统一与独立；一是军阀恢复其势力，武力专政，继续卖国乱政，引起战祸。他们这种见解是很对的。

我们并且要告诉全国民众：此时政界之领袖代表第一个倾向的是孙中山，他背后是各省要求民主政治的民众，他们的目的是：

（一）废除不平等条约，脱离外国势力之宰制；

（二）保障人民的自由与利益，脱离军阀政治之蹂躏。

代表第二倾向的是段祺瑞，他背后是帝国主义的列强，他们的目的是：

（一）保护外人条约之权利与特权；

（二）承认金佛郎案；

（三）承认无线电台合同；

（四）由外力援助军阀统治中国人民，排除中国革命势力，使中国永远在帝国主义者及军阀宰制之下。

这两个倾向是很明显的了！上海国民会议促成会呵！各省国民会议促成会呵！全国要求国民会议与民主政治的民众呵！其速速集中你们的力量，决死反抗第二个倾向，为第一个倾向奋斗！

帝国主义者与军阀间的新勾结已就成熟，倘不由人民的动力破此新勾结，则今后的中国仍是帝国主义者与军阀世界，所谓人民利益及国家统一与独立，都没有丝毫希望呵！

署名：陈独秀

《向导》周报第九十五期

1924 年 12 月 17 日

二十七年以来国民运动中所得教训

（一九二四年十二月二十日）

现代中国国民运动，起源远在中日战争以后，当时所谓士大夫（即智识阶级与官僚），受战败之刺激，由反对李鸿章议和误国运动，一变而为维新自强运动，这个运动的中心人物，就是翁同龢、文廷式、张謇、康有为、梁启超等。当时政治思想分为二派：一是文人派，首领是在北京的大学士翁同龢；一是实力派，首领是在天津的北洋大臣李鸿章。隶属翁派的是些都下名士，是崇拜旧的中国文物制度的；隶属李派的是些办铁道、轮船、电报、海军等洋务人才，是主张采用西洋军事、交通制度的；在当时前一派属于守旧，后一派属于维新，两派在思想上，在政权上，中日战前即有不少的暗潮。战后维新自强运动起，两派思想互变，李派属于守旧，翁派属于维新，而暗斗愈烈；卒以翁派得清帝之助及时论同情，李遂失政权而入居北京。康有为入北京上书变法救亡并设保国会，而翁派势力大张，翁、康互相利用，结托清帝，遂造成戊戌变法的局面。

"戊戌变法"、"义和团"、"辛亥革命"、"五四运动"这四件事，都是中国革命的无产阶级开始表现他的社会的势力以前，小资产阶级之重要的国民运动，而也只有这四件事配说是国民运动，因为在这四个运动中，都有广大民众参加，不像什么西南"护国"、"护法"都是南北军人间的互斗，不但没有民众参加，而且没有丝毫民族对外的意义。

"戊戌变法"运动，所谓变法，不过是一种方法，其目的乃是由变法而自强而御侮而救亡，其动机乃由帝国主义的军事侵略而起。这次运动的优点有二：（一）当时所谓变法维新，较前此老维新派李鸿章等采用西洋的军事、交通制度，更进一步主张采用西洋的行政、教育制度，因此李鸿章等退为当时之守旧派。（二）当时之变法维新运动，不但在政治思想上生了大变化，即学术思想上也生了大变化；所谓思想上的变化虽然不出孔教范围，而因为西洋学术思想之输入，遂使孔教教义起了新的分化：一是康有为、梁启超等之改革派，一是张之洞、叶德辉等之护教派。张之洞著《劝学篇》，叶德辉著《翼教丛编》，均以明伦卫道之正统自居，斥康、梁为异端邪说；这种辩论，使远在此前汉学派今古文之争扩大到政治上学术思想上普遍的冲突。

这次变法运动的弱点亦有二：（一）变法维新的内容，只主张在现政治之下谋行政及教育制度的改革，并未想到政治的根本改革及其准备，因此，遂引起后来立宪派与革命派之争；（二）变法维新的方略，未曾在社会上坚筑改革派民众组织的基础，专思以清帝的威权行之，当时的改革派不但没有抓住社会势力，并没有看清包围清帝之亲贵——统治阶级对他们作战的力量，因此他们遂至为袁世凯所卖，一败涂地，几乎全军覆没。他们的妥协性，使他们忽略了民众的组织，使他们忽略了革命的准备，这是在国民运动中第一次给我们的教训！

戊戌政变后，清廷的反动，日甚一日，同时，外国帝国主义之政治的经济的侵略，也日甚一日。全国，尤其是北方穷苦的农民及手工业者之生活困难与失业增加和帝国主义经济的侵略（外货输入）成为正比例；同时，清廷一方面对内厉行反动政策，一方面图结外人之欢心和缓其责难，保护外人及教堂之严令，纷如雪片的颁布到各县各镇乡；因此，遂逼成"义和团"事件。

"义和团"事件的起因十分明白：一是经济上的原因——农民对于帝国主义侵略的反抗；一是政治上的原因——清廷反动政局趋于极端之结果。

思想简单的北方农民及失业的游民无产阶级，凭了英法联军入京火烧圆明园，中日战争割地赔款，洋货充斥物价飞涨，教堂教徒势力薰天，政府因仿办洋学堂、洋船、洋枪炮等增加租税——这些多年的直觉，遂由白莲教的反清复明运动，一变而为义和团的扶清灭洋运动。恰当此时清廷反动的政局日趋极端，无论如何媚外，终不免外人借口要挟的责难，至外国容纳亡命的改革派，尤为清廷愤恨，及义和团运动起于山东，延及直隶、东三省，端、庄、毓贤、刚毅辈遂思利用之以铲除外人干涉，以偿其尽量反动之大欲。

义和团之蔑视条约，排斥外力外货及基督教，义和团之排斥二毛子三毛子——帝国主义者之走狗，都无可非难；义和团之信托神力，义和团之排斥一切科学与西洋文化，自然是他的缺点，然这些本来是一般落后的农业社会之缺点，我们不能拿这些特别非难义和团。义和团真正缺点是：（一）只是冲动的暴动之一群，而没有相当的组织，致一败而遂瓦解；（二）与反动派合作而为其利用，致失社会上进步分子的同情。这是在国民运动中第二次给我们的教训！

义和团运动之失败，在国民运动上遗下两个极大的影响：一是因此暴露了清廷之罪恶与昏庸，戊戌以来社会上所谓维新党，分化为立宪与革命二派，这是好的影响；一是因此一般富于妥协性的知识阶级，附和二毛子三毛子的宣传，以排外为野蛮为耻辱，损坏了民族革命即反抗外国帝国主义之精神，这是恶的影响。这个恶影响为害于国民运动至大，远及于辛亥革命一直到现在。

自义和团事件至辛亥革命十二年中，立宪与革命之辩论，纷起于侨居日本及上海之知识阶级；同时，内地之商业资产阶级及知识阶级的"权利收回"运动亦轰然特起，最著者，若对俄之东三省主权收回运动；若对美之粤汉铁路收回运动；若对英之山西、河南煤矿收回运动，安徽铜官山矿废约运动，沪杭甬路拒绝借款运动，苏、直、鲁、津铁路废约运动；若对法之滇矿收回运动，拒绝沪、绍航权运动；若对比之收回京汉路管理权运动；吉林、河南、四川都组织了保路会，成了大的群众运动。这些运动，遍于全国，明明是对于帝国主义者依辛丑条约向中国经济进攻之反抗。当时的革命党，应看清廷乃是当时革命运动之唯一动力。

当时立宪与革命两派之争，前者是希望清廷的宪政来改造中国，后者是主张以革命的势力来改造中国，立宪论实在是当时一部分妥协的知识阶级之愚妄，然而革命的结果，也未达到改造中国之目的，这并不是革命主张之错误，乃革命方法之错误。辛亥革命方法错误之点正多，最重要的有二：（一）单调的排满，虽然因此煽动了民族的情感，使革命易于成功；同时并未抓住社会上客观的革命势力，即当时商民之经济的要求，亦即反抗外国帝国主义收回权利的要求。因此，革命之目的不为商民所了解，革命运动遂不得不随清室退位而中止；因此，中国的产业未能随革命成功而发展；因此，封建余孽得勾结帝国主义者扑灭革命势力，而帝国主义之长驱直入，革命后反比前清更甚。这是辛亥革命之大失败。（二）单调的军事行动，这种军事行动之基础，不但不曾建筑在民众的力量上面，即参加革命的军队，也只是被少数党人权利的煽动，并非是普遍的受了革命的宣传与鼓励；因此，军人以争夺权利而互斗的内战，血污了十三年民国史。这不但是辛亥革命之失败，直是辛亥革命之罪恶。

专做军事行动而忽略了民众的政治宣传；专排满清而放松了帝国主义的侵略，不但放松了，而且满口尊重外人的条约权利，力避排外的恶名，军所行至，皆以冒犯外人为大戒；致使外力因中国革命而大伸，清末权利收回运动，无形消灭，借外债，送权利，成为民国史之特征；同时军人以兵乱政，亦为前清所未有，至如军阀与帝国主义者勾结为患的局面，亦可以说是辛亥革命方法错误所遗下的恶影响。这是在国民运动中第三次给我们的教训！

以武力排满的辛亥革命，失了国民革命的真面目。国民革命的目的物——外国帝国主义者与国内军阀——因而虐焰愈炽，在此虐焰之下忍受了八年（自辛亥革命至"五四"运动）的中国青年，受了欧战后世界革命的潮流，遂发生"五四"运动。

"五四"运动重要的事实是：北京学生团三千余人，反对巴黎和约签字，民国八年五月四日，为外交的示威，火烧曹汝霖住宅，痛殴章宗祥；六月三日，北京学生讲演团被捕者千余人，上海学生罢课、商人罢市、工人罢工，要求罢免曹汝霖、陆宗舆、章宗祥三人并释放被捕学生，同时，南京、杭州、武汉、天津、九江、山东、安徽、厦门、广州的学生及搬运苦工先后继起，一致声讨卖国贼及排斥日货；至十日北京政府下令罢免曹、陆、章，上海始开市、开工、开课。

此次运动的优点是：（一）纯粹的市民反抗外国帝国主义之压迫及以直接行动的手段惩罚帝国主义者之走狗——卖国贼；（二）随之而起的文化运动和社会运动，加［对］旧思想以重大的打击。

此次运动的弱点是：（一）民族运动的对象，只是当时感觉最甚的勾结国内军阀段祺瑞之帝国主义的日本，而忽略了国际帝国主义者对华侵略之全部情态，并且还有一部分领袖有求助于更险毒的敌人美国帝国主义者之倾向；此倾向，发展到华盛顿会议时，更恶化了全社会。（二）群众中无有力的组织与领袖将此运动继续扩大深入到社会各阶级中被压迫的群众，在欧战后世界革命的大潮中，失去了被压迫的中国民族解放运动大爆发的机会；当时在南方的国民党均囿在"以武力和北方争地盘"的旧政策内，或更周旋于分赃的南北和平会议，并未看清中国革命之真关键——反抗国际帝国主义的民族解放，也未看清中国革命之新方向及新势力，他们对于学生运动取了旁观态度，甚至有一二领袖还加以怀疑或非难；在北方的青年领袖们根本上没有革命性，不但临事脱逃，并且公然提出回避革命的口号"读书求学不问政治"。因此，在革命时机有革命倾向的"五四"运动，变成了秀才造反，中国懦弱的智识阶级，在此次运动中可谓原形毕露！这是在国民运动中第四次给我们的教训！

以上四个国民运动，都是小资产阶级（知识阶级包含在内）独唱的舞台，也就是屡次失败之根本原因。

可是最后的"五四"运动乃是在欧战后世界革命的怒潮中和中国城市工业开始发展中（民国八年西历一九一九年）发生的；因此，"五四"运动虽然未能达到理想的成功，而在此运动中最努力的革命青年，遂接受世界的革命思潮，由空想而实际运动，开始了中国革命之新的方向。这新方向便是社会中最有革命要求的无产阶级参加革命，开始表现他的社会势力。

开始表现他的社会势力之无产阶级，无论在阶级争斗或民族争斗，他的力量虽然还幼稚，而在"只有失败而无妥协"这一点看来，这一个"革命阶级"的根性已充分表现出来。因此，这新方向的运动不过才开始进行，即已做出几个使帝国主义者惊心动魄的运动：自海员罢工至镇压商团反革命（民国十一年一月十二日—民国十三年十月十五日）。

香港中华海员联合会，因要求加薪不遂，全体罢工，前后加入罢工之海员二万余人，全市搬运工人、煤炭苦力、公私佣工等同情罢工者数万人，罢工凡五十四日（一月十二日—三月五日），以达到加薪要求而解决。

在此次罢工中，我们可以看出同情援助者由全香港工人以至中国北方的铁路工人之阶级的觉悟；我们可以看出香港公私所雇华人全体罢工时之民族的觉悟；我们可以看出英国帝国主义者运输停止之恐慌及运输工人之威力；我们可以看出英政府保护英资本家（船公司）严厉的压迫罢工之一致（香港政府封禁海员工会，勒令各行船馆缴销牌照，以武力禁止海员及一切人民自由出境；上海英官则代船公司招工，并拘捕同情于香港罢工之工人数名）。

由海员罢工胜利起，至京汉路工"二七"惨剧止，这一年中，是中国工人阶级进攻时期。由香港、广东而上海而长沙而萍乡而武汉，沿京汉、津浦、京奉路而抵山海关，罢工与工会运动，轰动全国，使军阀、官僚、资本家侧目而视。

工会运动中，比较有力的是铁路工人，京汉、京绥、正太、粤汉、津浦、京奉各路都有了组织，京汉尤比较的完备，而军阀官僚对之也尤为嫉视。

当中国工会运动最高潮中（民国十一年，西历一九二二年），国际资本帝国主义已镇住了世界革命的怒潮，重复向世界工人阶级及远东被压迫的民族进攻了；同时，新兴的直系军阀正抱了武力统一的野心，恰好和新兴的工人阶级统一全国铁路工会的运动相抵触，冤家狭路，分外眼明，复加以汉口帝国主义者之教唆，沿京汉路各埠商人对于罢工工人之非难，民国十二年二月七日京汉路工之惨剧乃起。

"二七"惨剧给我们的教训是：使我们认识外国帝国主义者和中国的军阀官僚商人，他们同立在一条反革命的联合战线。

"二七"失败后，帝国主义者、军阀、官僚，资本家同时向工人阶级进攻，各省（广东、湖南除外）工会或解散或改为秘密的小组，全国工潮一时遂低落下去。

广东虽无多产业工人，而一般劳动群众因为处在五六年来政治上反抗北方的南方政府统治之下，得到普通的集会结社之自由，较之有强固组织的资产阶级压迫下之大都市产业工人，反能发挥其革命性；因此，在全中国工潮低落之时，广东劳动群众不但能固守阵地，最近还能向帝国主义者及其走狗进攻——沙面罢工及镇压商团反革命都得到了胜利。

沙面英、法租界新定入界苛例，实际上只是取缔华人，这本是对于中国全民族的耻辱；然而罢工抗议者只是被雇的工人与警察，商人毫无表示，而国民党右派党员，反有和英捕房勾结欺骗工人妥协者，幸而广州市工人群起援助并力持不妥协态度，香港海员亦表示同情，英、法帝国主义者终至让步。

广东商团乡团，久有和工人、农民对抗的形势及冲突，最近各县商乡团且联合在广州商团团长陈廉伯（英国汇丰银行买办）指挥之下，阴谋推翻孙中山政府。他们曾勾结国民党右派军人以罢市要挟政府发还了私运的枪弹；他们自己说后面有英人援助；他们自己说奉了曹、吴的命令；他们居然以武力拦阻国庆日游行庆祝的市民，杀伤了工人、学生数十人；罢了市不算，还号召各属商乡团集中广州，对政府及工人取攻势；工团军、农民自卫军联合各校学生及陆军学生组织工、农、兵、学革命大同盟和商团对抗；孙中山因民众之奋起，遂毅然排弃国民党右派妥协政策，以武力击散商团军，没收其枪械。

此次商团反革命之镇压，时间虽只一日夜，地域虽只广州一隅，其实比民国十三年任何大的战争都有意义；因为他是中国的工人、农民、国民党左派的学生军人，对于外国帝国主义及国内军阀富商（商团）、乡绅大地主（乡团）、国民党右派的军人政客之战争，他是中国现在及将来革命与反革命争斗之缩影。

二十余年来国民运动给我们的总教训是：社会各阶级中，只有人类最后一阶级——无产阶级，是最不妥协的革命阶级，而且是国际资本帝国主义之天然对敌者；不但在资本帝国主义国家的社会革命他是主力军，即在被资本帝国主义压迫的国家之国民革命，也须他做一个督战者，督促一切带有妥协性的友军——农民、手工业者、革命的知识阶级、游民无产者（兵与会匪）及小商人，不妥协的向外国帝国主义者及其走狗——国内的军阀、官僚、富商、劣绅、大地主、反革命的知识阶级进攻，才能够达到国民革命之真正目的——民族解放。

署名：陈独秀

《新青年》（季刊）第四期

1924 年 12 月 20 日

国民会议声中之民选省长

（一九二四年十二月二十四日）

　　民选官吏，在理论上是民主政治所必需的；在事实上亦为中国时势之急要。他省且勿论，眼前最急需民选省长的：若江苏、若浙江、若安徽、若江西、若湖北、若直隶皆是。

　　江苏省长现为卖省附齐的韩国钧，彼纵无耻恋位，亦必为苏人所不容；浙江省长现为卖省迎孙的夏超，浙江人如不自动的去孙与夏，将无以拒卢永祥南下之师；安徽省长现为安福首领王揖唐，安徽若容其久任省长，将使安徽人重复统治在公益维持会之下；江西现尚无省长；湖北之萧戕省媚吴，举国共仰，此贼不去，鄂人之耻；直隶已成曹国，曹今倒，万无再听曹之爪牙扬以德真除省长之理；中国政局倘不能即时进入较清明的政局或最反动混乱局面，上列各省省长都必然不能久居其位，他们虽然能指使一班走狗拥戴，若东南大学教授之拥韩，若湖北招牌公团之拥萧，决与大多数民意无涉。

　　惟省政府地位变动后，继任之争夺必然要起纠纷，欲解决此纠纷惟有省长民选，并且民选机关，应不由现有的省议会，而由各市各县的人民团体，自动的组织和国民会议同性质的省民会议。

　　我们固然知道各省现有的小军阀又盘踞省政府的官僚。他们都会以权力、金钱制造省民会议或压迫省民会议以取得政权；然而各省的革命分子及爱省的民众，决不可因此便放弃其地方的政治争斗，目前只有此争斗是北方的政治争斗之发足点。

　　我们要求民选省长，须认清性质只是民选省长，万不可牵扯到什么"联省自治"，或什么"某省人治某省"这些昏乱方法。"联省自治"是一班小军阀巩固其现有地位的口号，和民主政治的民选官吏权、地方自治权都风马牛不相及。"某省人治某省"，也和省民的权利无关，那省人没有军阀官僚，请看苏人治苏的韩国钧、鄂人治鄂的萧耀南、湘人治湘的赵恒惕就是榜样。

　　我们要将民主政治实现于地方政府，我们要得着民选官吏权，只有号召省民会议实现民选省长是正确的发足点。

署名：独秀

《向导》周报第九十六期

1924 年 12 月 24 日

国民会议与商人贵族

（一九二四年十二月三十一日）

资本帝国主义在他们的殖民地半殖民地本地商人中造成一种买办阶级，不但为他们输入制造品输出原料，并且为他们和本地政府间买卖铁路、矿山等利权之中间人。这些买办阶级本是外国帝国主义者的工具，他们为了他们主人（帝国主义者）的利益，不惜破坏本国的国民运动，卖掉自己的国家。他们靠外国帝国主义的势力发了财，有了货栈，有了大的百货公司，有了银行，甚至于有了矿山、轮船、铁道公司，在本地商人中俨然是商人贵族。

被国际资本帝国主义占领的中国，商业畸形的发展，因此中国的买办阶级，比国内任何商业、工业资产阶级的势力都大，除了帝国主义者，他便是中国经济之王，岂但是商人贵族！

此时多数中国国民都要求有一个真正人民的国民会议，来拥护中国人民的利益；而外国帝国主义者及军阀政府都想制造一个官僚政客的国民会议，来愚弄中国人民。商人阶级对于国民会议的态度是怎样呢？中等商家、小商人和商人贵族（即买办阶级），他们的经济基础不同，他们的阶级意识也就两样：中小商人和工人、农民、学生同样的受帝国主义及军阀之剥削压迫；因此遂同情于工、农、学生对于国民会议之要求而参加其运动；商人、贵族寄生于两种方法之上，一是辅助外国资本主义之侵入，一是勾结军阀政府以重利盘剥国家；因此他们决不协同工农阶级为反抗帝国主义与军阀而参加国民会议，他们反是为了和帝国主义及军阀谋更进一步的勾结而参加国民会议。他们只电求段祺瑞许他们自己加入国民会议，而不肯协同民众做要求民众所需要的国民会议之运动；他们只协同教育界、贵族和英探何东爵士合作，而不愿加入国民会议促成会，和小商人及工人、农民、学生等下层阶级群众合作；这就是说明他们不是为了反帝国主义与军阀的民众利益而参加国民会议，乃是为了勾结帝国主义与军阀的商人贵族之特殊利益而参加国民会议。商人贵族之特殊利益，便是帝国主义者和商人贵族共同的利益——输入外资发展实业。外资势力下之实业发展，即资本帝国主义的势力在中国之发展，中国的实业即国民经济之命脉——铁路、矿山、轻重工业等——将随外资势力之发展尽入外国帝国主义者掌握之中，而中国民族永远是他们经济的奴隶。真正有助于中国自己的实业发展，收回海关改协定关税为国定关税是必要的；然而买办银行等商人贵族却不赞成收回海关，因为他们相信只有海关在外人手中，内债本息的担保才靠的住，存在他们手里的债票才不至跌价。

总之，殖民地半殖民地的商人贵族本是因为外国资本帝国主义之侵入而发生而繁荣的，外国帝国主义的利益即是他们的利益，他们宁可牺牲国家主权与国民利益，而决不肯侵犯外国帝国主义者的特权与利益，他们为了外国帝国主义的利益和他们自己的利益是可以和军阀妥协的，他们所不愿与妥协的，只有反帝国主义反军阀的民众。因此，在将来的国民会议中，这班商人贵族是站在帝国主义者与军阀的利益方面，还是站在国民的利益方面，我们由他们的阶级性即他们的经济基础上可以推知的。

署名：独秀

《向导》周报第九十七期

1924 年 12 月 31 日

我们对于造谣中伤者之答辩

（一九二五年一月七日）

大家意见不同，甚至于利害不同，据理争辩或据事攻击都是可以的，造谣中伤是不可以的。但是世界上往往有一种人为了一种政治的作用或自觉的不自觉的由于阶级的利害关系，急于要攻击他们的敌人，而一时又寻不着敌人错处，于是遂不得不出于造谣中伤之一法。

现在有一班人对于我们大肆其造谣中伤的手段，也是出于上述的心理。攻击我们底人们，若能指出我们实在的错误，我们是应该感谢的；或者是指出疑似的错误，我们也应以"有则改之无则加勉"的精神答复他们。可是他们现在所攻击我们的纯粹是造谣中伤，而且出乎情理之外的造谣中伤，令我们不得不对于他们造谣中伤之原因与心理加以解释。

他们的谣言有重要两点：

（一）说我们得了俄罗斯的巨款。这个谣言远在二三年前，造谣言的人，本是旅沪湖南劳工会分子王光辉、谌小岑辈和几个所谓无政府派，王、谌二君虽然不承认曾造此谣言，而无政府派的宋仙却有一封致郑州工人的信可以作证。我前年在上海被法捕房逮捕时，华探杨某曾于年前向我的朋友董、白二君示意要敲竹杠，就是因为听了他们的谣言，穷人无钱被敲，我当时只得挺身就捕。同时，他们并在《四民日报》（复辟党和无政府党合办的报）上，大造其谣言，说我假借工人名义向俄罗斯骗钱。最近又有国民党右派分子马素，在上海南方大学演说，也公然攻击我们，大意是说我们为了俄国的金钱才相信主义。我们现在的答辩是：第一，我们是第三国际的支部，向来未和苏俄发生直接关系；第二，第三国际本部自己的用费全靠五六十国的支部供给，断不能够有巨款津贴到很小的中国支部；第三，无论是苏俄或是第三国际，主持的人不但不是瞎子、聋子、痴子，其综窍名实，并非糊涂的官僚之类，而且常有代表在中国，中国党人决没有事前借名骗钱，事后脱卸责任的可能；第四，我们在国内国外所代募的京汉工人抚恤款均交由救济委员会支配，比由该会付原捐款人以收条，所有收支详数，该会不久必有一个负责的报告；第五，我们若不是为自己的信仰所驱使，若是为金钱所驱使，在中国现在的社会，可以弄钱的道路很多，并不须十分不要脸的去骗，舍此不图，而却要假借全世界资本主义社会所压迫所厌恶的主义去骗素称纪律严肃的第三国际或苏俄的钱，未免南辕北辙了；第六，或谓苏俄为外交上的鼓吹收买我们，大家须知道苏俄若取以金钱帮助外交的政策，只需贿买外交当局及大的新闻已足，收买我们无权无位的党人有何用处，并且苏俄对华外交，是遵守列宁"对被压迫的民族只与不取"的政策，他们拿种种权利与特权挟一个空洞的承认，实用不着我们为了帮助鼓吹(……)

　　（二）说我们勾结吴佩孚陷害工人。从前章炳麟说黄花岗之役，是黄兴勾结张鸣岐，受了数十万贿金，送革命党人至广东，以便一网打尽。天下事无独有偶，现在又有人自由造谣说曹、吴残杀京汉工人，在汉口逮捕工人，都是中国共产党陷害的。我们的答辩是：第一，试问我们为什么要陷害工人？第二，京汉惨杀案中我们的施洋同志也在其内，汉口被捕人中我们的刘芬、许白豪同志也在其内，而且株连到北京同志张国焘数人，岂有我们自己陷害自己之理？第三，我们反对吴佩孚，远在直奉战争后，到了京汉工人"二七"惨剧及汉口党案发生，我们攻击曹锟、吴佩孚，比中国任何人都厉害，别的不说，单在本报上就可以随便寻出这类材料，试问有没有这样勾结吴佩孚的可能？第四，现在保定狱中的京汉工人都出来了，请问当日罢工情形，是由于工人因开会受压迫而动了公愤，或是由于我们煽动陷害？若说我们帮助工人组织工会和援助罢工的工人是陷害工人，我们便没有答辩的必要了。

这两个谣言若是真的，我们便应该枪毙，岂但是区区名誉问题！因为他们所造谣言这样不近情理，我们向来以为没有和他们辩论的必要；可是现在有些国民党右派分子及上海一两家反动派的日报，利用这些出乎情理之外的谣言，来做帝国主义者在华报纸攻击我们底应声虫，因此我们不得不答辩一下。

各资本帝国主义者，无论欧洲、美洲或在亚洲，本来都是利用许多工具，造出许多谣言，中伤他们的敌人——共产主义者。他们在中国的政策当然也是这样；不过在中国，他们不但要造谣中伤共产主义者，并且还要造谣攻击国民主义者，因为国民主义者在中国有了势力，也是他们的不利，国内一班反动分子，遂于有意或无意中做了他们的工具。造谣中伤我们底人们，即或自己不肯承认是有意做帝国主义者之工具，然而在事实上，他们已经无意的做了帝国主义者之工具了，因为他们造谣攻击我们，帝国主义者是要举起双手赞成的。

并且造谣中伤我们的人们，还有几种特别心理：（一）他们以为攻击共产党，必能博得帝国主义者、军阀及资本家各方面的同情，于他们在社会上活动大有利益；至少也可以免得过激嫌疑遇着压迫，他们在天津欢迎孙中山时散传单攻击我们，虽然一时疑被外国巡捕误会捉去，随即讯明他们是反对共产党的人而释放了，这便是一个证明。（二）他们以为骗钱在中国社会是最足以动人猜疑的事，陷害工人是工人阶级所痛恨的事，这两种谣言一传布，我们在工人中在一般民众中便不能活动了。（三）他们以为我们伏在各种黑暗势力压迫之下，任他们如何自由造谣中伤我们，我们也不能够像他们时常公开的拿延请大律师向资本帝国主义的法庭控告来威吓攻击他们底人。

至于他们所以要造谣中伤我们之各别原因，我们也要指明出来。马素这等人，全身都装满了大美国的空气，一回到中国来，眼见孙中山及国民党居然冒了赤化嫌疑反对帝国主义，主张废止不平等条约，他自然要气得发昏，自然要借着中伤我们的谣言来骂着出出怨气。反革命的无政府派，他们无论在欧美或中国，都是帮着帝国主义者、军阀、官僚等反对共产主义者，造谣中伤共产主义者即是公开的向黑暗势力告密，张德惠造谣攻击我们，是因为他侵吞京汉工人抚恤费数百元受我们责问之反响。郭寄生、王光辉是要欢迎官僚的国际劳工局代表亨利老爷的，他们造谣中伤我们，更是他们的义务。

最近看见郭寄生、王光辉在上海报上登给我们的启事，没有资本家给我们钱登告白打官司，现在我们只好顺便这里答复几句：他们启事中所指何事，我们不大明白，实在无从答复；惟他们劝我们洗心，我们以为我们若自问没有和杀害黄庞的赵恒惕、宾步程妥协及为南洋烟草公司利用这等对不起工人阶级的事实，便心安理得，另外用不着洗心！

署名：独秀

《向导》周报第九十八期

1925 年 1 月 7 日

列宁与中国

——列宁逝世周年纪念日告中国民众

（一九二五年一月二十一日）

有许多中国人及其他各国许多人，尤其是在十月革命后的二三年间，以为这个布尔什维克首领列宁，不知是什么一个极恶穷凶的怪物。其实这完全是幻想。列宁的外表，像一个很朴素的教授，又像一个很活泼的工人；他的内心贮藏了对于全世界被压迫者的同情热泪，他不但同情于被压迫的工人农民阶级，指导全世界的阶级争斗，他并且同情于被压迫的弱小民族，指导全世界的民族争斗。释迦佛说：要普度此世界众生于他世界；列宁说：要为此世界人类中被压迫者脱离被压迫地位于此世界而奋斗。我们若要指证释迦佛所说他世界在何处及超度了多少众生到那里，便未免太滑稽了；而由列宁奋斗所解放之被压迫的工人农民阶级和被压迫的弱小民族，已经分明在此世界中令我们看见了，如十月革命后的苏俄工人、农民之解放及苏联境内小民族之解放与夫近在远东民族革命运动之勃兴。

欧洲人对于远在亚洲东方的中国，或视为不可知的秘密国，或视为一大群未开化民族所聚居的地方，一任其传教师、外交官、远征的军队与商人明欺暗算，而漠然无动于衷。独有同情于全世界被压迫者的列宁，他对于远在数万里外的中国近代重大事变及在这些事变中所受欧洲各国的欺凌，无不注意到，无不严峻的批难到，他并不宽恕他本国（俄罗斯）政府欺凌中国人之罪恶。

自从义和团事件起，列宁即表示深厚的同情于中国人，攻击他本国政府非常严厉，当时他曾在《火星报》上说："俄罗斯与中国战争（即指义和团战争）已告结束，为这次战争调动了许多军队……对于那班暴动的中国人，尤其是对于那些没有武装的中国人，加以剿灭、弹击，无量数的妇女儿童，都被惨杀，其苦何堪！至若农村居民商店之被蹂躏抢劫的状况，更是不用说了。……今日欧洲资本家贪欲的利爪又伸入中国了，且现在力求满足私欲的俄罗斯亦转入这个漩涡之中，并已割据中国的旅顺口，由俄兵保护，在满洲公然建筑铁路；同时欧洲各国政府，相继而起，大家都热心来做抢劫中国的事，冲动了他们'瓜分中国'的观念，由是将中国的土地，或占据或租借，事实上就等于欧洲各国政府（俄罗斯居其首位）已开始瓜分中国；可是他们瓜分中国不是用一种公开的形式，而是和暗中偷窃人家坟墓中的死人一样。假若被偷的死人稍有反抗的表示，他们就如猛兽一般，烧毁其村庄，驱逐于海洋，或将赤手空拳的居民和其妻子，枪杀刀杀，毫不加以姑息……如现在报纸（指俄国报纸）又鼓吹兴兵反对中国，加上中国人是'野蛮黄种'、'仇视文明'的罪名。……那班无耻的新闻记者，屈服于政府及金钱目的之前，故意无中生有，造谣惑众，鼓励民众轻视中国。"

列宁对于中国的辛亥革命，也表示满腔同情，当时他曾在《真理报》上说："四万万落后的亚洲人得到自由了，对于政治生活已经有觉悟了。可以说，地球上全人口四分之一已经由沉睡转到光明、活动、奋斗的路上了。此事对于文明的欧洲是不发生关系的，甚至法国至今还未正式承认中华民国。欧洲这种冷淡的态度，用甚么可以去解释呢？原来在西方各处都受帝国主义的资产阶级之统治，这资产阶级四分之三已经腐朽，对于任何一个野心家，只要争得反对工人之严厉方法及一个卢布有五个戈比的利息，都愿把自己所有的文化卖去。这个资产阶级把中国只不过看成一块肥肉，这肥肉自从被俄国亲热的拥抱一下之后，现在也许要被日本、英国、法国等撕碎了罢！"

列宁对于列强扶助袁世凯造成中国的反动政局，也曾在《真理报》上攻击过："欧洲资产阶级居然拥护亚洲的黑暗势力。……掠夺中国，帮助德谟克拉西之仇人，中国自由之仇人。……中国的新外债（是指袁世凯的善后大借款）是反抗中国德谟克拉西的，因为欧洲帮助袁世凯，他原来是预备实行军事专政的一个人。欧洲为甚么帮助他？就是因为可以分点利润。中国借了二万五千万卢布的债……假使中国人民不承认这笔债呢？那时先进的欧洲就要大声疾呼甚么'文明'、'秩序'及'祖国'了！那时就要装着大炮，与野心家黑暗势力的好友袁世凯联合去压迫这'落后亚洲'的共和国了！"

在列宁这些说话中，可以看出他是一个何等人物，可以看出他对于中国及中国民众之同情是何等诚挚；同时，也可以看出中国本国的反动军阀勾结外国帝国主义的资产阶级，压迫中国民众破坏中国德谟克拉西运动是何等严酷；同时，又应该看出中国民众之好友，只有反对帝国主义的资产阶级之无产阶级，那些帝国主义的资产阶级都是中国反动军阀之好友，也就是中国民众之敌人。

现在全世界人类对垒的形式是：

（甲）压迫者——各国帝国主义的资产阶级及反动的军阀；

（乙）被压迫者——各压迫国之无产阶级及各被压迫国之民众。

被压迫的中国民众呵！我们若真要纪念列宁，永远纪念列宁，只有接受列宁遗训——联合全世界被压迫者，向全世界压迫者作战，为脱离被压迫的地位而战！

署名：独秀

《向导》周报第九十九期

1925 年 1 月 21 日

我们应如何对付善后会议

（一九二五年一月二十八日）

我们反对善后会议，并不是因为这个名称和预备会议不同，乃是因为他是军阀官僚包办的会议，没有人民的代表出席说话——这个反对的理由是不错的，然而仅说是反对军阀官僚包办的善后会议，还觉的太简单了。我们不但反对善后会议在形式上是军阀官僚的会议，我们必须在实质上反对段祺瑞所要的这种军阀官僚会议所包含之危险性。

段祺瑞所要的善后会议，至少也有下列三个危险：（一）段氏赶速在国民会议之前，利用他的善后会议团结军阀势力，以抵抗国民；他所要的善后会议如果成功，军阀在中央及地方的势力必完全恢复，他们压迫国民运动，必然日见露骨。（二）段氏要利用善后会议，结合直系等失意的军阀，以巩固他自己的地位，和他派军阀——奉军及冯、孙、胡等——对抗；此种新的结合和新的对抗，是军阀间将来大战争之种子，亦即帝国主义者借口内战干涉中国内政之种子。（三）段氏要利用他的善后会议产生正式政府，选举他为正式执政或总统，此种正式政府如果实现，势必为国内战争之导火线，因其非新的代表民意机关所产生，又没有旧的法律（约法）根据，纯粹由军民长官拥戴，岂非明白给别派军阀以兵争政的榜样？

段氏所要的这种善后会议，即军阀官僚包办的会议，人民是应该始终反对的；并且这善后会议将近实现了，要免除其危险性，人民站在会议外消极的反对还是不够，更应该有力的向段政府要求修改善后会议条例，要求选举代表参加此会议，在会内积极的反对，反对此会议有权议决国家根本大法，反对此会议有权选举正式政府，反对此会议议决一切有利于军阀的议案，尤其要揭破各派军阀间分赃或暗斗的黑幕。

人民参加此会议，要取下列的态度：

（一）为反对段氏所要的善后会议而参加，不是为赞助段氏所要的善后会议而参加；

（二）应该要求由各省人民团体集合的国民会议促成会得派多数代表（当超过各省军民长官代表人数以上）参加，变更段氏所要的善后会议为人民所要的善后会议，不可仅由半官僚的法团派少数代表参加，成为段氏所要的善后会议之装饰品；

（三）各省人民团体，不但应该为其参加此会议之代表准备有力的后援，并且应该严厉的督促其代表在此会议中确能为人民利益奋斗，而不与军阀官僚妥协。

全国人民呵！段氏所要的善后会议将近实现了，这会议所含的危险性谁也知道，全靠人民在此会议内会议外的奋斗力增多一分，这会议对于国家人民的危险性才能够减少一分，此外别无他法。

应该为人民利益奋斗的国民党领袖们呵！你们固然应该站在人民方面，反对段祺瑞所要的善后会议；你们也应该要求段祺瑞修改善后会议条例，许人民代表列席；你们自己有列席善后会议资格的，更应该出席。你们应该利用出席善后会议的机会发表自己的政纲，应该利用出席善后会议机会揭破帝国主义的列强及军阀派损害中国国家生命及人民利益之事实，揭破军阀间列强间暗斗或分赃的黑幕。如果段祺瑞竟不许有人民的代表出席善后会议，你们更应该出席此会议，免得军阀官僚包办此会议；你们不应该很高洁的不参加军阀官僚的会议，站在外面消极的反对，你们应该积极的参加此会议，在会议内反对军阀官僚，揭破他们的黑幕。"真金不怕火来烧"，为了拯救国家的生命，为了拥护人民的利益，就跳到火坑粪坑里都是应该的，你们若以为民党参加军阀官僚会议是一件羞辱的事，那么中山北上便根本错了。一个革命党总应该积极的奋斗，不应该消极的洁身自爱，洁身自爱之里面包含着避免和军阀派争斗的懦弱心理呵！

署名：独秀

《向导》周报第一百期

1925 年 1 月 28 日

中国国民革命运动中工人的力量

（一九二五年二月七日）

半封建半资本制度的中国，他的社会势力，三种并存：第一是军阀的势力，因为他挟有全国的武装与政权；第二是资产阶级的势力，因为他挟有全国的经济权及组织宣传机关；第三是工人阶级的势力，因为他是新生产力的代表者，他是富于集合力及决战力者，他是天然的农民之同盟者。军阀不待说是被革命的阶级，资产阶级中包含着"反革命"、"非革命"、"倾向革命"三种分子，只有工人阶级是最革命的阶级。在全人类阶级根性上看起来，工人阶级是最富于革命性的；在中国社会现状上看起来，中国工人备受外国帝国主义者及国内军阀、资本家三层压迫，也只有革命是唯一的出路。工人中虽然有少数领袖分子被官僚资本家利用，做了"工贼"，而决不至因此减少了工人阶级之革命性，因为工人群众的思想与行动终究是革命的，不是妥协的。

中国工人阶级是一个不妥协的革命阶级，这件事不仅是抽象的理论已经由种种事实证明了。例如民国十一年香港的罢工海员，受英国帝国主义者种种压迫，终以不妥协的奋斗得到胜利。又如民国十二年"二七"惨剧，分明是因京汉铁路工人不妥协的奋斗而失败了。又如民国十三年广州沙面罢工及镇压商团反革命，都因为是工人群众不妥协的奋斗和防止广州政府妥协的政策，才得着胜利。

现在摆在我们眼前的事实是：压迫中国人民阻碍中国人民发展的帝国主义者与军阀，非革命是不能使他们屈服的；资产阶级当中，有些是帮助帝国主义及军阀的反革命者，有些是非革命的中立分子，有些是偶然倾向革命而易于妥协者；不妥协的革命者只有工人阶级；中国国民革命运动中，若没有工人阶级有力的参加奋斗，决没有得到胜利的可能。

这一不妥协的工人阶级，不仅在决战的心理上是不妥协的革命者，并且在客观上也富有能够革命的力量。帝国主义者在中国沿江沿海之运输权在他们的手里，国内军阀的兵队及军用品运输权也在他们的手里，大的工商都市大的矿区生产机关交通机关也都在他们手里，他们起来革命，足以使全社会震动，中国国民革命运动，必须他们起来参加才足以制敌人的死命；中国国民革命之敌人——帝国主义者、军阀及其走狗，所以严厉的压迫并造谣中伤中国工人阶级及其政党，也就是这个缘故。

署名：独秀

《向导》周报第一〇一期

1925 年 2 月 7 日

大家应该开始懂得
善后会议的价值了!

（一九二五年二月十四日）

　　段祺瑞拿数十万元民脂民膏，召集一个军阀官僚的善后会议来替他捧场面，可算是中国军阀之最后豪举了！这个会议只能为段祺瑞捧捧场面，更进一步，段祺瑞可以借此结合几个失意的小军阀，巩固他的地位，再进一步，他便要借此会议为卖国机关，至于说借此会议可以谋中国的和平统一，本来是欺人之谈。大家如果不相信，现在善后会议已开幕十多天了，请看他在这十多天内经过的事实是怎样：

　　（一）国民党对段执政邀请省议会议长、教育会、农会、商会会长为专门委员认为未容纳孙中山之主张，发表宣言不加入善后会议。

　　（二）上海总商会电段执政：善后会议各省代表均应列席，非到有三分〔之〕二以上人数，不能开会。

　　（三）上海国民会议促成会电段执政：善后会议须有各省国民会议促成会等人民团体之代表占出席代表三分之二以上，方有讨论国事之权，望延期以待人民代表到京始开议。

　　（四）段执政据善后会议意见书通电各省：会期内各方军事

行动完全停止，如有争执，应提善后会议解决。然而广东、广西同时正在进行的军事行动，河南胡憨两军之争，川、滇、湘、黔各军进攻湖北的酝酿，都并未因段电而停止。

（五）西南各省代表到上海者数十人，均认善后会议无解决国是之可能拟不北上，先谋西南团结，由唐少川、章太炎从中主持一切。

（六）《民国日报》七日北京电：金佛案与无线电台案，均决提交善后会议。

在（一）、（二）、（三）项事实，可以看出舆论对于善后会议之态度。在（四）、（五）两项事实，已表示善后会议完全破产，实更证明以善后会议解决时局纠纷之绝对的不可能；有人以为人民代表会议的议决案没有实施的希望，现在请问代表实力派的善后会议议决案又能够在何处实施？在第（六）项事实看来，执政政府将要做出曹锟政府所不敢做的罪恶。

我们反对善后会议，是否神经过敏，是否有意捣乱，善后会议自身的成绩会替我们说明。希望凡是非安心为段大军阀捧场的人，只需每日留意善后会议经过的事实，便自然懂得他的价值。不但善后会议如此，即是国民会议，人民若不能努力争得多数真正人民代表有出席权，听段政府钦定一个限制真正人民代表的组织法，则将来的价值，也必然不比善后会议高得几何！

署名：独秀

《向导》周报第一〇二期

1925 年 2 月 14 日

一封给章行严的信

（一九二五年二月十四日）

行严先生：

顷见上海报载：北京司法部训令京外各机关，凡查获宣传共产党员，依刑律内乱罪从严办理；如有政党为护符者，亦一律依法办理，仰即严密检查等语。

老朋友！你所长的司法部如果真有这道训令，便实在令人不解了！这道训令词中有三点最不可解：第一，共产党本是代表工人阶级及贫农利益的政党，何以说他以政党为护符？第二，法律只能制裁刑律条文上的犯罪行为，岂有一宣传某种学说某派党义即构成罪名之理？第三，司法部并非立法机关，何能以一纸部令决定宣传共产党为内乱罪？

这道训令若出自军事机关或腐败官僚之手，我们毫不以为怪，乃出自应该尊重法律的司法部，并且是精通法理富有世界知识的行严先生所长的司法部，这便要令人骇怪了！

人们以为今日托足权门的章行严，已非昔日讲学论政的章行严，他已无违背军阀意旨之可能，我们和他还有什么道理可讲？但我仍不敢这样轻蔑行严先生，兹谨向先生有所陈述。

共产党本质，并非凶恶不法像三K党等秘密结社之类。其在英国、法国、德国，都是公开的政党，都有集会、出版、讲演及竞争选举之自由，先生都亲眼见过；先生若不过于轻鄙本国人，若不能绝对否认中国也有工农阶级之存在，便不能说中国不应有共产党。至于农业国不应有政党之说，无论是非，先生在论坛上尽可有此主张，而未便利用官权停止政党，更不能独禁共产党。我们的党——中国共产党——在中国已存在了五年，其根本职任是拥护工人贫农的利益，其目前的政治主张是"推翻压迫中国民族的帝国主义，推翻扰害全国人民的军阀政治，建设真正独立的民主的国家"，其言为天下人之所欲言，其行为天下人之所当行，别无阴谋异行有损害于国家人民而足以构成内乱罪者。与其说中国共产党有内乱罪，不如说不依法律不由民意以武力夺政扰民窃号自娱实犯内乱罪之武人已遍中国。若说共产党所根本主张的政制和中华民国现行的政制不同，因此得比附到内乱罪，这种话若出于别人之口，已失刑法只以裁制行为之原则，况出于极力赞助段执政以"革命"行为破坏中华民国现行根本法（民国约法）的行严先生之口，更是"只许官家放火，不许百姓点灯"了。若行严先生及其他权门宠儿，向人民板起成则为王的面孔，以为权力在手，即是法律与正义之化身，只许他以法律正义绳人，不许人以法律正义绳他，这种不可一世的逼人气焰，在袁世凯时代，在第一次安福执政时代，在曹党得意时代，行严先生都亲身领教过，现在宁肯蹈此覆辙？

上海《申报》北京电，更指司法部此项训令与反对善后会议有针锋处，此电更有伤先生的名誉了！古人说："防民之口，甚于防川"，先生即欲依附权门，以私人名义为善后会议辩论已足，似不必滥用官权，以"依刑律内乱罪从严办理"防止异己者之口。反对军阀官僚的善后会议，乃天下之公言，非共产党人之私意，国民党已公然宣言反对善后会议且不论，即如先生同一政学系之好友李印泉，又如先生所兄事之太炎，都公然反对善后会议，并反对段祺瑞自称执政，先生亦将指印泉、太炎为共产党人，"依刑律内乱罪从严办理"么？吾料段氏逆取不能顺守，武力专政之演进，势必日甚一日，天下健者不只一段氏，更不只一行严先生，先生竟能以"宣传共产党员"六字，诬尽天下人而杜塞其口么？先生竟想像军阀官僚的势力能够长治久安的统一中国么？中国在他们统一之下能够得着进行么？

我记得先生是一个深知政本的人，是一个反对好同恶异的人，我还记得先生是曾说有志研究马克思学说的人，并且俄德共产党人曾传说旅欧中国人中有一个倾向共产主义的章行严先生，所以我还不像一般人那样轻蔑先生，希望先生对于我以上的陈述有一个公开的答复。先生的答复登在京、沪任何报上我们都可以看见。

署名：独秀

《向导》周报第一〇二期

1925 年 2 月 14 日

愚弄国民的国民会议条例

（一九二五年二月二十一日）

安福政府所拟的国民会议条例草案，我们已经拜读过了。据这个草案，安福政府愚弄国民的心事已和盘托出，其最重要而又最显明的有两点：（一）以议宪限制国民会议的职权，（二）以教育、性别、宗教限制人民的选举权及被选权。

民主国主权在民，国民会议应有权决定国家一切问题，他的权限，应该比国会更要扩大。现在的国民会议条例开口即规定"国民代表会议以议决中华民国宪法及关于宪法施行之附则为其职权"，连以前国会享有的宪法起草权都剥夺了，至如关于国家生命的政治、外交、军政、财政问题，更一概不许过问。安福党的意思就是说：你们国民代表只能前来恭听政府钦定的宪法，举手通过，通过了钦定宪法便滚蛋！这个条例将来经段祺瑞批准公布时，此点若不修改他便是对于国民谋叛！

至于组织方面，这个条例草案之愚弄国民，也足令国民十分明白他们的心事。他们明明以"普通选举制"欺骗国民，而该草案竟以"凡中华民国男子年满廿五岁以上"、"于本国日用通行之文字不能解说并写作者"、"当兵役巡警者"，限制国民之选举权及被选举权；又以"僧道及其他宗教师停止被选举权"。女子不是国民么？工人农民是全国人的衣食父母，其数量又占全国人口百分之九十以上，他们大半不能解说并写作本国日用通行之文字，现在一概被摈在国民以外。兵役、巡警、僧道及其他宗教师都是国民一分子，有何理由可以剥夺其选举权或被选举权？世界上何处有这样以性别、教育、职业、宗教限制选举的普通选举制？

此外，京兆只四人，各省区每道只三人，大学区、商业区、实业区均只一人至二人，人数已经比国会议员犹少；又加以教育的限制，又加以实业区乃包含从业人、工人、股东或合伙出资人都在内，则不啻明白规定：凡是工人都没有选举权及被选举权。照这样选举的结果，则诚如吴稚晖先生所说："选区每区三人，安福系、国民党各半，青海、蒙、藏以曹汝霖之类充数，大学区让了国民党研究系，商业区则有虞和德与天津、北京商会出马，实业区则周学熙、张謇等各代表三万人，这叫做国民会议，使二者蒙福，这叫做臭不可当，国民会议的名词又算永远抛入茅厕。"

军阀派本来不会有召集真正国民会议的念头，要想真正国民会议实现，只有国民自己努力，逼得军阀政府非召集不可才行。

国民呵！国民会议条例就快公布了，你们还是要有一个真正的国民会议呢，还是任军阀政府召集一个愚弄国民的国民会议？

国民起来罢！政治上没有两种利害相反的势力可以并存，军阀派站在统治地位，那里会有真正的国民会议出现？国民会议我们是应该要的，不过在国民会议运动中，至迟在此运动失败时，应该有一个根本的觉悟：怎样才能够达到真正国民会议之目的。

署名：独秀

《向导》周报第一〇三期

1925 年 2 月 21 日

被压迫者的自由与赤化

（一九二五年二月二十一日）

最近法国《晨报》鼓吹英、法、日、美应联合压迫中国，恢复国内秩序，以免苏联在亚洲势力膨胀，否则莫思科从中援助之亚洲民族自由运动将发展到中国。

前天的《大陆报》也说："中国现在步步趋向赤俄的怀抱里去了。比如此次外人纱厂大罢工风潮，在要求增加工资以外，另具一种赤化的意味。"

这两段议论，一方面是表示帝国主义者自供其横暴，一方面是说明苏联的赤化运动是被压迫民族之福音。

苏联援助亚洲之土耳其与阿富汗的民族运动，这是事实；土耳其与阿富汗民族都因此得了相当的自由，这也是事实；亚洲民族自由运动发展，大不利于英、法、日、美各帝国主义的国家，这更是事实；可是英、法、日、美帝国主义者恐怕苏联援助之亚洲民族自由运动将发展到中国，于他们不利，便要联合压迫中国，这是何等横暴！明白的中国人呵！帝国主义者自己已经公然说出要联合压迫我们的民族自由运动，这不是我们的敌人是什么？在相反的方面，援助我们的民族自由运动之苏联，他不是我们的朋友是什么？因此，为了我们的民族自由，我们应该欢迎苏联，欢迎赤化呵！

上海四万纱厂工人，因为不堪日本资本家虐待而同盟罢工，此次罢工是含有阶级的反抗和民族的反抗两个意义。四万工人共通的要求是：

（一）不准打人；

（二）照章发给工资不得延期不得无故克扣；

（三）发还储蓄金；

（四）加工资十分之一；

（五）罢工期间工资照发；

（六）不得无故开除工人；

（七）释放被捕工人。

不过如此而已。而《大陆报》竟说"在要求加资以外另具一种赤化的意味"，请问以上七项要求中，那一项是赤化？或者他以为自（二）至（七）都是普通的劳动条件及罢工要求，唯有第一项"不准打人"，含有民族自由运动的主义，这便是赤化。

如果民族自由运动是赤化，如果不准打人也是赤化，那么欧美各国都早已赤化了，怎禁得我们中国人不想望赤化呢？

帝国主义者的意思我们知道了。他们是说：你们中国人已是亡国奴，必须你们自己否认民族自由，必须你们受日本人的打一声不响，才免得赤化嫌疑。

如此我们应该认识被压迫者的自由与赤化了！

署名：独秀

《向导》周报第一〇三期

1925 年 2 月 21 日

寸　铁

（一九二五年二月二十一日）

国民党究竟应当和谁合作？

我们主张国民党可以加入善后会议，是应该为了和国民合作来反对军阀而加入，非是为了和军阀合作来反对国民而加入。然而据本月十七日上海《新闻报》的北京通信："孙科曾对党员言，谓奉总理之命，望同志尊重孙、段、张合作之前言，出席善后会议，以竟全功云云。"这样的加入善后会议，我们实不敢赞同。

共产和普选果足以亡国么？

前几天国民党中反动分子居然发起了一个什么"反共产救亡会"，同时，日本的国粹党（即法西斯派）也发出一个"亡国普选法案反对宣言"，由此说来，不但共产足以

亡国，连普选也足以亡国，不但俄国要亡，连英国早就该
亡了！

你们早已背叛了民党呵！

大捧袁世凯的章炳麟，为袁世凯当侦探的冯自由，为莫
荣新造火药打粤军的马君武，这班人本来早已背叛民党而去
了，现在乘着中山病危，忽然发表宣言脱离国民党，要恢复
旧有的同盟会，署名这宣言的人虽然都是同盟会会员，却遗
漏了四个重要人物：一个是孙毓筠，一个是胡瑛，一个是刘
揆一，一个是陈炯明——若再加入这四位老同志，那更是角
色齐备了！

只要脸厚什么事都好干！

北京城里，有个什么各界国民会议促成会，于本月九日宴请
国民党要人，这班国民党要人当中，居然有刘揆一、冯自由这两
位。冯自由曾因做袁世凯侦探，和吴稚晖在上海会审公堂打过一
场官事，刘揆一曾因热心做袁世凯的农商总长，不惜登报脱离民
党，这两位听了"国民党要人"这个称呼，未免要面红耳赤罢！
并且该促成会出席作陪者为该会执行委员万兆芝老爷，这件事也
令人难解。这位万老爷在曹锟时代那种得意的状态，北京人都忘
了吗？他现在为什么也要加入各界国民会议促成会？他用何界名

义加入的呢？

署名：实庵

《向导》周报第一〇三期

1925 年 2 月 21 日

帝国主义者及其工具对付
中国国民运动之总策略

（一九二五年三月七日）

此时中国国民对于帝国主义的列强之侵略，虽然还没有有力的反抗，然而大多数人民甚至于一部分小军阀，由身受列强经济的政治的压迫之实际经验，已渐渐觉悟到自己民族处在被压迫的地位，并且渐渐由觉悟而不平而发生了国民运动。帝国主义的列强对于最近的中国国民运动，表面上虽然还是轻蔑的态度，而心中实已感觉不安了。

人民对于国内军阀，更是反对的声浪遍于全国，军阀们虽然以为有枪在手，人民无如我何，而对于国民运动的声浪终觉危险，至少也要恐怕敌派军阀利用这种声浪不利于己；因此，军阀对于国民的呼号，表面上虽然还是倨傲态度，而心中实已感觉不安了。

帝国主义的列强及其工具（军阀）既已对于中国的国民运动感觉不安，他们对付的策略是怎样呢？

国民党发布了国民运动的政纲，帝国主义者及直、奉、皖三派军阀都高声大叫"赤化"、"过激化"。

国民党在汉口组织党部，直系军阀便以"过激"、"共产"

名义逮捕刘芬诸人。

孙中山宣言及各省国民会议促成会都通电主张废除不平等条约，东交民巷及京、津、沪、港各西文报都说是"过激"思潮。

摄政内阁取消了清室优待条件，又表示不平等条约应该修改，帝国主义者便轰传北京"赤化"了。

中国人民欢迎苏联放弃在华权利，帝国主义者便宣传中国人民倾向"赤俄"了。

广东沙面因取缔华人入境苛例而罢工，英法人说是布尔什维克运动。

上海日本纱厂中国工人受厂主虐待而罢工，西文报说是有"赤化"意味。

奉天军事会议，因京、津舆论反对段政府，遂有人主张令驻京、津军队捕拿共产党。

段祺瑞亲在内阁议席上提议恢复清室优待条件和查禁过激派。

段政府的司法部因为有人反对善后会议，遂通令取缔共产运动。

以上便是帝国主义者及其工具（军阀）对付中国国民运动的总策略。

他们知道公然直接压迫国民运动不是巧妙的策略；他们知道"赤化"、"过激"、"布尔什维克"、"共产"最足以吓倒中国人；他们并且知道中国国民运动中最尽力的分子是工人和急进的知识阶级，而这班人又最容易被人指为"赤化"、"过激"、"布尔什维克"、"共产党"，因为他们不是财主或官僚；因此，凡是中国一个国民运动发生，帝国主义者及军阀，便拿出"赤化"、"过激"、"布尔什维克"、"共产党"这些符咒来镇压住。他所要镇压的实际上是国民运动，而表面上却以镇压"赤化"、"过激"、"布尔什维克"、"共产党"等名义出之，这是何等巧妙的策略！他们拿这个策略来镇压中国国民运动，一方面可以妨碍急进分子的活动，一方面可以恐吓和平分子使之离开急进派，使国民运动的势力分裂。这个巧妙的策略，无知的军阀派还未必想得出，不用说帝国主义者可以教给他们。帝国主义者为了要避开公然直接压迫中国国民运动，不但将这个巧妙的策略教给军阀做他们的工具，并要教给买办阶级做他们的工具。帝国主义者、军阀及买办阶级，又要各自雇佣一班国民党右派及工贼或冒充工会运动者做工具，拿"赤化"、"过激"、"布尔什维克"、"共产党"等符咒，来破坏国民运动及工人运动。

真正国民运动者呵！你们要认清敌人——帝国主义者、军阀、买办阶级、国民党右派、工贼、冒充工会运动者——的策略，不要畏避他们符咒，中他们的奸计呀！

署名：独秀

《向导》周报第一〇五期

1925 年 3 月 7 日

寸　铁

（一九二五年三月七日）

崇 信 外 国

庚子赔款据约无用金的明文，付法赔款仍用纸佛郎并于国信无伤，现在段执政打算承认金佛郎案，真是"崇信外国"，不是"外崇国信"！

陈炯明与辛亥同志俱乐部

我前几天说章炳麟等恢复同盟会，尚缺少陈炯明、孙毓筠、刘揆一、胡瑛这一班老同志，现在见了章炳麟、唐绍仪、马君武、居正、白逾恒、刘白等发起辛亥同志俱乐部，才知道不但不缺少陈炯明，并且他还是这个组织的后台老板。不过陈炯明的代表刘白能垫出开办费二千元，孙、刘、胡等现时却无此力量了。

精神文明　东方文化　段祺瑞

大文学家徐志摩运动了段大军阀一封信，去到欧洲迎接活佛太戈尔再临中国，徐先生果能达到目的，届时必有一番盛况，我等何幸竟躬逢这精神文明、东方文化、军阀政治的盛世！

军阀与国民会议

段祺瑞说："国民会议，国民程度尚谈不到。"又说："国民会议议决，能否强制军阀遵从，尚属疑问。"我们第一要问段祺瑞：既然是这样，你马电主张召集国民会议是何用意？第二要问段祺瑞：你自己是否军阀？

署名：实庵

《向导》周报第一〇五期

1925 年 3 月 7 日

悼孙中山先生！

（一九二五年三月十四日）

为国家为民族刻苦奋斗四十年如一日的孙中山先生，一旦他逝世的噩耗传来，全中国的民众应如何悲痛呵！

全中国的民众呵！我们没有了中山先生了！我们失了一个伟大的革命领袖，是我们极大的损失；惟正因我们有了这极大的损失，我们更应该加紧奋斗，因为我们的敌人——帝国主义者及军阀——必然跟着中山先生之死向民众加紧进攻。

我们更应该知道，革命的领袖中山先生虽然死了，革命的国民党是不会死的，我们相信伟大的集合体指导革命，比伟大的个人指导革命更有力量。我们警告帝国主义者及军阀且勿因中山先生之死而存幸灾乐祸的心理！

我们没有了中山先生了！我们的心情虽然万分悲痛，我们的意志却不丝毫沮丧，全中国的革命分子，应该因中山先生之死，加速的集合到中山先生创造的国民党，团结成伟大的集合体，来继续中山先生革命事业。

我们相信国民党中所有革命分子，必然因中山先生之死更加团结一致，更加遵守中山先生之遗嘱共同奋力前进，今后的国民党必仍然为中山先生的革命精神所统一，必仍然为整个的党，彼军阀官僚辈所预料的"中山死国民党必分裂"，直是妄想。

即或有一部分反革命的右派分子在中山先生死后脱离国民党，这只算是国民党内淘汰了一部分反革命的党员，决不是党的分裂，因为这班分子的行为，久已违背了孙中山主义，久已不能算是国民党党员了。而且这种淘汰党员的现象，在国民党中不乏先例，如袁世凯时代，章炳麟、刘揆一、刘师培、孙毓筠、胡瑛、李燮和等都背党而依附袁世凯，难道这也是国民党分裂吗？又如李根源等脱离国民党而另组什么政学会，吴景濂等脱离国民党而另组什么民宪党与益友社，这些反革命的分子脱离出去后，革命的国民党不仍然是整个的统一的吗？他们脱离出去，不但无损于国民党之统一，而且这班反革命的分子脱离一次，国民党的数量质量均进步一次，在社会上的声望便增高一次。

现在也是如此。安福党人姚震说："孙氏既死，彼国民党者，鉴于由来之经过，终不免分裂，然国民党中之稳健派，此时有与吾人握手提携之充分可能矣。……国民党有为之士，当孙氏在世时，因从孙氏之意思命令，不得就现政府任命之官职，若欲就官职，则为背孙氏之命，因此遂与现政府发生疏隔，今后此种障碍已除，而可进于圆滑之关系矣。"这班稳健派倘以为障碍已除，急与安福政府握手提携进于圆滑之关系，而与革命的国民党脱离，在官僚看来，这就是国民党分裂，其实这正是国民党之进化，不是分裂。

真正的国民党全体党员，必然仍旧遵从中山先生之意思命令，仍旧遵从中山先生"革命尚未成功，同志还须努力"的遗言及临终遗嘱，一致团结进行。

中山先生死了，而中山先生的革命精神及政治主张，仍旧活着在他创造的国民党中并未曾死；必须全体国民党党员都变成了姚震所谓稳健派，那时中国便没有了革命的国民党，那时中山先生才真是死了！但是全中国之大，只要帝国主义者及其工具——中国军阀——不能斩尽杀绝中国的革命党，四万万人中只要有一人继续中山先生之志而奋斗，中山先生都未曾死！

署名：独秀

《向导》周报第一〇六期

1925 年 3 月 14 日

寸　铁

（一九二五年三月十四日）

"反……救亡会"

国民党中一班反动分子发起了一个什么"反共产救亡会"，同时，安福、政学、研究诸分子也要联合发起一个什么"反国民党救亡会"，"救亡"居然成了攻击异己的无上利器，今后"反……救亡会"当层出不穷也！

护党呢还是叛党？

反动的国民党右派口称护党，实际上已经叛党了。他们如果党〔不〕服我这句说话，试问他们于自己党的组织以外，公然另行组织国民派〔党〕同志会，公然另立章程，公然推举一向反对国民党反对孙中山的唐绍仪为理事，更公然推举一向反对国民党反对孙中山近且约同陈炯明兵进攻广东的唐继尧为理事，这样究竟是护党还是叛党？

一朝天子一朝臣

前年直系盛时，国会议员多亲到保定，向曹锟拜寿，会议为之停顿；今当奉系盛时，善后会议代表多亲到奉天，向张作霖拜寿，会议亦为之停顿，真所谓一朝天子一朝臣。但不知其中有无贰臣？

社会党与政府官吏

梁鸿志答政府对善后会议用函不用咨之质问，说："执政以会员多半系政府任命官吏"，他这句话并未说错，而社会党首领江亢虎却以梁氏失辞，大起非难。社会党尤其是所谓中国社会党，本来和政府官吏就是半斤等于八两，江先生何幸高攀列席那些老爷大人的会议，已算面子十足，又何苦不安分而撒娇？有人说，并非江先生撒娇，这就是宣传社会主义哩。

"过激"之第三个解释

"过激"究竟是什么意思呢？马联甲说："教育已经是过激了，平民教育更是过激。"这是"过激"之第一个解释。东交民巷里某国公使说："废除不平等条约是过激思潮。"这是"过激"

之第二个解释。现在又有了第三个解释，上海有一个某律师的解释，听见某纱厂工人说了一声资本家，他便说："你说他们是资本家，那么你便是劳动家，你便是过激派了！"

署名：实庵

《向导》周报第一〇六期

1925 年 3 月 14 日

给共产国际执委会的第 2 号报告

（一九二五年三月二十日）

共产国际执行委员会：

本月 12 日孙中山去世，他的逝世产生了如下影响：

1. 段祺瑞政府对国民党的态度是：联合它的右派，攻击它的左派，特别是攻击在国民党内的我们的同志；段祺瑞的追随者公然说，孙中山死了，如果共产党被镇压下去，那么国民党对于我们来说并不可怕。

2. 在国民党内，部分右派分子看到孙中山去世，竭力要同段祺瑞妥协，其余多数，包括较进步的右派分子，提出了"争取团结一致"的口号。现在分歧还不明显。

3. 在整个中国社会，知识分子和进步的小商人，都对孙中山逝世表示了深切的悲痛。

4. 我们党对国民党的政策是：（1）捍卫对革命纲领（推翻帝国主义及其工具）的继续执行和党的团结一致；（2）利用各地悼念孙中山的会议，在广大群众中掀起国民革命运动，吸引革命分子加入国民党，以增强左派力量；（3）准备迎接国民党第二次全国代表大会，使右派在会上没有影响。

中国北方的政治形势是这样：在张作霖的奉军和冯玉祥的人

民军之间，当然有隐蔽的斗争，不过段祺瑞的追随者同人民军也有冲突，目前在河南省进行的战争，是段祺瑞的追随者秘密号召山西、陕西军阀进攻人民军领袖之一胡景翼所致；现在胡景翼将军取得了胜利，因此张作霖更憎恨人民军，但从另一方面说，鉴于安福系派垄断着政府权力，张作霖也不能泰然处之，他开始公开宣扬"支持黎元洪，赶走段祺瑞"的口号，以恐吓段祺瑞。所谓"善后会议"，也就是由段祺瑞召开的改组会议，由于各军阀集团的阻挠，连一个问题也没有解决，现在甚至都无法召开。同时张作霖对政府政策也不满意，所以段祺瑞迫不得已提出改组临时政府的新计划，开放中央政权，吸收一些代表人物参加实力强大的军阀的军阀统治，以延缓政治危机的到来。

吴佩孚的力量没有被完全消灭。他现在在湖南省，在秘密领导湖北、湖南、四川和贵州四省的军阀和军队首领，期待着北方政局的变化。

在广州，陈炯明虽然已遭到失败，但林虎将军还有两万人的军队，准备反攻。滇军大部分开赴广西抵挡唐继尧的进攻。抵抗陈炯明和林虎的政府军东方战线，虽然有三万多人，但其真正能作战的和不致引起农民憎恨的军队数量很少，只有两千学生军。因此，广州的军事形势还不是很有利。如果陈炯明和林虎再次遭到失败，国民党军队占领广东省整个东部，那么在东江流域的 10 多个县就可以建立起 20 多万农民的组织。

陈炯明失败的原因在于，一方面是学生军善于作战，另一方面是由我们的同志组织起来的武装农民起来反对他。此外，其余的军队，有的掠夺农民，有的没有作战能力。学生军一边作战，一边宣传国民革命思想和农民与士兵联合的必要性。陈炯明军队害怕学生军，说学生军是俄国红军。陈炯明派许多人到东线居民中宣传："共产党来了，马上就要实行共产了……"因此我们在承认东莞战争的重要性的同时，已经两次给加拉罕同志打电报，请求为东莞农民提供军事援助。

关于上海纺织工人罢工情况，我们已给你们发了三次电报，可能你们都收到了。罢工是一种无组织的造反。由于这次工人没有取得胜利，他们还不很信任工会。日本工厂主竭力阻止工人参加工会，因此现在参加工会的工人不过一万，但大部分工人领袖都已加入工会。工会虽然还没有得到当局的正式承认，但实际上它们是合法存在的。罢工工人当中有 50 多人加入了我们党（其中有 3 名妇女），并成立了两个支部。在 65 名被捕工人当中，已有五六人获释，其余 9 人还没有判决。蔡志华同志（不久前从莫斯科归来）虽获释出狱，但英国巡捕知道他是共产党员，暴打他一顿，他受了重伤，现在还处于危险状态。

另一方面，山东的铁路工人罢工和汉口的人力车夫罢工都取得了胜利。但单山（音译）纺织工人的罢工彻底遭到了失败。在郑州召开全国铁路工人代表大会之后，各铁路线上的工会渐渐合法或半合法地恢复了。

从去年北京发生政变时起，中国的工会运动渐渐活跃起来。我们决定：按照全国铁路总工会、汉冶萍总工会、中华海员总工会和广东工人代表会四个组织的倡议，五一时在广州召开全国工会代表会议。这次我们争取成立中华全国总工会。我们已给红色工会国际发去电报，让它派代表参加领导工作和提供物质援助。此外，我们还希望共产国际也派一些同志来进行指导。

现在，由于我们党做工作，职工运动和国民运动在日益发展，因此我们党的组织工作也在不断发展。但由于工作人员和物质力量不足，我们失去了许多有利的发展机会，所以我们对共产国际有两个要求：1. 尽量多派些在东方劳动者共产主义大学学习的中国学生同志回国工作；2. 为我们追加资助以下事宜的款项。

1.《向导》周报 200 元

2. 小册子和传单 200 元

3. 在地方巡视的中央视察代表（2 人）240 元

4. 天津党组织 150 元

5. 郑州党组织 70 元

6. 安源党组织 30 元

7. 长沙党组织 30 元

8. 汉口党组织 60 元

9. 上海党组织 60 元

10. 山东党组织 60 元

11. 河南宣传专员（2 人）60 元

12. 西昌宣传专员（2 人）60 元

13. 南京宣传专员（1 人）30 元

14. 广西宣传专员（2 人）60 元

15. 无锡宣传专员（1 人）30 元

16. 大连宣传专员（1 人）30 元

17. 通州宣传专员（1 人）30 元

共计 1 400 元

把预算增加到这个数字是必要的，请核准。我们希望从 4 月起，连同以前批准的预算，你们每月按时给我们寄来共计 3 650

元（中国元）。

再有，按以前批准的 2 250 元预算，我们在 1、2、3 三个月应收到 6 750 元，而你们给我们寄来 3 423 美元，仅相当于 5 887 中国元，因此还差 863 元。这个数字我们还要求补上。以后请给我们寄金卢布或有追加的美元。

中共中央总书记　陈独秀

1925 年 3 月 20 日〔上海〕

转自《联共（布）、共产国际与中国国民革命运动（1920—1925)》，北京图书馆出版社 1997 年版

评中山先生死后之各方面

（一九二五年三月二十一日）

中山先生之死，不但是中国一大事，并且是世界上一大事，各方面对其死后之态度，却值得我们的注意与批评。

（一）帝国主义者之态度。伦敦《泰晤士报》称为光明之失败；巴黎各晚报，均称美孙之爱国，惟惜其晚年倾向布尔色维克主义；日本的报纸说："以段氏为中心之和平统一，成功与否，胥视其能否与占多数于国民党之稳健派相提携为断。"中山先生主张国民会议预备会，而段祺瑞硬召集善后会议，中山先生主张废除不平等条约，而段祺瑞则宣言"外崇国信"，英国帝国主义者称为光明之失败，是表示他们快慰的心理！我们不愿把布尔色维克这名词加在中山先生身上，乃是因为孙中山主义和布尔色维克主义显然不同，并非以为中山先生倾向布尔色维克主义便是罪恶，也不以为不倾向布尔色维克主义便减少了中山先生在历史上的价值，而法国帝国主义者却是因为中山先生反对帝国主义及主张废除不平等条约，便说他倾向布尔色维克主义，这本是一切帝国主义者中伤中国民族运动的宣传，他以前宣传"黄祸"是同样的手段。日本帝国主义者指教他的工具段祺瑞，和国民党之稳健派提携，统一中国，这是中山先生死后国民党中之真正中山主义的信徒所应注意的。

（二）安福军阀之态度。中山先生死的那天，姚震对日本东方通信社记者说："孙氏既死，彼国民党者，鉴于由来之经过，即终不免于分裂，然国民党中之稳健派，此时有与吾人握手提携之充分可能矣。现在善后会议，国民党系中除汪兆铭等三人外，皆有列席之状态。按国民党有为之士，当孙氏在世之时，因从孙氏之意思命令，不得就现政府任命之官职，若欲就官职，则为背孙氏之命，因此之故，遂与现政府发生疏隔；然自今以后，余知此种障碍已除，而可进于圆滑之关系矣。惟国民党中之抱共产主义者一派，与现政府之至大方针究不相容，故将来欲望接近，实为一至难之事。"中山先生死后的第五日，段催杨庶堪就职，姚震对杨说："中山已死可不受拘束。"在中山先生未死前三日，段祺瑞也对电通社记者说："予与孙先生所统率之国民党，自应努力相为联络，国民党果以真正之直道而行，予无不愿提携从事，但如向共产各说之邪道而趋，则本人宿所反对也。"在他们的谈话中，可以看出他们想利用国民党中之稳健派来分裂国民党，正和他们的后台老板日本帝国主义者是一鼻孔出气。他们所谓共产各说之邪道，大约连反对优待清室，改总统制为委员制，废除不平等条约，反对帝国主义，都包含在内；他们所谓国民党中之抱共产主义者一派，大约连汪精卫、李石曾、吴稚晖、徐季龙都包含在内。他们知道只有这班抱共产主义者一派不能和他们相容，共产派倒应该多谢他们有知人之明，所难堪者只是他们所称的稳健派，平日高声反对共产派，以护党自称，现在揭开黑幕，当真以中山先生活在世上是他们与安福派握手提携的障碍吗？好了！此时障碍已除了！可不受拘束了！

（三）研究系之态度。在全世界哀悼称美声中，独研究系机关新闻——《时事新报》，对中山先生加以毁谤与诬蔑。他以为中山先生现在是形骸之死，精神久已死了，他说中山先生之精神，一死于孙、黄分裂，再死于孙、陈分裂。其实正得其反，中山先生的革命精神，正因一再和妥协的黄兴派分裂和反动的陈炯明分裂而格外显示出来。譬如梁任公和反动的康有为分裂，算是任公的精神早已死了吗？至于诬蔑中山先生"恃墨斯哥共产宣传费以维持生活"，这种态度，不单是《时事新报》之耻辱，简直是全新闻界之耻辱！中山先生受过墨斯哥共产宣传费的证据在那里？中山先生宣传共产的证据又在那里？中山先生在过去是中华民国之创造者，在现在是中国民族自由运动之领袖，全世界的共产党人称赞他援助他，并不是因为他或希望他宣传共产，乃是因为他努力做那像研究系一类人所不愿做而为中国人所急需的民族自由争斗。研究系的先生们，常以受墨斯哥共产宣传费诋毁共产党人，今又以此诬及国民党领袖，墨斯哥共产宣传费真多，已遍赠中国人，惟未赠及研究系。《时事新报》又说："革命时代有血气有思想之孙文也，知爱国知保种之孙文也，可惜此孙文自二次革命后已死去矣。"他们现在始如此说，其实他们忘了当年《民报》与《新民丛报》之争，他们诬毁中山先生的革命主张至何程度！

署名：独秀

《向导》周报第一○七期

1925 年 3 月 21 日

统一与分立

（一九二五年四月五日）

关于联省自治这个问题，我们曾讨论过多次，现在文武联治派又在那里活动起来，兹再总述我们对于这个问题的意见如下。

（一）中国的政权实际上已经各省的大小军阀分裂了，已去完全分立不远了；因此对外的政治要求，对内的经济要求，都急需一个民族的民主的统一国家。

（二）联邦与分立不同，仍无妨于国家之统一，然亦非语言相同的本部所需要，至少也非今日所需要。

（三）强大军阀所主张的武力统一，是兼并不是统一；弱小军阀所主张的联省自治，是割据是分立不是联邦。

（四）我们反对吴佩孚、张作霖的武力统一与段祺瑞的阴谋统一；同时，也反对唐继尧、赵恒惕、陈炯明等的联省自治。

（五）统一政府若属于有利于帝国主义的反动派，帝国主义者必赞成统一反对分立，如英、美、法、日帝国主义者自来只承认北京政府是中国统一政府，借口尊重中国统一，阻挠广东革命政府管理关税、盐政，统一政府若不利于帝国主义者，他们必阴助反动派的分立运动，如法国煽动德国莱因分立，英国援助波斯南部分立。

（六）我们反对帝国主义者所援助的统一，何〔同〕时也反对帝国主义者所教唆的分立。

（七）（……）

（八）我们承认中国本部各省区目前急需有一个由民众的革命力量造成之民族的民主的统一政府，大军阀的统一运动和小军阀的联治运动，乃是整卖中国或零卖中国于帝国主义者的运动。

（九）我们不相信军阀的统一或联治可以停止内乱，如直皖、奉直及直与反直之战争，湖南援鄂，云南攻川、攻桂之战争；可以停止内乱的只有由民众的革命力量所造成之民族的民主的统一政府。

（十）我们承认广东政府或其他倾向民主的革命政府，他们之脱离北京政府，只是妨碍军阀的伪统一；决不是破坏国家的统一；因为他们的根本政策，是国家的不是地方的，不但不赞成各省分立的苟安政策，并且不赞成南北分立的苟且政策，他们是要依全国民众的革命力量，造成民族的民主的统一国家。只有这样才是真统一。反之军阀的伪统一和联省自治的运动，结果都要延长内乱破坏统一。

署名：独秀

《向导》周报第一〇九期

1925 年 4 月 5 日

寸　铁

（一九二五年四月五日）

反段与降段

反帝国主义与不反对帝国主义，帮助农工运动与压迫农工运动，联俄与仇俄，这三件事本是国民党左右派重要争点；现在应该加上一个反段与降段了。

好个不使劳动界反抗资本家的劳工！

一个什么劳动反共产同盟会，竟有呈请上海县公署备案的趣事，呈文上公然说出"顾全资本利息"、"不使劳动界反抗资本家"、"钧署予以相当提携坚劳工信仰之心"、"遇有宣传出版及印刷品预先呈案察核而后发表"、"请暂予存案备查以观后效"等话。他们与其说是反共产同盟会，不如老实改名资本家官僚的走狗同盟会！

帝国主义下的难民与苏俄

中山先生致苏联之遗书上说："你们是自由的共和国大联合之首领，此自由的共和国大联合，是不朽的列宁遗产与被压迫民族的世界之真遗产，帝国主义下的难民，将借此以保卫其自由……故我已嘱咐国民党进行民族革命运动之工作，俾中国可免帝国主义加诸中国的半殖民地状况之羁缚。为达到此项目的起见，我已命国民党长此继续与你们提携。"不知素以"赤色帝国主义"毁谤苏俄的国民党右派分子邓家彦等，读了中山先生这个遗言作何感想！

署名：实庵

《向导》周报第一○九期

1925 年 4 月 5 日

亡国的上海！

（一九二五年四月十九日）

上海公共租界外国的工部局向纳税外人年会所提议的印刷律案，又已因法定人数不足而搁置了，反对印刷律的中国人，断不因此案已搁置而遂停止反对的运动。第一我们要知道：工部局已数次提出此案，今年搁置了，明年必然又要提出，他们是非达目的不止的；第二我们更要知道：我们所要反对的，乃是工部局及纳税外人年会根本上都没有订定此律之权，不是此律好歹的问题，也不是洋泾浜章程何条何项能附此律与否的问题。

外人来到中国做买卖，照理应该受中国的法律管理，中国人到他们国里也是这样。然而事实上竟不是这样，这些帝国主义的国家，硬要他们国里人来到中国仍旧由他们的领事照他们的法律管理，不受中国的法律中国的官厅管理，这就是所谓领事裁判权；把这权规定在条约上，这就是所谓不平等条约。

他们来到中国，不受中国的法律中国的官厅管理还不算，现在反拿他们的领事他们的法律来管理中国人，像这样反客为主的事，岂但不平而已么！

他们外国人不受中国的法律及官厅管理，还说是根据不平等条约中的领事裁判权，他们自从民国以来居然霸占上海会审公堂裁判中国人，这是根据不平等条约中何种权呢？他们现在又要自定一种印刷律来钳制中国人言论出版的自由，这又是根据不平等条约中何种权呢？

上海的资产阶级，近来对于租界的外国政府及本国军阀政府，都有不满的表示；然而他们的表示未免过于软弱无用了，因为他们只是在外人及军阀统治之下要求改良，不想根本推翻外人及军阀的统治权，这原是资产阶级软弱妥协的根性。中国的平民应该有进一步的运动。

上海市民反对印刷附律协会的宣言上说得好："上海是中国人的上海。"我们平民应该主张：上海的中国人不受外国的工部局管理，不受会审公堂的外国领事裁判，取消租界代以民选的上海市政府，以完成"上海是中国人的上海"。

"上海是中国人的上海"，而事实上现在却是外国人的上海，外国的工部局管理着上海的行政，外国的领事管理着上海的司法，纳税外人会议管理着上海的立法，上海公共租界，便是英、美、日本共管中国之模型。

上海分明是一个亡国的上海了，我们不应该因印刷附律案搁置而遂停止反对的运动，我们正应该把反对印刷附律运动，当做"上海是中国人的上海"运动之开始！

署名：独秀

《向导》周报第一一一期

1925 年 4 月 19 日

列宁主义与中国民族运动

（一九二五年四月二十二日）

列宁主义自然就是马克思主义，然而马克思主义到了列宁，则更明瞭确定了，周密了，也扩大了。其更明瞭确定周密扩大之点，最重要的便是资本制度与共产制度间之无产阶级独裁制及反帝国主义的国际民族运动这两个理论。后者尤于中国目前的民族革命有关，我们应该略知列宁对于民族问题的意见。列宁对于民族问题的意见和资产阶级的改良派对于民族问题的意见，完全不同。

列宁的意见：

（一）全世界一切有色无色人种的；

（二）行动上帮助民族解放运动；

（三）由被压迫者革命而分立，而自建国家；

（四）被压迫的民族共同反对帝国主义的国际问题；

（五）联合被压迫的民族运动和被压迫的阶级运动——推翻国际帝国主义；

（六）各民族间在政治上应该是自由分立的，在经济上应该是协作而统一的。

改良派的意见：

（一）　欧美白人种的；

（二）　口头上的民族平等；

（三）　由压迫者恩赐民族自治——在宗主国统治下的自治；

（四）　在帝国主义统治下之各国内的局部问题；

（五）　利用民族联合或排斥异族的名义巩固帝国主义；

（六）　各民族间在政治上应该是统一的，在经济上应该是分离而竞争的。

据上表看来，世界上一切被压迫的殖民地及被压迫的国家（即半殖民地），他们的民族运动，只有依照列宁这样伟大的周到的意见而行，才能够彻底的解决，才能够得着真正自由，这是一件最明白无疑的事。改良派所谓民族问题，乃是宗主国应该采用何项政策欺骗殖民地的民族，使之永久服事宗主国而不思反叛，以维持各帝国主义的宗主国永久对于殖民地政治上的统一经济上的剥削。他们所谓民族问题和民族解放运动，本是正相反背的一件事。改良派不但不赞成殖民地的民族解放，并且公然宣传：落后的民族，只有在宗主国统治之下，才有和平的幸福与进步。照他们的意见，各帝国主义的国家，对于殖民地政治的压迫和经济的剥削，都是不可少的高厚天恩。所以改良派的第二国际党，对于殖民地民族解放运动，始终不表同情，而且公然承认各帝国主义的国家有统治其殖民地的权利，公然以帝国主义的国家所剥削殖民地之余沥，鼓动国内一部分工人贵族，使之维持构成本国帝国主义势力的大来源——剥削殖民地，使之拥护祖国之胜利，反对本国的殖民地之民族运动及工人运动，因此更进而使之拥护本国资产阶级之政权，这是改良派的第二国际党不可宽恕的最大罪恶，这就是第三国际党指他为帝国主义的走狗之真实事证，这也就是革命派的第三国际党和改良派的第二国际党根本不同之一重要点。

第二国际党所谓国际，乃以欧美白人种为限，其余有色人种，都是天赋给他们的被统治者被剥削者资格，不在国际之列。第三国际党所谓国际，不但绝对没有人种的限制，其主要目的，乃是联合全世界所有被压迫的无产阶级与所有被压迫的弱小民族，推翻国际资本帝国主义对于全世界之统治与剥削，跻全人类于真正平等自由之地位，这就是国际的无产阶级运动，同时也是国际的民族运动；第三国际党这个理想，这个运动，就是伟大的列宁主义之结晶。

欧战后，全世界被压迫的民族，饱受了威尔逊所谓"民族自决"、"人种平等"的欺骗，中国人也在内，在华盛顿会议，太平洋被压迫的民族又受了哈定一次欺骗，中国人也在内；我们因为这些欺骗的教训，应该明白在帝国主义及其走狗第二国际党的势力统治下的世界，决没有解决民族问题之可能；要民族解放成功，是必须依照第三国际党所指示，亦即列宁主义所指示，联合世界被压迫的阶级与被压迫的民族，共同打破帝国主义束缚全世界被压迫者的锁链。

现在的中国民族运动，是不是以推翻帝国主义为对象呢？大部分是的，然却有三个危险的倾向：

第一是大商买办阶级　他们现在虽未曾公然反对民族运动，然而他们始终和侵入中国的帝国主义势力有共同的利益，他们将来即进化到工业资产阶级，也是卖国的资产阶级，不是民族的工业资产阶级，因为他们一向在帝国主义势力支配下发展他们的经济力之关系，尽有在美国人"中美提携和平进步"或日本人

"大亚细亚主义"等口号之下，与帝国主义者勾结的可能；他们这种勾结帝国主义所发展的工业，将用"输入外资"的名义卖尽国民经济的命脉及国家主权。这是中国民族运动第一个大患。

第二是不脱封建思想的知识阶级 如国民党一部分右派分子及青年党等；他们口中也说赞成民族运动；但是他们所谓民族运动的观念，完全立脚在国家主义上面，他们所谓民族运动的对象，是笼统的外族，不是帝国主义者。自资本帝国主义征服了全世界，全世界的经济关系成了整个的，因此全世界的革命运动也成了整个的，无产阶级革命与民族革命，是一个推翻国际资本帝国主义的世界革命之两方面。在此世界经济成了整个的时代，已经没有一个封建时代闭关孤立的国家，便不能有一个封建时代闭关孤立的国家主义；在此世界革命运动成了整个的时代，也已经没有一个孤立无援的民族，便不会有一个原始的笼统的民族排外运动。中国民族是全世界被资本帝国主义压迫者之一，中国民族运动也是全世界反抗资本帝国主义之一，所以此时我们的民族运动，已经不是封建时代一个闭关的单纯的民族运动，而是一个国际的民族运动，而是和全世界被压迫的无产阶级及被压迫的弱小民族共同起来推翻资本帝国主义的世界革命之一部分；因为若不将资本帝国主义束缚全世界被统治被剥削者的锁链全部毁坏，他在世界上存在一天，任何被统治被剥削的无产阶级及弱小民族都不会得着自由。因此，我们应该懂得立脚在国家主义上面而不以资本帝国主义为对象的民族运动，乃是资本主义前的民族运动，换句话说，就是封建时代闭关的民族运动。不脱封建时代思想的民族主义者，即资本主义前的民族主义者，他们不了解资本主义发展到最高形式的帝国主义和被他剥削的弱小民族之间的关系，他们不懂得现代的民族运动特性和封建时代的民族运动不同，他们认不清弱小民族之敌人是谁，更认不清弱小民族的友人是谁；因此，他们自以为是民族主义者，实际上他们竟放过了民族运动之敌人，且会和民族运动的敌人妥协，而受敌人的教唆仇视民族运动之友人，如德意志民族党，一面和英、法、美帝国主义者妥协承认道威斯计划，一面极力仇视反帝国主义的苏俄，便是一个显例。中国不脱封建时代思想的知识阶级也是如此。他们当中，或极力主张民族运动（如青年党），或自以为是民族主义者（如国民党右派）；然而他们都不赞成反对帝国主义，他们竟不看见剥削压迫中国民族无所不至的帝国主义者，他们竟不觉得他们自己及自己的民族践踏在帝国主义者的脚下，反而攻击同情于中国民族运动的苏俄是"赤色帝国主义"；且竟附和官僚的研究系，对于反帝国主义的国际民族运动者，加以"亲俄"、"卖国"的罪名，实际上做了帝国主义者宣传的工具。这是中国民族运动第二个大患。

　　第三是工贼　在中国的民族运动中，工人阶级参加的力量，已经使帝国主义者及其工具——国内军阀与大商买办阶级——感觉得有利用工贼来破坏工人阶级团结力的必要。这班工贼有些是工人贵族，有些是冒充工会运动者即招牌工会之职员；他们不反对帝国主义者，他们不反对军阀官僚，他们不反对买办阶级，他们的唯一目的是破坏代表工人阶级利益的共产党，分裂工人阶级的团结力，帝国主义者、军阀、官僚、买办阶级要利用他们就正在这一点。帝国主义者用以阻碍中国民族奋起的第一个工具是军阀、官僚，第二个工具是买办阶级，这班工贼便是第三个工具。这班工贼不但勾结军阀、官僚及买办阶级（交通系）是公开的，他们勾结帝国主义者也是公开的，他们已和帝国主义者的走狗第二国际党公开的发生关系。第二国际党为什么要和他们发生关系呢？不用说是为了要利用他们破坏中国民族运动中重要的力量——工人阶级的团结力，破坏第三国际党反帝国主义的国际民族运动在中国发展。这是中国民族运动第三个大患。

中国的民族运动，此时虽然有日渐发展的趋势；但是上述的三种力量若同时也日渐发展起来，至少也会减少中国民族运动成功的速度，和第二国际党的思想行动减少世界革命成功的速度一样。因此，我们敢说：在中国民族运动的现代，我们实有了解列宁主义——反帝国主义的国际民族运动——的必要。孙中山先生，他是了解这种必要的一个人，他临终时致苏联遗书如下：

苏维埃社会主义共和国大联合中央执行委员会亲爱的同志：

我在此身患不治之症，我的心念，此时转向于你们，转向于我党及我国的将来。你们是自由的共和国大联合之首领，此自由的共和国大联合，是不朽的列宁遗产与被压迫民族的世界之真遗产，帝国主义下的难民，将借此以保卫其自由，从以古代奴役战争偏私为基础之国际制度中谋解放。我遗下的是国民党，我希望国民党在完成其由帝国主义制度解放中国及其他被侵略国之历史的工作中，与你们合力共作。命运使我必须放下我未竟之业，移交与被谨守国民党主义与教训而组织我真正同志之人，故我已嘱咐国民党进行民族革命运动之工作，俾中国可免帝国主义加诸中国的半殖民地状况之羁缚。为达到此项目的起见，我已命国民党长此继续与你们提携，我深信你们政府亦必继续前此予我国之援助。亲爱的同志，当此与你们诀别之际，我愿表示我热烈的希望，希望不久即将破晓，斯时苏联以良友及盟国而欣迎强盛独立之中国，两国在争世界被压迫民族自由之大战中，携手并进以取得胜利。

谨以兄弟之谊祝你们平安。

孙逸仙。

署名：陈独秀

《新青年》（季刊）第一号①

1925 年 4 月 22 日

---

① 《新青年》季刊，1923 年 6 月创刊于广州，1924 年 12 月出版第四期后休刊，1925 年 4 月复刊，出不定期刊，1926 年 7 月停刊，共出九期。这里用"第一号"区别于 1924 年 12 月休刊前出的四期。

中共中央、共青团中央通告第三十号

——关于加强对国民党工作

（一九二五年五月五日）

C. P. 及 C. Y. 两中局兹拟定关于国民党工作最近应努力进行之事如下：

一、中山逝世后，国民党颇有发展的趋势，我们的各地同志即应趁此趋势活动起来，并决定切实方法，扩大国民党左派的宣传和组织，以便在该党第二次全国代表大会中和右派中派竞争：

A. 用国民党名义，令各区分部组织讲演队，每星期出外讲演，宣传国民革命。

B. 刊物及演说，均劝人加入国民党。

C. 印刷请填写姓名地址加入国民党的纸条子，附载当地国民党党部的通讯处，以便愿加入者之接洽。

D. 各处县市党部应即速正式成立，并增加地方及人数；各省正式省党部至迟亦必在七月一号以前成立。

二、切实进行国民党内部训练，并使训练大权，完全在我们同志手里。

A. 选我们的同志及民党左倾的分子，组织宣传委员会，每星期开会一次，由我们的同志做政治报告，并报告党内左右派的争执及右派的反动行为：如冯自由彭养光凌毅马素邓家彦等在北京组织国民党俱乐部，投降段张；李烈钧石青阳谢持居正等勾结联治派唐继尧破坏广东政府；马素邓家彦周颂西到处宣传苏俄是红色帝国主义；上海日本纱厂罢工时，右派以护党同志会反对共产同盟的名义散放传单，鼓吹劳资谅解，攻击共产党煽动工人罢〔工〕，上海全市党员大会电促广东将领反对唐继尧，石克士等竟通电否认等。

B. 区分部开会，均令致函上级党部，派宣传委员出席。

三、各地同志在国民党各级党部开会宣传时，应注意下列数点：

A. 说明共产主义与共产党只是帝国主义资本主义的仇敌，小资产阶级分子无恐怖之必要，革命的国民党更无反对之理由，不要上帝国主义者及军阀的当，帮助他们反对共产党。

B. 根据中山先生的民族主义演讲，攻击国家主义是要阻止阶级争斗，妨害下层阶级势力（革命的主力）之发展，及离间国际革命势力之联合，这两层都违背中山先生革命策略。

C. 攻击国民党最流行的“家人父子的政党观”——这是最妨害民党分子认识主义和党的纪律的。

四、国民党中央执行委员会于本月十号在广州开全体会议，C. P. 中央已决定意见七条，各地应即用电报或快邮向此次中委会议表示此意见中（一）、（二）、（四）等条的主张。

> C. P. 中央总书记　T. S. Chen
>
> C. Y. 中央总书记　太雷
>
> 　　　　一九二五、五、五

根据中央档案原件刊印

转自《中共中央文件选集》第一卷，

中共中央党校出版社 1989 年版

寸　铁

（一九二五年五月十日）

过激主义与被压迫者

路透电说：巴黎中国国民党人士，近于追悼孙文时，发激烈演说，宣传过激主义，欧洲报纸多谓华人好过激主义。华人何以好过激主义，他们应该有个解答。我们的解答是：过激主义本是结合一切被压迫者反抗一切压迫者，可怜我们被帝国主义及军阀层层压迫的华人，怎禁得不好过激主义？

卖国乱〔贼〕与国民党右派

段祺瑞所派临时参政院参政三十人中，我们应该注意三个人：一个是"五四"运动的对象卖国贼陆宗舆，其余两个是国民党右派彭养光、凌毅。

赤化与软化

何香凝女士，在国民党上海女党员大会演说，最后述及中山先生临终时恐同志们被敌人软化情形，语时悲切，几至下泪。可是国民党此时在事实上不赤化即软化，没有中立的余地；除非学某君躲到湖州，打个把电报向右派讨讨好，或者算是中立。然而软化的人们终要将赤化头衔加在某君头上！

你们当真外抗强权吗？

现时世界上唯一的强权就是帝国主义，有一班人一方面主张外抗强权，一方面却不主张反对帝国主义，这已经是滑稽极了。这姑且不论，可是你们既然主张外抗强权，实际上也要起来抗一抗才对；然而眼前强权践踏着上海的同胞，最重要的如日本纱厂虐待中国工人，如公共租界的工部局提议印刷律及越界筑路等事，你们竟没有丝毫行动或言论的反抗，你们当真外抗强权吗？你们欺骗谁来！

今年"五一"的感想

今年"五一"运动，除苏俄外，各国均被军警干涉。在中国，北京江亢虎老爷拟在公园演说，尚且被警厅禁止了，而广州的五一节，竟有二十万人游行；在上海租界华界都禁止开会演说，只有苏俄领事馆大开其五一纪念会。在这些事实上，我们应该发生什么感想？

反共产与军阀

现在上海反对共产党的报纸以盛称直系两次战功、八省地盘的《时事新报》为第一；同时，有一个什么上海反共产男女同盟会代表孙宗昉赴京请愿，执政府对他颇愿成全。于此可以看出反共产与军阀间的关系了！

段祺瑞解散国民会议促成会的意义

段政府的警察厅，居然把北京国民会议促成会及促成会联合总会、北京各界国民会议促成会、全国国民会议协进会、国民会议后援会一齐解散了，并禁止私行开会，这是什么意义呢？这是段祺瑞明白的告诉人民：公开的国民会议运动的时机未到，你们还是去做革命的军事运动罢！

署名：实庵

《向导》周报第一一四期

1925 年 5 月 10 日

"反唐"与国民革命

（一九二五年五月二十四日）

商团事件以来，广州将要发生第二次有价值的革命战争，乃是意中之事。

这战争便是反唐战争。反唐战争何以算得是革命战争而且是有价值的革命战争？这是因为反唐战争表面上虽不过反对唐继尧，而实质上乃是破灭日本帝国主义者对于中国的阴谋，并且是破灭国民党右派勾结唐继尧破坏革命政府的阴谋。

日本帝国主义者虽然力助他的傀儡张作霖与段祺瑞占住了中国的中央政治机关，然而北方有个国民军，南方有个国民党的广东政府，他必须去了这两个障碍物，才能达到支配全中国的目的。日本对付国民军的政策，自然不外居中调停段、张间冲突，使之合力向国民军节节进攻；他对付广东政府的政策，却不是帮助陈炯明、林虎——因陈、林是直系——而是利用唐继尧及国民党右派向广东政府进攻。

云南地瘠民贫，唐继尧拥有多兵不能向川、黔发展，忽得日本意外之后援，自然不惜抛弃其联治假面，遣兵进窥桂、粤。

国民党右派已和左派有不能两立之势，他们一面北依段、张，摧残左派分子在北方之活动，一面南联唐继尧，以图覆灭左派在南方的根据地——广东革命政府。

杨希闵、刘震寰（都是国民党右派军人）在香港和唐继尧代表、段政府代表及其他国民党右派重要分子共谋倾覆广东革命政府，已经是公开的事实。他们的目的如果进行，一方面是国民党右派完全取得左派在南方的根据地，一方面是日本帝国主义者一手挟住段、张，一手挟住唐继尧，来支配中国，来由日本统一中国南北。

帝国主义者对于半殖民地，本立在间接的统治地位，所以必须采用当地一种势力（军阀或地主买办阶级）做工具。现在日本帝国主义者在中国所采用的工具，北方便是段、张，南方便是唐继尧，国民党右派又是这两个工具的工具。所以在中国国民革命运动中，反唐和反段、张有同样的重要，都是摆在全中国革命分子面前的紧要工作。所以我们应该把广东将要发生的反唐战争——反对唐继尧及其羽党杨希闵、刘震寰的战争，当作革命战争，无论成败，都是商团事件后第二次有价值的战争。因为商团事件是镇压买办地主阶级勾结英国帝国主义的反革命，反唐战争是镇压军阀勾结日本帝国主义的反革命。

唐继尧电粤港商会，以反共产为号召，这并不是一件偶然的事；英、美、日本帝国主义者，军阀段祺瑞、张作霖、陈炯明等，买办阶级陈廉伯等，国民党右派冯自由、马素等，都异口同声的反共产、反赤化。所以"凡是反共产反赤化的人必然勾结帝国主义者与军阀"，已经成了一个公式。

署名：独秀

《向导》周报第一一六期

1925 年 5 月 24 日

上海大屠杀与中国民族自由运动

（一九二五年六月六日）

前年临城事件，土匪掳去念〔廿〕几个外国商人，外国人对中国政府闹得天翻地覆，惩凶、赔款、罢免地方长官以谢罪外，还要要求直接管理中国铁路；现在上海公共租界工部局在大马路行凶，五月三十日，六月一日、二日、三日，连日枪杀中国学生、工人、商人及其他市民数十名，伤者数百，中国人将向外国政府要求什么呢？

被土匪掳去的外国商人即令是无罪的，而要求工作的工人，游行演讲的学生，过路观看的行人，都是没有武装的市民，有何罪状应该枪毙呢？

即令上海是英美领土，行政官厅公然下命令，向无罪状无武装的市民开枪轰击，在法律上道德上都是犯罪行为；况且租界毕竟还是中国领土，外人来此通商，根据何项条约，有何权利，可以任意开枪杀伤中国市民？大约英、美、日本等帝国主义者的意思是说：中国人是上帝赐给英、美、法、日等国剥削与践踏的，如有不受剥削与践踏者，便违背了神意，便是过激党，便犯了罪，便应该枪毙。或者他们以为此次大马路的屠杀，也和在欧洲屠杀犹太人在美洲屠杀黑人一样，即令在人类的法律观点上说不过去，而在道德上是合神意的；因为除了神意以外，他们找不出可以任意屠杀中国人的理由。

可是不懂得这样扶强抑弱的神意的中国人，我们亲眼看见同胞的热血染遍了大英大马路，我们已经认清了我们的敌人——英、美、日本帝国主义者！

此次上海大马路的屠杀所给予我们的教训是：

（一）一切帝国主义者对于我们的剥削与践踏是一致的，英国固然是始终压迫中国的死敌，而附和日本人的什么大亚细亚主义，鼓吹什么美国是中国人之好友等等，都是中国民族运动中之奸细。

（二）一切帝国主义者所加于我们的剥削践踏，都一一活现于商人、学生、工人及一般市民的眼前，决不是什么过激派所捏造的海外奇谈；商人、学生、工人一切市民大群众实因为受不了帝国主义的剥削与践踏：把持海关，在中国遍设工厂，不许禁止棉花出口，不许中国增收纸烟捐，封禁全国学生总会，以军火给军阀战争，动辄〔辄〕拘捕惩罚中国新闻记者，越界筑路，提出印刷律，增加码头捐，枪杀请求工作的工人，拘捕爱国演讲的学生，枪杀手无寸铁的中国学生、工人及其他市民，一步加紧一步，逼着中国人不得不起来反抗，决不是由于什么过激派的煽动。此次上海学生与商人之奋起，都明明白白是自动的参加民族运动，若说是由于过激派之煽动，那便未免过于诬蔑学生、商人，并且过于恭维过激派了。

（三）英、美、法、日等帝国主义者，对于中国人之剥削践踏，和德、俄、奥等非帝国主义者在中国和平通商，这些事实已证明"反对帝国主义"与"中国民族自由运动"，是同一意义的两个名词。此次大屠杀更使我们的确认清了英、美、日本帝国主义者是中国的敌人。

（四）各帝国主义的国家，因欧战损失过巨，须长期的加紧剥削弱小民族以弥补，中国即是他们所要剥削者重要部分之一，他们向中国剥削日益加紧，他们恐怕中国人民觉悟反抗的心理亦日益加甚；年来中国民族自由运动勃兴，帝国主义者张皇失指〔措〕，一面利用中国军阀政府抑制人民，一面以"过激"、"赤化"等名词恐吓中国人民，使中国人民不敢团结起来反抗他们，不敢做自由运动。可是他们这种恐吓手段，在此次大屠杀中，完全失了效力；因为不管过激不过激，赤化不赤化，帝国主义者枪杀了数十无罪的中国人是真的。我们今后永远不要上帝国主义的当，被"过激"、"赤化"等名词吓散了中国民族自由运动。我们应有决心：如果使我们能达到民族自由之目的，便过激赤化也无妨；如果不能使我们脱离被剥削被践踏的境遇，什么文化秩序、博爱亲善、和平人道，都是废话！

（五）在此次屠杀中的我们认清了中国的工人与学生，是民族运动中最勇敢的战士，我们并可以知道各国的工人、学生必能对此次中国民族被外国强盗——帝国主义者屠杀表示同情。因此，我们的运动，是应该立脚在中国民族自由的意义上，反抗剥削践踏我们的外国帝国主义者；不应该立脚反动的国家主义上，笼统的排斥一切外国及外国人。

我们在此次屠杀中，受了极大的痛苦，而痛苦中所得的教训，很可以使我们的民族自由运动，向正确的路线上发展。

上海是一切帝国主义者势力集中地，中国的反帝国主义运动即民族自由运动，亦应以上海为中心；不过同时我们也知道民族自由运动是一个全国运动，全国的学生、工人、商人，都应该同时起来向一切帝国主义者进攻，使这个运动的中心——上海的学生、工人、商人更坚决的前进，尤其要监察大商阶级中途和帝国主义者妥协！

我们最终目的，自然推翻全世界一切帝国主义，目前在此次运动中最低限度的要求应该是：

（一）惩办凶手赔偿损失；

（二）撤换驻上海英、美、日本领事；

（三）取消各国领事裁判权；

（四）收回全国租界；

（五）撤退驻在中国境内的外国陆海军，禁止外国陆海军在中国境内自由登岸。

我们要知道：民族自由运动是一个长期的争斗，我们须有普遍的持续力，不可得了一部分胜利便停止前进，即此次完全失败亦不可因此沮丧！

署名：独秀

《向导》周报第一一七期

1925 年 6 月 6 日

日本纱厂工潮中之观察

（一九二五年六月六日）

　　凡是一个较大的工潮，在社会上在历史上都有重大的意义，决不是一个简单的工人和厂主争斗问题，至于中国工人和日本厂主间的争斗，其意义尤其复杂。

　　此次上海及青岛日本的纱厂和中国工人的冲突，我们不应该把他看成一个很简单的劳资争斗，我们应该推求这次争斗之经济的政治的背景，明白了这些背景，才懂得此次工潮意义之复杂与重大。

　　此次工潮之经济的背景是日本纱业向中国纱业及中国工人进攻。世界纱业状况本在衰落时期，比英、美资本幼稚的日本照情理不能进展；然而日本资本家，一面正因纱业状况不佳，极力要维持资本的利益，度过这衰落时期；一面却又想此时期扩大他的企业，独占中国之纱业；因此遂不得不向在他们纱厂的中国工人加倍榨取（如增进工作能率，改用女工、养成工等）与压迫（如打骂、罚金等），以达其保守而且进攻两个目的。日本人欲平安无事的施行其榨取与压迫，工人不至反抗，则首先须破坏工人的团体——工会。中国工人受不了这样的加倍榨取与压迫，上海、青岛的工潮遂因此连续而起。

政治的背景，在全部局势说起来，整个的国际帝国主义，正在向整个的中国民族运动进攻，压迫中国工人是他们整个的进攻之一部分，最重要的一部分。因为是最重要的一部分，他们的进攻也最严厉。这种最重要，中国人现在还不大认识，外国帝国主义者是认识的；所以日本某报曾说："曾被吴佩孚解散之工会，均渐次复活，而其运动之急进，大有一日千里之势，故英、美、法、日等国，对于此种现象，多怀恐怖之念，咸认此风一盛，则各国在华工业，将受绝大影响。"单就日本说起来，直系倒后，日本挟有段、张这两个鹰犬的势力支配中国政治，制服中国人民，因此日本对于中国民族运动之进攻，比其他帝国主义的国家更加紧出力，中国人对于他的种种加紧进攻，自然也特别感觉，上海、青岛的工潮遂因此连续而起。

各方面对于此次工潮的态度是怎样呢？英美帝国主义者对于日本帝国主义者虽然有冲突，而压迫中国民族运动他们是一致的；上海公共租界工部局帮着日本工厂拘捕中国工人，拘捕同情于工人的学生，枪杀同情于工人的学生与市民，他们来到中国通商，他们居然在中国的地方——上海，有在法律以外任意枪杀中国人的特权。排日在此次上海惨杀中，我们应该认识一切帝国主义者压迫中国民族是一致的，从前单独仇视日本，是错误的。

亲日卖国的安福政府，他当然有替日本镇压中国人排日运动的义务，上海警察署曾对工人说："我们都是中国人，本不应摧残同胞，但怎奈日本领事压迫及长官命令何！……"山东张宗昌所统的奉军，更是听日本人命令，解散了纱厂工会，杀伤了工人数十名，驱逐工人领袖数十名出境，还囚送工人领袖六人到济南要枪毙。在此次青岛惨杀中，我们应该认识国内军阀的确是外国帝国主义的工具，张作霖的军队即是替日本屠杀青岛工人的刽子手！

全国的报纸，除青岛《公民报》外，不曾替被杀的工人说半句话。顾正红被杀时，上海各报馆听了工部局的命令，连许多事实都不敢登载。即至现在大马路两次惨杀，上海各报仍是没有一点热烈的批评，连国民党的机关报——《民国日报》也是这样，回想临城劫车时，全国报纸那样如丧考妣的号叫责骂，真令人认识中国新闻界的人格了！

只有可尊敬的学生，为了工人，为了同学，前仆后起的以热血和帝国主义者奋斗；因此我们应该认识，在中国民族运动中，那些社会成分是最急进的最勇敢的先锋。

署名：独秀

《向导》周报第一一七期

1925 年 6 月 6 日

此次争斗的性质和
我们应取的方法

（一九二五年六月二十日）

　　五月卅日上海大马路之屠杀，曲在英捕横暴而不由于学生、市民之暴动，已由本月十一日会审公堂第三次研讯被捕者所宣布的判词完全证明了。

　　此次屠杀之最近直接原因，乃由于上海的学生、市民对于日本纱厂枪杀中国工人而抗议，为租界英捕所屠杀。

　　同时，日本派遣军舰在青岛强迫中国军警，使其屠杀中国工人八名，伤者十余。

　　上海、青岛同时的大屠杀，激起全中国各阶级各党派的国民公愤，罢工、罢市、罢课、集会示威，遍于全国。在这全国国民公愤中虽然有和平急进之分，而愤恨外人戮辱同胞，并且忆起历来的不平待遇，却已成了全国共同的心理，虽军阀、银行家亦为此心理所征服。

　　苏俄政府及人民对于此次屠杀事件及中国国民奋起，极表同情。代表全世界革命工人的第三国际已起来号召全世界工人援助中国工人及中国民族运动。英国的工人及自由主义的学者已起来向他们的本国政府抗议此次上海屠杀事件。

英、日、法、美、意的海军在上海登岸驻扎，占领学校，搜查行人。英、日、法、美、意的公使团始终坚持上海西捕开枪杀人是应该的。

汉口英领事召各国海军登陆，英国义勇队枪杀中国工人、市民八人，伤四十余。

段政府下令各省保护外侨。萧耀南、赵恒惕均令军警严阻学生游行演讲，并宣布戒严，以"就地正法"、"格杀勿论"威吓市民。

依据上列各项事实，便可看出此次争斗的性质和我们应取的方法了。

英捕英兵在上海、汉口杀人，不过是此次争斗中所表现出来的一种凶暴现象，此种现象之真正根由乃由一切帝国主义者对于中国民族醒觉与反抗之示威。因此我们应该明白：此次争斗若仅以惩凶赔偿了事是错误的；因为杀人之罪不仅在英兵与英捕，而在帝国主义的国家之高压政策，如工部局历来横暴及此次海陆军警示威，都是国家行为而非私人行为。第二应该明白：此次争斗若主张缩小战线对英、日或专对英国是错误的；因为罪魁祸首虽然是帝国主义之王的英国，而派兵遣舰向中国人示威，并坚称上海西捕开枪无罪，日、美、法、意也和英国一样，尤其日本在上海、青岛直接或间接杀了中国工人是此次争斗之起因。第三应该明白：此次争斗若主张法律解决是错误的；因为法律只能制裁私人的犯罪行为而不能制裁国家的横暴与民族间的冲突。第四应该明白：此次争斗若看做一个地方的问题，上海人只管上海，青岛人只管青岛，汉口人只管汉口，妄想住在各个租界的中国人得着一点市民权利便可永弭未来的冲突，这也是错误的；因为一切帝国主义者是根据一切不平等条约向中国全民族加以剥削与凌辱，即此次屠杀也不但上海，青岛、汉口都同时流血，这种根本问题，不但不是一个地方的问题，并且不是一个国家问题，是要唤起国际的同情才能够解决的。第五应该明白：此次争斗若依靠现政府交涉解决是错误的；因为历来的卖国政府对外悬案山积，从未能得着相当的解决，现在对于各处同时并起的大屠杀案，并不向外人严重交涉，专知保护外人，反以严刑峻法压抑本国人民的爱国运动，他们向来只是代表外国向本国人民交涉，不曾代表人民向外国交涉，现在上海的外交当局蔡、曾、许那一个不是这样的态度?!

我们若是明白了这些错误，便应该懂得此次争斗的性质，乃是全中国人民为民族的生存与自由反抗一切帝国主义之争斗，决不是那一个地方那一部分人对某一事件某一国家之争斗；换言之，此次争斗应该是整个的不是局部的。争斗的方法，不可依赖法律，亦不可依赖现政府，只有依赖国民自己的团结力。

因此，我们主张：中国国民应该运用自己的团结力，立即在上海召集全国工商学兵代表大会，议决废除一切不平等条约，严责政府宣布执行。倘政府不肯执行此议决，立起国内战争，建设一个国民革命政府。新政府第一个宣告，即是废除一切不平等条约；第二个宣告，即是那一国承认废约的宣告，并派代表来华商订相互平等的新约，便许那一国通商，否则请他们将一切商品运到别国去贩卖。

我们这个提议，是立脚在全民族的生存与自由之意义上面，不是立脚在某一阶级某一党派的利益上面，希望全国人民不存成见，予以公正的考虑与讨论！

署名：独秀

《向导》周报第一一八期

1925 年 6 月 20 日

我们如何应付此次运动的新局面

（一九二五年七月二日）

上海交涉破裂是我们的失败么？当然不是的。反之，上海交涉〔不〕破裂，或竟至帝国主义者对于总商会十三条要求一一允许了，国人以为目的已达，停止一切运动，那才真是我们的失败。

主张上海开市是总商会的罪恶么？也不是的。民族自由是要经过长期的争斗，决非罢市可以达到目的；总商会的罪恶不在主张开市，而在始而离开民众团结（不加入工商学联合会），继而背叛民众利益（删改工商学联合会所提条件），完全表现出在民族争斗中妥协的大资产阶级之阶级性。

上海交涉移京是局部的变化，大资产阶级及其附庸（高等华人）之妥协更是当然的事，这都不是我们的失败，只有工人、学生、中小商人不能继续团结前进才是我们的失败。

上海的工商学联合会尚继续工作，六月廿五、卅两日，全国都还有盛大的示威行动，香港、沙面运动之进行比上海更加猛烈，这些事实都可以证明工人、学生、中小商人都并未随着大资产阶级妥协，使我们失望。

在敌人方面，法、美帝国主义者虽取和缓态度，而英、日仍然联合向我进攻，尤其是英国还在广州继续屠杀。英、日帝国主义者直接屠杀我们还不称心，更寻得一个有力的工具！大胆无耻的胡匪张作霖替他们做屠杀中国人的刽子手！张作霖的军队在奉天在天津在山东在上海到处压迫民众爱国运动，汇丰大借款宣传于伦敦，张学良在上海与英总领事之密谈，这些事实都是说明英、日帝国主义者需要张作霖替他们在此次风潮中做什么及张作霖已经替他们做了些什么。自从段祺瑞提议修改不平等条约，更使英国感觉着利用他以前不愿利用的张作霖之必要；同时张作霖的政敌冯玉祥却明白的表示站在爱国的民众方面，张作霖更要倒行逆施了。这乃是此次反帝运动最近发展的新局面。

我们民众对于此新局面如何应付呢？

第一，要扩大工商学兵农联合会或雪耻会遍于全国，成为群众的行动机关，执行各地排货、罢工、废约、反抗媚外的军阀奸商及教徒等反帝的实际运动。

第二，急须在北京或上海组织全国工农学商兵联合大会，以为指导全国运动的中央机关。

第三，急须武装学生、工人、商人、农民，到处组织农民自卫团，以抵抗军阀之压迫。

第四，扩张反对帝国主义的国民军于全中国，以扑灭张作霖、萧耀南等媚外残民的军阀势力。

第五，坚持继续排货及罢工运动，非达到废除一切不平等条约不已。

署名：独秀

《向导》周报第一二○期

1925 年 7 月 2 日

广州战争之意义

（一九二五年七月十六日）

此次广州讨平杨刘之战争，社会上有三种误解：第一个误解说是共产党反对非共产党之战争；第二个误解说是胡汉民和杨希闵争夺地盘之战争；第三个误解说是粤军排斥客军之战争。由此三个误解遂发生一个共同的错误见解，即是：五卅惨变起广州政府即应停止内争一致对外。

在广州的共产党人诚然反对杨刘，并且努力援助国民党政府讨平杨刘；但他们反对杨刘并非因为杨刘不是共产党或不相信共产主义，乃是因为杨刘勾结香港政府及反革命的唐继尧、陈廉伯、马素等背叛国民党政府。广州政府完全是国民党政府，不但不是共产党政府，并且不是国民党和共产党联立政府——共产党只以在野党的资格，在某种事件上号召民众援助国民党政府，或在某种事件上号召民众监督国民党政府，并未曾直接负政治上的责任。大家明白了这种事实，便不会有第一个误解。

据我们所知道的，开战之前几天，胡汉民、汪精卫都还没有讨伐杨刘的决心，坚决主战的是谭延闿与廖仲恺，因此我们便可以明白第二个误解也非事实了。

至于第三个误解之非事实，更属明显；因为参加讨伐杨刘的，不但有谭延闿所统率的湘军和蒋介石所统率的教导团，并且还有朱培德所统率的滇军，这绝对说不上是什么排斥客军的话。

根据以上的事实，我们应该知道此次广州讨平杨刘之战：一不是什么共产党反对非共产党，二不是什么胡杨争地盘，三不是什么粤军排斥客军，乃是国民党政府讨伐通敌的叛将——杨希闵、刘震寰等。

唐继尧借重日本势力，谋攫两广，杨刘均为唐军内应，这是杨刘之罪一；在香港勾结帝国主义的英国及其走狗陈廉伯、马素，谋倒广州国民党政府，这是杨刘之罪二；杨刘有这二罪——国民党政府乃加以讨伐。因此，此次讨伐战争之意义，可以说：一方面是直接驱除反革命的军阀盘踞广东，一方面是间接反抗帝国主义的英、日势力侵入广东。

国民党政府若从一致对外的鼓说，不用兵对内讨平杨刘，则现在广州市民仍在杨刘的反动势力压迫之下，日受香港政府命令钳制人民爱国运动；不独香港工人无广州后援不能罢工，而且枪杀广州游行示威的市民，并不须英人亲自动手杨刘的军队即可效劳。此次广州政府所没收英国帮助杨刘的大批枪弹，即是杨刘将以阻止广州市民爱国运动的利器。并且若杨刘叛军得了胜利，迎来滇唐占据广州，即是英日势力占据了广州，则南方的爱国运动不是根本消灭，便是大受屠杀，那能够像现在让香港沙面罢工工人及爱国学生在广州存在与活动，更那有什么青年军人参加运动的事？杨刘军事势力了结，国民党政府才能够支配广州，广州才能够变成了与上海同样是中国反帝国主义的两个重镇。所以广州讨平杨刘之对内战争，在此次五卅运动上即反抗英日帝国主义的压迫上有非常重要的意义。所以拿一致对外的理由来非难广州政府讨伐杨刘，简直是胡说！

不错，当外人压迫我们之时，在理论上，我们一致对外是必要的，是应该的；这时不去对外，反以武力对内扩张自己的势力与地盘，当然是万分混账；但事实上"一致对外"乃是一个幻想，听你"一致对外"这口号叫得如何高如何响，尽有人不但不愿一致对外，并且要勾结外人一致对内，如杨希闵、张作霖之所为；我们若是对于这类人主张停止内争一致对外，便是有意或无意放过在内的敌人。在内的敌人和在外的敌人倒是一致的，在此次争斗中，我们若不能否认有在内的敌人，什么"停止内争一致对外"便是帝国主义奸细的宣传。

署名：独秀

《向导》周报第一二一期

1925 年 7 月 16 日

寸　铁

（一九二五年八月十日）

我们认识江亢虎了

我们以前只知道江亢虎自称是社会党首领，还不晓得他究竟是什么一种人；现在看见他求见宣统皇帝的信中自称："寒家三世仕宦，五人科甲，先祖韵涛公曾侍南齐，不佞少时亦供京职，……曾痛论兴汉灭满十二大不可，驰书民军，几以身殉。"我们现在认识他了，认识他乃是一位"颇念旧恩"、"尚不忘本"的复辟党！

《醒狮》与《诚言》

英国帝国主义者废了许多气力，印了许多《诚言》，意图在中国民众中毁坏苏俄的信用，实际上只惹起一些反感，因为他们的方法太笨，他们若用《醒狮周报》替他们宣传，定然有效得多，并且《醒狮》攻击苏俄诬蔑苏俄，比《诚言》还要起劲十倍，可惜英国人太忽略了。

孙宝琦与《醒狮》

孙宝琦对美国记者说："中国人之所以亲俄者，则亦因年来国人感受种种不平等之待遇，久已疾首痛心，俄人独能开风气之先，首先解放我国之束缚，抛弃种种不平等之利益，以与列强对我之束缚压迫者两两相比，弥觉俄人可亲，而列强可畏，自属人情之常。"由《醒狮》记者看来，孙宝琦这段话真是亲俄卖国，而由孙宝琦看来，《醒狮周报》的见解，或者是人情之变。

署名：实

《向导》周报第一二三期

1925 年 8 月 10 日

此次运动中之帝国主义与军阀

（一九二五年八月十五日）

英国是帝国主义之王，此次中国五卅事变起，美、法、日本帝国主义者，都想乘机挟制英国一下，且因此买弄中国人心。法国在东欧在小亚细亚，和英国的利益简直不能并立，所以首先不和在上海的英国人一致行动，并且对中国民族运动表示相当的同情；自英国保守党执政，道威斯计划受了打击，英美间遂现了裂痕，加之在华商业竞争，美国一部分舆论表示对华和缓态度，并主张有条件的取消领事裁判权；即至五卅事变造因之日本，亦以单独调解的声浪恫吓英国——五卅事变后一个月，英国都在此孤立的状态中。

外交手腕最敏捷的英国帝国主义者，一面捏造"报告未到"、"华人排外"、"列强一致"等话搪塞国会之质问，一面力与法、美、日本谈判，以英、日续盟威吓美国，乃成英、美、日三国联合对华之新局面。英、法利害冲突过甚，不易调协：无条件的与英国一致，固法人所不愿；为拉拢法国一致对华，而在东欧或小亚细亚向法人让步，也非英人所乐为。这就是华盛顿会议所产生的四国协同对华政策现在不易实现的缘故。

英、美、日三国联合对华之局成，在政府外交上或增加多少困难，而在国民运动上却有很好的影响，因为"单独对英"及"美国人是中国好友"这两个口号，都可以使中国国民运动自相分裂。现在英、美、日本联合在一起，懦弱的资产阶级撇开日、美之心理虽然仍旧存在着，而事实上日、美却不许他们撇开，所谓"单独对英"明明白白成了一种幻想的单相思。在这样情势之下，至少也可以使中国国民运动之分裂不至过分的发展。

此时英国的政策是：（一）联合日、美一致对华以免孤立；（二）主张司法调查，延宕时间，以待中国国民疲惫，再图有利的结果；（三）勾结中国反动的军阀，扑灭中国国民运动；（四）以关税会议诱惑中国军阀政府，准备在此会议，由要求清理外债进而共管财政，向中国进攻。日本仍旧采用他的传统政策，即是追随英国，取一致行动，获得在华和英国不甚冲突的利益。美国虽不全然赞成英国的政策，然而为维持一切帝国主义在华之威严及实施门户洞开政策，他是终须与列强取一致行动的。

这时的国内军阀又是怎样呢？奉张是现在第一有力的军阀，也就是第一反动的军阀；他的对内政策是急须打破国民军，以免妨碍他的势力在中部自由发展，他的对外政策是公然压迫在他的势力下（从奉天到上海）的国民运动，结欢英、日以取得援助。国民军和奉张更在相反的地位，他们在张家口在河南都同情于国民运动；惟其因反奉而联络直系若一过相当程度，不但立刻失去社会地位，并将失去政治地位。直系尚有举足轻重之力，无论其联奉或联国民军都以直系重兴为目的，此时他们联奉之计划已归失败，同时，张宗昌与杭州间，开封与武昌间，已有不断的联络。直系和奉张本是反动相等的军阀，只因他们在政治上失了优势，压迫国民运动还不敢像奉军那样横行无忌。段派虽无实力，然占在中央政府地位，其举动在政治上亦颇有意义；他的反动性也不减于奉、直，此时因与奉张利害冲突，其实力又不足制奉遂不得不别开生面，向国民运动及国民军表示敷衍态度。

依以上的事实，我们可以看出：中国国民运动中眼前的死敌，在外的是英、日帝国主义者，在内的是奉天军阀，他们又正勾结一气。此外如美国的经济侵略及和平愚弄和直系重兴这两个危险，国民运动中若采用过当的利用策略，都会为了眼前争斗遗下未来的祸根！

署名：独秀

《向导》周报第一二四期

1925 年 8 月 15 日

军阀及资产阶级在
上海民众运动中之影响

（一九二五年八月十八日）

驻在上海小沙渡的奉军兵士对工人说："大帅派咱们南来时，说是到上海打洋人，早知道是叫咱们打本国人，咱们真不应该来。"这几句话把奉天军阀对于上海民众运动的态度形容尽致了。张作霖父子为什么要骗兵士说是到上海打洋人？这是不但派兵到上海占地盘和垄断私运鸦片报效不便说出，在民气激昂之初期，也不便明说来替外国人压服本国人，所以只得顺口说是到上海打洋人！

奉军进驻上海到底打了洋人没有？不用说是没有。其实上海市民并不曾主张他们来打洋人，不过张学良、邢士廉对英、日人那样亲密恭顺，对本国人这样的压迫凌辱，相形之下，未免难堪。说他们对本国人压迫凌辱，奉军未必承认，他们还口口声声说保护爱国运动，不过为地方治安计须制止越轨行动罢了。可是邢士廉一到上海便宣布戒严，爱国的民众集会一概禁止，连提倡国货的游行都不许；工商学联合会派人上街演讲，马上便遭封闭；海员工会及洋务工会也同时因惩治破坏罢工者而遭封闭；接着电车工会也遭压迫；小沙渡是罢工最初发动地，奉军特别驻军该处监视，连少数工人集会都不许；禁止学生会检查英、日货——这就是奉军在上海保护爱国运动的事实。京戏《逍遥津》中曹操拔剑威吓献帝，杀死伏后及二皇子，犹口口声声自称"忠良"、"忠心保国"，奉军保护爱国运动，又何以异是？

奉军这样的保护爱国运动，连他们的兵士也看穿了，所以说"叫咱们打本国人"。

奉军这样举动，和上海资产阶级的态度也有关系。上海是奉军初到之客地，和直隶、山东是他们已占据的地盘不同，所以他们在上海的举动，至少也要顾及上流社会的意见。

上海的资产阶级，还不像汉口、天津的商会那样反动向军阀告密，也还没有勾结所谓工团联合会的那班工贼来破坏工人团体；可是他们那妥协犹豫的态度，已足够使帝国主义者及军阀乘虚而入了。自始总商会对于罢市即甚犹豫，罢市后，又不肯和民众集中的团体工商学联合委员会合作，随后又在工商学联合委员会所提十七条件外，别自提出十三条，这些举动便使帝国主义者及军阀看出上海的民众势力发现显然的分裂。开市时，总商会也取了独断的态度，和工商学联合会不能一致；开市后，总商会是并没有履行"抵制英日货物"及"援助停业工人"的宣言。当总商会提出十三条件时，加入总商会的四十九个工商业团体登报声明一致拥护总商会所提条件，意在抑制工商学联合会之急进的主张，可是总商会的十三条件也未得结果，这四十九个工商业团体并不出来拥护，却想压迫工人总复工，好让大老板们照旧安稳发财。商联会虽然比总商会高明一点，而自从奉军戒严以后，对于急进的工学界，现出恐怖而鄙恶的态度，甚至于动辄要退出工商学联合委员会，这便使帝国主义者及军阀看出上海民众势力有了第二次分裂。民众势力有了这两次分裂，敌人焉有不乘机加紧进攻的道理？

上海商界富厚，为全国之冠，而他们对于罢工工人救济费，只经收外埠捐款，而本埠总商会及商总联会自己却都一毛不拔，并且不努力设法去募捐，只忙着求日厂单独解决，以减少救济费，这种苟且不负责任的态度，已足够使帝国主义者看轻中国资产阶级的民族运动像是一种滑稽剧了。

五卅事变初起之时，帝国主义者着实吃了一惊，假使民众势力不分裂，全上海工、商、学界一致团结努力前进，假使军阀不摧残爱国运动，民众有集会、演讲、游行示威之自由，则影响到全国运动之发展和北京交涉之进行，必和今天沉滞的状况不同，这是我们应该认识的呵！

署名：独秀

《向导》周报第一二五期

1925 年 8 月 18 日

我们如何继续反帝国主义的争斗？

（一九二五年八月二十三日）

（一）

上海工人两个半月的罢工运动，香港、沙面两个月的总同盟罢工，其他如南京、青岛、河南、北京各局部的罢工，在此次反对英、日帝国主义运动中，已表示极伟大的力量。经过这一时期，对于以后的发展途径，我们应当有个明确的答案，以为民众争斗之指针；并应该有详密的策略，以决定如何反抗帝国主义的侵略，如何反抗国内军阀政治上经济上的破坏及压迫，而力争解放中国之革命的道路。

（二）

对于这些问题要有正确的答案，便必须：（一）能正确的应用无产阶级两月以来联合城市劳动者及小商人而争斗的经验；（二）能正确的明瞭敌人方面——帝国主义者及军阀——的内部冲突而利用之。

自从上海工人总罢工以来，学生、手工业者、小商人，甚至于大资产阶级都起来奋斗，始则在上海，随后更在其他各地形成了民族运动的联合战线，大致以改造租界制度，取消领事裁判权，收回会审公堂，撤退各国驻华海陆军，改良工人待遇，惩治凶手，赔偿死伤损失为共同的政纲。上海之外，首先有力的响应的便是沙面和香港宣布总同盟罢工，接着后援会、雪耻会等组织遍于全中国南北各地。这两个月全国民众运动奋起的结果，我们已经看见工人阶级所得的胜利——群众的工会组织，不但在上海是如此，其他各埠，尤其是沿铁路一带的大都市也是如此。中国的工人阶级第一次得着这样伟大的政治上组织上的训练，增高了自己的地位，成了民族解放运动中极重大的动力。因此，除了一部分大资产阶级和寄生的小资产阶级如工头、工贼等之外，全国一般民众，都对于上海、香港的罢工运动表示同情，并予以物质的援助。

（三）

中国工人阶级能够得着这种胜利，是因为自己勇敢的反帝国主义争斗，并且和其他被压迫的民众联合。

工人阶级在反帝国主义的争斗中，不但要拥护自己的利益，并且对于小资产阶级及农民，都要明瞭他们的利益，考察他们情形，竭力引导他们到反帝国主义的争斗里去，随着工人阶级前进，不使他们中途退却，这争斗才能继续下去。

工人罢工运动所得的胜利还不止此,他在现时中国的情状里,一天一天的集中反帝国主义的战线,并且使政府及军人中还没有象张作霖那样完全站到帝国主义那边去的,也不得不自相联合起来,应付帝国主义之压迫。同时,工人群众力争民族自由运动,更使张作霖的奉系军阀,暴露他们那反对国民而做帝国主义走狗的真面目:如邢士廉之于上海,张宗昌之于山东,李景林之于天津。

(四)

英、日帝国主义者竭力设法扑灭上海、香港的罢工,他们知道这两处罢工停止是全中国反帝国主义运动一大打击。他们也知道中国排货运动是他们的大损失,所以竭力运用下列政策,使中国民族运动根本摇动。一、他们以炮舰威吓广州——香港沙面罢工的策源地;二、传播谣言,使工人阶级和其他阶级隔离;三、勾结奉系军阀,压迫上海、青岛、天津的罢工运动和上海禁止学生检查英、日货,这是他们最毒的政策。美国帝国主义者要想利用反英、日的运动,而发展他在中国的利益,可是因为怕中国民众过于开展,他的政策客观上仍旧是帮助英、日,形式上维持帝国主义者在华联合战线。惟我们也应当知道英、日与美国内部的冲突是必然存在的,我们可以利用美国对华政策,使他对于中国解放之形式上的问题比其他帝国主义者容易让步。

（五）

上海、香港罢工都已在两个月以上，以中国地域之辽阔，交通之阻隔，政治之分裂，中部、北部各省的工人没有能及时响应，汉口、青岛、天津的罢工，都被军阀高压政策所破坏。这种情形，一方面表现这些省份的工人和一般民众主观上的愤激不平，还在一天一天的增长，一方面表现这些省分的罢工运动，在客观上一时不能为有力的发展。北部、中部的罢工既然一时不能发展，上海、香港的罢工，便有孤立难以久持的危险，特别是上海罢工群众受政治上经济上双层压迫，比香港罢工群众所遭的环境尤坏。

在上海有一部分先进工人，他们看见落后的罢工工人，因政治上经济上的压迫，开始恐慌，想以武装暴动来救此危机，这种意见是不对的。武装暴动，乃是群众奋起之最高潮，并且应该是有全盘计划的庄严工作，不应该在群众恐慌之时，拿武装暴动当做一种浪漫的"拼命"办法，想借此泄愤，或拿他来代替现时困难的争斗。现在是群众的政治宣传及组织工作时期，是准备武装反抗时期，还不是直接武装暴动的时期。

（六）

根据以上的事实，我们便可以答复今后的发展途径是怎样及今后继续反帝国主义争斗的策略是怎样。

为防御上海、香港罢工孤立的危险起见，为保存工人阶级的组织及已得的胜利起见，应改变上海、香港罢工的政策，以经济要求及地方性质的政治要求为最低条件；至于全国性质的根本要求，工人方面应该提议委托南北政府合组织一委员会来解决。工人群众应该纠合全国的力量，努力督促这委员会，不准他对外让步，使他不能不拥护民众的要求。

上海、香港的罢工，从全国性质的民族争斗，变成经济的争斗和地方的性质的民族争斗之后，工人阶级的奋斗却进了一个新的途径：不但对外争斗，而且对内争斗；不但和资本帝国主义争斗，而且和反动的军阀争斗；不但为民族争斗，而且为民权争斗。本来反帝国主义争斗的过程，不能和力争民权自由的争斗分开；民族的建立正在反帝国主义争斗的过程中（如五卅事变初起对上海官厅及北京政府对人民之让步）；而反帝国主义的争斗，没有平民的革命政权，不但不能得着胜利（如段政府之交涉成绩），并且连争斗的力量都不容易集中（如奉系军阀摧残天津、山东、上海的民族运动）。为扩大上海、香港罢工运动的新途径，增加总争斗中的民权运动的成分，一直到平民的革命政权之实现，工人并联合一般平民起来反对摧残民族运动的奉天军阀是必要的，甚至于联合同情于民族运动的军人反抗奉天军阀都是可以的。因为此时国内军阀中，第一个公然做英、日帝国主义者走狗的，第一个以武力破坏民族运动的，第一个蹂躏人民集会、结社、出版、言论自由权的，就是奉天军阀。打倒奉天军阀乃是去掉国内反帝国主义争斗之最大障碍，乃是我们继续反帝国主义争斗所必取的途径。

全国性质的根本要求，自然是废除一切不平等条约；但其他阶级的群众，如果还存着用和平方法可以达到修改一切不平等条约的心想，我们也不反对他们去尝试一下，尝试失败了，他们才会走上革命的道路。

所以今后我们的总口号应该是"武装平民"、"打倒奉天军阀"、"废除不平等条约"、"建立平民的革命统一政府"。

署名：独秀

《向导》周报第一二六期

1925 年 8 月 23 日

寸　铁

（一九二五年八月二十三日）

罢工与法律

当五卅事变发生，上海工人对于要求条件，提出"承认工人罢工自由"时，有些人以为工人要罢工便罢工，为什么要求有罢工自由？现在北京警厅已经正式布告答复这个疑问了。布告上说："按刑律第二百二十四条之规定，从事同一业务之工人同盟罢工者，首谋处四等以下有期徒刑拘役，或三百元以下罚金；其聚众为强暴胁迫或将为者，依骚扰罪第一百六十七条之例处断。同律第二百二十一条之规定，以文书、图画、演说或他法公然煽惑他人犯罪者，依上例处断云云。"原来工人没有罢工之自由，罢工在法律上是犯罪行为，工人安得不要求这个法律上的自由。

孙宗昉三出风头

上海有一位孙宗昉先生，我们看见他的大名第一次在报上大出风头，是代表"上海反共产男女同盟会"到上海县署呈请立案和赴京请愿；第二次在报上出风头，是用中华工会会长名义，勾结顾雪樵向日本人冒领顾正红的恤款一万元，事败，害了顾雪樵坐监牢；最近第三次在报上又大出风头，是骗取丝厂女工入会费，被众女工向警厅告发，警厅已将中华工会发封，并限令获案之同伙三日内交出该会长到案。

江亢虎的人格

江亢虎自己辩白复辟罪是冤枉，却不曾否认报载他给金梁的信是伪造。其实复辟还是一种政治的公罪，他因为求见宣统皇帝，不惜以科甲仕宦自矜，又自向清帝丑表功，在常人为之，已经肉麻无人格，比阴谋复辟还要下流，何况是一个自称新社会民主党的首领！

江亢虎的宣传之道

江亢虎自称求见宣统皇帝亦宣传之一道、他的社会主义专向善后会议及各国君主宣传，已经有点特别；并且他在未见宣统宣传社会主义之前，已宣传保皇主义，自表保皇功劳，更是特别。他为了要见清帝宣传主义，便以反对兴汉灭满之功自荐；那么，他将来要见英王宣传主义，也须以反对保华抗英之功自荐吗？

署名：实

《向导》周报第一二六期

1925 年 8 月 23 日

给戴季陶的一封信

（一九二五年八月三十日）

季陶先生：

　　自国民党改组以后，排除共产派的运动，不曾一日停止过：这个运动的最初期代表人物，要算谢惠生先生和冯自由先生；其次便是马素和邓家彦两位先生；最近便轮到你季陶先生了。我现在把你列在他们一起，你必定不服，并且我也承认你的知识和行为都非他们可比；不过你关于排除共产派的根本理论和批评共产派的态度，实与他们无甚出入。单在这一点，就可以把你列在他们一起。邵元冲先生称你在《国民革命与中国国民党》这部书所说的道理，至今没有人说过，没有人这样明明白白地说他个透辟无遗，这完全不是事实。你所持排除共产派的根本理论和批评共产派的态度，你若细细检查冯自由等从前印行的《护党报》及一些攻击共产党的小册子，你便知道不是你的新发明，他们早已都说过了。同是一样的理论与态度，出于别人便是捣乱，出于著书能文的戴季陶先生，便说是"他在政治的负责地位所应该发表的"，世界上似乎无此道理吧！

　　戴季陶先生！你所写的《国民革命与中国国民党》那本小册中，错误的见解非常之多，如叙述中国民族文化之消失，如三民主义的帝国主义观等，现在且不讨论这些，只就你所持排除共产派的根本理论及批评共产派的态度，简单的和你谈谈。

在理论方面：

你及你们的根本错误，乃是只看见民族争斗的需要而不看见阶级争斗的需要。这句话我或者不曾说错，因为前几天你和我面谈时，也承认我们争辩的中心就是阶级争斗这一问题。现在你在这本小册中也说："看明白我们非得到国家的自由民族平等，便甚么问题都无从说起。""大家如果不把中国国家和民族的真实的需要认清楚，单是一时的盲进，……""我的心目中，只有一个中国国家和民族的需要。" 你们这种简单的思想浅薄的观察，真是荀子批评墨子的话"只见其齐不见其歧"，也就是所谓"读历史只读一段讲道理只讲一半"了。我们乃是唯物史观论者，决不是空想家，因此我们不但不否认中国民族争斗的需要，而且深感这个需要异常迫切，并且在事实上可以证明我们在民族争斗中的努力，不见得比你所谓单纯的国民党党员更少（你说我们"争得一个唯物史观，打破了一个国民革命，……这才真是害了空想病"。照你这几句话，确实你还不知道唯物史观是怎么一回事，便信口批评。信口批评，乃是政客攻击敌党的态度，而为真实的学术界所不许呵！）；可是若因为要完成国家和民族的需要，便抹杀阶级争斗的需要，以为这是"一味的盲进"，那便是一个极大的错误。这种错误观念，不但抹杀了阶级的利益，并且使民族争斗之进行要受极大的损失。诚然，不只戴季陶先生你一人，我知道有许多人，都以为民族争斗最好是各阶级联合的争斗，若同时不停止阶级争斗，这种矛盾政策，岂不要破坏各阶级的联合战线么？在形式逻辑上看起来，民族争斗和阶级争斗同时并行，乃是一个矛盾的现象；但在事实逻辑（即辩证逻辑）上看起来，世间一切真理，都包含在变动不居的矛盾事实之中，不但事实是真理，矛盾的事实更是真理。中山先生说："解决社会问题，要用事实做基础，不能专用学理的推论做方法。"这话真正不错。我们不但不能否认中国现社会已经有比前代更剧烈的阶级争斗这个事实，也并不能否认中国民族争斗中需要发展阶级争斗这个矛盾的事实。你开口闭口说我们空想，不顾事实，不认清国家和民族的真实需要，我现在正要和你谈谈事实和真实需要，绝不谈什么空的理论，看看到底谁是空想，谁是不顾事实。你说"我们非得到国家的自由民族平等，便甚么问题都无从说起。"这几句话是对的。可是这里有一个重要问题，乃是用什么力量才可以达到我们国家自由民族平等之目的，若是不能解答这个实际问题，单是怀着得到国家自由民族平等的空想，便是只有目的而无方法，只望结果而不知造因了。我们究竟用什么力量才可以达到国家自由民族平等呢？这一问题，乃是中国国民革命各种问题中第一个重要的实际问题。用国民的力量吗？用全民的力量吗？这种笼统话，在讨论实际问题时，当然不应该说，当然只能说用国民中一大部分革命的民众之力量。在中国那些部分民众的力量是革命的呢？年来革命运动的各种事实已经答复了这个问题：在广东沙面、商团、东江杨刘诸役，工农阶级的民众是革命的呢？还是大商地主阶级是革命的？在此次五卅运动中，为国家民族利益而奋斗的而牺牲的，是上海、香港、广州、汉口、青岛、天津、南京的工人呢？还是这些地方的商人？汉口、天津、青岛商会向军阀告密，破坏爱国运动，各省商会破坏排货运动，在民族运动上又是甚么意义？以上这些事实已明白告诉我们：在民族争斗中实有阶级争斗之必要。这是因为殖民地半殖民地的经济命脉，大半操诸外国资本帝国主义之手，国内军阀又从而破坏之，在国民革命未有相当的成功以前，只有因缘帝国主义及封建军阀而生存的大商买办阶级和地主阶级，民族的资产阶级在客观上很难发展。因此，在殖民地半殖民地，决不会有欧洲式的资产阶级革命实现出来（这是辛亥革命未能完成之大原因）。因此，殖民地半殖民地的国民革命之成功，当以工农群众的力量之发展与集中为正比例；而工农群众的力量，又只有由其切身利害而从事阶级的组织与争斗，才能够发展与集中。因此，在殖民地半殖民地主张停止阶级争斗，便是破坏民族争斗之主要的力量。因此，我们便应该认识，阶级争斗即在国民革命运动中也是必要的，不可把他和社会革命、劳农专政、实行共产并为一谈。再者，在国民革命运动中我们若不否认有他民族援助的必要，我们便应该看清他民族中究竟是何阶级真能援助我们；在此次五卅运动中，德国、俄国、英国、法国、日本的无产阶级及共产党是如何不约而同的对我们表示热烈的同情，德、法等国的资产阶级及其政党是如何不约而同的诬蔑我们讪笑我们。因此，我们可以看出现代民族运动和阶级运动之天然的密切关系。这一点中山先生看得最清楚，所以他坚决的主张中国共产党党员可以跨国民党及和世界无产阶级的政党接近。

在你们或者要说，你们也不否认工农群众在国民革命中的力量，并且主张要拥护工农群众的利益，才能使他们为国民革命而奋斗；可是只宜立在国民最大多数幸福的见地上拥护工农的利益，不能立在阶级争斗的见地上面。其实你们若当真在行动上拥护工农群众的利益，便自然要形成阶级争斗；若只是把拥护工农利益这个口号写在论文上党纲上，当作一种不兑现的支票不去实行，那么自然不会有赞成阶级争斗的嫌疑，而同时却也不能够得到工农群众的了解。这是因为群众只有为具体的切身利益争斗而信仰某一政党，是不会为抽象的主义而信仰的。

或者你们又可以说，你们拥护工农群众的利益，不一定取争斗的形式，而可以仁爱之心感动资产阶级使之尊重工农群众的利益。这简直是欺骗工农群众的鬼话！厂主以仁爱之心待工人，地主以仁爱之心待佃农，这是百年难遇的传奇材料，一个实际争斗的政党，如何采用这样幻想的策略？"仁爱之心"这件东西，如果能够解决世界上实际利害上的冲突问题，那么，便可拿他感动清室让权于汉人；也可以拿他感动北洋军阀尊重民权；也可以拿他感动帝国主义者解放弱小民族，由他们自动废弃一切不平等条约。——如此仁爱之道大行，一切被压迫者之革命争斗都用不着，都等是"一味的盲进"了。这种话若出诸欺骗群众的牧师之口，则丝毫不足为奇；既是一个革命党员，即便万分不应该抄袭他们这种谬论！

或者你们又可以说，国民党应该代表各阶级的利益而争斗，如何能够只代表工农阶级的利益，而不顾资产阶级的利益呢？不错国民党不是一阶级的党，当然要代表各阶级的利益；可是国民党是应该代表中国资产阶级的利益向外国帝国主义争斗，如收回关税主权等，而不应该代表资产阶级向穷苦的工农群众争斗呵！在对外谋民族解放对内谋政治自由这些运动上，固然是全国民的需要，尤其直接是资产阶级的需要；中国资产阶级为了这些需要，不但应该赞助国民党，并且不得不赞成各阶级联合的国民革命运动，如果他们不是反革命的买办阶级。

　　你们或者又可以说，在革命运动中固然不能免阶级争斗的事实，即或者至有阶级争斗的需要；然而在国民党的理论组织上，如果阶级争斗说在国民党中盛行起来，如何能使国民党的理想统一组织强固呢？你所谓"共信不立，互信不生；互信不生，团结不固"，谅必也是此义。解答此义，可分数层：第一，国民党的政治理想，似乎不应该离开革命运动中社会的事实需要。前几天你也曾对我说，你决非反对阶级争斗这个事实，因为立在国民党地位乃不便主张之，若立在共产党地位，自然也要主张阶级争斗。其实政党的政治理想与政策应该建立在社会的事实需要之上，而社会的事实需要决没有建立在政党的理想与政策之上的道理；阶级争斗若果是一种社会的事实需要，国民党亦应主张之，若非社会的事实需要，即共产党亦不应主张之。第二，凡是一个社团之形成，必有他的理想共同点，就是他的利害共同点，为之维系，你所认共信，也不外此物。国民党的共信，只有对外谋民族解放，对内谋政治自由，换句话说，就是打倒帝国主义打倒军阀。三民主义若仅仅是一抽象名词，也可以做国民党的共信，倘加以具体的解释，便不能成为公信，因为具体的解释三民主义，不能免阶级的公同见地；无产阶级的阶级争斗说若不能做国民党的共信，资产阶级的劳资调协说也不能做国民党的共信，因为国民党不是一阶级的党。第三，中国国民党既非一阶级的党，而是各阶级联合的党，那么，于共信（即共同利害所产生的政治理想共同点）之外，便应该有别信（即各别阶级利害所产生的政治理想各别点）存在。若以为这别信存在有害于党的理想统一与组织强固，主张全党只许有一个共信，不许有别信存在，这分明是想把全党中各阶级的分子成为某一阶级化。可是这个野心的企图，在现时的中国国民党中，颇难实现，因为在他的组成分子之数量上质量上，都没有那一阶级的群众能够站在绝对主体地位，使党中他阶级的分子自然与之同化。你慨叹邓家彦等右派"江山易改本性难移"，其实不是他们个人本性难移，乃是他们所代表的阶级，阶级性难移呵！无产阶级的分子之本性难移也是一样。此外只有改造党的组织分子，由多阶级的而为一阶级的之一法；你或者现在已有此企图，一面斥右派为反革命为腐败分子公然主张淘汰他们，一面斥共产派是寄生政策，是不能完全信仰三民主义的异端，提议学从前奥匈国的组织，质之即是党外的合作，使中国国民党自己有自己的组织理论和策略，都完全自成统系。所谓自成统系，不用说是一面向右排斥反革命，一面向左排斥共产派。在右派（代表官僚及地主买办阶级）与共产派（代表工农阶级）之间，左右开刀，中峰特起，自然是立在民族的资产阶级地位。你所号召的单纯的国民党，至少也是促现在各阶级混合的党改变到资产阶级一阶级的党的过程。你如果真有这个企图，在理论上我们当然不必反对，因为政党随着阶级分化而演进，本应该是这样；在阶级壮大而分化剧烈的国家，不但资产阶级的政党和无产阶级的政党截然分开，即资产阶级中，大资产阶级的政党和中产阶级、小资产阶级的政党还要分开，大资产阶级中，又分工业、商业、农业、银行资本等各派的政党。然而在事实上，我们以为你这个企图，现在或者还失之稍早。在殖民地半殖民地，最初往往都只发生像中国国民党这样多阶级的政党，这种特殊现象，正由社会阶级分化之背景使然，因为政党是社会阶级之反映，不是个人的理想可以造成的。中国近代之阶级分化，同盟会自始即代表中小资产阶级（内地学生、华侨商人）、无产阶级（华侨工人）及游民无产阶级（秘密会党）和官侨〔僚〕买办阶级（保皇、进步、研究这一派人）对抗；其次便是同盟会改为国民党后，加入了许多代表官僚、地主、买办阶级的分子，随后这些分子，又三次脱离国民党而与国民党对抗！前二次是因为国民党的首领要贯彻三民主义的革命，脱离出去政学会一派和联省自治一派，最后一次是因为代表无产阶级的共产派之加入，他们又脱离出去一大批，即是所谓国民党同志俱乐部。他们三次脱离后，国民党中代表官僚、地主、买办阶级的分子，现在差不多快肃清了；所剩下的中小资产阶级和无产阶级的分子，是不是也要分化呢？我们以为这种分化，现在还稍早一点。一是因为无产阶级和中小资产阶级之间的冲突，还没像和官僚、地主、买办阶级之间的冲突那样厉害；一是因为散漫的中小资产阶级，要想集中起来，形成一个民族的资产阶级，组成一个代表他单一阶级的政党（你所号召的单纯的国民党），谅必肯承认是代表单一阶级的党，你并且还主张这单纯的国民党仍须容纳工农民众，拥护他们的利益，在形式上似乎不是单一阶级的政党；其实某一政党之属某一阶级，是以代表某一阶级的利益为标准，不能严格的以组成分子为标准。你所号召的单纯的国民党，所谓完全自成统系的理论，是以国家和民族的需要为中心，一面排斥官僚买办阶级派之反革命，一面排斥无产阶级派之阶级争斗说，代以劳资调协说，以仁爱说欺骗工农群众，使他们安心尽那无权利的义务，为资产阶级的民族运动牺牲，这显然是各国民族的资产阶级政党之共同的理论，并不是你季陶先生所特创的。世界在这个理论下的政党很多，他们每每号称国民党，其实都只是一个民族的资产阶级的党，因为实际上他是代表自己单一阶级利益的，谁也不能相信这是目前可能的事实，你只要看现在的资产阶级在民族运动中所表现的态度就明白了。这里有一个根本原因：民族的资产阶级之形成，是以本国的工业发展为主要条件；本国的工业发展，又以停止内乱、关税自主为主要条件；这岂是目前可能的事？你觉得向右固不好，向左也不好，可惜中间没有多大地方容你立足；凡是一个代表阶级的党，必须有根本阶级的民众做立足基础，全靠他阶级分子来同化，是不行的；目前还没有一个民族的资产阶级，如何能够组成一个代表他单一阶级的政党？事实上不可能而勉强使他分化，其结果，所谓单纯的国民党，其质量上或者比较现在单纯，组织上也比现在方便，可是在数量上，在行动上，都比现在要大大减色，这岂不是目前的革命运动中革命势力统一之一大损失？

你若细细考虑以上这些事实，便不会感觉到排除共产派是中国国民党内目前的紧要问题。

在态度方面：

你及你们的根本错误，乃是以为共产派加入国民党，不是促进国民党而是阴谋破坏国民党。你在《国民革命与中国国民党》那本小册中，在理论上事实上，指摘我们的话很多，此处不便具谈，只择你指摘我们阴谋破坏的部分，加以负责的答辩。

（一）你说我们："只借中国国民党的躯壳，发展自己组织。"你又说我们："只尽量在中国国民党当中扩张 C. P. 或 C. Y. 的组织，并且尽力的使非 C. P. 非 C. Y. 的党员，失却训练工作的余地"。我不知你这些话从何说起？在理论上，C. P. 和 C. Y. 之发展，须以有阶级觉悟并真能实际参加阶级争斗的分子为合格，决不是随便在国民党员中可以扩张的；如果像你所说，未必能够破坏国民党，实际却是破坏 C. P. 和 C. Y.。在事实上，据我所知，年来由国民党员加入 C. P. 的很少很少，比较 C. P. 加入国民党的大约不及百分之二，比较由 C. P. 介绍加入国民党的大约不及千分之五，究竟是国民党帮助 C. P. 发展，还是 C. P. 帮助国民党发展呢？至于说到我们尽力的使非 C. P. 非 C. Y. 的党员，失却训练工作的余地，你未曾举出事实，我们不知你何所指；我们只不懂得，我们有何权力能够使非 C. P. 非 C. Y. 的国民党员得着失却训练的工作的余地？

（二）你说我们："这一次在选举中所用的手段，所取的态度，很像要想一举便把非 C. P. 的排干净。"在理论上，一党中各派选举竞争，不一定是坏现象，大家对于选举冷淡，反不是好现象。在事实上，我们因为他〔改〕组工作忙迫，于国民党代表大会及省党部选举运动，都无暇特别注意，或者有点抱歉。至于说想一举把非 C. P. 的排干净，在事实上这是可能的而且是必要的吗？请你就近查看苏、浙两省当选的分子是怎样！

（三）你说我们："只单纯的利用国民党政治的保护力和经济的维持力，扩张自己的生命。"除广东以外，我们不知这国民党在何处有政治的保护力？如果说在帝国主义者反动军阀势力之下，国民党不至和 C. P. 同受压迫，并且对于 C. P. 还有政治的保护力，恐怕这不是国民党名誉的事！至于说经济的维持力，我们更不懂解了，我现在负责向社会声明：中国共产党各级党部向来不曾和中国国民党发生过经济的关系！

（四）你说我们：用"纵横家的手腕"，"挑拨，想使蒋介石同志和许汝为同志冲突……他们从中扩张势力"。提起这件事，使我十分沉痛！当时蒋、许两先生的意见冲突，已有长久的事实，并且其冲突还要发展到他们两人以外；我们以为这种冲突会使广州政府根本摇动，这实是中国革命运动一极大损失，因此想你能尽力调解这种冲突。这种内部冲突，实是革命政府一个生死关头，你实有能够调解的资格，却不披发缨冠而往救，很悠游的坐在上海著书，已经不是革命家的态度了。不但如此，我向你报告这种冲突的危机，你闭着眼睛硬否认事实！你不悟掩蔽事实是无用的，反说是我们想挑拨蒋、许冲突，于中取利。此时中国只有仅少可用做革命的军事势力，因此，我们即对于由北方军阀势力蜕化出来的国民军，尚且不愿其内部有冲突事发生，何况是国民党的军队。如果有人挑拨许、蒋冲突，这不仅是损害国民党，简直是破坏中国的革命势力，简直是为英国和张作霖工作，简直是反革命的行为，你说他是纵横家的手腕，还未免太过客气了！至于我们一些不肯掩蔽事实的公开批评，你都看做是挑拨离间，这是由于你们以为我们加入国民党是阴谋破坏国民党之根本观念所致。

（五）你说我们："绝对不许单纯的国民党员加入工人运动。如果在工人运动的同僚当中，发现出一个单纯的国民党员，便不惜运用种种的手段去诬蔑他，破坏他，务必要使这一个人不能立足而后已。这一件事的证据已经发现得不少了。"这些不少的证据，你不曾举出一个来，我们视为憾事！若是指在北方的张德惠、杨德甫、谌小岑和上海工团联合会一班人，还是不举出来的好，免得所谓单纯的国民党员在工人群众中丧失信用。可是我们绝对没有权力不许这班人加入工人运动，你应该知道香港和广州的工会领袖大多数都是单纯的国民党员。

* * *

此外我还有两件事要忠告你：

（一）当年康梁辈反对同盟会的革命说，大呼革命共和足以召瓜分亡国的话来吓人；现在你反对阶级争斗说，也大呼"使国民吃不必要的痛苦，负无所得的牺牲，那就真可怜极了"、"把青年的思想化成僵石"、"不能不替中国悲伤"等话来吓人，真可以不必。康、梁辈以为君主立宪尽可达到政治改造之目的，主张共和革命者，何尝不是使国民吃不必要的痛苦，负无所得的牺牲呢？

（二）邵元冲先生说："一个团体必须有一种传统惯例或习惯，存在于团体成员的意识中……新团体员的加入，第一要紧是承认传统惯例和习惯。"这几句话或者道着了国民党改组后内部纠纷之真正原因。改组以前，国民党的传统惯例和习惯究竟怎么？然而你又深叹旧党员们"江山易改本性难移"，似乎你对于党的旧有惯例和习惯，也怀着多少反叛思想。戴季陶先生！我也知道必有许多人要利用你的著作，做反动宣传。你不应只恨他们利用你的著作，你须仔细想想你这个著作为甚么能够为反动派利用，对于这一点，你须深加省惕！

十四年八月卅日

署名：独秀
《向导》周报第一二九、一三〇期
1925 年 9 月 11 日、18 日

本报三年来革命政策之概观

（一九二五年九月七日）

本报自民国十一年九月创刊以来，到现在刚刚三个周年。这三年中，中国政治经过了不少的变动，本报的革命政策之主张如何应付这些政治的变动，现在需要一个有系统的历史的叙述，以贡读者。

本报创刊正当第一次直奉战争之后，一方面反动的奉天军阀虽然失败了，另一方面直系军阀有代兴之势，尤其是曹党阴谋夺政，黎元洪的政府又昏庸无力支持；因此，我们在本报未刊行以前，在发表的对于时局主张中，即已喊出"继续民主革命"、"打倒帝国主义"、"打倒军阀"这三个口号，所以本报刊行之始，一切政治主张都根据在这三个口号之上：发刊宣言上，（一）指出须推倒为国内和平与统一障碍的军阀之理由，（二）指出须反抗为中国自由与独立障碍的国际帝国主义之理由；进行的方法是援助民主革命的国民党继续民主革命；更具体些是主张集合各阶级觉悟的大群众，组织国民军，以国民革命（National Revolution）解除国内外的一切压迫，建设民主的全国统一政府。同时根据这个革命的政策之理论，反对当时一切非革命的理论，如"法统说"、"制宪说"、"武力统一说"、"联省自治说"、"整理财政澄清选举说"等。在此时我们总的政治口号中，有两点值得注意的。第一，"民主革命"这一口号，乃在我们未刊行本报前提出的，这口号一方面是继续着辛亥革命的观念而来，一方面是因为国内军阀无论皖、奉或直，无一不是武力专政的魔王，让他们统治中国，民主政治是丝毫没有希望的；随后，我们以为真的民主政治固然是我们所需要，然而民主革命这个口号，未免偏于纯资产阶级的，在殖民地半殖民地的经济地位，决没有欧洲十八世纪资产阶级的革命之可能，所以在本报第二期《造国论》上，便改用"国民革命"来代替"民主革命"这个口号，这一个口号，不但近来经国民党采用，成了全国普遍的口号，并且实际上适合于殖民地半殖民地各阶级联合革命的需要。第二，"打倒国际帝国主义"、"打倒军阀"这两个口号，是我们分析并归纳中国一切乱源而定出的，始终是我们一切政策之骨干；然而最初喊出这两个口号的时候，我们的声势非常之孤，研究系的报上，笑我们扛出"打倒帝国主义"、"打倒军阀"两块招牌，尤其"打倒帝国主义"这一个口号，民众多不了解，甚至有人说是海外奇谈；但后来革命的工人和学生首先采用了，国民党中一部分革命派也采用了，到现在，一部分进步的教授和商人也采用了，甚至于国民党中的反动派和一班工贼，他们向民众攻击共产党，有时不得不自称他们也反对帝国主义，因为他们恐怕若不如此说，民众会马上看出他们是帝国主义者的走狗；因此，我们可以看出本报所号召的"打倒帝国主义"这一口号已经深入民众了。

从第一次直奉战争到次年（民国十二年）"二七"京汉屠杀事件，这半年间，直系军阀的反动日甚一日，在北京中央政府，在各省直系军人及其附属品——政客之横暴，惹起各地进步分子，不断的反抗，至"二七"京汉屠杀案发生，直系军阀之反动已达最高度，正式与民众宣战。此时本报的主张是：统一国民运动的势力，打倒直系军阀——曹锟、吴佩孚。这在统一的国民运动中，（一）须排斥外国帝国主义的势力，以绝军阀后援；（二）武装平民；（三）须主张民主统一，反对北洋正统的武力统一；（四）须集合各团体，在国民革命中心地方，开一国民代表大会，以议定一切战略；（五）须各派革命分子集中于国民党——要有一个普遍全国的国民党；（六）须认定劳动阶级是国民运动中的重要部分，知识阶级、工商阶级都应竭力赞助工人阶级的组织及运动，与之为平等的结合。在这一反对直系军阀时期，本报为鼓动积极的民族革命运动，遂不得不反对当时蔡元培的不合作主义和孙中山的直、奉、皖、西南四派提携和平统一之主张。

从"二七"屠杀到去年（民国十三年）第二次直奉战争，这一年半间，是直系军阀全盛时代，中间经过黎元洪出走和曹锟贿选两次变故，中央政局现出向所未有的腐败与紊乱，各帝国主义者乘此局面，自临城案起，四方八面的向中国进攻；同时，中俄协定适在此时期成立，苏俄自动的放弃了种种特权，相形之下，愈加使中国民众看出帝国主义者对华政策之残暴无理，此为现在"五卅"运动的重大动因之一。黎元洪出走离"二七"屠杀只四个月，工人阶级尚未能恢复集中其势力，出来向直系军阀作战，拥黎的政学会，想联合安福、交通等系成为反曹同盟，他们公同的政策是运动国会议员南下，然而他们各自的目的不同，政学会想国会南下拥黎，安福、交通意在拥段再出，同床异梦，他们的反曹同盟计划自然有始无终。当时上海总商会也表示反对直系，尤其是反对曹锟，其所组织的民治委员会，因与民众隔离及内部冲突，随即无形消灭。此时我们反对那已经投降直系军阀背叛国民的国会议员们，有南下解决国事的权能，更不信政学、安福等政蠹拥黎拥段能得民众的同情。我们乃向国民党提议，要他在上海号召全国商会、工会、农会、学生会及其他职业团体的国民会议，来取决国事。我们知道国民会议这个运动即令一时不能实现，亦须继续不断的宣传，于武装暴动外，给民众一个撇开军阀、官僚、议员、政客，自己出来解决国事的一条和平道路，实际上是集中民众势力行向革命的道路。黎元洪出走后四个月，曹锟于双十节贿选登台，登台后立即承认临城案全部要求，以为各国公使觐见的交换条件，帝国主义者知道曹锟的贿选为中国舆论所不容，非假外力不能自存，于是乘机敲诈，无所不至。此时民众深恶曹锟与曹锟损害于民众利益的，还不在贿选之道德的法律的问题，乃是媚外卖国的实际问题。此时本报的主张，于"打倒国贼曹锟"之外，还要同时努力做：

反帝国主义的国际联合——承认苏俄；

反军阀政府的国民联合——扩大国民党。

其结果，乃发生国民党改组及反帝国主义同盟、废约同盟、反基督教同盟等组织和宣传运动。这两件事是中国国民革命运动开始之显著的表现，惹引了帝国主义者十分注意。适于此时，因广州政府向税务司索取关余事，帝国主义者大派军船到广州示威，广州的工人阶级及革命学生异常愤激，主张收回海关，而各地资产阶级因关余和内债基金有关，反同情于把持中国海关的帝国主义者。本报当时即向资产阶级指出帝国主义者，根据不平等条约，侵犯中国主权的五件具体事实：（一）把持海关；（二）领事裁判；（三）驻扎海陆军；（四）外币直接使用；（五）强迫租借领土。五项之中，尤以把持海关收税权，能够制中国工业发展的死命，中国的资产阶级应该加入工人、学生的收回海关运动。

去年十月第二次直奉战争直军失败，中国政治上发生了一大变化，即是：（一）民权民族运动之勃兴（国民会议促成会的组织几遍全国，每个促成会都有废除不平等条约收回海关的要求）；（二）工人阶级之冉起；（三）倾向国民革命的国民军之发现。直军失败，不过是这些变化之导火线，不是真正原因，其原因已潜伏在直系全盛之时，即是：（一）列强进攻和中俄协定，给民众以剧烈的刺激；（二）胶济路罢工胜利，全国铁路总工会秘密组织，上海电车工人要求成立工会，湘潭锰矿运工罢工，在直系全盛之后半期，在国民党改组之后，在民族运动刚要开始之时，中国工人阶级已渐渐恢复其反攻的力量；（三）国民党改组和反帝、废约、收回教育权之宣传，引起北方一部分军阀之民族的感情。这些原因，适逢直系失败，一派强大军阀势力统一而高压的局面一破，社会上各种潜伏的意志，遂乘时表现出来，而形成各种运动。本报应付此次政变的策略是：一方面告诉民众，不可妄想此次战争中，依赖任何一派胜利的军阀可以解救中国；一方面指明各省督军的和平会议有使军阀势力分而复合之危险。——只有召集全国人民团体的国民会议，才是解决中国政治问题的道路。同时，国民党也主张由北京政府召集九种团体的国民会议。可是安福的段政府，并不但段政府，任何军阀政府，没有真正的人民武装，那会让真正国民的会议出现！民族运动和工人运动都起来了，民众的意志既然不能由国民会议的形式表现出来，遂郁积半年，一发而为"五卅"运动之怒潮。

我们这一次号召国民会议所得的效果，和黎元洪出走时大不相同，全国各地的国民会议促成会，都有群众的组织和要求的内容，在各种要求中，大半都首列废除一切不平等条约，由此可以看出中国的民族运动，已经有开始的基础了。然而盲目的帝国主义者仍旧几乎日日向中国进攻（见本报《外患日志》）。尤其是在上海：自工部局私刑打伤乐志华案起，接连着美国轮船船主枪杀中国水手十六人；领事团要求推广上海租界；工部局自由越界筑路；工部局提议增加码头捐取缔印刷律及交易所注册；工部局派武装巡捕，为英商越界拆毁宜乐里房屋，驱逐房客，击伤二人，并拘捕房客联合会代表；领事团硬派智利驻沪领事有裁判权；美国人在华界组织三 K 党；工部局副捕头踢死工人叶乾章；哈尔滨路捕房西捕无故击伤某店伙；西人无故殴伤天寿里黄姓佣妇张月英；工部局搜查上海大学，逮捕《民国日报》记者，焚毁书籍；工部局因登载日本纱厂工人泣告书，控告《民国日报》、《商报》、《中华新报》，处以罚金之罪；日本纱厂无故枪杀工人顾正洪——积这些怨愤，"五卅"事变因此遂在上海发生。在这个运动的开始，有一部分英、美留学生，有意的或无意的说：大马路血案是西捕杀了人的法律问题，不必牵扯到对外的政治问题，本报乃大声疾呼，告诉民众，此次反抗屠杀案，乃是中国民族自由运动，决不是什么个人间的法律问题；并向民众解释屠杀案所给予我们的教训：（一）不分英、美与日、法，一切帝国主义者践踏中国人是一致的；（二）帝国主义者践踏中国人是事实，不是共产党人捏造的；（三）认清了帝国主义的英、美、法、日等国，和非帝国主义的俄、德、奥等国之不同；（四）懂得了我们的民族自由运动不可被"过激"、"赤化"这些头衔吓退；认清了只有工人、学生是此次运动中的勇士，各国的工人、学生都对于中国人表示同情，因此，我们的运动应该反抗践踏中国民众的帝国主义者，不是拿国家主义来排斥一切外国及外国人。本报当即主张：在上海召集全国工商学兵代表大会，议决废除一切不平等条约，严责政府宣布；倘政府不肯执行此议决，立起国内战争，建设国民革命政府。随后全国民族运动的怒潮，因资产阶级之妥协和奉系军阀之高压，大受打击而陷于停顿状态；本报鉴于现状，遂主张改变此种民族争斗的新途径是：（一）改变上海、香港罢工政策，以经济要求及地方性质的政治要求为最低条件；（二）委托南北政府合组一外交委员会，来解决全国性质的对外根本问题；（三）开始国内战争，合全国的力量，打倒英、日帝国主义的走狗——奉天军阀。

我们相信今后中国民族运动之更大的发展，须在打倒奉天军阀及中国工农阶级的组织得到更大的发展自由之后。

署名：独秀

《向导》周报第一二八期

1925 年 9 月 7 日

寸　铁

（一九二五年九月十一日）

戴季陶与反共产派运动

北京国民党俱乐部开会，议决通电粤、桂将领，一致讨伐广东共产政府，并联合同志发行反共产出版物。最好这些反共产的出版物，都请戴季陶去主持，因为戴季陶近来的思想都和该俱乐部前月卅一日发出的通电根本相同。

奉军在北京之治外法权

奉军驻京机关，因北京《民报》误载张作霖逝世消息，既将该报发封了，并直接逮捕该报经理陈友仁，押送天津奉军之法课，听说还要解到奉天去。北京自有司法及负地方责任的军警机关，奉军何以能够撇开这些机关，自己封报馆捕记者，捕人后还要解出北京？即令奉军在北京享有治外法权，可以自行拿人治罪，也不必由北京解到天津或奉天！这种举动，未免使段政府的面子太难堪了！但这乃是军阀的惯例，从前曹军逮捕长辛店工人，也是不解北京而送到保定府；不过长辛店毕竟还不在北京城内！

署名：实

《向导》周报第一二九期

1925 年 9 月 11 日

我们对于关税问题的意见

（一九二五年九月二十五日）

现在的中国关税问题，已经不是一简单问题；不但在中国民族之经济的解放是第一重要关键，中国人民应该力争关税自主，帝国主义者间及军阀间，都会因此次中国关税问题，惹起极大冲突。

英国帝国主义者，对付五卅怒潮的政策，一眼看定中国军阀政府只要有钱便肯卖国，故五卅运动一开始，他便提议和五卅事件毫不相关的关税会议，以饵中国军阀政府，使之抑制中国人民的民族运动，他这政策现在果然收效了。关税会议如果真能平息五卅怒潮，关税会议如果只能有二五加税的结果，则英国所得已多，所损失的进口加税，以他的精制品，比日本的粗制品所损失的犹少。

然而帝国主义的日本，为什么也赞成关税会议呢？日本有大宗粗制的日用品输入中国，因增加进口固小有损失，但是他能在关税会议攫取中国总税务司的地位，则所得甚大，保证西原借款的利益，犹在其次。对华贸易额，日本已驾英国而上，居于第一位，在法律上已有取得中国总税务司之口实；在政治上又有安福政府的暗助，他看出奉张会竟至袒英，遂乘国民党与国民军有单独对英的主张，设法接近他们，利用他们，尤其要利用冯军，以威吓奉张，因此或者能遂其野心。不过总税务司一致用日本人，便是支配中国财政的特权从英国手里，转移到日本手里，这件事英国帝国主义者又何能忍？

美国帝国主义者，又何以赞成关税会议呢？美国对华贸易额本不甚巨，受中国进口加税的影响尚小，却正可因缘关税会议，发挥其华盛顿会议之最得意的主张——门户洞开，机会均等。关于总税务司问题，美国必助英而抗日。

法国帝国主义者，对华贸易更不及美国，所以也赞成中国关税会议，藉此保证其金佛郎案所得利益。英、法两个帝国主义者冲突甚烈，关于中国总税务司问题，法国会左袒日本。

以上是帝国主义者之间在中国关税会议中的利害冲突。

在国内军阀方面，无耻的奉张，对于各地五卅运动，始终是用高压政策，把参加五卅运动的主要团体看做眼中钉，时刻想拔去而后快心；可是到了由五卅运动所唤醒帝国主义者久已忘了的关税会议，他却当仁不让，想垄断未来的二五加税，使梁士诒组阁，做他的外府。安福政府，对于日本想攫取中国总税务司，固然是一桩好买卖，就是二五加税，他们不到山穷水尽，也未必肯睁着眼让奉张拿去，段、张间也许为此问题，由暗斗而至明争。恐怕民众运动拆散了他们二五加税的好梦而取高压政策，这是段、张同样的心事。以前段政府因为藉外交以固位的政策，对于民众运动，取敷衍态度，现在不但修改不平等条约已抛到九霄云外，而且深恐爱国人民坚持关税自主，触怒了外人，破坏他快到手的财喜——二五加税，因此拿出本来面目，公然禁止罢工，干涉集会结社，查禁共产党，封闭报馆，封闭上海的一切工会并拿办其领袖，以取悦于外人了！攫得二五加税者非张即段，当然于冯无与，所以冯主张关税自主，不主张在现制之下要求加税；可是他近来颇接近日本，将来关于总税务司问题，他是否能够贯彻关税自主的主张而不袒，还是一个疑问。

以上是军阀们对于关税会议的利害冲突。

我们中国人民，尤其是五卅以来参加民族运动的民众，对于此次关税会议，应取如何态度呢？会议是定要开的了，我们不必根本反对这个会议，我们要在这个会议废止现行的协定关税制，中国的海关，应归中国国家自主，我们反对继续现行制度，在现制度之下要求加税。在现制之下要求加税，即使不以废厘为条件，进口加二点五，每年不过二千万元左右，而加至一二点五，也不过七千万元左右，以岁收二千万元或七千万元，出卖国家主权及国民经济发展之命脉，军阀政府固优为之，人民决不甘如此！

我们所谓关税自主，具体说起来，乃指税则自主与管理自主二事。税则能自主，然后进口税何项应加重（如奢侈品），何项应减少（如机器及教育用品），出口税何项免税（如丝、茶及工业制品），何项应重税或竟至禁止出口（如谷物及棉花等工业原料），才能够照实际需要，随时自由增减，以保护本国工商业之发展，这就叫做保护关税政策。管理能自主，然后税务司不论任用本国人或外国人，一切用人行政支配税款，才能由中国自由处置。现在中国的海关，税则不自主，无论进口或出口，都须得外人同意，不但不能自由加税，并自由减税或免税也不能；管理不自主，全国税务司等高级职员千余人中，竟至无一华人，总税务司则须任用对华贸易最优越国之人，大权外移，驯至中国政府不能够支配税务司，税务司倒可以支配中国政府；不但海关税收不存中国银行，并且拒绝中国钞票。这样不自主的海关，在名义上虽然是中国海关，实际上，简直是外国帝国主义者管理中国财政，保护外国工商业和阻碍中国工商业发展的总机关。

因此，海关自主与否，的确是中国民族之经济的解放第一重要关键，倘舍此不图，只想在不自主的现行关税制之下增加关税，则保护关税政策不行，国民经济便无自由发展之望，即所加之税，无论加至若干，也是用整理外债及政费名义，归到外国帝国主义者及国内军阀手中，于中国国民毫无利益可言；不但无利益，而且进口税一加，物价因之高涨，常言道"羊毛出在羊身上"，所增税额，仍要辗转归消费者中国国民担负。五卅以来，中国国民流了多量热血，倘若连一部分经济解放的关税自主都不得着，结果反要国民拿出血汗来增加帝国主义者军阀的收入，如此，五卅运动，不算是中国民族自由运动，成了为帝国主义者及军阀增加收入的运动了，试问我们怎能甘心！

现在关税会议快开了，凡是中国人，都应该奋起力争关税自主，反对在现行关税制度之下要求加税，全国的商会、工会、农会、学生会等一切人民团体，都应该立即表示一致的态度：对于在此次关税会议不承认中国关税自主的国家，加以罢工排货的长期抵制；对于只图加税不力争关税自主的中国政府，立即请他下野。

中国如果真有爱国的军人，他能拿起枪来讨伐卖国军阀，则这种战争，才不是军阀间的地盘战争，才比什么直皖战争、直奉战争、国（国民军）奉战争都有价值，因为他是爱国与卖国之战争，不是为了一派军阀的个人私利。

我们也要忠告全国商会，你们须要坚持现在的态度，并须联合全国各阶级的民众，力争关税自主到底，不可因为容你们在内债方面分得点赃便中途妥协；更不可持单独对英的谬论，附和安福政府为日本人争得总税务司地位！

我们说要废除领事裁判权，帝国主义说要调查司法；我们说要关税自主，帝国主义者又说要调查什么？除不平等条约外，帝国主义者直无丝毫理由可以拒绝中国关税自主的要求。若以担保外债及庚子赔款为词，也是无理取闹，即令我们不否认外债及庚子赔款，关税自主仍与外债及赔款之担保无伤，因为用做担保的只是海关收入，并不是海关主权——税则制定权及管理权。

裁撤厘金，固然是全国人民急迫的要求，但绝对不可拿做关税自主及加税的条件；因为关税应该自主，厘税本来自主，裁厘应该是自动的，关税自主及加税应该无条件的。

我们所要求的关税自主，不但是无条件的，尤其应该马上实行，不加限期，有条件有限期的关税自主，便是帝国主义者一个骗局。在限期未到以前，他们当然不须实行，不妨仅以口惠和缓中国人民的空气，即将来限期到时，他们又可藉口中国未曾履行某项条件，搁置前议，华盛顿会议关于中国关税会议之执行延宕至今，便是一个榜样，这也是关税自主运动中，我们应该注意的一要点！

署名：独秀

《向导》周报第一三一期

1925 年 9 月 25 日

寸　铁

（一九二五年九月二十五日）

康有为与奉系军阀

康有为是一个著名的复辟犯，不但是既往，现在还是继续活动。他于本月六日由青岛到济南，公然下榻督办署，公然到东鲁中学讲演，马上还要到奉天去，这尚成何世界！奉天军阀一面压迫爱国工人学生，一面欢迎复辟犯，这又是何种世界！上海人只知道攻击江亢虎，未免有点欺弱吧！

康有为章士钊戴季陶

戊戌前后的康有为，未尝不是一个新奇的怪物，随后那样开倒车。爱国学社的章士钊，何尝不反对康有为；即《甲寅》月刊时代的章士钊，又何尝不是论坛健将；现在也跟着康有为开倒车。《民权报》时代的戴季陶，何尝不大骂章士钊；《星期评论》的戴季陶，更是大谈其社会主义及工人运动；我盼望他将来不至跟着章士钊开倒车！

段执政的《甲寅》

自《甲寅》周报出版，许多人责备章士钊过于开倒车，胡适之竟说"老章又反叛了"，滑稽的吴老头儿更至登报报告"友丧"。其实大家都错怪了章士钊，因为《甲寅》周报乃是段祺瑞的机关报，并不是章士钊的机关报，只看该报登载许多肉麻的话恭维段执政便知道。又有人说：《甲寅》周报记者孤桐，不是章士钊吗？这我更为章士钊辩护了，办理《甲寅》周报的股款，都被章士钊送到交易所了，现在不恭维段祺瑞，这周报那来的经费出版，而且教育总长的位置又如何保得住？

资产阶级的民生主义

上海华商纱厂联合会，呈请戒严司令部，出示禁止罢工，"以维实业而保穷'民主'计"。这些仁爱的资本家，想必是受了戴季陶的感化，也来高谈民生主义了！

"赤化"与"过激"

每个爱国运动发生，帝国主义者便大喊是："赤化"、"过

激"。现在江西方小军阀逮捕焚烧英货的学生后，复派人检查各
学校有无"赤化"形迹，仿佛爱国运动只有赤化的先生们才肯
去做的，如此，赤化！赤化！你真可宝贵了！

帝国主义者不可无走狗

在天津在山东在上海，帝国主义者利用他们的走狗，压迫罢
工运动，都收了效果；可是据上海《新闻报》香港电：除某国
（指英国）外，驻粤各领事联合请求罢工委员会，取消对外罢
工，恢复商业。为什么他们不用在上海的办法，要求广州军警封
闭罢工委员会，反而向那"败类不良分子以及地棍流氓"所组
织的罢工委员会去请求呢？帝国主义者必然说：这是因为我们选
用的走狗杨希闵、魏邦平都失败逃走了！

署名：实

《向导》周报第一三一期

1925 年 9 月 25 日

今年双十节中之广州政府

（一九二五年十月十二日）

现在的广州政府是继续辛亥以来的革命政府，现在的北京政府是继续前清以来的军阀官僚政府（即袁世凯亦称北京是一大臭虫窟）。这种历史的事实，是无人能够否认的。北京政府及其所统辖的各省虽然挂着一块民国招牌，实际上，一切制度、人物、思想、习惯，仍然是光宣时代的故物，一切民国成立的基本条件如集会、结社、言论、出版之自由，仍然丝毫没有，连双十国庆的集会游行都被禁止，这是什么民国？这还有什么双十纪念之可言？

反之，革命的广州政府究竟是怎样呢？我们批评广州政府，应该把他分为两个时期：在讨伐杨、刘以前为一时期，讨伐杨、刘以后为一时期。在前一时期，广州政府建设在西南小军阀及买办阶级的势力之上，因此苛税杂捐、拉夫开赌，闹得一塌糊涂，实在不成个民国的形象；然而政府领袖们确是有革命意志的，他们眼见政府不能实行党义确是痛心的，集会、结社、言论、出版在广州政府之下是有相当自由的，所以我们自始即不能不承认广州政府比起北京政府来确是继续辛亥以来的革命政府。在后一时期，即讨伐杨、刘后的广州政府，乃建设在革命的民众与革命的军队之上，更完完全全的是一个革命的政府了。这革命政府中可敬的领袖们，一秉中山先生不妥协的革命精神，对内毅然决然的废除苛税杂捐、拉夫开赌这些秕政，毅然决然的谋军政财政之统一，更毅然决然的驱逐那些寄生于秕政阻挠军财统一的军事领袖，而毫不顾忌；对外则领导革命的民众，不计成败利钝的与香港政府作战，成了此次五卅运动中为民族利益最后力斗之孤军。如何拥护此为革命而力斗的孤军，使他不至为英国帝国主义者及国内一切反革命的势力所破灭，这是今年双十纪念运动中全国革命的民众所应第一注意的事，因为双十节所纪念的是革命的势力之胜利，不是反革命的势力之胜利。

广州政府现称国民政府，我们可以承认他确能名副其实，他此时虽然未曾统一全国，而他的工作，都实实在在那里代表中国民族的利益和英国帝国主义奋斗，代表中国人民的利益和反动的军阀奋斗；这班国民政府的领袖，即是国民党的领袖，他们这种英勇奋斗，才真能把中山先生生平不妥协的革命主义完全表现出来了。只有这班英勇奋斗的领袖们才真是中山主义的信徒；若口称是中山主义的信徒，实际上还徘徊依违于革命派与反革命派之间，那便是中山主义的叛徒；中山主义的信徒与叛徒，只有在实际的革命争斗中才能够分别出来，别的著书立说都是欺人之谈。

民国六七年，京沪间的官僚甚至于国民党党员，对于中山先生有一个很流行的批评道："孙中山是一个有革命癖的人，无论到何时他总要革命，恐怕他的儿子孙科做了总统，他还是要革命咧。"他们以为这几句话是讥诮孙中山的，殊不知这几句话却真能将中山先生可尊敬的全人格表现出来了。中山先生是世界上最忠实于革命事业的一个人，只要赞成他革命，虽巨恶如徐树铮、梁士诒，他也肯与之周旋，若不忠于革命，虽多年共患难的同志如黄兴、陈炯明，他也不惜与之决裂，若孙科为总统而不忠于民国，他当然起来革命。中山先生一生唯革命是志，从来不以爱憎亲疏易其志，在怕革命的东方民族中，他的确是杰出的人物，在国内一切主义不同的革命派都钦佩中山先生，也就在这一点。现在广州政府的领袖们，只计是非不顾利害的英勇奋斗，无论成败，中山有知，必定是含笑称赏的。十二年四月间，余正在大元帅府和中山先生谈话时，有人匆匆来报，大元帅府会计主任，为刘镇寰索饷不遂拘去，中山先生大怒，立召蒋介石参谋长，即谓须严惩此等不法军人，宁可失败而离开广东，也不可不和他们一斗，言时声色俱厉，其实当时所谓孙大元帅蒋参谋长都是赤手空拳，此事终于隐忍过去。现在蒋介石先生手创了有力的党军，用这包打军阀绝不扰民的党军，不顾成败利钝的肃清了那些拉夫开赌、苛税苛捐、各霸一方历年扰害广东人民的滇、桂、粤各派小军阀，以图广东军政财政之统一，这不但为国为党建了惊人的勋劳，并且为死的中山先生出了多年力不从心的怨气。中山先生及他手创的中国国民党，倘若没有这几个月国民政府一面肃清内部恶势力，一面反抗外部恶势力的坚决举动，几乎使人民怀疑到什么三民主义什么革命事业都不过是欺骗人民的鬼话了！

现在和广州国民政府为敌的内外恶势力是些什么呢？国内恶势力出头来破坏国民政府的，为主的自然是陈炯明、林虎、洪兆麟、叶举、魏邦平、邓本殷这班括广东地皮还没有括够的小军阀。这班小军阀的势力，曾为革命的党军所击破，为什么现在又能结合起来向国民政府进攻？一是因为许崇智妥协姑息政策所留下的祸根；二是因为他们新近得了英国帝国主义者、北洋军阀、香港买办阶级各方面的援助。香港政府公开的送三百万子弹到汕头；港商资助陈炯明百多万现金，内中有一部分也是英人拿出来的；段政府帮助陈军三十万元，又派遣海筹、永绩两舰助战；福建派张毅的军队到潮州助战也是公开的；江西和湖南也正在准备援助陈军向粤进攻。陈炯明等除了得到上述各方面的实力帮助以外，还有国民党中反动派的声援：谢持、石青阳等勾结熊克武，密谋在广州响应陈军；北京国民党同志俱乐部，公开的和陈炯明、杨希闵合作，该俱乐部所挥霍的就是段祺瑞所给杨希闵的招待费三万元，他们更打算广东外交代表团到京时，开会欢迎林森、邹鲁等代表，劝其通电联陈反蒋；廖案一大批罪犯，更是奔走上海、香港间密谋勾结广州残余的反动军队，候在党军出征东江时，起来叛变。陈炯明等小军阀、香港买办阶级及国民党中的反动派，他们攻击国民政府之共同口号就是"反共产"，和以前唐继尧勾结杨、刘在广州谋叛的口号一样；其实广州国民政府里，可以说没有一个共产党党员，更未曾并且未打算采行一点共产政策（反动派军队所衔恨的国民政府政策，如军政财政统一及废除苛税杂捐禁止拉夫赌博等，难道都是共产政策吗？）。他们所谓共产，便是指革命，"反共产便是反革命"，这就是他们的逻辑，他们的罪状，真是不打自供了。国民党中又有一班新的右派分子，口头上自称是中山主义的信徒，实际上对于真能为中山主义在广州奋斗的左派，不但心憎腹诽，并且公然致函蒋介石阻其急进，又请张静江函劝蒋介石离开广东；他们这种举动，实际上也算帮了陈炯明的忙，虽然他们在口头上不赞成陈炯明与反动派。

　　国外的恶势力，不用说主要的就是英国帝国主义者，抑制中国民族运动与抑制代表中国民族运动的国民党，以期长久保持他们的在华特权，这本是一切帝国主义者的对华政策，尤其是英国的香港政府对于广东的政策。广东迫近香港，恰好近几年来广东的政权又落在代表中国民族运动的国民党人手中，真所谓"冤家狭路分外眼红"，因此香港政府不断的利用陈炯明，利用商团，利用杨、刘，阴谋破坏广州政府。可是他的阴谋都着着失败了，尤其是杨、刘失败后，英人失了一切破坏国民党政府的工具，同时香港沙面大罢工的工人得以广州为根据地，又以国民党政府的援助得以坚持，使香港英人眼见每天损失四百万元，而不能使用在上海利用奉军压迫罢工的方法，英人正在无可如何，适逢粤军中的反动派领袖，反抗国民政府废除苛税杂捐，禁止拉夫开赌，统一军政，统一财政等政策，香港英人遂乘机利用之以成刺廖案；幸而国民政府有肃清内奸的决心，不姑息的逮捕诸反动领袖，解散诸反动军队，是时香港英人老羞成怒，遂至鼓吹直接以武力攻取广东，美其名曰为中国谋统一，究因国际形势不容英人能够这样横行，其计又不得逞，于是决心再以实力援助陈炯明、魏邦平、邓本殷等，以成现在东南两路夹攻广州国民政府的局面；全国的反动派——北洋军阀，香港大商买办阶级，陈炯明、林虎、魏邦平等小军阀，国民党的反动派，遂在此局面之下，形成了中国反革命的大联合，一齐拿着"反共产"、"反苏俄"的旗帜，向广州国民政府进攻，为英国帝国主义效劳！据本月八日路透社香港电说："港督今日在立法议会提出预算时演说，谓渠信广东有智识之人，必不能再容外方及他省营利之徒施行暴政，大约本年底来年初可望恢复秩序。……今在本地募债，未必成功，而此时请助于伦敦市场，据所接英国消息观之，亦属不利，盖投资者以为香港状况不佳，非有极优之条件，必多迟疑也。故非俟过激党破坏香港之企图已遭失败，不宜募债云云。"在这小小一段演说中，我们可以看出几点：（一）他所谓过激派（英人眼中的过激派，一切爱国运动者都包含在内，国民党的左派领袖如汪精卫、蒋介石等，更不用说了）破坏香港之企图，所加于香港英人经济的打击，实在万分明显，所以他不得不运用阴谋，利用中国一切反革命的势力，推倒广东革命的势力；（二）他明白供认他曾经教唆广东有智识之人（当然是陈炯明）排斥外省人，排斥客军；（三）他已经很有把握的计算他所利用各方面的势力，在本年底来年初可以占领广州；（四）香港的经济状况，已无法得到伦敦的救助，只有俟反共产反苏俄的广东有智识之人占领广州，使过激党破坏香港之企图遭了失败，才有救星；（五）革命派及反革命派在广东之成败，关系香港英国帝国主义者之利害，是非常明显的了。

这样在内外之恶势力四面八方的进攻之下，广州国民政府也会失败，如果失败了，失败的不只是广州国民政府，实在是全中国民族运动中最重要的一命脉。成功的是谁？不用说是陈炯明及国民党的反动派，尤其是香港英国帝国主义者。这就是全中国革命的民众在今年双十纪念中所以不应忽视这一件大事的原故，更不可把这件大事看做广东的局部问题！

又有人以为广州国民政府联俄拒英，不免以狼易虎，失了民族运动的意义。像这种错误的观念，实是中国民族运动一大危机。第一我们应该明白：所谓民族运动，其意义是要求民族的自由与独立，不受他民族之政治的压迫与经济的剥削，决不是一民族的闭关主义，并且在这一民族运动中，要得到他民族同情的援助，才格外容易成功。第二我们应该明白：此时世界上各民族能够以实力援中国民族运动的，还只有苏俄，若印度、若土耳其、若朝鲜、若加哇等被压迫的民族及欧、美、日本的无产阶级，还只有精神的援助。第三我们应该明白：在理论上，援助被压迫的民族，是苏俄立国之信条，他若不以实力援助中国民族运动，便是言行不符；在事实上，苏俄也刚从西欧经济的剥削中解放出来，现时也还在国际帝国主义的四面进攻中，他正需要和全世界被压迫的民族（如印度、加哇等）及被压迫的国家（如中国、德国、土耳其等）结成联合战线，抵抗帝国主义之进攻，他援助中国，即是援助他自己，不但中国的民族运动不应避讳苏俄的援助，并且到了民族革命成功，还应该更进一步和苏俄缔结同盟，共同防御帝国主义之进攻。第四我们应该明白：在实际事例上，苏俄实行其立国信条，援助了土耳其的民族运动，援助了波斯的民族运动，援助了阿富汗的民族运动，都是无条件的同情援助，他对于土耳其、波斯、阿富汗不曾有过压迫和剥削的事实发生；即对于中国的中俄协定，苏俄自动的放弃了那帝国主义者经过五卅大流血还不肯放弃的许多权利，他所得的是什么？苏俄实是援助了广州国民政府，而都是无条件的，也丝毫没有什么压迫或剥削的事实发生过，若说聘用苏俄军官改造海陆军便是授权于外人，那便是把苏俄看做帝国主义的国家一样，不能够接受他军事的援助了。"赤色帝国主义"这一名词，是欧洲帝国主义者造出来离间一切被压迫的民族与国家和苏俄联结的方法，现在中国有些反革命分子，也跟着学舌，真是"国家将亡必有妖孽"！

帝国主义者好比是些强盗，苏俄好比是和我们守望相助的邻人，若把邻人也看做强盗，拒绝他们的援助，这正是强盗们暗中称快的事。像陈炯明等及国民党的反动派，更是要竖起大旗来帮强盗攻打邻人，所以他们竟会把"联俄"算做广州国民政府的一桩罪状。

署名：独秀

《向导》周报第一三三期

1925 年 10 月 12 日

反奉运动与法统问题

（一九二五年十月三十日）

我们为什么反奉？这是因为奉系已成为国内最有势力的军阀，他对内可以造成一派军阀势力统一中国的局面，使军阀政治格外演进，他对外可以成为帝国主义者最有力的最信托的工具，使民族运动格外遇着摧残；所以我们反奉之目的是在对外的到民族的自由，对内的到政治的自由，这本来非常简单而明瞭。

一个简单明瞭的反奉问题，现在却含着一些复杂性质，这是因为反奉运动中潜伏了直系复兴的危险。

不用说，直系是一派反动的军阀，他不但以前是反动的，现在仍旧是反动的，他的反动性并不减于奉系，然而他现在支配政局的力量却非奉系可比，他在反奉运动中的力量，比起民众及国民党国民军来，他只是百分之几。在这全国反奉运动中，虽只百分之几的力量，我们自然也应该一律欢迎，若在反奉运动中攻反奉之直，客观上便是助奉了。同时我们也要明白告诉直系，人民虽不念旧，而现在只是为对外的到民族的自由对内的到政治的自由而反奉，决不能为曹吴复仇直系复兴而反奉。所以章太炎还知道说："吴佩孚出山讨奉，目的须纯在国家，方可得国民同情，若涉报复或争地盘，则不可预知。"

为曹吴复仇直系复兴而举兵反奉，当然是直系真实的心理，由这种心理而表现出来的政策，就是所谓维持法统。在吴佩孚、孙传芳通电中虽然未曾涉及法统问题，章太炎致岳维峻电中虽然明言此时不议及此问题，而事实上直系终须用法统这个假面，做他们复仇复兴之工具。他们所谓法统有二解：军人派所谓法统是指曹锟的宪法，政客派所谓法统是指民国约法。维持前一个法统，便是所谓护宪，也便是拥护曹锟；民众对于贿选的余怒犹未全息，直系若拿出护宪拥曹的旗帜，直是为奉方宣传，直是自杀政策，直系中稍稍有点头脑的人当不出此。维持后一个法统，便是拥护约法，即是讨段；段祺瑞、章士钊诡称革命破坏约法，自然是可笑的很；但是约法本身的好歹且不论，此时民众迫切的要求是：关税自主、废除不平等条约等对外的民族自由，和集会、结社、言论、出版、罢工等对内的政治自由，决不是什么一纸空文的约法可以使民众满足的。况且缘约法法统而发生的问题，便是恢复旧国会，这种千夫所指的旧国会，即令没有选举吴佩孚为大总统的预定计划，即令除去贿选分子，也不能得国民之信任了。现在救济这个法律之穷的出路，惟有倒奉后，在事实上占据北京政府者，召集真正人民代表的国民会议，解决一切国家根本问题。所谓国家根本问题，正是现在民众迫切要求的对外废除一切不平等条约、关税自主，对内保障集会、结社、言论、出版、罢工之自由，因为这才是中华民国真实存在之基础，写在纸上的宪法还在其次。

什么法统问题，决非民众的迫切需要，不过是直系拿来做面具，来遮掩他们为曹、吴复仇直系复兴而举兵反奉的隐衷罢了。

所以为反奉而战，虽直系我们也可以不因既往而阻挠他们现在的行动；他们若终于为法统而战（实际上是为直系正统而战），民众反奉胜利之后，继以反直，这也是意中的事。

署名：独秀

《向导》周报第一三四期

1925 年 10 月 30 日

寸　铁

（一九二五年十月三十日）

戴季陶之道不孤矣

张作霖的爪牙张宗昌在国庆日演说："我中华立国四千年来，莫不以道德为根基，山东系圣贤桑梓之地，尤为注重，而近年来世风日下，人心不古，道德二字，几致沦亡，其弊端约有五项：（中略）三则我国学生，自沾染新文化后，日趋日下，近来各校添设讲经，实所以挽已倒之狂澜；四则近日之工潮，若赤俄传来之共产等语，贻害人民，良非浅鲜，非严加取缔不可。……"赵恒惕的走狗荆嗣佑在长沙报上发表组织国民党的谈话说："我们有一重要的话，要普告国民大众，就是我们要以中国的人力，中国的方法，解决中国的问题，我们要继承尧、舜、禹、汤、文、武、周、孔之志，正人伦，明天道。我所谓中国方法，就是指王道而言，王道之纲要有三：一曰黎民不饥不寒养生送死无憾；二曰谨庠序之教；三曰申之以孝悌之义。"想用旧的道德文化救国之戴季陶，想把中山先生从被人轻侮的革命党方面拉到被人尊敬的圣贤方面来继尧、舜、禹、汤、文、武、周、孔的道统之戴季陶，他听了张、荆二位的议论，定会眉开眼笑的说一声"吾道不孤矣"！

中国共产党的力量

近年来每一运动发生，反动派便说是共产党主持的，以至段祺瑞、张作霖都发严令光顾到中国共产党，李景林、张宗昌诰诚人民勿信共产党的告示，更是贴遍了直隶、山东全省的城镇乡，为共产党登了一个大规模的广告，并且一般痛恨李景林、张宗昌苛税的乡民，反疑心共产党或者不错。浙军一到上海便首先注意共产党，吴佩孚一到汉口便对路透社记者说："彼殊反对共产党与过激党，若辈皆害国之徒，渠拟以坚决手段对付之。"我们不知道中国共产党有何等力量能够使军阀们这样惊心动魄！

又是一个共产军！

杨宇霆在天津对东方社记者说："万一不幸而有国民军一致对抗奉军之事，是则共产军与反共产之战争，正期待日本以下列国之同情与援助云云。"说国民党的军队是共产军，已经是离奇了，现在又说国民军是共产军，岂非奇之又奇？树起反共产的旗帜以求得帝国主义之援助，这是全中国南北大小军阀一致的策略呵！

署名：实

《向导》周报第一三四期

1925 年 10 月 30 日

十月革命与中国民族解放运动

（一九二五年十一月七日）

受了帝国主义侵略八十余年的中国，为什么欧战后渐渐才有了有意识的民族运动？这是因为：（一）在客观上，一方面中国的工业乘欧洲大战机会一时有了相当的发展；一方面大战后帝国主义者因弥补战中的损失，加紧向中国等经济落后的民族剥削进攻，促起了反抗。（二）在主观上，苏俄十月革命触动了中国青年学生及工人革命的情绪，并且立下了全世界各被压迫的国家及各弱小民族共同反抗帝国主义之大本营。

苏俄十月革命之内容是：（一）城市工人打倒资产阶级而得了自由；（二）乡村农民打倒地主阶级而得了自由；（三）俄国境内的小民族打倒俄皇及资产阶级的统治而得了自由；（四）全俄人民脱离西欧帝国主义的羁绊而得了自由。前二者是阶级运动，后二者是民族运动，合起来便是整个的世界革命之开端。这两种革命运动，在苏俄同时并行，不但没有妨害，而且正因为工农阶级奋起得了政权，对外拒绝与帝国主义的协约国合作，对内取消前俄帝国主义的政策，即强迫民族同化于大俄罗斯的政策，因此民族运动才得到彻底的解决，否则若照当时资产阶级的克伦斯基政府政策，至今全俄人民仍旧屈服在帝国主义的协约国羁绊之下，俄国境内诸小民族仍旧屈服在资本主义的大俄罗斯政府威权之下，这是毫无疑义的。

工农解放民族解放这种双管齐下的苏俄十月革命，他自身的成功并影响到世界革命，后者更胜过前者。盖自十月革命后，多年不能解决的俄国境内诸小民族问题，得到了彻底的解决，苏俄更进而援助近东、远东诸弱小民族与被压迫的国家（如中国、土耳其、波斯、埃及、阿富汗等），建立了全世界被压迫者共同反抗压迫者——国际帝国主义之大本营；这些事实已足证明苏俄十月革命，在民族解放运动上比在工农解放运动上更为成功。

按道理讲起来，现在全世界凡是被压迫的阶级以及被压迫的民族和国家，都应该联合起来在这世界革命的大本营援助之下，共同打倒国际帝国主义，大家才有出路。中国民族解放运动，当然没有例外，也应该顺着这个世界革命的大潮进行；可是还有许多不了解世界大势的人们，竟不是这样想法。在一班深受了英美帝国主义教育毒的博士们，不但不承认帝国主义的侵略是中国根本大患，并且不承认世界上真有什么帝国主义，仿佛是共产党人捏造的名词；因此，中国也自然没有民族解放运动之必要。这班人我们不必去论他。又有一班人很明白中国有民族解放运动之必要，并且明白非打倒帝国主义中国民族无由解放；可是他们以为中国民族解放运动，只好完全依赖自己的力量，不必联络苏俄，因为联俄有三个危险：（一）是联俄中国便要实行共产了；（二）是联俄中国便要被俄国侵略甚至于被俄国占领了；（三）是联俄则帝国主义者更要严厉的对付中国了。他们因为怀疑联俄有这三个危险，遂至甘心退出全世界被压迫者反抗帝国主义的联合战线，使中国的民族解放运动处于独立地位，这正是帝国主义者之所愿，而是中国之不幸呵！他们所怀疑的三个危险，现在略为解释如下。

第一，苏俄许多主要人物固然是共产主义者，苏俄实际政治固然也有若干小小部分采行了共产主义的政策；然而决没有不问青红皂白，随意推行于任何国家的道理，因为共产主义不是一种宗教，决不能不待其国内自然发生而可以从外国宣传出来的。至于苏俄援助各弱小民族及被压迫的国家，这和共产运动更完全是没有连带关系的两件事。苏俄所援助的波斯与阿富汗，都还是专制君主的国家，难道也是共产运动吗？苏俄又曾援助蒙古，难道游牧的外蒙也能实行共产制度吗？苏俄确实援助广州政府，然而除了帝国主义者及其走狗陈炯明等造谣以外，广东可曾采行一点共产制度呢？

第二，旧俄罗斯本是一个帝国主义的国家，苏俄若要侵略中国，自然是继续旧俄政策，和其他帝国主义者作同样的行动，取同样的态度，他为什么对土耳其对波斯对阿富汗对中国，都放弃了旧俄所得一切特权，使一切帝国主义者异常恐怖呢？苏俄如果也是一个帝国主义者，便自然要站在帝国主义者那一边，决没有站在被压迫的民族这一边做反帝国主义联合战线运动的道理。所谓赤色帝国主义这一名词，乃帝国主义者捏造出来离间被压迫民族和苏俄的结合，如果苏俄真是赤色帝国主义，我们便不必怕赤化了，帝国主义者也不必恐怖我们赤化了。在经济上说起来，苏俄方在刻意消灭资本主义，那里还有成为帝国主义侵略中国之可能，因为帝国主义乃是资本主义发展之最高形式；在政治上说起来，联合被压迫民族共同打倒帝国主义乃苏俄立国之方针，"对被压迫的民族只予不取"，乃列宁之遗训，他们对土耳其对波斯对阿富汗等，都不曾违背此遗训，岂有单要侵略中国之理。

第三，中国自来不曾联俄，帝国主义者对付我们不算不严厉了，反之土耳其、波斯、阿富汗，正因其民族运动得着苏俄援助而发展，帝国主义者遂有所顾忌而让步；即以中国近事而论，帝国主义者虽然大叫五卅运动是赤化，然而他们正因为中国有了赤化的五卅运动，终不得不于关税会议有相当的让步，尤其是他们对于联俄赤化的广东，五个月以上的总同盟罢工，几乎使香港变为荒岛，广东政府竟不许经过香港军商船进口，日船违令进口，政府军枪杀日本船员二名，日领只得一面向政府道歉，一面请求抚恤死者每人二千元，英、日帝国主义者竟未能以一枪一弹害广东。这是因为：（一）帝国主义者间的冲突甚烈，已没有向我们联合进攻之可能；（二）一切被压迫的民族与国家之民族革命，都有乘机奋起之势，帝国主义者已没有以武力消灭此革命大潮之可能；（三）各帝国主义的国家内，随时都有阶级革命爆发之可能，帝国主义者若以武力压迫苏俄及一切被压迫的民族，必为工人阶级所反对，尤其是运输工人足以制其军事运输之死命。并此诸因，我们可以看出帝国主义者严厉的以武力对付中国政策已不适用，他们今后的政策乃是：（一）以金钱军器收买中国军阀，替他们破坏中国民族运动；（二）教唆中国的反革命派，大喊其赤色帝国主义和反共产，以破坏中、俄联合；（三）以小恩小惠收买中国商人及英、美博士们，使他们协同军阀官僚阻挠工人、农民、学生运动之发展。我们敌人不但在国外并且在国内，他们都根本不要中国有民族解放运动，并不是因为联俄，帝国主义者才要严厉对付中国。

我们若明白上述三个联俄的危险都非事实，同时便自然明白全世界被压迫者反抗帝国主义的联合战线之必要；并且同时便自然明白所谓"反苏俄"是破坏国外反帝国主义联合战线之口号，所谓"反共产"是破坏国内反帝国主义联合战线之口号。因为国外反帝国主义最烈的便是苏俄，国内反帝国主义最烈的便是共产党。

署名：独秀

《向导》周报第一三五期

1925 年 11 月 7 日

中国民族运动中之资产阶级

（一九二五年十一月二十一日）

资本主义已发展到最后阶段，临了末运，所以现在全世界之资产阶级都站在被革命的地位而反动了。幼稚的中国资产阶级，在原则上，他被压迫在帝国主义及国内军阀两重势力之下，应该有革命的要求；然而在实际上，他已是全世界反动的资产阶级之一部分，他所有应有的革命要求，很容易被他阶级的反动性消灭下去。

五卅运动起时，我们绝不死守成见，我们颇幻想在此次全国民族运动奋起大潮中，中国资产阶级或不能不相当的与一切革命的民众合作了。可是在事实上，中国资产阶级对于此次民族运动的态度，使我们的幻想终于是一个幻想，而"殖民地半殖民地的资产阶级不革命"这一公例，居然又在中国民族运动中证实了。

在全国的工人、学生流血奋斗正热烈中，而全国商人竟一致反对排货，天津、汉口、青岛的商会竟反对工人、学生之爱国运动，向军阀告密。上海资产阶级的九家大报，竟丝毫不肯表示反对帝国主义，尤其是《时报》竟为工部局删改上海市民大会的电报，新、申两报竟为工部局登载"诚言"。资产阶级的学者名流，即所谓高等华人梁启超、丁文江等，竟宣言要"友谊的磋商"与"双方谅解"，竟公然说：此次惨剧发生的责任究竟谁属，现犹不能断定，中外当局应先从事调查，真相明白然后始可言解决，现在之罢工、罢市、罢课的紧张局面，首先应设法使之和缓（宣言大意如此）。

上海是帝国主义者在华势力集中的地方，也是中国资产阶级最发达的地方，五卅事变恰恰发生在上海；因此，上海资产阶级对于此事变之态度，可以说是代表全中国资产阶级之态度。他的态度可分为四个时期略略述之：（甲）罢市之初为第一时期；（乙）从罢市到开市为第二时期；（丙）从开市到总工会被封为第三时期；（丁）从总工会被封到现在为第四时期。

五卅运动一开始，上海资产阶级即带反动倾向，其表现之事实是：一、经学生、工人群众胁迫而哀求，总商会始肯宣布罢市；二、当时一般群众的呼声是反对外国人惨杀同胞，打倒帝国主义，收回租界等，而商会在全市商店门窗所揭罢市要求，只是取消码头捐；三、罢市后总工会、学生会提议组织工商学联合委员会，以为全市运动指挥总机关，各马路商联总会赞成加入合作，而总商会则坚不肯加入；四、自六月一日罢市起至十日五卅委员会成立止，这十天当中，总商会都站在调人地位。在此时期中，上海资产阶级之妥协性及鄙弃民众的心理，已充分表现出来了。

在这时期中，资产阶级所表现的最反动事实，即是不顾民众的要求单独向帝国主义者提出条件问题。因为商联总会之牵制，工商学联合委员会所提出的十七条件，已为民众所不满，而总商会则更蔑视民众的意见，迎合军阀政府委员的意旨，别自单独提出十三条，这十三条中，竟将工商学联合会所提出的"永远撤退驻沪之英日海陆军"及"取消领事裁判权"这十二、十三两条完全撤销了，第六条优待工人当中，他们把"工人有组织工会罢工之自由"这一句也去掉了。他们这样的妥协，颇受了帝国主义者的嘉奖，当时《大陆报》说："总商会的人是老成持重的，他们都是上海的大商家、大银行家，有体面负责任的人，他们是决不急进的。"他们的十三条并未为六国委员团所容纳，上海谈判决裂，总商会不但不坚决的作更进一步的示威反抗，反而并不和工商学联合委员会协商而单独议决开市。

开市之宣言，本来说还要抵制英、日货物及援助停业工人，然而实际事实上是怎样呢？开市后，所谓抵制英、日货，不但是一句空话，而且因为学生会严厉的检查英、日货，和总商会及商联总会起了不断的纠纷与冲突，尤其是总商会以检查五卅以前存货之名为推销英、日货方便法门，和学生冲突甚烈。所谓援助停业工人，总商会和商联总会始终只是经收全国各处捐款，他们自己原来是一毛不拔的，开市后他们一致鼓吹单独对英，尤其是总商会更是勾串奉军戒严司令及交涉员压迫总工会令日厂罢工工人几等于无条件的上工；日厂上了工，工部局停止供给各厂电力，总商会不努力抵抗工部局，而又勾串军阀官僚压迫总工会令工部局电气处工人上工；总商会又主张码头工人上工两星期，专为中国商人运出存储英、日堆栈的货物，议定在此项存货物价三千余万元中提捐百分之一，约三十余万元，作为五万余码头工人一个月的救济费，此办法由总商会议定，此业务由总商会管理，其结果三千余万元的货物如期运尽，而缴纳的捐款只有三万余元，总商会简直不负责任，码头工人因此遂即不能继续罢工了。大部分罢工工人既已上工，总商会遂进而勾串奉军戒严司令部封闭总工会。总工会既已被封，所有英厂罢工工人，遂被迫而陆续上工了；至此，资产阶级所谓抵制英、日货，所谓援助停业工人，所谓单独对英，都成了公然的骗局！在此第三时期中，资产阶级已经是不掩饰的反动起来了。

奉军司令部的人说：封闭总工会是事前得了总商会同意的。虞和德对工人代表会的人说：你们代表会就是总工会的变相，断然不能存在，你们若能承认李征五去主持，我们可以帮助你们公开的存在。霍守华对人说：总工会不应该和总商会冲突，老实说，总工会被封的时候，总商会若肯出来说几句话，司令部是不能不顾忌的。照上述之种种说话，英、日帝国主义者不得不感激上海总商会的盛意了！总商会不但要和总工会过不去，近来并且指挥他的武装队（保卫团）和他的爪牙（警察厅长江政卿）帮同军阀摧残所有的工会及工人学校，查禁学生或工人的集会。在此第四期中，资产阶级的反动更有一个特点，就是中小商人的商联总会，以前和总商会是对抗的，比总商会是急进的，现在事事依附总商会，不敢自作主张了。他们跟着总商会反对学生、工人，跟着总商会不参加一切民众运动，禀承总商会的意旨，公然宣告没有恢复工商学联合委员会之必要。最可笑的是：学生会邀请商联总会共同发起各团体代表大会，主张关税自主，他们竟会说出"关税已经自主不须开会"的梦话来！

中国资产阶级在民族运动中的态度既是如此，那么，中国民族解放运动，要靠那些阶级的力量才能成功呢？在民族运动中，

是否应该反对阶级争斗呢？这些问题，我们希望戴季陶主义者及
国家主义者有一个忠实的解答。

署名：独秀

《向导》周报第一三六期

1925 年 11 月 21 日

什么是国民党左右派？

（一九二五年十二月三日）

我们要明白国民党中的左右派是什么，这不但是国民党之重要问题，并且是中国国民革命运动之重要问题。我们若是把国民党看做整个的而无左右派的分别，便无由判定国民党是革命的不是革命的了；我们若是懂得国民党中有左右派之区别，左派是革命的，右派不是革命的，然后拥护国民党的人才不至受人指摘，非难国民党的人才不至一概抹杀。

有些人不相信国民党有什么左右派之分别，可是在事实上，国民党左右派之分化，及历来右派另自形成组织，都非常明显。最初是孙、黄分裂，右派由欧事研究会变为政学会；其次便是孙、陈分裂，右派变为联治派；再其次便是去年国民党第一次大会后，右派变为国民党同志俱乐部；最近从中山先生死后到现在，又渐渐形成戴季陶一派；每逢分化一次，党内之阶级的背景都更明显一次，在思想上左、右派的旗帜都更鲜明一次。戴季陶派，或者可以说是国民党右派在思想上最后完成了；同时，左派的思想亦因之明了而正确了。

有人以为共产党是国民党左派，这是非常之大的错误。加入国民党之共产党员，在国民党内的行动上，固然站在左派的政策上面；然而共产党是共产党，国民党是国民党，国民党自有他自己的左派，如何能以共产党做国民党的左派呢？国民党左派的思想与政策，无论如何左倾如何急进，终究是国民党不是共产党。就现有的事实而论，国民党左派的领袖，如汪精卫、蒋介石、胡汉民、谭延闿、程潜、于右任、徐谦、吴稚晖、李石曾、顾孟余、丁惟汾、王励斋等一班人，没有一个是共产党党员。

国民党的左右派之分别究竟是些什么呢？在国民党第一次大会前后，可以说反对帝国主义与军阀政治的是左派，不反对帝国主义与军阀政治的是右派；信仰三民主义的是左派，不信仰三民主义的是右派；现在的左右派，都不是这样简单的分别了。以前不反对帝国主义与军阀不信仰三民主义的右派，已公然反革命，而实际上脱离了国民党了；现在新的右派，虽然口头上也说主张反帝国主义与军阀，并且高高的挂起信仰三民主义的招牌以自重，可是实际上他们反对帝国主义及军阀之理想与策略，他们如何实行三民主义之方法，都完全与左派不同。

在理想上：左派之反对帝国主义，乃根本反对国际资本帝国主义这一制度之本身为压迫全世界弱小民族及劳动平民扰乱人类和平的怪物，右派之反对帝国主义，并不是根本反对帝国主义这一制度，乃只是反对帝国主义压迫中国民族，同时他们并企图中国民族也发展到帝国主义；左派之反对军阀，其目的是在去掉军阀政治，代以民主政治，右派之反对军阀，其目的是在去掉军阀政治，代以仁爱的保育政治，即古代所谓仁政现代所谓贤人政治。在策略上：左派懂得要实现反对帝国主义与军阀的国民革命，国外有联合苏俄国内有联合工农阶级及共产党之必要；右派则反对联俄，反对共产党，反对工农阶级之阶级利益的争斗而失其同情，所以右派虽然口里也说要反对帝国主义与军阀，口里也说要国民革命，然而实际上只能口里说说，而反对帝国主义与军阀的国民革命之实际工作，一步也不能动手去做。他们口中所说的"反对帝国主义与军阀"所说的"国民革命"，都和不能兑现的支票一般。他们的专门工作只是反对苏俄，反对共产党，反对阶级争斗这三件大事，除此只有吃饭睡觉，至多只能闲暇无事时做几句孙文主义三民主义的颂圣文。他们虽然挂着革命党的招牌，可是不曾为革命流一滴血，不曾为革命坐一次牢监，并且不曾为反对帝国主义与军阀举行过一次示威运动散过一次传单；他们不但自己不去做这些革命工作，并且还极力向广东、上海、北京正在革命战线上拼命的左派加以不断的攻击，袖着手不革命的，还算是右派的好分子。

右派所谓"真正三民主义"，所谓"三民主义的信徒"，也只是一块骗人的招牌，他们并不曾想过如何才能够实行三民主义。他们极力排斥国外最反对帝国主义的苏俄，极力排斥国内最反对帝国主义的共产党，极力排斥反帝国主义最有力的工人、农民之阶级争斗，试问他们还有什么方法实行民族主义？他们轻视占全国人口最大多数的工人、农民之阶级的利益，试问他们所要实行的是什么一种民权主义？他们反对阶级争斗，试问在资产阶级争斗之下，有何方法可得保证农工平民之民权？倘若不让工农阶级由阶级争斗而形成他们的势力，足以挟制资产阶级，使他们不得不承认节制资本与大产业国有，足以挟制地主阶级，使他们不得不承认平均地权，试问国民革命政府另有何种力量可以实行民生主义？不实行的三民主义，岂不是骗人的招牌？左派知道三民主义不是一个宗教，单单信仰主义是不够的，单单信仰主义，只是一个主义者，一个信徒，不是革命家；左派知道单单宣传三民主义，而不能指陈其实行政策，也便是胡适之所讥诮的"名词运动"；左派为了要实行三民主义，便不得不采用"联俄"、"与共产党合作"、"不反对阶级争斗"这些实际需要的政策。

因此，我们的结论是：国民党中现在的左右派之分别，已经不是在口头上主张反对帝国主义及军阀与否或信仰三民主义与否之问题，乃是在实际行动的政策上是否真能反对帝国主义及军阀是否真能实行三民主义之问题。

左派是实行反对帝国主义及军阀，实行三民主义的革命派。

右派是口头主张反对帝国主义及军阀，口头信仰三民主义，而不想实行的非革命派。

因此，我们不得不承认：在中国国民革命运动中，必须赞助国民党的左派而反对其右派。

署名：独秀

《向导》周报第一三七期

1925 年 12 月 3 日

寸　铁

（一九二五年十二月十日）

中国军阀之左右派

十一月卅日东方社电："张作霖现已开始运动，将以李景林、张宗昌为干部，与旧直系之吴佩孚、孙传芳相提携，结成联盟；此项运动之主要目的，即为对抗冯玉祥、岳维峻、郭松龄左倾派（即过激派）军阀起见，组织右倾派之大同团体，以期于全国政治上出现一大纵断线。"在我们看起来，冯、岳、郭的政治态度实在都过于和缓，而至于油滑，说他们是过激派，直是冤枉苦了。至于说他们是现在中国军阀中的左倾派（各种社会或集团，都有左右倾分化之可能，这里所谓左倾，并不是什么过激赤化的意义），把张作霖、李景林、张宗昌等奉系，吴佩孚、孙传芳等直系，都列在中国军阀的右派，这却是很正确的事实。这些右派军阀之间的冲突非常厉害，如果他们真能组织大同团体，乃是日本帝国主义对付中国政局的如意算盘之成功呵！

工贼替安福派说话

北京市民直接惩罚安福诸孽，国人称快，独有著名的工贼张德惠，假托长辛店工人名义，替安福派说话；他说："民众表示首宜遵守纪律，否则有意破坏群众运动之真精神，若有放火及其他无意识动作，决非真正民意。"照他这样说，所谓真正民意，所谓守纪律有意识的群众运动，不知是怎样？想必是以规规矩矩的开会、游街、请愿为限。那么，历史上一切民众的暴乱武装革命，都一概可以不守纪律、无意识、非真正民意等话抹杀之了。如果是这样，不但此次北京市民运动非民意，即以前五四运动赵家楼之火，也是学生的罪恶了，这样的话，正是安福老爷们所愿听的呵！

预防赤化的国民党右派

国民政府解散了一些反动军队，主张反对帝国主义，废除不平等条约，许多人说他赤化了；冯玉祥锐意练兵，预备和奉张打仗，主张救国、关税自主、平民政治，又有人说他赤化了；郭松龄倒戈反奉，主张实行民治、优待劳工、普及教育、整理金融、便交通、尽地利六事，也有人说他赤化了。原来赤化不过如此！然而据本月六日上海各报所载东南通信社消息，国民党右派却正打算在上海设立执行委员会"预防赤化"咧。

以赤化为仇敌的奉天商会

郭松龄仅仅说了一声"优遇劳工"，张作霖便通电攻击他赤化，奉天全省商会联合会也跟着通电说："查改革劳动待遇，即俄国赤化之倡言。……世界各国皆视之如洪水猛兽……就我商民，誓当同心仰戴张上将军保境安民之盛德，以赤化为仇敌。"原来赤化反赤化就是如此，不知预防赤化的国民党右派，对于仰戴张上将军盛德的奉天商会此电作何感想？

说　假　话

久矣就要对付奉张的冯玉祥，偏偏说出许多要与奉张携手希望和平的鬼话。已经明明白白向张作霖倒戈的郭松龄，偏偏还要通电称颂张大帅"凡兹惠政，久勒穹碑，敢不斠守成规，恢宏余绪"。这就是惯说假话的社会中一种怪现象。

署名：实

《向导》周报第一三八期

1925 年 12 月 10 日

国民党新右派之反动倾向

（一九二五年十二月二十日）

　　一个党内分左、右派，往往是不可免的事。但是左、右乃比较之词，并不是绝对的，所以一个党里如果有了更左的一派，则以前的左派会比较的成了右派；或者右派脱离出了，以前的左派中右倾分子，也会形成新的右派。

　　中国国民党早已有过左右派分化及分裂的历史，我们已常常说过。自去年正月国民党第一次大会后，党内阶级的分化，随着中国社会运动之阶级分化，日渐明显；中山先生死后，党内代表官僚买办阶级的右派，正式另立组织：北京的国民党同志俱乐部及上海的辛亥同志俱乐部。前者投降段政府，谋在北方发展势力；后者结合唐继尧、赵恒惕、陈炯明等，谋在西南发展势力；这两个俱乐部对于段政府之态度虽不一致，而反对共产派反对国民党左派，并且勾结帝国主义的英国破坏广州国民政府，则是一致的。这班代表官僚买办阶级的右派，已公然反动，他们虽然还以国民党自居，并且以纯正的国民党自居，可是我们只能当他们是社会上的一种反动派，不能当他们是国民党右派了，因为一个党中的左右派，虽然有政策的左右倾及行动缓急之不同，而根本目的必然相同，譬如国民党，即令是右派，其根本目的亦不能离开国民革命，国民党以前的右派既然勾结帝国主义与军阀来破坏国民政府，已明明不但离开而是背叛了国民革命，已经事实上脱离了国民党，还算得什么国民党右派呢？右派毕竟还是以国民革命为目的之国民党啊！

这班代表官僚买办阶级的右派已经脱离了国民党，那国民党中有没有新的右派呢？有的。自五卅运动的高潮，表现出无产阶级是国民革命中最伟大的社会势力，同时也就加速了资产阶级在政治上形成的过程。这种现象直接的反映到国民党和小资产阶级，他们便竭力的想确定他们自己的政治思想，并且要想在组织上巩固起来。在具体事实所表现的就是：一部分小资产阶级的上海各马路商联会极力和反动的总商会结合起来，反对工人及学生，又一部分小资产阶级分子的国民党党员，勾结以前的右派即反动派，假借三民主义的招牌，提出阶级妥协的口号，来反对阶级争斗，反对共产党，并反对国民党左派，甚至于反对国民政府。一个党，总不免有比较右倾的一部分，只要他不右倾而至于反动，还算是右派而非反动派，我们对于这种右派，并不必特别反对；可是现在国民革命的新右派，一开始即带有反动的倾向，这都凡是忠于中国革命的人都不得不向他们加以不客气的警告。这一新右派在理论上并且在组织上（孙文主义学会）形成起来，一天比一天明显；他们虽然竭力自别于代表官僚买办的反动派即以前的右派，其实他们当中仍然包含着不少以前的右派分子，并且在事实上他们既然反对阶级争斗，反对苏俄，反对共产党，反对国民党左派，并且反对国民政府，客观上便实实在在的帮助了反革命和帝国主义者（如谢持、居正、周颂西、孙镜亚等）。

季陶先生对我说：他们并不反对阶级争斗，只是在国民党的立场不便鼓吹阶级争斗；然而事实上近几天的《民国日报》上反对阶级争斗之论调都非常之高。

他们暂为顾全中山先生遗嘱计，尚未公然反对苏俄，然而他们在取消共产派党籍宣言上，说共产党员加入国民党，是"借以维持苏俄"；又说"扫除任何属性的帝国主义"，所谓任何属性，不用说所谓"赤色帝国主义"也包含在内。

他们反对共产党更不用说了。他们说共产党只要民族主义，对于民权主义和民生主义，都唾弃而且加以攻击；其实共产党不但努力民权运动（集会、结社、出版、言论自由之要求），并且他的民生运动（工农解放）比任何党派的政纲都彻底。他们说共产党是反对国民革命的反革命；其实不幸此时各处国民革命的工作几乎是共产派在包办。他们说共产党借国民党机关宣传共产党的主义；其实共产党有他自己的各种机关报各种印刷品，宣传他们的主义与政策，从来不曾借国民党机关宣传共产主义，而且在事实上又何能够在国民党机关宣传共产主义？中山先生、季陶先生都曾经说过民生主义就是共产主义，而共产党人都不曾作此惊人之谈！他们口里虽说不信口雌黄地诬蔑共产党，其实他们公然著书通电（例如最近广东孙文主义学会的通电及孙镜亚告国民党同志书等），捏造共产党阴谋破坏国民党的种种无稽之谈，诬蔑得共产党人简直阴贼险狠不成人境；最近为广大问题，不但说共产党早已开除的陈公博是共产党人，并且硬指顾梦渔先生也是共产党人，借以证明共产党夺取广大的阴谋。他们口中虽说承认共产党和他们是政见略有不同的党（孙镜亚都说是"貌为同舟，实类敌国"呵！），可以联合起来，共同作战；其实在北京在上海在广州，无论民族运动民权运动民生运动，他们都表示不和共产党合作，并且他们自己也不独作；他们虽然宣言反段，然而在上海的反段市民大会，他们竟不肯参加，在北京的反段国民大会，他们虽然参加了，而他们的首领邹鲁，都硬逼鹿钟麟下令压迫国民大会，说这次国民大会是赤化运动。

自讨伐杨、刘以来，左派领袖汪精卫、蒋介石等在国民政府所做的工作，至少我们也应该说功多于过；然而右派对于他们的攻击，竟无所不用其极，不惜罗致许多罪名，假造许多谣言，仿佛汪精卫等真是罪大恶极之徒（见他们致各级党部电，十二月八日上海《民国日报》论文，孙镜亚致汪精卫书等）。他们不但这样攻击汪精卫，并且在西山开会议决开除汪精卫党籍，不许他任国民政府职务；他们这样的举动，简直是有意动摇国民政府，为陈炯明、杨希闵、刘震寰、梁鸿楷、魏邦平、张国桢、熊克武等复仇。邹鲁等在西山开会，表面上虽然是反对共产派，实际上另有破坏国民政府的阴谋，季陶先生未曾出席西山会议，正因为发见了他们这种反革命的阴谋。

他们说共产党惯以反革命反动等罪名加诸异己者，可是按照上述的事实，他们应自问和冯自由、邓家彦、马素相去几何？即客气一百二十分，也不能不说是反动的倾向罢！

他们这反动倾向的根本，是不识中国的国民革命乃整个世界革命之一部分，他们口中虽然不赞成国家主义，其实他们的根本思想和国家主义者一样，同是误认中国国民革命乃整个一国家的孤独运动，不认识虽在国民革命运动中，国外也有友军，国内尽有敌人；因此，他们遂至对外反对苏俄，对内反对阶级争斗反对主张阶级争斗的共产党；因为左派联合苏俄及共产党，他们遂至反对左派；因为国民政府中最主要的分子是左派，他们遂致反对国民政府；他们的反对倾向就是这样相因而至的。

　　中国共产党，在国民革命运动中，固然应该和国民党左派结亲密的联盟，无论在党内或党外；即右派，亦应与之在每个行动上联合作战；至于反动派，则在于联合战线外了，因为他们已经背叛了国民革命，站在敌人那边了。此时新右派之反动倾向，也非常严重，这倾向若继续发展下去，便和以前的右派即反动派毕竟是一家眷属，则所谓"新右派"这一名词便应该取消了。

署名：独秀

《向导》周报第一三九期

1925 年 12 月 20 日

反赤运动与中国民族运动

（一九二六年三月十七日）

（一）赤是什么？（二）各国反赤的是谁？（三）中国反赤的是谁？（四）他们在中国所反的赤是什么？（五）反赤运动因何在中国民族运动高潮中发生？（六）反赤运动影响到中国民族运动是怎样？

在中国民族运动的高潮中，突起所谓反赤运动，其意义与影响如何，凡是关心中国民族运动的人，都应该加意研究这一问题。

这问题劈头所要研究的就是什么是赤。此时所谓赤化、所谓反赤这些名词，在社会上很流行，几乎演剧上广告上都要用做材料以惹人注意；可是究竟什么是赤，大半还不甚清楚是怎么一回事，不过无意识的随声附和，或有意识的拿做攻击敌人之武器罢了。赤之名起于苏俄十月革命，以赤色为旗帜，创立赤卫军以保障俄罗斯无产阶级及农民对于资产阶级、地主及西欧帝国主义争斗之胜利，赤之内容如此，其后世人称十月革命为赤色革命称苏俄为赤俄以此。

其次，我们要知道的，各国中主张反赤的是那种人。各国中主张反赤的，只有帝国主义的资产阶级及其政府与政党这班少数人，不但工农大群众是表同情于赤俄的，即小资产阶级的自由主义者，如英国的萧伯纳、罗素等，他们的根本思想虽不是赤的（他们若在中国，孙传芳当然要觉得赤得应该杀头，罗素屡屡发同情于中国民族运动的言论，指斥英国，中国的国家主义派也当然要加上他一个新式卖国贼的头衔），然而绝对不主张反赤，并且有时感觉得帝国主义的国家之过分横暴，宁表同情于赤俄。

再其次，我们便须检查中国主张反赤的是哪种人。此时中国主张反赤的有两种人：一是军阀中之反动派，如奉系之张作霖、李景林、张宗昌，直系之吴佩孚、孙传芳，粤系之陈炯明、魏邦平等；一是知识者及政客中之反动派，如国家主义派、研究系、安福派、中和党及老民党分子章太炎、冯自由、马素等。张作霖和日本之关系，是人人所知道的；在五卅运动中，从奉天到上海，奉系军阀整个的替英、日帝国主义者扑灭中国的爱国运动，这也是人人所知道的；李景林、张宗昌在直隶、山东当官胡子，吴佩孚讨贼通电中很骂得痛切；吴佩孚至今还要拥护曹锟的宪法，他此次联奉是日本帝国主义者一手作合，英国助他一万五千支快枪，如果不被孙传芳中途夺去，马上便会到手，最近还派代表到日本勾结俄国白党土匪谢米诺夫，招集俄白党五万人南下攻打国民军；受上海领事团面谕暗杀刘华的孙传芳，他的反动程度也不让吴佩孚；陈炯明、魏邦平受香港政府的庇护帮助而扰乱广东，乃是很明显的事实；国家主义派的首领自称师承墨索里利，他们《醒狮》报和帝国主义者最近在上海所办的《独立报》，有明显的关系，把他们列在反动派当不冤枉；研究系中为许多人头脑并不甚反动，然而他们的行动，从前清到现在，却都站在反动派方面，最近仍然力助吴佩孚，他们的大将马不停蹄奔走奉天、杭州、南京、长沙、衡州，为吴佩孚效力；亲日卖国的安福派，不用我们再说了；还在秘密酝酿中的中和党，他的创始者是尤烈（致公堂即三合会的首领）和徐绍桢父子，孙传芳攻南京时，他们曾想召集一些失职军人与帮匪组织中华救国军，做奉军袭取上海之内应，嗣即随着张宗昌战败而失败了，这个党，和老民党的反动派陈炯明派及什么反赤大联盟，几乎是一个东西，若再加上国家主义派，有产生一个貌似的中国法西斯特党之可能，这个党的反动性，较之研究系、安福派，还要后来居上；章太炎始终是个反革命的东西，辛亥革命时，指斥孙、黄为小丑，首先通电主张统治中国非袁项城不可的就是他；冯自由以南京临时政府的稽勋局长投降袁世凯当侦探，因此曾在上海会审公堂控告吴稚晖先生；马素曾为杨希闵、刘震寰乞援于香港致府攻打广东，近又上书吴佩孚请讨冯玉祥。原来中国主张反赤的就是这班先生们，并且这班先生们的背后，大半都有帝国主义者发踪指使，所以稳健的资产阶级及国民党右派大部分还未加入他们这个运动。

再其次，我们便要研究他们所反的赤是些什么人是些什么事。他们所反的赤如下：

苏俄；

中国共产党；

国民党及广东国民政府；

冯玉祥及国民军；

郭松龄；

贾内阁；

上海总商会会长虞和德。

我们把这些分子列在一个表上，可谓不伦不类极滑稽之至了，然而他们都一概被指为赤化，这是什么缘故呢？这是因为这些分子当中实有一共同点，即他们或是有反帝国主义之决心，或是他们现时的举动在客观上是于帝国主义者不利的，所以帝国主义者及其走狗，一概加以赤化之名。

赤俄的内政，似乎用不着别国人反对，中国人反对赤俄，当然是反对赤俄对于中国之关系：一、在中俄外交关系上说起来，各帝国主义的国家，在中国把持海关，驻扎海陆军，据有租界及租借地，施行领事裁判权，在这些问题上，我们有没有反对赤俄之必要？蒙古问题中俄协定已明白规定了，我们自己无暇把中蒙的关系弄好，难道承认赤俄有将蒙古交给中国之权利吗？中东路诚然还在中俄共管的状态中，诚然我们不应该主张永远用这样办法，可是现在要责赤俄把中东路管理权完全归还中国，我们有何方法可以保证该路不至由张作霖转入日本或其他帝国主义者之手？二、在赤俄援助中国革命运动的关系上说起来，赤俄援助中国革命，诚然是事实；但现在所援助的决不是社会革命而是民族革命。一年前法国《晨报》即极力鼓吹"英、法、日、美应联合压迫中国，恢复国内秩序，以免赤俄在亚洲势力膨胀，否则莫斯科从中援助之亚洲民族自由运动将发展到中国"。这便是赤俄援助中国革命之正确的说明。

中国共产党是共产国际一支部，向来不曾和苏俄发生过直接关系，他和苏俄的共产党同属于共产国际，他们根本的政治理想固然是同的，但是因为政治的经济的环境之不同，而革命之步骤便也不同，所以中国共产党目前的政纲与行动，乃是要完成中国民族革命的要求，即反对国际帝国主义及其工具——国内军阀——到底。

中国国民党，在过去的历史上，在现在的政纲上，都是一个民族革命的党，这是人人所知道的。国民党的右派不用说了，即他的左派，在理想上在行动上，都只是一个民族革命者，实无所谓赤。左派执政的广东国民政府，他所努力而有点成绩的只是两件事：一是对外援助民众抵抗帝国主义的香港政府之压迫，一是对内解散了许多不法军队，统一了全广东的军政财政，免除了一些苛捐杂税，禁止了赌，给了人民一点生命、财产、集会、结社之自由，这都是赤化吗？

说冯玉祥及国民军赤化了，那更是冤枉。冯玉祥所统率的国民军第一军，的确是很有纪律的军队，全中国现有的军队，算是冯玉祥及蒋介石所统率的军队最有纪律不扰害人民，若说这两种军队是赤化军，我们敢代表全国人民欢迎这赤化军，并哀求全国军队都变成这样的赤化军。冯玉祥根本的政治理想，只是封建时代的旧套"勤俭爱民"四个大字，他治军甚严，对于部下任何级军官，决不容许他们违反他这个政治理想；他并且要把他的理想推行到全国，无论何派，凡是违反或超过他这个政治理想的，他都很难与之合作，与其说他主张赤化，不如说他主张冯玉祥化。然而帝国主义者及其走狗为什么加冯玉祥以赤化之名呢？正是因为他和反冯玉祥化而做帝国主义走狗的张作霖、吴佩孚作对，及他多少接受了孙中山反帝国主义的主张这两个缘故。

郭松龄倒戈时的通电，不过主张实行民治，优待劳工，整顿金融，兴办矿山，便利交通这几件事，并且还主张严防激党，照道理实在说不上什么赤化；然而张作霖、杨宇霆及奉天商会竟异口同声指责郭松龄赤化了。可是郭军倒戈攻奉，几乎使日本帝国主义者失去有力的工具，这便是郭松龄应得之罪。

说贾内阁是赤化内阁，那更是可怜了。贾内阁开罪于帝国主义者的，只是通过讨吴令这一件事；贾阁阁员有赤化嫌疑的，只是王正廷、易培基二人，王氏本是一个耶教徒而兼新官僚，只因为他经手成立了中俄协定的草案，又主张不平等条约应该修改，便犯了滔天大罪——赤化。易氏不过是一个比较进步的教育家，只因为他反对亲日卖国的段祺瑞，也犯了赤化的罪。

至于说虞和德也赤化了，那益发滑稽之至。上海的工贼曾散发传单说虞和德是共产党党员，现在穆藕初也指责虞和德赤化了；可是虞氏虽未赤氏，他却主张关税自主，又主张设立海关公库，并且胆敢批评上海纱厂待遇工人不好，开罪安格联，穆藕初一班人，也算是咎由自取。

综观以上事实，我们可以看出帝国主义者及其走狗在中国所反的赤，其人除苏俄及共产党外，实无所谓赤，其事除实际参加反帝国主义的民族运动或有参加民族运动的嫌疑外，亦无所谓赤。不过帝国主义的走狗可以说联合被压迫民族以反对帝国主义，本是赤俄的外交政策，因此中国反对帝国主义的民族运动，即是赤化运动。如果是这样，赤化运动就是民族运动，反赤运动也就是反民族运动了。

再其次，我们应该知道反赤运动因何在中国民族运动高潮中发生。我们既然认识反赤运动就是反民族运动，我们便已经知道为什么反赤运动是当然随着中国民族运动高潮而发生的了。据上面所述法国《晨报》的说法，帝国主义在一年前已经决定了以反赤运动扑灭中国民族运动的计划。五卅运动起，帝国主义者知道中国的民族运动已经不是单纯的炮舰政策所可扑灭的了，势必动用宣传力量；可是宣传的方法又不便直接反对中国民族运动，于是乃用反赤口号来破坏中国民族运动，从伦敦到上海，从北京使团到各地的东西各报，一致宣传五卅运动是赤俄煽动的，是中国赤党主持的；可是他们东西文的宣传品，不能使中国民众普遍的了解，于是他们乃雇用一些中国人，在上海印发《诚言》报，每期数十万份，广布于市民，一面为帝国主义的工部局辩护，一面攻击赤俄与中国共产党；可是那时中国民族运动潮犹在高涨中，并且民众都知道《诚言》报是帝国主义的工部局直接发出的，不但不发生效力，而且代印《诚言》的商务印书馆和转载《诚言》的新、申两报，都受了民众的惩罚，于是帝国主义改变其对中国民族运动的政策，一面以退让的态度欺骗中国的资产阶级使之妥协，一面向各方面收买中国人，使他们自己出来做反赤宣传。帝国主义者这两个政策，给中国民族运动很大的打击，其效力竟在炮舰政策以上。五卅运动因为资产阶级妥协及反赤宣传这两个打击，运动的高潮遂渐渐低落下去；帝国主义者遂乘此高潮低落的时候，转向中国民族运动开始反攻。其反攻的策略，现在已经可以看出来的计有四个步骤：第一步是嗾使他们的走狗奉、直两系军阀，以反赤的口号封闭全国的爱国机关，禁止全国的爱国运动；第二是嗾使他们的走狗扩大反赤宣传之范围，由攻击苏俄及中国共产党、国民党，扩大到攻击国民军冯玉祥、郭松龄以至贾内阁、虞会长等，凡稍有一点参加民族运动嫌疑的人，都加以赤化之名；第三步是帝国主义者亲自公开地向中国进攻，在北方以武力援助张作霖、李景林、张宗昌、吴佩孚、靳云鹗，向有赤化嫌疑的郭松龄及冯玉祥等国民军进攻，在南方则命令英籍税务司借故封锁广东海口，在上海则逮捕五卅运动中的工人首领刘华交孙传芳枪杀了，并且在租界内禁止中国商民使用"五卅"这个名词；第四步是由反赤的宣传，更进一步到反赤的组织，将由这些组织，来根本肃清所谓赤化势力即一切参加中国民族运动的势力。他们这项组织，计有两种，一是国际的，一是中国的。国际的组织，据三月十三日的《时事新报》译载上海《字林西报》说："本埠各国人士，组织一护宪会，以抵制过激主义，十二日下午五点四十五分，在夏令配克影戏院开第一次英语大会，演说者有霍华德、琼斯裴德等，同时并在日本人俱乐部开日语大会，在法国总会开法语大会。按护宪会系一国际团体，其总部设于上海，于中国各大都会均设分会，四月间将在上海开全中国大会，香港、广州、汕头、天津、汉口等处，均将派代表出席，其目的在使公众咸知过激主义之危险，计加入此会者已有十五国，上海总委员会之组织，系每国各推代表二人，内分十股云。"各国帝国主义者若说过激主义于他们自身有危险，那诚然是事实；他们若说恐怕过激于中国人有危险，忙着出来做反赤的组织宣传活动，那便未免爱护中国人太过了，我们哀求他们少欺压点中国就算是深仁厚泽了，倒不必这样过分的爱护中国人！各国帝国主义者特于三月十二日开第一次护宪大会，和他们所指为赤化的孙中山先生周年纪念会对峙，这也是他们很有意义的示威运动。中国的组织，就是所谓反赤大联盟；这个大联盟的总机关在上海法租界铭德里一号，他的领袖，据我们所知道的就是章太炎、尤烈、徐绍桢、魏邦平、冯自由、居正这班人，除魏邦平外都是所谓老民党，他们的目标就是反对苏俄、中国共产党、南方的国民政府、北方的冯玉祥及国民军。此外还有一个国家主义团体联合会，成立在反赤大联盟之前，在中国可算是反赤团体之前辈；他们所反对的目标，完全和反赤大联盟一样，他们以为危害中国国家的只有苏俄、中国共产党、国民党及国民军，而不是帝国主义者及张、吴等反动军阀，自五卅运动以来，他们对于每次反英、反日、反奉、反吴的民众运动，一概不肯参加，只孤独的在他们的机关报《醒狮》上，大声疾呼地向反帝国主义的苏俄、中国共产党、国民党、国民军进攻，为帝国主义者出了不少的气。好了，他们现在却不孤独了，他们有了姊妹团体反赤大联盟了，他们的《醒狮报》，和帝国主义者最近在上海所办的《中国报》及《独立报》，也算是姊妹报。

　　他们这些反赤的组织和宣传经费是从何处来的呢？二月廿日的上海《字林西报》伦敦通信告诉我们说："已由英伦国家银行汇英金六十万镑到上海汇丰银行，作为反对中国民族运动及苏俄宣传之费用。"在中国民族运动的高潮中，各帝国主义国家在中国享特殊而且不法的权利已有开始动摇的征象，如果真能由此区区英金六十万镑，扑灭了最不利于帝国主义的所谓赤化运动即中国民族运动，使一切帝国主义国家在中国之利益与威权，得以重新巩固起来，岂不是本小而利大么！？

　　最后，我们应该研究反赤运动影响到中国民族运动是怎样了。现时中国的政治争斗，已经分成反帝国主义的民族运动和反民族运动的反赤运动两大联合战线的营垒了，孰胜孰败，乃是中国盛衰存亡紧急关头！反赤运动实际上就是反民族运动，然而他们表面上不但不说反对民族运动，并且还要说赤化足以亡国，反赤正是救国。可是他们所反的赤，依据他们反赤之对象，当然不是指赤俄的社会革命运动，并且事实上中国也还没有这个运动，正不必无的放矢；他们所指的赤，只是指民族运动中反帝国主义这一口号，因为联合一切被压迫民族反对帝国主义的口号是赤俄喊出来的。五卅运动初起时，上海总商会的领袖对上海总工会的代表说："外间已经宣传你们赤化了，你们的宣传品上万不可再说什么打倒帝国主义呀！"国家主义派也向来不主张打倒帝国主义，因为这是赤党的口号。仅此两件事已经可以充分说明：在中国所谓赤化乃指反帝国主义运动，所谓反赤就是反对这个运动。反帝国主义运动是赤不是赤，我们不须研究，所须研究的乃是反帝国主义在中国民族自由运动中有何意义。在经济上，在政治上，中国都是一个半殖民地的国家，外受国际帝国主义的压迫，内受帝国主义工具——国内军阀的扰乱，不打倒帝国主义，试问中国民族如何能够得着自由？现在国民党右派中有人说："我们民族主义者所谓打倒帝国主义，乃指帝国主义者在中国的势力而言，至于打倒全世界的帝国主义，乃是赤党世界革命的主张，和我们是不同的。"这种见解非常糊涂。在理论上，现代立国于世界，政治上经济上都没有离开国际关系闭关自守之可能；在事实上，俄罗斯与土耳其，都已经打倒了帝国主义在他们国内的势力，然而各帝国主义的国家仍然包围着俄罗斯与土耳其，想乘机夺去他们的自由；所以被压迫的民族，非到全世界的帝国主义者完全倾覆，是不可停止反帝国主义运动而高枕无忧的。因此，我们应该认识：如果反帝国主义运动是赤化，这种赤化，在民族自由运动上是最有意义的；如此，反赤运动不是破坏民族运动是什么？如此，究竟是赤化运动足以亡国呢，还是反赤运动足以亡国？这都是理论问题，再就事实上说起来：究竟是反赤的军阀政客可以救中国呢，还是他们所指为赤化的中国共产党、国民党、国民军可以救中国？现在帝国主义者和中国反动的奉、直军阀结成了联合战线想来宰制中国，他们若能得到胜利，中国的民族自由运动将是怎样？我们环顾国外，能实力援助中国民族运动的，除赤俄外还有谁？我们环顾国内，能实力为民族自由奋斗而反抗帝国主义者及奉、直军阀这一联合战线的，除了被指为赤化的中国共产党、国民党、国民军之外还有谁？若依反赤运动扑灭了共产党、国民党、国民军的势力，胜利的不是帝国主义者及奉、直军阀又是谁？他们的胜利，不是中国民族运动的失败又是什么？

因此，我们可以得着一个结论：中国反赤运动和中国民族运动之消长，是要成反比例的，这是关心中国民族运动者所不可忽视的一重要问题。

署名：独秀

《向导》周报第一四六期

1926 年 3 月 17 日

寸　铁

（一九二六年三月二十七日）

孙文主义的信徒呢，还是冯自由主义的信徒？

国民党右派常常说：我们并不像反动派根本反对共产党，我们只是反对他们的分子留在国民党内。可是在事实上，南京和湖北的中山先生周年纪念会开会时，右派党员却大声疾呼打倒共产党，并指令警察逮捕共产党人，警察从中调解，他们还责问警察说："我们替你们捉共产党，你们自己为什么不动手！"请问所谓纯粹的国民党党员，所谓孙文主义的信徒，是不是应该如此！

红派势力与外人势力及曹锟势力之消长

有些人说：张吴是军阀，冯也是军阀，他们的胜败和我们人民无关。可是现在冯军方撤退，而北京便有了释放曹锟撤销检查贿选议员案的运动；同时，字林西报北京电公然说："外人皆信换一批人物，销除红派势力，政府财力又须更加资助，则新人为主者，对于外交将出以合乎情理的态度。"我们对此作何感想？

安格联为什么要听张作霖的电令？

帝国主义者屡次借口尊重中国中央政府援助中国统一，反对广东政府干涉粤海关，可是现在安格联竟遵照张作霖的电令，通知北京政府的财政总长，取消发行十五年新公债的提议，请问这是何种意义？

署名：实

《向导》周报第一四七期

1926 年 3 月 27 日

中国革命势力统一政策与广州事变

（一九二六年四月三日）

此次反奉战争之失败，其根本原因固然是帝国主义者尤其是日本帝国主义者之力助奉、直军阀，而中国革命势力不统一也是一个很大原因。中国的反动军队如奉张如直吴如李景林如张宗昌，都在日本帝国主义指导强迫之下统一起来，向国民军进攻；而在反奉方面，国民军与广州国民政府至少在军事方面未能联合作战，国民军内部，一、二、三军又未能切实合作，甚至于长江方面反吴的军事势力也未能联合一致，如此反奉战争安得不失败。

中国民族解放运动的敌人——帝国主义者及国内反动的军阀——还很强大，今后所有中国的革命势力非统一起来，不但不能得着胜利，并且各部分都很难存在。可是不幸最近广州的事变恰恰和这个"革命势力统一政策"相反！

国民党内的一般右派及国民党外的一般右派，一向号召反俄反赤反共，这是实行帝国主义者分离中国革命势力的根本政策；广州事变之根本原因，仍旧是这个政策之应用。他们宣传此次事变是由于共产党阴谋推倒蒋介石，改建工农政府。我们现在可以回答他们：第一，照全中国的政治环境，共产党若不是一个疯子

的党，当然不会就要在广州建设工农政府；第二，蒋介石是中国
民族革命运动中的一个柱石，共产党若不是帝国主义者的工具，
决不会采用这种破坏中国革命势力统一的政策；第三，汪精卫、
谭延闿、朱培德、李济琛、程潜都不是疯子，共产党如果忽然发
疯想建设工农政府，单单推倒蒋介石是不够的。共产党的政策，
恰恰和右派所宣传的相反，不但主张广东革命的势力不可分裂，
并且希望全中国的革命势力都要统一，不然无对敌作战之可能。
在此时中国政治、军事的环境，谁破坏革命势力统一，谁便是反
革命！我们的政策是统一，右派的政策是分裂，他们在广东想分
裂革命势力，同时在北京在上海想分裂学生会。右派说共产党有
倒蒋阴谋，然而事实上，两星期前上海右派最高党部某领袖，即
预言广州将有大的政变，试问这是谁的阴谋？这阴谋若继续发展
下去，广东的革命势力，必然由分裂而全部倾覆，胜利的只有香
港帝国主义者（此时香港及上海的英文各报对广州现在的事变
已经表示异常高兴），右派所得恐怕很少，甚至一点也得不着，
试想当年进步党是如何拼命为袁世凯反对国民党，袁世凯胜利
后，进步党所得着的是些什么？

　　我们鉴于北方国民军之失败及南方广州事变，凡是中国的革
命分子，应该一齐高声喊出"中国革命势力统一"的口号，扑
灭分裂革命势力的一切阴谋！

署名：独秀
《向导》周报第一四八期
1926 年 4 月 3 日

国民党右派之过去现在及将来

（一九二六年四月三日）

中国历史所需要的国民党，乃是适合于世界革命大潮中中国民族革命要求之整个的革命党，不但非革命的普通政党不合这个需要，即革命的国民党中夹杂一派游移的右倾分子，亦是中国革命进行之极大的障碍。

中国国民党之前身——中国革命同盟会，他的政纲，他的行动，都是一个革命的组织；辛亥革命后改称国民党时，遂丧失其革命性，其唯一原因，乃是当时的资产阶级开始厌弃革命，遂反映到国民党中，发生了背叛革命的右派，他们的声势非常之大，几乎使孙中山先生所领导的左派失掉领袖的地位。这时国民党的总理，名义上虽然是孙中山，实际上乃是右派领袖宋教仁；中山先生看见这班右派，在组织上已附和官僚派"革命军起革命党销"的口号，在政纲上已抛弃三民主义的要求，便发愤不过问党务，几乎不把国民党当作他自己的党。袁世凯得势，革命完全失散，中山先生乃决心排除那些右派，另组中华革命党；及袁氏死，广州南方政府再成立，复称中国国民党。从中华革命党到中国国民党，这期间的全党党员，在形式上都服从中山先生而听其指挥。其后因欧战中中国工业发展及俄国革命的影响，中国民族运动潮流不但高涨起来，而且新加入了工业无产阶级的生力军，使中国民族运动增加了新的意义：不但反对国内军阀，反对外国帝国主义，反对为帝国主义作走狗的奸商买办阶级，向帝国主义妥协的资产阶级，主张要贯彻民族解放的完全目的，革命到底。这一民族运动的新趋势遂反映到国民党中，使国民党分为彻底革命和背叛革命之左右两派。这次右派声势之大，较过去宋教仁所领导的右派有过之而无不及，其与左派之冲突决裂也更剧烈，其所表现之阶级的背景也更明显。此次右派分子中所代表的阶级利益不是一致的，所以右派也不是整个的：国民党第一次全国大会（一九二四年正月）前后，冯自由为首的右派乃是代表帝国主义、军阀官僚及奸商买办阶级利益的；第二次全国大会（一九二六年正月）前后，戴季陶为首的右派乃是代表大资产阶级利益的。前一个右派，他们不但口头上不反对帝国主义与军阀，而且事实上勾结香港政府及段祺瑞，援助陈炯明、杨希闵、刘震寰、魏邦平，以反对共产党为名，攻打广州国民政府，又请求吴佩孚出兵讨伐赤化的国民军，又纠合所有的反动分子组织反赤大联合，目的在借用帝国主义及军阀的力量，扑灭他们的仇敌——全中国各种革命的势力；这班人已成为中国民族运动中之反革命派，不应称为国民党右派，因为国民党无论左派右派，都不能公然背叛革命的三民主义。后一个右派，即新右派，他们不但要反对军阀，并且要反对帝国主义，可是他们以为左派联俄联共政策和本国资产阶级的利益冲突，而要加以修正，这是他们和左派不同的地方；不过他们对于联俄联共政策只要求加以修正，并不主张根本上反俄反共，这是他们和反革命派不同的地方；他们这种中间的态度，有时是革命的，有时在客观上是帮助了反革命，有意的或无意的背叛了革命。他们这种态度与思想，如果在一切实际行动上果然坚守得住，也还有一半令人可敬；可是在事实上，这一新右派只算是少数人一种理想，还未能形成独立的一派，因为他们大部分人在组织上在行动上，并未能坚守他们的态度与思想和前一个右派即反革命派分开，虽然他们的领袖屡次表示不赞成左派同时也不赞成反革命派。现在我们可以略举新右派和反革命派未能分开的几件事实：第一，在组织上，他们的领袖戴季陶、孙科、伍朝枢虽然加入了广州的中央执行委员会，山东、江西、广州、徐州的右派党员及北京的一部分右派虽然和左派在一个组织；而西山会议及由此会议产生的上海中央总部，以至现在他们所召集的第二次大会，都是和反革命派合作的，在重庆、安庆、芜湖、南京、上海等市及江苏、浙江两省，他们都联合反革命派，另立和左派分离的组织。在行动上，这一新右派之发端，谁也知道是利用戴季陶的理论来号召的，照常情应该奉戴季陶为指导者，然而一开幕他们即勾结反革命派毒打戴季陶，捆绑戴季陶，幽囚戴季陶，使之狼狈南归，不敢出席西山会议，并至今不愿参加他们的工作，只这一件事，已经充分说明戴季陶等少数人所理想的新右派并未形成事实，大部分还是反革命派因利乘便在当中冒名作祟，所以现在这一新右派的领袖，不但戴季陶睡在湖州潜园叹气，即叶楚伧、邵元仲也不得不取了消极态度；有全国组织的孙文主义学会，也是他们由戴季陶理论的暗示而发生，实际上他们并不研究孙文主义，各地的孙文主义学会，都被反革命派占据了当做反对苏俄、反对共产党、反对左派之工具；居正参加上海的反赤大联合，覃振派人联络赵恒惕谋倒长沙的左派党部，南京及武汉的右派党员们，都在中山先生周年纪念会狂呼打共产党，并指令警察捕拿共产党，像这些行动，更是出乎右派领袖们屡次所宣布的态度与思想之外，完全是反革命。

因此，我们所以敢说现在所谓新右派，还非常模糊幼稚，还未能离开反革命派而独立自成一派。将来或者竟能自成一派，或者一部分变成左派一部分老实回到反革命派，此时虽不可知，而和反革命派混合的现状，大概是不能持久的。如果他们自成一派，而且很有力量，无论和左派在同一个组织与否，都是中国民族革命之障碍；因为他们所代表的大资产阶级，以革命始以妥协终是他的阶级性，不独中国如此，凡殖民地半殖民地的大资产阶级都是如此。中国民族革命所需要的国民党，以富有这个阶级性的成分越少越好。

署名：独秀

《向导》周报第一四八期

1926 年 4 月 3 日

寸　铁

（一九二六年四月三日）

这就是戴季陶所谓"仁爱"之言

重庆国民党右派，在孙中山先生周年纪念会，散布一个小小传单如下：

> 孙中山先生弥留时之遗言：
>
> 　和平!! 奋斗!! 救中国!!
>
> 和平! 是望于帝国主义和军阀们的。
>
> 奋斗! 是望于世界弱小民族和国民的。
>
> 救中国! 是希望军阀自动与人民协同来打破资本主义帝国主义的。同胞们!! 军阀们!! 速起! 速起!

如果帝国主义者和军阀们的仁爱性不至为阶级差别所消灭像戴季陶所想象，则右派先生们的希望，便别有方法可以达到，何必一定要革命呢？

国民党右派之光荣

在帝国主义者统治下的上海租界，任何小小政治集会都不自由，何况是国民党的会议。可是国民党右派的所谓第二次全国大会，公然大吹大擂的在上海法租界召集开会了，未受帝国主义者丝毫压迫，这是何等光荣！

帝国主义者悬出重赏了

上海《新闻报》北京电："二十五日使团会议，辛丑签约各国列席，讨论中国时局，以为目下中国各当局如能完全合作，成立一巩固政府，限制赤化，则关会即可结束，以满华人希望，届时中央政府不患无钱办理善后各事。"这些话的意义就是：帝国主义的使团，忧虑他们的走狗奉张、直吴以及段祺瑞、李景林、张宗昌辈之间的利益冲突很厉害，特悬重赏，迫张、吴等完全合作，好巩固为帝国主义的御用政府，为他们限制有害于帝国主义之所谓赤化。

署名：实

《向导》周报第一四八期

1926 年 4 月 3 日

什么是帝国主义？什么是军阀？

（一九二六年四月十三日）

在反抗帝国主义及其工具——国内军阀的民族运动中，究竟什么是帝国主义什么是军阀，我们必须有明了正确的解释，方能认清我们的真正敌人，不至为敌所欺。譬如捕贼，必须首先要认清谁是贼，方不至为贼人也喊捉贼之呼声所欺，误认助我捉贼的邻人也是贼，甚至于怀疑到自家人，真正的贼反乘此逃脱了。

误解帝国主义而最可笑的，莫如以为帝国主义的国家就是有帝王的国家。其实现在帝国主义的国家若英吉利若日本，固然是都有帝王，若法兰西若美国，则都是所谓民主国家。其次则以为帝国主义的国家就是侵略别国的强大国家。这个见解也不完全正确，因为现时帝国主义的国家若荷兰，若比利时，并不强大。侵略别国固然是帝国主义的特性，可是古代罗马及西汉时代的中国，虽然都是侵略别国的国家，然而这种开疆辟土之封建的帝国主义，和现代资本帝国主义不同。又有人以为帝国主义乃由国家主义扩大而成，可称之为"大国家主义"。这个见解，在帝国主义发展之形式上是对的，却未能明嘹正确的指出帝国主义的性质。

现代所谓帝国主义乃指资本帝国主义，其存在须有下列二个特性：（一）凡是帝国主义的国家，无论大小强弱，必然是资本主义制度的国家；（二）凡是帝国主义的国家，其国内资本主义必然发展到财政资本主义向国外掠夺压迫殖民地及半殖民地。

依据帝国主义这两个特性，我们便可以判断苏俄究竟是不是帝国主义的国家了。国际帝国主义者及其走狗，为抵制苏俄联合全世界被压迫民族反抗帝国主义这一政策，遂效贼人也大喊捉贼的故智，造出"赤色帝国主义"这个名词，以图离间一切被压迫民族和苏俄间的联合。其实"赤色帝国主义"这一名词是根本不能成立的。苏俄之所以赤，乃因为十月革命是工农阶级推翻资产阶级与资本主义的革命，一切资本帝国主义者正因此而仇视它；如果它现在也变成资本帝国主义的国家，那还何赤之有？如果它仍旧是赤的，那便绝对不是帝国主义的国家，而正是帝国主义之仇敌了。

一般人对于军阀解释之错误，更是普遍的。错误之主要原因，是军人和军阀不分，把一切担任军职的军人都当做军阀；因此，遂说张作霖、吴佩孚是军阀，冯玉祥、蒋介石也是军阀。我们反对的是军阀不是任何军人，尤其不应该反对敌视军阀的军人。我们反对军阀，同时又反对敌视军阀的军人，并且反对一切军人，连拿起武器反对军阀的自己也在内，如果是这样，非做到赤手空拳来反对军阀无办法，这岂不是一场笑话！因此，我们要打倒军阀，首先要认识军阀是什么，不可把一切军人都当做军阀，一律反对。军阀的特性有二：（一）凡军阀必然勾结外国帝国主义者，这是因为帝国主义者已占住了中国最重要的财政机关交通机关，中国的军阀必尽力勾结帝国主义者，保护其在中国利益，始能得其援助，始能使其拥护军阀的政权，并且军阀不能独在国内找出尽量扩充军备之饷械的供给，也不得不仰求于帝国主义者，同时帝国主义者侵略半殖民地，亦不得不利用旧统治阶级做工具；（二）凡军阀必然摧残民众的自由，这是因为军阀的利益和民众的利益冲突（最重要的如苛捐杂税），非摧残民众的自由，便不能维持其统治权，同时帝国主义者的利益和被压迫国内民众的利益冲突（最重要的如把持海关、工业品竞争、利用贱价劳动等），军阀非摧残民众自由，不能得帝国主义者的欢心。这两个军阀的特性，乃是半殖民地旧统治阶级的特性，不但现在的军阀如此，清室若存在至今，也必然是如此。王恒君在《军阀问题之研究》一文中（见三月三日的上海《商报》），把军阀的性质看做与周代诸侯、唐代藩镇相同，这是非常错误，这是因为他不懂得现代半殖民地旧统治阶级的特性和古代封建诸侯的特性不同之故。他因为不懂得现代半殖民地旧统治阶级的特性，遂至以据土、练兵、自由行动这三件事为军阀的特性，凡行此三者都是军阀，因此遂产出蒋介石、孙中山都是军阀这种荒谬的结论。一切民主主义革命者社会主义革命者，无一不须据土、练兵、自由行动，若以此三者为军阀特性，则全世界古今中外所有革命者无一不是军阀，我们不解王君何以竟有此种妙想！

又如蒋介石辞去一切军职之虞电，也是不懂得半殖民地军阀的特性是什么，遂至请求开除一切军职以免步军阀之后尘，这和一般见解军人和军阀不分是同样的错误。国民党及国民政府，自然绝不可有军阀，但不可无担任军职之军人，蒋君的责任，是不在自己变成军阀并努力使国民党及国民政府没有军阀发生，自己个人消极的辞去军职，这是不对的。若以身任军职便是军阀，若以此生不受军职便不是军阀；那么，此时国民党中有许多身任军职的人，国民政府中更有许多人担任军职，则国民党岂不是一个军阀党，国民政府岂不是一个军阀政府？若国民党中军人党员，国民政府中担任军职的军人，都效法蒋君因不甘为军阀而辞去军职，并守此生不复受军职之信誓，试问广东将变成何种局面，国民党又将有何人担任革命的军事工作？

在殖民地半殖民地的民族革命中，军事行动的工作是要居很重要地位。帝国主义者及其工具——国内军阀，都是武装的，民众没有武装，如何能够得着革命的胜利？革命的民众除武装自己以外，所有国内的军事势力，凡是不曾勾结帝国主义及摧残民众自由的部分，都应该计算在民族革命的力量之内，并且要将民众的力量影响他们，使他们实际参加革命运动，而不可笼统的看做军阀加以破坏。凡是这种军事势力和军阀的军事势力冲突之时，民众应该起来积极的援助前者，破坏后者，断不可把他们的战争当做军阀间自己的冲突，而袖着手站在旁观地位。这种军事政策在我们半殖民地革命运动中，非常重要，是每个实际政治家，每个真正革命者，都不应该忽视的。

我们半殖民地的中国人，对于认清为害于半殖民地之帝国主义与军阀的特性是什么，当然是必要的。认清了他们的特性，然后再联合国外非帝国主义的国家与国内非军阀的军事势力，向帝国主义者及军阀作战，这才是我们民族自由运动之唯一的出路。若不认清他们的特性，误以为凡外国都是帝国主义者，凡军人都是军阀，遂至说苏俄和英、美、法、日同是帝国主义者，蒋介石、冯玉祥（依据军阀的两个特性，不但蒋介石绝对不是军阀，即冯玉祥目前也还不能说是军阀）和张作霖、吴佩孚同是军阀，一概加以反对，打倒帝国主义打倒军阀，若照这样不分是非皂白地糊涂乱打一阵，其结果只有打着自己，而打不倒敌人，这正是帝国主义者及军阀所乐意的事，我们这种错误观念一天不改正，中国革命是一天没有希望的呵！

署名：独秀

《向导》周报第一四九期

1926 年 4 月 13 日

寸　铁

（一九二六年四月十三日）

绅士们请看北京血案的司法调查！

中国的绅士们相信所谓司法调查，仿佛是一种迷信。五卅事件，他们本主张用司法调查来解决，可是调查过了仍然没有解决。到了北京血案发生，他们仍旧摆出绅士的态度，仿佛以为血案之是非真相未明（或者他们还不知道是段祺瑞杀了学生或是学生杀了段祺瑞），仍旧主张司法调查，似乎案情调查清楚，是非大明，他们自有办法；可是现在已经司法调查明白了。据京师地方检察厅致陆军部的信上说："计共验死尸四十三具，生伤四十五名，函称负伤而未受验者七十三人。……内左四区巡长王文绍供称……在卫队开枪以前，学生仅喊口号，没有别的动作；保安队副分队长郎葆贤供称，学生都拿着旗子传单，没有别的东西，凶器及放火的东西，都没有看见……卫队放了两次枪，大约放了有一千多子弹……开枪时刻均在群众奔逃之际……距国务院大门颇远……此次集会请愿，宗旨尚属正当，又无不正当侵害之行为，而卫队官兵遽行枪击，死伤多人，实有触犯刑律第三百十一条之重大嫌疑。……"照这样看起来，段执政的皇皇命令所谓"由徐谦以共产党执行委员会名义散布传单，率领暴徒数百人，闯袭国务院，泼灌火油，抛掷炸弹，手枪木棍，丛击军警。"都明明是捏造谣言，反而段执政的卫队犯了杀人的罪是实，我们要问问绅士们，你们现在怎样说？又怎样办？

你们代表谁？

凡是一个称为代表的，必以有他所代表的人为条件，不然便是冒充代表，或是自称代表。国民党右派在各地还没有什么党部之组织，现在居然在上海召集所谓全国代表大会，东指一个姓张的代表江苏，西指一个姓王的代表四川，南指一个姓李的代表广东，北指一个姓赵的代表直隶，这班未曾经过党员选举的代表，请问是代表谁？

一个不行动的党

北京血案发生，全国震怒，上海学生会派人到所谓国家主义的青年党那里，请他们参加市民反段大会，他们回答说："我们只是宣传，不去行动，我们不像共产党瞎闹。"像这样一个不行动的党，似乎用不着别人再去批评它了！

全民政治与全民革命

国民党右派和国家主义派，往往抬全民政治与全民革命的金字招牌来反对阶级争斗说，我们不知道他们所谓"全民"是怎样解释。若说是抽象的指为全民利益而革命，建设全民利益的政治，则和我们民族解放国民革命之意义相类。若说是具体的指由全民出来革命，由全民管理政治；那么，我们便要问：卖国贼、军阀、官僚及一切作奸犯科的人，是否也包含在全民之内？若除开这一大批人，还算得什么全民？

反赤　苛政

中国军阀中宣传反赤最力的莫如李景林、张宗昌，而搜括人民最惨的也莫如他两人，这明明是告诉人民：可见反赤原来如此，可见赤不是如此。

《独立报》对谁独立？

上海的《独立报》，满纸都是反对苏俄，反对共产党，却不曾反对过帝国主义与军阀；并且盛称张作霖、吴佩孚、李景林、张宗昌辈是爱国者。

他们所谓独立，想必不是拥护中国民族利益对外独立的意思，而是拥护帝国主义及军阀的利益，对中国人民宣告独立！

署名：实

《向导》周报第一四九期

1926 年 4 月 13 日

国民军与北方政局

（一九二六年四月二十三日）

国民军（专指冯玉祥所统率的国民一军，下同）关系北方政局之重大，这是人人所感觉得到的。国民军在军事上之成败及其政治主张之良否，关系北方政局甚至于关系全中国政治之隆污都很重大，这也应该是懂得实际政治的人所不能否认的。

中国最固定的军阀只有奉、直、皖三系，其他都还未完全形成军阀。国民军乃是由直系军阀中蜕化出来的一部分较进步较接近民众的军事势力，而在今日以前也还未曾形成军阀。何以称它是较进步的军事势力？这是因为国民军比奉、直、皖及其他北方任何军队都有训练，有纪律，不扰害人民；无论李景林如何宣传国民军共产赤化，而天津市民都亲身感受得奉军或国民军孰为可怕。何以称他是较接近民众的军事势力？这是因为国民军无论在张家口，在北京，在天津，都相当的尊重人民之自由，和奉、直、皖等军阀对待人民之态度显然不同。何以说国民军未曾形成军阀？这是因为他不像奉、直、皖各系军阀和英、日帝国主义结了深固的关系，也不像他们那样压迫民众运动。

在奉、直、皖三系军阀循环统治的中国，帝国主义利用这班军阀做工具，肆无忌惮地剥削中国民众，压迫中国民众，现今在军阀中居然蜕化出一部分较进步较接近民众而不接近帝国主义的军事势力，使军阀势力之自身显露出最后崩溃的征兆，使帝国主义者发生恐怖的心理，国民军这种在客观上的破坏作用，在中国政治进化史上是很有意义的。

可是这种较接近民众的军事势力，也只能认他是较接近民众的军事势力，而不能认为民众的军事势力。这种较接近民众的军事势力，不但在实力上还很幼稚，在政治观念上更是幼稚模糊而且动摇，若没有民众的鞭策与援助迫之左倾，时时都有向右和帝国主义及军阀妥协甚至退回老家之可能。

反奉战争之初起，国民军即感觉自己一派之实力不足以敌奉、直二派，广州国民政府之势力尚未即能达到北方，于是遂采取了向右联段政策，置北京市民驱逐段祺瑞建设人民政府之要求而不顾；及郭松龄败亡，□日奉吴联合成，四方反赤声起，差不多是全世界反动势力联合向国民军进攻，国民军更感孤危，遂致冯玉祥下野，更向右一步，采取了联吴政策，改造贾内阁，容纳吴派颜惠庆、卢信等入阁；及至天津撤兵，奉、直军仍向北京进攻，逼得国民军一直向右，采取了逐段释曹迎吴的政策（此次国民军逐段，虽然在客观上是民众所赞成的；而在国民军的主观上，是为曹、吴的要求而逐段，不是为民众的要求而逐段，所以他此次逐段是右倾政策不是左倾）。释曹已经不妥，何况更公然布告大称其"总统曹公"！幸而吴佩孚拒绝与国民军合作，国民军不得不退出北京，否则它如果更进一步拥护贿选的总统复位，拥护贿选的议员复职，那末，不但不是接近民众的，而且是背叛民众的，他的政治生命也就从此寿终正寝了！因为全国民众对于贿选的总统与贿选的议员，始终是深恶痛绝的。

　　国民军孤立无援地受国外帝国主义及国内反动军阀之联合进攻，他退出天津，又退出北京，这都不算失败；他因为避免失败，采取日益右倾的政策，丧失民众的同情，这才真是失败！

　　国民军退回了南口以北，其经济上虽然很难支持，在实力上仍大部分保存着，他若不再向右完全投降吴佩孚，在北方仍旧是帝国主义及军阀之未来的隐患。在北京方面，段祺瑞毫无实力，当然不能在"军党政治"时代保持政权，此时争夺北京中央政权的只是奉、直两党。奉党在北京已占绝对优势，这不但表现奉、直两党的势力失了均衡，同时就是在他们背后英、日两帝国主义的势力失了均衡，日本帝国主义及其工具——奉党这种破坏均势的得意举动，便是□来第四次奉、直冲突之种子；可是在国民军未完全消灭或未与奉、直某一方切实合作以前，帝国主义者是要努力使奉、直两党在北京暂时合作的。日本虽然使其工具在北京占优势，而亦不敢完全排除直党，英国虽未能使其工具拿到北京，他也有方法使奉党不得不和直党暂时合作，所以国民军一退出北京，上海《字林报》北京电即说："有数国公使均以为张、吴若非如旧结合，俾产生新政府，能履行义务订立约章，则不与承认。"

　　张、吴结合之新政府所首先要解决的就是法统问题。法统有两个：一是宪法，一是约法。吴佩孚若坚持拥护宪法，不得不因而拥护制宪的贿选国会和布宪的贿选总统，则必为其第二次失败之张本。□护约法吗？在法律的根据上，已无法解决由约法相因而至的国会问题。若认贿选议员为无罪，则有何理由废弃他们所议决公布的宪法？若认贿选议员为有罪，则大多数除名，国会如何能开会？若召集新国会，则除躬自违法外，试问由何人依据何法解散旧国会？现时全国民众所要的是能代表各阶级各职业各人民团体的国民会议，而不是代表军阀官僚的国会；在事实上，也只有召集国民会议一法，才可救国会问题的法律之穷。可是国民会议之实现，只有广州国民政府或国民军得了胜利才有可能，也才有意义。国民军如果将来能够恢复在北方的势力，他对于此问题，是向左站在民众方面，宁可与军阀决裂，而不能不坚持自己独立的政策，主张国民会议呢；还是仍旧向右站在附属军阀的地位，主张护法？这是全国民众将来对于国民军之最后试题。

署名：独秀

《向导》周报第一五〇期

1926 年 4 月 23 日

国民党右派大会

（一九二六年四月二十三日）

一个党内发生左右倾的争论或派别，这本是各国政党中恒有之事，用不着大惊小怪。中国国民党本早已有了左右倾的事实，而许多老党员抵死不肯承认，以为所谓国民党左右派，不过是中国共产党故意造出这个名词以图离间国民党的，至少也是由于共产党之神经过敏；及至现在右派公然有了和左派不同的理论不同的组织，仍然要说："他们（指共产党）一方面尽量的宣传左右派别，使国民党分子自相歧视（此之所谓左右是以和共产派的主张同异而区别）。"只许自己做，不许别人说，真是一件怪事！

至于左右派之分别究竟是什么，右派之内容究竟是怎样，我们都曾经讨论过，或者他们以为这都是我们的推论或误会，不足为据；现在右派的上海大会，已将他们的理论具体的负责任的在大会宣言上公表出来，我们把他们的宣言和国民党第一次大会所通过的孙总理提出之宣言，对照一读，便能够明白：所谓左右派，真是我们"以和共产派的主张同异而区别"，还是他们（右派）的主张，和孙总理生前亲身领导的国民党所决定的主张实有不同。明白了这些，便知道国民党中实有左右派的事实存在，并不是由于共产党故意造谣或神经过敏；而且可以知道年来国民党内的纠纷，不尽是因为右派排斥共产派，而实有左右派因主张不同而冲突的事实存在。

孙总理所决定的联合苏俄及容纳共产分子这两大革命政策，从国民党第一次全国大会到第二次全国大会，都未曾变更或加以修正。右派的西山会议，即以变更联俄联共这两大政策为目的；由西山会议而产生的此次上海大会，也是同样的目的。此次大会宣言上关于联俄之主张，表面上虽然说："吾人于此，绝不贸然将苏俄列于其他帝国主义之林，一反联俄政策。"同时，实际上历数苏俄对中国侵占领土，把持中东路，侵略外蒙，指勒庚子赔款等罪，和张作霖及其他反革命派对于苏俄之宣传论调，完全一致，事实如果是这样，其结论安得不"一反联俄政策"？且在事实上，他们的重要分子如孙镜亚、何世桢，竟在反赤大联合之化身所谓国民外交协会担任文书主任、宣传主任之职，如此而还非一反联俄政策，什么才是一反联俄政策？他们根本不了解苏俄，遂因而不陈解以苏俄共产党为一重要成分的第三国际。第三国际是各国共产主义的党派结合，即戴季陶所谓横断国际；国际联盟是各资本主义的国家结合，即戴季陶所谓纵断国际；他两个的性质真所谓风马牛不相及，和第三国际对抗的是第二国际不是国际联盟。然而右派的宣言上，竟说："国际联盟与第三国际，此世人所视为两不相下之对抗壁垒。在吾人视之，则确有程度之相差，吾人若代表弱小民族视此两个国际，则便无所短长，盖皆基于战胜民族之组织也。"他们称第三国际与国际联盟为两不相下之对抗壁垒，大概是不曾看清季陶的文章。他们视此两个国际无所短长，都是战胜民族之组织，这是因为他们根本不曾知道第三国际是一个全世界被压迫阶级的组织，而不是一个民族的组织，更不是一个什么战胜民族之组织，战胜民族中之英、法、美、日、意、比等国的共产党固然在第三国际，战败民族中之奥、匈、土等国的共产党也在第三国际，被压迫民族中之印度、埃及、爪哇、朝鲜、中国的共产党也在第三国际；他们更不曾知道第三国际是遵守列宁"扶助被压迫阶级"、"扶助被压迫民族"这两大革命遗教而奋斗的，在另一方面，国际联盟完全是几个帝国主义国家所把持的压迫弱小民族之总机关。在事实上，第三国际所号召的"不侵犯中国（Hands off china）"，在欧洲各国尤其是在苏俄已成了很广大的群众运动，在另一方面，中国历年来在外交上对于国际联盟的呼吁，得着过什么应声？他们（国民党右派）不知道这些有所短长的事实，因此不能瞭解孙总理联俄联共的政策之真实意义，因以在实际上取了反俄反共的态度，他们口头上说绝不一反联俄政策，不过借此掩饰他们显然违反孙总理的政策之痕迹罢了。他们对于共产党之态度也是这样。此次宣言上，一面说："吾人当认为友军两不相连"，"或有分则相求之可能"；一面：中国共产党"中饱五卅惨案捐款至四十七万之多"，"甚至起反动于本党之政治策源地"（按此句殆指三月二十日广州事变）。他们所指责的这两件事如果是事实，则中国共产党的罪恶，更加于研究系、政学会、安福部之上，人人得而诛之，国民党为什么还当认为友军，还有什么和它相求？民国元二年间，国民、进步两党，在报上相互造谣攻击，已经不是正当的态度，况且在一个党正式负责的宣言上，任意造谣诬蔑它所自认的友军，这是何等太不自重！至于广州事变，其中心问题之中山舰调动阴谋，现已水落石出，究竟是谁起反动于国民党之政治策源地——广州？他们的宣言上，又说共产党"广设济难会为猎资及宣传其主义之工具"。按"济难会"本是不分党派的社会团体，其经费出入照例是公开的，任何党派都不应据为宣传其主义之机关；照右派宣言上那样说法，是不是公开的向帝国主义者及军阀告密，破坏这一个救济政治牺牲者的社会团体？

国民党第一次大会宣言所解释之三民主义的内容，可以说是国民党的根本政纲；并且这宣言是孙总理向大会提出的，当然不能说是汪精卫所伪造，更不能说是共产党的主张，所以当时右派的首领冯自由，不但反对共产派，并且反对孙总理。可是此次右派大会宣言的内容，显然和第一次大会宣言相抵触，其要点如下：

（一）在民族主义方面，第一次大会宣言说："国民党之民族主义，有两方面之意义：一则中国民族自求解放，二则中国境内各民族一律平等。第一方面，国民党之民族主义，其目的在使中国民族得自由独立于世界。……吾人欲证实民族主义，实为健全之反帝国主义，则当……第二方面……辛亥以后……中国之政府乃为专制余孽之军阀所盘据，中国旧日之帝国主义，死灰不免复燃，于是国内诸民族，因以有杌陧不安之象，遂使少数民族，视国民党之主张亦非诚意。……国民党敢郑重宣言，承认中国以内各民族之自决权……"而此次右派的大会宣言则说："而民族间之生存竞争，至今犹为不可避免之事实，由生存竞争而形成的两个壁垒：其一为战胜民族，其一为被征服民族；……是以本党之民族主义，主张融合此人类四分之一人口以与战胜民族抗。"他们（右派）把人类分为战胜民族与战败民族两个壁垒，而不把他分为帝国主义者与被压迫者两个壁垒，又指国民党之民族主义是主张与战胜民族抗，而不说是与帝国主义抗，这和第一次大会宣言所解释的民族主义之第一方面显然不同。土耳其对于协约国是战败者，对于希腊是战胜者，它究竟是战败民族呢，还是战胜民族？右派的民族主义若不是反对帝国主义而是反对战胜民族，若丢开主义而以战胜战败定反对或同情之标准，则反对英、法、日、美，同时也要反对苏俄，或者也要反对土耳其，甚至中华民国若对帝国主义者战胜了，也应在反对之列；更进而应用到国内问题，固应反对战胜的奉、直军阀而同情于战败的国民军，同时也应反对战胜的国民政府而同情于战败的陈、林、刘、杨了。我们希望中华民国永远不变为帝国主义者则可，若希望中华民国永远不变为战胜民族则似乎不可。丢开主义，不问是非，专与战胜民族抗，我们真不懂得国民党右派这种特别的民族主义是什么一种逻辑？我们固甚希望蒙古将来能为中华民国联邦之一，然亦必须军阀政府推翻全国的国民政府成立，始有资格始有余暇和蒙古民族商谈此一问题；而此次右派宣言上，竟将"叛国"、"僭窃"等徽号加诸蒙古政府，视蒙古民族的独立宣言与宪法如无物，这是明明违反了国民党第一次大会承认中国以内各民族自决权之宣言。

（二）在民权主义方面，第一次大会宣言说："国民党之民权主义与所谓'天赋人权'者殊科……民国之民权……必不轻授此权于反对民国之人，使得借以破坏民国。群言之，则凡真心反对帝国主义之个人及团体，均得享有一切自由及权利，而凡卖国国民，以效忠于帝国主义及军阀者，无论其为团体或个人，皆不得享有此等自由及权利。"而此次右派宣言极力号召全民政治，虽然与第一次大会宣言所解释的民权主义相违。

（三）在民生主义方面，第一次大会宣言说："国民党之民生主义，其最要的原则，不外二者：一曰平均地权，二曰节制资本。"而此次右派大会宣言，竟轻轻的将这两个口号去掉了，"平均地权"是中国国民党最初期同盟会时代的党纲，宋教仁改同盟会为国民党时，新党纲上，轻轻的把"注重民生"代替了"民生主义与平均地权"；不幸的平均地权这一口号，现在又第二次被右派抛弃了！第一次大会宣言说："国民党现正从事于反抗帝国主义与军阀，反抗不利于农夫、工人之特殊阶级，以谋农夫、工人之解放。"质言之，即为农夫、工人而奋斗，亦即农夫、工人为自己而奋斗也。而此次右派大会宣言忽说："今不患农人之无知，而患地主之不悟，地主若觉悟……则农人之困苦当立即减轻以至于无所困苦，俾农人于团结组织之中，不致发生阶级斗争之惨祸。"又说："直接使工人得较善生活者雇主，而间接使工人得较善生活者社会，盖此种担负，实社会消费者所共任，此社会上大多数之经济利益所以常相调和也。"两相对照起来，前者是主张为农夫、工人之解放反对特殊阶级而奋斗，实质上是不反对阶级斗争；后者则是希望地主觉悟以免除农人之困苦，希望雇主施恩使工人得较美生活，实质上是主张阶级调和，是反对阶级斗争，且明言"阶级斗争之说，至易破坏国民革命，吾人为统一国民革命阵线之故，势必截断其主张"（季陶先生闻此言否？）。

国民党右派，不但有了和左派分离的组织，现在又有了和左派不同的政治主张（这个不同，是右派大会宣言的主张和孙总理所领导的左派主张不同，而不是和共产党主张不同）。有了这些不能否认的事实，所谓国民党左右派，大概不是共产党造谣离间或神经过敏了罢！如果右派能够仍旧接受国民党第一次大会宣言，而取消他们的此次大会宣言；如果能够取消他们自己的各级党部，而回到广州中央党部统辖之下；我们就甘心承认造谣离间或神经过敏之罪。

可是事实上我们已不能奢望右派向左回到广州中央，只得竭诚奉劝他们不要再向右跑到反革命派那边！因为右派中有些较右的分子，已经和反革命派章太炎、黄大伟、邓家彦、徐绍桢、童理璋等所组织的什么国民外交协会合作；这个国民外交协会，和陈炯明派章太炎、黄大伟、马育航等所主持英政府及张作霖所资助之反赤大联合是一而二二而一的团体。蒙他们不弃认我们为友军，现在敢以友军资格，希望他们和我们在相同的口号"反抗帝国主义"、"打倒军阀"的工作上合作；并敢以友军资格，奉劝他们勿跑到反革命派那边，宁可使我们受神经过敏之咎，不可使我们不幸而言中！

署名：独秀

《向导》周报第一五〇期

1926 年 4 月 23 日

第二次和第三次劳动大会
之间的中国劳动运动

（一九二六年五月一日）

　　中国之有劳动运动，其历史还很短，中国的工业犹未发展，工人的数量在全国人口比例上还很小；可是中国劳动运动的特色，一开始便是政治的和革命的，这是因为中国自身是半殖民地，它的幼稚工业没有别的殖民地供它剥削，以养成劳工贵族，以造成改良运动。并且中国的产业大部分在外国帝国主义或国内军阀管辖之下（如轮船、铁路、纱厂、香烟厂、矿山等），所以中国劳动运动之对象，大部分便是帝国主义与军阀政府，同时统治中国的帝国主义与军阀政府，就是中国民族革命的对象，因此反对帝国主义反对军阀政府，就成了民族运动和劳动运动之共同的政纲，而且这两个运动也只有共同力求实现这政纲，才有出路。

　　第一次和第二次劳动大会之间的中国劳动运动，其主要的是反对军阀之"二七运动"；第二次和第三次劳动大会之间的主要运动，是反对帝国主义之"五卅运动"。这两个运动虽然都失败了，但后者却有伟大的成绩与影响。

　　在五卅运动前，已经有了国民党改组，国民军发生，铁路总工会成立，胶济路罢工，上海及青岛纱厂罢工，这些事实；第二次劳动大会开会时，已到了中国民族运动和劳动运动爆发的焦点，大会一闭幕，震惊世界的五卅运动便发生了。

五卅运动固然是各阶级联合的民族斗争，然而实际上和帝国主义直接抗争的，乃是上海、香港、汉口、九江、南京、青岛、天津、焦作等处的罢工工人，其他各界人士不过是工人阶级之声援罢了。真能使帝国主义在华权利发生根本动摇的，也只有这些罢工。

五卅运动虽然因为英、日帝国主义利用奉军的高压而失败了，然而它在民族运动上在劳动运动上的成绩与影响，我们是不能忽略的。

香港的大罢工，在香港及广州的工会统一运动上收了很大效果，此次罢工固然有赖于国民政府之胜利始克实现，同时这次罢工也巩固了国民政府，使国民政府在对外抵抗香港政府势力上，在对内镇压反动势力上，都得着有力的援助。

上海的大罢工，唤醒了全国的民族觉悟，尤其在上海本地，资产阶级至今犹继续他们和平的民族平等运动，如关税自主，设立关税公库，收回会审公堂，工部局增加华董，公园开放，修改洋泾浜章程等。在工人阶级自身的力量上，五卅以前只有很少数散漫组织或空招牌的工会；五卅以后虽然未能继续维持当时二十万罢工工人大群众的组织，而全上海三十六万余产业工人中，已经有约四分之一的工人有了群众的组织，最重要的是纱厂工会（五万余人）、印刷工会（五千余人）、海员工会（二千余人）、码头工会（二千余人），都在他们的总机关上海总工会领导之下，公开的或半公开地进行工作。五卅政治罢工失败，又接之以经济罢工，当时几乎全上海无一工厂没有经济的罢工，即五卅运动中未举行政治罢工的，此时也举行了经济罢工。即在最近数月，此次经济罢工犹未停止，略如下表（自一月一日起至四月一日止）：

产　　　业	次　　数	参加人数	罢工期时间
纱　　　厂	一四	一二八〇〇	五五七二五〇
邮　　　务		六〇〇	（未罢成）
金　银　业	一	四〇〇	二四〇〇〇
商务印书馆	一	四〇〇	四〇〇
麻　　　袋	一	一五〇〇	四五〇〇
袜　　　厂	一	七〇〇	
共　　　计	一八	一六四〇〇	五八六一五〇

"有了组织便要罢工"，这是上海工人的特性，这因为上海的物价不断的增高，而工资不增，便等于不断的减少工资；尤其是码头工人，他们的工资并且比去年平均减少了一半以上，这困苦不堪的五万苦力，是眼前上海劳动运动一个最紧急的问题。

除了香港、上海，从青岛到济南沿胶济路一带，也是一个中国革命的工人区域。这里的十余万纱厂、路矿、市政工人，在五卅前后可悲可敬的争斗与流血，比任何地方都剧烈；无论经过若何惨的失败，都没有反动的变相发生。他们现在虽在张宗昌铁蹄蹂躏之下，犹念念不忘阶级的组织与政治的争斗；他们的组织，他们的理想，虽然还很幼稚，而他们的本质，我们敢说是全中国工人中最英雄的部分。

沿京奉路即唐山与天津，是北方唯一的工业区，在国民军失败之前，天津已有五万纱厂及城市工人组织起来，并有了他们的公开的天津总工会；唐山除原有路工外，六万矿工亦已开始组织。国民军退后，天津、唐山都入了奉军的范围，工会绝对不能公开，在发展上受了很大的打击。

北京本是一个没有烟囱的地方，然而五卅运动后，也居然有了数千工人组织起来的北京总工会，并且热烈地参加政治争斗，在群众的示威运动中，几乎代替了"五四"以来的学生地位。现在奉军入京，它不免也要受点挫折。

北方的铁路工人运动，本居全国工人运动中首要地位；可是"二七"的伤痕犹未全愈，十余万路工，有组织的尚不及三分之一，现在京奉、胶济二路及津浦路之大部分，又都在奉军高压之下，京汉路工又与旧敌吴佩孚重逢，眼前在组织上在行动上，都有很严重的障碍。

汉口本是中国工业中心之一，在"二七"前，工会运动本甚发达，其后因"二七"以来的政治压迫，农民因灾失业、劳力过剩及工贼活动这三个原因，所以在五卅运动中，汉口工人未能和上海、香港工人携手并进；即五卅后，工会运动仍然没有若何发展。

湖南的矿工运动虽然有两处新的发展，而两处旧的组织——水口山与安源却都破坏了（安源虽在江西省境内，而在工人运动的历史关系上，则属于湖南）；一万多人的安源矿工组织，为日本帝国主义者假手于中国公司所破坏，并且公司为日本资本压迫而濒于破产，在山工作的工人已减少一半以上。长沙的城市工人，大部分都有了组织，且能够参加地方的政治争斗。

依过去一年的经验，尤其是五卅运动中的经验，我们对于中国的劳动运动，可以得到以下的结论：

（一）我们固然不能夸大地说中国工人已是现时中国革命之唯一的势力，而却不能不承认他是一种重要的可靠的力量。

（二）中国的劳动运动之胜败，和中国民族运动之胜败，是在相互影响之下进行的。

（三）在民族运动得到相当胜利的地方，不但工会，即革命的组织亦能相当的存在；反之在反动的军阀势力之下，任何工人的组织都不能存在，虽改良派的工会亦不能发生。

（四）崩溃中的中国军阀势力，断难长期巩固其统一政权，民族运动和劳动运动这两种势力结合起来，随时随地都有冲破军阀势力之可能。

（五）中国工人不但要扩大及巩固自己阶级的联合战线，且急需工农联合之成立，并且要和城市小资产阶级甚至大资产阶级成立反帝国主义反军阀的联合战线，如此才能够得工人阶级在政治争斗上和经济争斗上的初步胜利。

署名：独秀

《向导》周报第一五一期

1926 年 5 月 1 日

寸　铁

（一九二六年五月一日）

唐生智也赤了吗？

吴佩孚讨冯，分明是报复倒戈之仇，然而他不说是复仇，说是讨赤。现在吴佩孚又利用叶开鑫向湖南扩张地盘，也说是讨赤。并指唐生智已宣言共产。从前陈炯明派屡次说广州政府将于某月某日宣布共产，现在叶开鑫又说唐生智已宣言共产，何中国赤之多而共产又到处能够这样任便宣布！

讨赤大元帅

从前还有些人不知道"赤"究竟是怎么一回事，现在见各报京电："某方推曹锟为讨赤大元帅，张作霖、吴佩孚副之。"才知道所帮"赤"就是不利于曹锟、张作霖、吴佩孚，而为他们所要讨的一件东西。

反赤的滋味

奉军一入天津，天津商人便因强兑军用票罢市，奉军一入北京，北京又因军用票问题，逼得商铺歇业，市面萧条，国民军在京津时从来无此现象，此时京津的商民应该饱尝了反赤的滋味！

这是以党治国吗？

广州国民党党政府之下的公安局，居然派员检查国民党中央党部的机关报——《民国日报》等，这是以党治国呢，还是以警察治党？

捷足射利的上海

上海为中国第一大市，好像美国的纽约；上海的上下三等流氓工于捷足射利，也和纽约相像。新戏馆可射利，大舞台、新舞台、新新舞台、更新舞台、大新舞台等遂络绎出现。游戏场可射利，楼外楼、天外天、绣云天、新世界、大世界、小世界、神仙世界等遂络绎出现。电影可射利，神州影片公司、新大陆影片公司、明星影片公司、大中华百合影片公司、长城影片公司、国光影片公司、朗华影片公司、大明影片公司、好友影片公司、开心影片公司、新人影片公司、非非影片公司等遂络绎出现。自《字林西报》登载英国国家银行汇英金六十万镑到东方做反赤宣传的费用，反赤大联合、国民制赤会、国民外交协会、反赤同盟会等遂络绎出现。

国民外交原来如此！

顾维钧命杨春绿在上海办一个什么"国民外交协会"，其目的有三：一是为英国人宣传反赤，以抵制迫在目前的五卅纪念运动；二是为吴佩孚做联英反赤机关；三是为顾维钧自己再入外交部之后援会。所谓国民外交原来如此！

可怜的租界华人立宪运动

上海商民主张修改洋泾浜章程，这种和平的立宪运动，在革命派看起来，已经是对大英帝国主义者十分妥协了；然而帝国主义的使团，对于此次洋泾浜章程修改运动，认为华人心理已趋极端，想必他们以为租界华人必须照旧俯首帖耳受帝国主义的统治才不是极端！不过他们还未说修改洋泾浜章程是过激运动，已经算是客气了。

白俄不是外力吗？

赤俄帮助一点中国革命运动，便有人起来大喊拒绝外力；现在奉军攻取北京，首先派白俄骑兵四百余人，从安定门入城，任意拘役行人铺户，为之牧马操作（见四月二十五日上海《新闻报》北京通信），何以大家一声不响？

署名：实

《向导》周报第一五一期

1926 年 5 月 1 日

最近政局之观察

（一九二六年五月八日）

国民军退出北京后，唯一重要的政象就是奉、吴发生暗潮。此暗潮之特点，就是护法、护宪之争执及助长此争执之关系奉、吴两方实际利害的内阁问题。奉张知道护宪必复颜阁必复旧国会，颜属吴派，旧国会大部分贿选议员都不啻是曹、吴家之养卒，这些都于奉不利，他又知道曹宪与贿选国会大不理于众口，乐得在此方面与吴一争。吴亦知道他在北方之军事实力远不及奉张，非从政治上进攻，非借护宪以恢复颜阁与旧国会，无由分得北京若干政权，因为北京的精华——京师警察厅及崇文门税关，都已落于奉派之手。内阁问题，此时尚非阁员分配之争，而是内阁总理属于直派或奉派之争，此争仍将取决于护法或护宪。若护宪，当然要恢复直派之颜阁，奉张所争则在财、交两部；若护法，则奉张及其背后之主人——日本帝国主义者，必不甘心放弃政府领袖地位之权利，此时直吴及其背后之主人——英国帝国主义者，为顾维钧所预定之外交座位，亦决不至为他人所夺。

在北方军事上，直吴远逊于奉张，然直吴多政客奔走人才，即在民间的政治空气上，奉张更不及直吴，且国民军尚近在京北，随时有联直之可能，此亦迫得奉张不得不对直吴让步之隐情。因此，直、奉军阀及其背后英、日帝国主义者实际利害之冲突始终不能免，然以政治的环境，又不利于即时决裂，于是他们不得不别谋暂时弥缝之一策，以和缓其急冲。

其策为何，即继续军事行动，分讨南北二赤，使奉、吴势力得分途发展，不至两力汇集于北方，随时皆可发生冲突。此策见之实行者，就是直鲁联军向南口进发及吴佩孚进攻湖南。吴之进攻湖南，不用说其目的地乃是广州，此策实行将来的效果又是怎样呢？

奉、吴若真能分向南北发展，虽不能完全免除他们在北方之冲突，当能和缓其目前冲突之危机。奉军若得阎锡山之助，国民军又不能于最短时间消灭阎军，则诚难以一军敌热河、南口、大同三面之进攻；国民军消灭，奉张对直吴态度当更强硬，同时若直吴向南亦得相当发展，则奉、直关系，自必重入危机。吴佩孚向南图粤，在地利上当然没有一直由湖南进兵广州之可能，势必由湖南、江西、福建及广东内部（陈炯明、魏邦平之余孽）四面包围，再加以香港方面之封锁及示威，才能收效。不过唐牛智若不降吴，湖南方面即能牵制吴佩孚一大部分兵力；江西方面，方本仁虽然尚未表示反吴，而其遗留在江西之旧部如唐、蒋、二杨，实不易为吴佩孚驱为攻湘攻粤之用；闽周本只能自保，非至吴军进入广东，彼未必肯出兵；孙传芳时虑吴佩孚勾结苏、皖、浙各军将领向之倒戈，其自身地位且日在危险状态中，更不会为吴攻粤；袁、杨都意在据川，哪能为吴远征；河南之红枪会及豫军已开始豫人治豫运动，且为吴佩孚之后患；以这样的环境，只要广州国民政府对于内外各方面的政策应付得宜，则吴佩孚向南发展之希望本是很少。吴佩孚若不能向南发展，势必至一面忍气联奉以自固,一面勾结夏超、陈仪、陈调元、王普等推倒孙传芳,收苏、浙、皖三省于自己势力之下,以统一长江,以备与奉张一战。广州国民政府在此期间若有充分准备,甚至国民军尚能在北方保存若干实力,奉、直战争再开时,中国政局又必有一次新的大变动。

署名:独秀

《向导》周报第一五二期

1926 年 5 月 8 日

我们要认清敌与友

（一九二六年五月八日）

在中国国家的利益上观察中俄协定，无论何人都不能否认是于中国有利的。英、美、法、日等国，不但不肯允许我们收回租界，我们费了九牛二虎之力，想在租界增加几个华董都很不容易实现，要和纳税外人有平等参政权，那就更难了；可是依中俄协定苏俄把所有的租界租借地都放弃了。英、美、法、日等国，不但不肯放弃领事裁判权，我们费了九牛二虎之力，至今不能收回比领判权更不合法的会审公堂；可是依中俄协定，苏俄已经把领事裁判权放弃了。英、美、法、日等国，把持中国的海关，以协定税制制我工商业之死命，我们费了九牛二虎之力，经过五卅惨案和全国商会关税自主之要求，其结果关税会议，仍旧是在协定制下增加二五，自主不过是一句空话；可是依中俄协定，苏俄已放弃协定关税制而改用相互平等的原则了。英、美、法、日等国，根据一切不平等条约欺压中国，尤其是根据辛丑条约，驻兵京、津、沽等处，东交民巷简直是国中之国；可是依中俄协定，苏俄已放弃以前一切不平等条约，并已实行退出辛丑条约国，不在中国境内驻兵，连保卫北京大使馆的兵都没有。

苏俄并不像德、奥是欧战中之战败国，他对中国放弃了各帝

国主义不肯放弃的租界领判权、协定关税、京津沽等处驻兵这些
侵犯中国国权压服中国之工具，除了他以平等的友谊对待中国
外，试问还有什么别的理由？

各帝国主义者看见苏俄悍然退出辛丑条约国，对中国放弃了
这些权利，使他们相形见绌，还恐怕因此引起中国人对他们发生
怨愤；如此，他们恨苏俄，攻击苏俄，本是情理之常。若中国人
也因此恨苏俄，攻击苏俄，那便出乎情理之外了！难道我们中国
人真是日本人嘉纳治五郎所讥诮的"只服强权不服公理的民
族"吗？

杜洛斯基曾在五卅被害之工人与学生追悼大会上说："中国
的房子属于中国人，要进去须先敲门，主人有权利放朋友进去而
驱逐他所认为敌人的出来。"

日本帝国主义者帮助张作霖打败了郭松龄，又帮他夺取了大
沽口与天津，英国帝国主义者帮助吴佩孚打败了河南；于是吴佩
孚、张作霖遂带了英日的势力到了北京，于是张作霖、吴佩孚遂
出来要求苏俄撤回办理中俄协定之加大使。这便是张作霖、吴佩
孚放进他们的朋友英、日帝国主义者，驱逐他们的敌人苏俄。他
们认英、日为朋友，所以要亲英派的颜惠庆、顾维钧出来组织政
府担任外交；他们认苏俄为敌人，所以连办理中俄协定的王正廷
都算是赤化党，而加以排斥。这原来是中国军阀的意见，他们这
种意见，当然不能够代表中国的主人——大多数民众——之意
见。大多数民众之意见，也是认保有租界领判权、协定关税、京
津沽沪汉驻兵及一切不平等条约的英、日帝国主义者为朋友而要
放他们进来，也是认放弃这些权利的苏俄为敌人而要驱逐他出去
吗？当然不是这样，不但张作霖、吴佩孚不能代表中国大多数民

众之意见，即一般反赤的政客、流氓也不能代表中国大多数民众之意见。中国大多数民众之意见，固然有一部分人对于赤化不无怀疑，而对于帝国主义者保有租界、租借地（如旅顺、大连、威海卫等）、领判权、协定关税、京津沽沪汉驻兵及一切不平等条约，却是一致愤恨；对于苏俄放弃这些权利的中俄协定，断不至因为赤化之故而加以拒绝。此时中国民众尤其是上海民众所奔走运动的，是租界华董、收回会审公堂、反对越界筑路捕人、关税自主、设立关税公库、修改洋泾浜章程这些问题；这些问题运动之对象，都是反赤的英、美、法、日等国，而不是赤俄，因为中国民众所要收回的这些权利，赤俄都已经根本放弃了。中国民众正在向反赤的帝国主义者要求收回这些权利；同时，张作霖、吴佩孚便主张驱逐办理中俄协定放弃这些权利的赤俄大使；不但中国的军阀的意见和民众不同，并且是针锋相对。

不过中国民众现时的态度还是不够，因为民众对于张作霖、吴佩孚的反俄政策若不加以纠正，足以破坏中俄协定，足以使各国的民众怀疑中国人对于外国放弃在华权利是欢迎还是反对，足以使别国不敢效法苏俄退出辛丑条约的关系，以为一退出辛丑条约，不能驻兵北京保卫使馆，便要受中国人的侮辱。

中国的主人即大多数民众，应该更进一步明白表示其意见和军阀不同，应该简单明了的告诉一切外国人：凡是来敲我们门的，无论强弱赤白，只要声明放弃租界、租借地、领判权、协定关税、京津沽沪汉等处驻兵及一切不平等条约，概认为朋友请进来，否则一概认为敌人请出去。如此才能够一洗"只服强权不服公理的民族"之耻辱！我们不从头脑中把这个耻辱洗净，别的一切国耻是不会洗去的啊！

署名：独秀

《向导》周报第一五二期

1926 年 5 月 8 日

寸　铁

（一九二六年五月八日）

章炳麟与镇威孚威

反赤军的残暴，不独京津市民受不了，不独王士珍通电说："妇孺逃徙十室九空。"即吴佩孚亦通电说："近日连接各方电告京畿附近发生官兵奸抢诸案。"张作霖也自觉不及"赤贼"秩序井然；独有一章炳麟致颜惠庆电说："方今居庸逋寇犹未肃清，粤中赤化直搏湘楚……居庸之寇则请镇威主之，衡岭之寇则请孚威主之，待南北二赤次第荡定，然后徐议他事。"大约章炳麟觉得京津市民所受反赤军的灾难还不痛快，再要镇威光顾张家口一下，孚威光顾湖南一下，并且一直光顾到广州，才算称心！

向赤或向反赤之路标

我们对于赤化有所怀疑吗？我们应该赞成反赤吗？现在事实先生告诉我们说：赤俄已经把租界、领判权、协定关税、驻兵中国及一切不平等条约都放弃了，倒是反赤的英、美、日、法等，不肯放弃这些不法的特权；称为赤化的国民党党军，无论在省城在东江都秋毫无犯，倒是反赤的陈炯明军在闽粤边焚杀不堪；称为赤化的冯玉祥军，无论在张家口在北京在天津都"秩序井然，一尘不染"，倒是反赤的奉直鲁联军"颇有奸淫抢劫之事"；这些事实就是指示我们向赤或向反赤之路标。

奉军胜利之教训

你们常说：奉、直和国民军战争是军阀的战争，谁胜谁败都和人民无关。可是国民军开到北京、天津，退出北京、天津，从未惊扰人民，奉联军一到天津、北京，军用票便吓破了商民的胆，一直闹到"妇孺逃徙十室九空"，他们的胜败，果和人民无关吗？你们又主张学生只应读书求学，不应与闻政治，可是现在奉军一入京，各校都停课了，教员大部分逃走了，女学生更惊骇的几乎连逃走都来不及，政治如此，请问如何读书求学？此次奉军胜利之教训，能否稍稍改变你们的旧观念呢？

署名：实

《向导》周报第一五二期

1926年5月8日

南方形势与国民党

（一九二六年五月十五日）

吴佩孚不能以武力在北方夺取完全政权，遂转而向南方发展。他向南发展之步骤，第一步是以实力援助湖南所有的反唐军队，驱逐唐生智出湖南，把湖南放在他的势力支配之下；第二步便是联合湘、鄂、川、滇、黔、豫、赣、闽八省军队围攻两广。他的目的是否可以完全达到呢？

他的第一步目的已经达到一半，恐怕终久只能一半，因为唐生智的军队并未受损失，何况还有两广的援助，并且郴永地势易守而难攻，吴佩孚欲得全湖南，不是一件容易的事。他的第二步办法正在开始进行，他叫袁祖铭把四川让给杨森，一面杨森得到四川便可出兵攻粤，一面袁祖铭回黔联唐，便可联合滇、黔军队攻粤，他这种如意算盘，至少一半是幻想；河南方面，只有寇英杰原有的三旅现已扩充为三师可以作战，但须留守河南，其余收编的豫毅等军都毫无战斗力，并且豫军尚有勾结红枪会反吴的趋势；江西方面，方本仁旧部和鄂军对抗的暗潮，还未完全消灭；福建因与孙传芳的关系，能否出兵攻粤，也尚成问题；此时吴佩孚真可用作攻粤的，只有湖北全省军队及河南、湖南、江西一部分军队，云南唐继尧也有乘机攻粤之可能，其中最热心作战的，要算马济之对广西，陈林旧部谢文炳、刘志陆之对广东。不过吴佩孚以八省兵力攻取两广的计划虽然有点幻想，而指挥湖北、湖南、河南、江西这四省兵力并且利用唐继尧向粤围攻，这是可能的，因此南方的形势，此时十分严重！

国民政府所在的两广，不但是南方的革命根据地，而且是全中国民族解放运动的根据地，全国的革命民众应该出其全力，拥护这根据地。

国民党中央执行委员会，适于此时在广州召集全体会议，在此次会议之重大的职任，即是为国民政府决定各种方略，以抗此次吴佩孚之进攻。因为此次吴佩孚向粤进攻，是有大的计划，我们不可过于轻敌。他此次进攻之胜败，是国民党及国民政府之生死关头，所以在此次国民党之中央全体委员会议中，这是唯一的重要问题。解决这个问题之方略，不但是要两广迅速出兵援湘，并且对邻省若江西若福建，都要有适当的策略，并且对北方的国民军，河南、湖北、四川以及山东、江苏间的军事政治变化，都应充分注意，尤其要果决迅速的肃清广东内部反动的右派势力，使他们不至乘广东出兵后发生阴谋。因为由三月二十日事变，我们不能不承认广东内部尚有反动的右派势力之存在。

反动的右派，在广东因环境的关系，貌为拥护国民政府，貌为和北京、上海的右派不合作；实际上，他们不但反对共产派，并且在军队中禁止阅看汪精卫、蒋介石的演说词，他们在党军始终要团结自己一致的势力。

反动的右派现在在上海及其他各处宣传说：此次国民党全体中央委员会议，共同的是要重新讨论联俄联共政策的问题。我们敢说这完全是谣言。修正中山先生联俄联共政策，是右派自西山会议到上海大会一贯的主张，广州中央的中央委员最大多数是革命左倾的分子，哪会和西山会议以来被国民政府命令称为"叛徒"的右派走到一条路上去？

况且，国民党及国民政府正在和吴佩孚势力进攻决斗之生死关头，唯有加紧结合全国革命的势力，以当大敌，凡是一个中山主义的革命党员，岂有反而对中山先生联俄联共的革命政策怀疑而要重新讨论之理！

署名：独秀

《向导》周报第一五三期

1926 年 5 月 15 日

宪法与贿选

（一九二六年五月十五日）

反对贿选案，始终是全国普遍的舆论。中国社会的公是公非只有这一点了，我们万分不应该连这一点都要把他毁去，毁去这个，比毁去任何法律，损失都大！

舆论反对贿选，当然对于一买一卖的贿选总统和贿选国会议员，同样反对。舆论既然反对贿选的国会议员，他们是猪仔，怎能够承认猪仔们有代表人民制定宪法之权。

舆论现在反对护宪，其理由很简单明白，就是：根本反对贿选，根本反对贿选的猪仔议员所制定的宪法；并不是因为宪法的内容好或不好，也不单是因为宪法为曹锟所宣布说他是曹宪，更不是为张作霖或黎元洪而反对护宪，至于不是受了赤党的煽动，那更不用说了。

舆论反对护宪，固然是因为贿选之故；直系护宪，也正是想使贿选议员所制定的宪法有效，依宪法贿选的总统也有效，贿选的总统虽辞职，贿选总统任命的颜阁仍然有效，如此则贿选一案遂无形宣告无罪了。直系这种想头，直是本末倒置，他们若无充足理由宣告没有贿选这件事或认贿选为无罪，则无论如何依法定程序而选举的总统，无论如何依法定程序而制定的宪法，都是国民所不能承认的呵！最近吴佩孚致电张作霖申述护宪的五个理由，便是根本不懂得这个道理。

该电所举第一个理由是宪法根据约法而产生，故护约即当护宪。他忘记了当时宪法产生情形，除了根据约法而外，还有贿选一段事实；他更忘记了制定约法者是革命政府的临时参议院，制定宪法者是贿选议员的宪法会议。

他第二个理由是说："宪法经宪法会议依法定程序自行制定，自行宣布，议录事实俱在，众目昭彰……大总统并无宣布宪法之权，强谓宪法为曹宪，与事实不合，于法理尤谬。"不错，十三年宪法是经宪法会议依法定程序自行制定的，可惜这班宪法会议议员所犯贿选的罪，也是"事实俱在众目昭彰"！从前袁世凯想做皇帝不成，仍想保全总统地位，遂宣传说：谋复帝制的是袁世凯个人，不是袁总统，不可并为一谈；现在直系想保全他们的贿选总统不成，仍想保全他们的贿选议员所制定之宪法，遂宣传说：贿选是贿选，宪法是宪法，不可并为一谈，殊不知袁世凯总统即当时谋叛民国的袁世凯，他如何能够继续为民国之元首；制定宪法的国会议员即当时贿选总统的国会议员，他们如何能够代表人民制定国家根本大法！

该电所举第三个理由是说："约法上只有临时大总统，而宪法上之大总统选举法，系民国二年十月四日所宣布，袁世凯由约法上临时总统被选为正式大总统，适用此法，黎、冯、曹选出，亦均由此法，实无约宪之分。"他忘记了袁、黎、冯、曹虽同是依据二年之大总统选举法所选出，而却有贿选与非贿选之分；他又忘记了二年之总统选举法和十三年全部宪法之制定者，亦有贿选议员与非贿选议员之分。

　　该电所举第四个理由是说："黎、曹去位系政治问题，非法律问题，皆不复位，故不违法，现只宜恢复段氏所毁之法，确系为法而非为人。"一般舆论固然反对段氏，并且有一部分人反对段氏毁法，不过反对段氏毁法的人，除直系及其贿选议员外，大都是指约法而不是指宪法，因为宪法乃贿宪议员所制定，段氏毁之，舆论不但不反对，并且称快。现在直系要恢复段氏所毁之宪法，为人固丑，为法又何尝不丑！

　　他所举第五个理由是说："大总统已缺位，自应依据民国二年十月四日宣布大总统选举法之第五条，即今宪法之第七十六条，以国务院摄行大总统职务。"第一、我们不能承认民国十三年之贿选宪法和民国二年之大总统选举法有何等效力；第二、我们不能因为贿选宪法一部分含有民国二年之大总统选举法，遂承认其全部有效；第三、我们不能承认贿选总统有效，无论他是依据贿选宪法或二年之大总统选举法所产生的，同时也不能承认贿选总统所任命的国务总理摄政资格，无论是依据贿选宪法之第七十六，或是依据二年大总统选举法之第五条。

　　总之：直系军人及政客，若不顾忌舆论而唯武力是逞，那就罢了；若向人民高谈法律，人民便坚决地回答道：我们根本主张贿选的国会议员所制宪所举总统及贿选总统所任命之国务总理，一切无效！至于宪法会议及大总统选举会之出席法定人数足不足，还是第二问。

署名：独秀

《向导》周报第一五三期

1926 年 5 月 15 日

英国大罢工与东方民族运动

（一九二六年五月十五日）

前世纪之末本世纪之初，世界资本制度已发达到最高形式——统一世界之财政资本主义，即帝国主义；因此，全世界的经济成了整个的，全世界政治也随之成了整个的；因此，全世界的统治者压迫者——资本帝国主义——成了整个的，全世界被统治者被压迫者——工农阶级及弱小民族——对于统治者压迫者之反抗，也成了整个的；因此，全世界的解放运动也应该是整个的，弱小民族的解放运动，和帝国主义国家内的工农解放运动，都是整个的世界解放运动之一部分而有相互的密切影响，决不是国家主义者所想象各国关起门来独力革命可以得到成功的。国家主义者关门革命的方法，犯了时代错误的毛病，他们忘记了现在已经是二十世纪之第念〔廿〕六年，已经由国际资本帝国主义造成的革命对象是整个的世界革命时代，而已经不是十八世纪各国各自对于本国统治阶级革命的时代了。

这还是理论一方面，事实上的证据又是怎样呢？去年的五卅运动，在国家主义者看来，这中国的民族解放运动，似乎和欧美及日本的解放运动无关了；然而事实先生告诉我们：欧、美、日本各国的工人及其政党，都对于中国民族解放运动的五卅运动，曾予以精神上的物质上的援助。五卅运动所反抗的对象，为首的是英、日两国，而英、日两国的工人竟援助中国人的五卅运动，在国家主义者的理论，未免要责备英、日两国工人太不爱国了。

现在英国的大罢工，在国家主义者看来，这是英国的阶级解放运动，似乎也和中国无关，更和中国知识阶级无关；然而中国的国民党及学生会都奋起援助。上海学联会致英国工党电说："贵国此次总罢工，予资本主义以莫大打击，本会谨以十二万分之诚意，表示无限同情。敝国今日正处于各资本帝国主义铁蹄践踏之下，而尤以贵国所加于我者为剧，苦痛之余，切盼贵国各工友一致奋起，到底不懈，与吾东方弱小民族共同携手，而人类真正和平亦得早以实现。"此电中"苦痛之余"四字，是表示被压迫的中国学生之泪已和被压迫的英国工人之泪汇合在一处了！

全国学生总会通告全国学生说："英国工潮奋发，全世界工人均起而予以同情及实力援助；吾等被压迫国家之中国人，亦未便漠视，因为各帝国主义国家内之工人运动，影响于东方民族运动者甚大，尤其是英国工人，例如去年五卅运动，各国对中国民族表示同情的，只有工党；其后英国拟以武力侵犯广东，也因为运输工人反对而止。今后英国运输工人若不为英政府任对华出兵之运输工作，英人将永无输送军队欺压中国之可能，吾等为自己的民族生存计，势不得不起而努力，与此时英国罢工的矿工及一切运输工人以声援。"远离英国数万里之中国学生，若没有自己民族要求之冲动，若不认识东方民族解放运动和西方工人运动之共同的敌人是资本帝国主义，他们为什么要援助英国的罢工工人！

国民党右派的理论，一向只主张联合世界被压迫的弱小民族，未曾主张联合世界被压迫的工人阶级；然而现在对英国工党领袖迈朗氏也说:"如外国之被压迫阶级如英国工党,善意的帮助中国,自当乐受。"这句话的意义,是事实逼迫着他们不能不认识中国的民族解放运动是世界的而不是国家的了。

国家主义者或者又要说:照国家主义的理论与策略,中国民族解放运动即中国对外国之独立运动,应该是国家的,应该由中国人自己独力来干,用不着联合什么世界弱小民族和被压迫阶级;把全世界被压迫的民族和被压迫阶级联成反帝国主义之整个的世界革命,这乃是马克思主义的共产主义的理论与策略,中国的民族解放运动,应该是国家主义的运动,用不着赤化的理论与策略。

不错,把中国民族解放运动看做整个的世界革命之一部分,诚然是马克思主义的共产主义的理论与策略,并且目前在中国之马克思主义共产主义的运动,也只是这一理论与策略的运动,不但马克思主义共产主义根本上决不是什么劫富济贫的均富主义,并且共产国际及中国共产党都不曾幻想中国马上就能够实行共产主义的生产和分配制度。不过我们要睁开眼睛看看全世界的实际状况和中国的实际状况,我们若真心要做中国民族解放运动,是应该采用马克思主义共产主义的理论与策略,联合全世界被压迫阶级与被压迫民族来共同革命呢?还是应该采用国家主义的理论与策略,关起门来独力革命?

若采用国家主义的理论与策略,去年各国工人援助中国的五卅运动,今年中国工人、学生援助英国的大罢工,都是多事了!

署名:独秀

《向导》周报第一五三期

1926年5月15日

寸　铁

（一九二六年五月十五日）

不怪外人都是中国人自己不好

虞洽卿说："查上海之有租界，本无不平待遇，自前清上海道屡次放弃，以致不平等之办法，逐渐发现……自有租界以来，前四十年中外极为融洽，后四十年则以中国官民之放弃，不平之状渐显。"照虞会长的意思，上海租界以至于全中国所受列强不平待遇，都是中国人自己不对，不是帝国主义者有意欺压我们。诚然，诚然，总商会不首先向外人妥协，五卅运动何至失败的那样快；戒严司令部不杀刘华，工部局怎好直接杀他。诚然是中国官民自己不好呵！

外交界是以平等的好感对谁？

优待酋长，利用酋长压服平民，这本是一切帝国主义者制驭殖民地的老法子。孙传芳此次到上海，租界外人稍稍优待他，他便很得意地说："所快慰者，不在乎酬酢联欢，乃在乎外交界方面一洗昔日轻视华人之积习，能以平等的好感对我。"殊不知帝国主义者优待孙传芳，以平等的（？）好感对孙传芳，正是利用孙传芳帮助他们轻视华人，帮助他们以不平等的恶感对中国平民呵！华界军警帮同租界一致严禁"五一"、"五四"、"五九"、"五卅"的集会示威运动，这便是孙传芳对于外交界以平等好感待他的报答！

署名：实

《向导》周报第一五三期

1926 年 5 月 15 日

直奉冲突之迫近与各方应取的态度

（一九二六年五月二十二日）

自吴佩孚通电护法讨赤到国民军退出北京，这四个月间是英日、吴张合作支配北方向中国民众进攻时期。自国民军退出吴、张势力进了北京，因为互争政权，吴、张间及其背后之英、日间便发生了冲突，这种冲突日益发展，到现在已由暗斗而进于明争。他们的暗斗明争，表面上虽然是护宪与反护宪，实际上乃是内阁与总统之争。

依据宪法恢复颜阁，已为张作霖所不悦；此次阁员分配，除奉派一个半员外内郑陆张，几乎是清一色的直系内阁，此为奉张所不能容忍，因此有电京反对颜氏摄政之说；张学良、张宗昌遂于十二日相继出京，石老娘胡同办公处完全结束。内阁问题即或能以易人及重新分配而消弭争端，恢复国会选举总统之争即代之而起。贿选国会议员，直系占大多数，事前直方对于总统选举问题若无对奉屈服之协定，奉方岂甘心屈服于直方承认国会之恢复？张作霖即碍于前此协定而不便公然反对颜阁与国会，其消极抵制亦足使颜阁及国会均不能实际存在，如此酝酿日久，又加安福派之活动，英日、张吴的联合战线终必破裂。

此联合战线破裂时，民众对之应取何态度呢？民众对英日、吴张，始终是一致反对，同时也注意他们的联合战线之破裂，是有利于民众的一个事实；民众因不必援助何方，即对于拥护贿选国会之直吴，比对奉张更加反对，对于盘据中国腹地为害中国更是国家的而非地方的之英、吴，比对日、张更加反对。

国民政府及国民军，对于吴、张冲突，将取何种行动呢？不用说国民政府对吴、张两派军阀是一致反对的；又是其北伐的军事行动，一开始便与直吴触接，不倒吴莫由讨张，况且眼前进攻湖南同时又正在准备援助马济进攻广西的，是直吴不是奉张："先讨吴后讨张"，这是国民政府不易的军略。国民军若联直攻奉，则所得的除热河外将一无所有，所失的是为直吴利用，助其恢复全国唾弃的贿选国会，断送国民军的政治生命，因此国民军也只有和国民政府取一致的态度，采同样的军略，才能得民众的同情，才能由山西一直向南发展和国民政府北伐讨吴的军事势力相连接。

以上只是国民政府及国民军反军阀战争的目前一部分军事工作，这一部分工作如果成功，其意义就是为中国革命的军事势力立下一个比现在稳固的基础，可是全国的民众，尤其是受奉系军阀蹂躏最甚的直隶、山东、奉天民众，应同时奋起反抗当地的军阀，引导所有倾向革命的军事势力，使此次战争成为普遍全国的反军阀战争，一直到摧毁一切军阀的政权，建立革命的人民政府。

署名：独秀

《向导》周报第一五四期

1926 年 5 月 22 日

孙传芳最近的主张

（一九二六年五月二十二日）

孙传芳平日的态度，仿佛是注重实行，不屑多说空话，即是不肯发表主张；可是最近他却也发表主张了，且正式的发表主张了，他所发表的主张值得我们注意的有三件：（一）是江日两通电；（二）是五日在总商会关于淞沪商埠市政之演说；（三）是六日在交涉署招待外宾之演说。

江日两个通电，一是主张颜惠庆摄阁，一是声明保境息民政策。孙氏向来表示护法而不护宪法，现在江电说："依曹公通电恢复十三年十月之颜惠庆摄政内阁"，则分明是拥护宪法了。孙氏主张何以有此变化？不用说是反对奉天和迎合吴佩孚两个动机凑合而成的。因为反对奉天，遂不惜牺牲自己的主张而附和吴佩孚，如此——他还是从前不发表主张的态度好。孙氏向抱江、浙、皖、赣、闽五省门罗主义，现在保境息民的江电又说："窃愿划境以自安；数月以来，迭电声明：人不犯我，我绝不犯人，皆本息事宁人之旨，为保境息民之故……如贪婪窃发，抉我藩篱，随我农桑，扰我商贾，亦惟有率我五省之师旅以遏制之而已。"这电为何方面而发，对山东奉军，对吴佩孚，对广州国民政府，或兼对上述各方面，我们都不必深究这些；我们所要质问孙传芳的是：唐生智并未曾犯江西，而江西竟出兵攻湖南，这是否划境自安，是否息事宁人，是否保境安民？或者有人特别原谅孙传芳，以为他在名义上虽是五省联军总司令，而事实上无权过问江西之事；如果是这样，将来国民政府北伐军开到江西的时候，则孙氏便应该免开尊口，说什么"率我五省之师旅以遏制之"这一派的官话了！又孙氏在总商会演说也说："前日广东代表至鄙人处接洽，鄙人告以南征北伐均属无益，鄙人敢担保五省以内，决不愿举兵南侵。"可是事实上江西确已举兵帮助吴佩孚南征了，孙氏的担保怎么样？并且孙氏又能够担保，福建不受吴佩孚命令举兵攻粤吗？在实际上孙氏既然不能支配五省，便不应轻于开口，说什么担保五省以内怎样怎样像煞有介事的话。如此，他还是从前不发表主张的态度好。

＊　　　　＊　　　　＊

孙传芳对于上海市政的主张，我们可以在他的演说中指出几个要点。他说："现在上海设一个机关，把地方的行政集中在一处。"又说："为大上海做一个牢固的根基，当局的人一定要有政治上的实力，换而言之，按现在的情形，非官厅先来试办不可。"又说："对于地方人士的首领，我们不能不征求他们的意见，不能不使他们知道商埠督办公署的内容。所以设一个参议会，代表各区的人民。"又说："暂时以淞沪警察厅所管辖的区域，加上浦东淞沪警察厅第三区第一分区与第四分区中间原属上海县管辖的地方，为淞沪商埠的区域。"又说："模范市的市民，是要预备将来做一等国的国民的，不是容易当的，是要出钱买来的。单就南市闸北两处讲，一百万块钱一年，是万不能够用的。……所以商埠督办公署成立以后，原来有市政的地方，旧税要积极的整顿，旧税以外，还要筹办捐税，原来没有市政的地方，得照闸北、南市的办法，一律纳税。"这就是他对于上海市政之具体的主张，其余若筑路卫生，改良市政，收回租界的预备，以至所谓"真正的自治邦"、"理想的大上海"，我们只好看做菩萨庙的签，灵验与否，不须留意。在这些具体主张中，我们可以看出的几个要点是：（一）淞沪商埠的区域，是北至吴淞，南至龙华，东包浦东，西画沪西，除了中间的租界，都在他管辖之下；（二）交涉署道尹署警厅虽仍属省行政而非商埠公署之直辖机关，但同时两署厅的长官都兼任商埠公署处长，事实上已将所有地方的行政权都集中在离埠公署，已渐渐形成一个半独立的上海市政府了；（三）在这半独立的上海政府之下，据他说：闸北、浦东、吴淞、沪西四区的市政，暂时官办民督，南市一区则民办官督，总而言之，都"非官厅先来试办不可"；（四）所谓参议会，只是地方人士首领对于商埠公署顾问的机关；（五）就是要整顿旧税，筹办新税。

就这几个要点看来，如果他真心欢迎人民批评，我们便不妨批评一下。我们现在的批评，并不是故意拿高调来反对孙传芳或丁文江，乃是批评他的主张是否如他所说："实际上是参酌目前的政局，上海的情形，比较的最可实行的一种办法。"第一，他把大上海的根基，不建筑在市民的权力上面，而建筑在当局者政治上的实力上面，主张非官办不可；殊不知参酌目前的政局，所谓政治上的实力，能保三五年甚至三五个月不发生变动吗？市民的权力，现在固然还很弱，而他的寿命却比官厅政治上的实力长得多；想拿这种短命的实力来为大上海做一个牢固的根基，这根基实在太不牢固了！第二，公共租界工部局之岁入，其主要税收，在一九二三年已超过五百万两（内计：地税一五〇五〇〇〇两，市政捐三一四二〇〇〇两，码头捐四二七〇〇〇两）；上海市闸北、南市、吴淞、浦东、沪西五区，比公共租界，地面至少要大四倍，人口至少要多一倍半，而岁入只有其十分之一；其所以如此，乃因为上海租界是外国资本帝国主义者在中国输出原料输入制品之最大市场，亦即他们掠夺四万万中国人之中心枢纽。所以上海租界有如此物力，直接上虽是租界居民所负担，其实间接上乃是帝国主义者掠去全中国四万万人血汗之余沥所造成；这种掠夺者与被掠夺者的关系若不改变，照现在上海的情形，而想在租界以外的上海市，诛求和租界同样的税收，办理和租界同样的市政，并由此法而收回租界，这岂非和封神榜、西游记是同等的幻想！第三，即让一万步，承认他是比较的最可实行的一种办法；可是他一面要整顿旧税筹备新税，一面只主张非官办不可，而不肯赏给纳税人一点参政权，这种最可实行的办法，将来实行起来，不无小小困难罢！最近纸烟捐的风潮，就是一例。在这半独立的上海市政府之下，不说普选的市民议会了，就是现有之少数绅士的市议会，他也似乎不屑齿及，他所要的参议会，只有地方人士首领能够参加；闸北、南市、吴淞、浦东、沪西纳税出捐的人，小商人工人占最大多数，那地方人士首领是些什么人，又能够代表什么人的意见呢？我们并不否认市民纳税义务，可是，"不得参政权不纳税"，不能说这是赤化过激的口号罢！并且现在租界上的外国政府连纳税华人的参政权都不肯承认；同时，本国的上海市政府也是这样对待市民，大约中外官厅的贵人们，都一致觉得中国人是"只应纳税不能参政"的贱民！

孙氏在交涉署招待外宾所说的话，有一部分是我们所懂得的，有一部分是我们所不能够懂得的。他说："我更可以老实地对诸君说，我们中国人（他忘记了刘华也是中国人！）自然不能忘记租界是中国的领土。"他说："推广租界，始终不能得到中国人的同意，我并且敢说，将来永远不会得到中国人的同意。"他说："外国人保护是要保护的，但是一切的市税，到今不曾担任分文，这种情形，是公道的吗？是可以长久的吗？"这些说话，我们都懂得。我们所不懂得的，是他说："凡有条约上外国人的权利，我们在条约没有废除以前，当然要尊重的。"这便是段祺瑞"外崇国信"的主张！他说："以友谊的态度来交涉，希望在最短期时间以内，想法子把多年的悬案，逐一来解决了。诸君不要误会了我的意思，我们设商埠督办公署，不但不是来反对外国人的，而且是要尽量的同外国人合作。……商埠督办公署成立了以后，也要尽力来想法子，用坦白的手段，友谊的态度，来同诸君切实的磋商。"孙氏大概忘了中国官厅以友谊的（或者还是奴谊的）态度对外交涉，已经八十余年，并非梁启超、丁文江等在五卅运动中之新发明；并且外国人都早已知道以友谊的态度尽量地与外人合作来对付中国人民，本是中国官之特长，似乎不用孙氏再向外国人郑重声明了。况且外人也一向是以友谊的态度与中国合作，例如他们替我们掌管海关、盐税，替我们驻兵京、津、沽、沪、汉，替我们司法裁判，尤其是上海的会审公堂，是中外官厅模范的友谊合作！他说："近许多年来，租界里面的人口，逐日的增加，于是外国人方面有扩充租界的提议，由外国人方面看起来，这种要求，原可以说有相当的理由的。……公共租界的当局，却用越界筑路的办法，来解决人满为患的问题了。"他竟这样承认外人扩充租界和越界筑路是为了解决人满问题，而不是帝国主义者侵略的野心，这和戴季陶承认帝国主义是"人口的增加，使各国人民感觉土地缺乏，为安置增加的人口，便非扩张领土不可"的见地，是一样了。关于此问题之复杂的理论，此地不必多说，现在且举出几个事实问题，答覆他们的见地：近代帝国主义的法兰西，人口日渐减少，俄皇治下之西伯利亚一向地旷人稀，为什么他们也要扩充领土？上海法租界居民并不多，法新租界是因何理由扩充的？公共租界居民之密并无过于香港；静安寺路、戈登路、爱文义路中外居民住宅尚多系平房，并不像伦敦、纽约有无数层楼大厦，况且华界近年已有不少外人的住宅与工厂，当真有越界筑路和扩充租界以解决人满问题之必要吗？他们在上海把持会审公堂，难道也是因为解决人满为患的问题吗？总之：你们若说帝国主义的势力太强大，无论他们如何不说道理，此时我们都反抗不了，这话到算老实爽快；若强词曲说的附和他们，从没有道理之中说出道理来，这就大可不必！

署名：独秀

《向导》周报第一五四期

1926 年 5 月 22 日

寸　铁

（一九二六年五月二十二日）

民党败类中之先知先觉

有人见马素致电吴佩孚、张作霖等，竟说出："赤祸蔓延，国脉不绝如缕，反赤军声罪致讨，不期年而歼除国贼，清绥北都，斯固忠勇善战所致，然亦人心归往，正气犹存。"这样肉麻的话，觉得他真是民党之败类。我以为所有民党分子，非革命即反革命，很少有中立之余地；他们当中所有的反赤分子（内分反俄反共及反对联俄联共两派），即令他现在还骂马素是反革命，可是迟早是要和马素走上一条道路的，马素可算是这班败类中之先知先觉。谓余不信，请看将来！

过激主义也是国粹了！

国粹派往往说西洋一切思想科学制度，都是中国数千年前已有的故物；现在孙传芳也说："现在社会有什么过激主义和工会，其实这名词已发现三千年前了，秦、汉时匈奴及最近七十年前之洪、杨，均是过激行动。"如此说来，过激主义也是国粹了！

署名：实

《向导》周报第一五四期

1926 年 5 月 22 日

孙中山三民主义中之民族主义是不是国家主义？

（一九二六年五月二十五日）

有许多人，尤其是国家主义派，说中山先生是一个国家主义者，他的三民主义中之民族主义就是国家主义。不错，中山先生的一生是爱他的祖国——中国，为他的祖国——中国奋斗的，他是极力劝中国同胞要恢复民族主义来救国的，他是极力指责现在提倡世界大同主义未免过早的；然而因此便说中山先生是一个国家主义者，那就未免对于中山先生民族主义的理论之研究过于浅薄了。

孙中山先生是不是一个国家主义者，他的三民主义中之民族主义是不是立脚在国家主义上面，这一问题，关于中国民族运动，尤其是关于国民党的政治宣传，有重大的影响；这也就是国民党中及国民运动中左右派之根本争点，应该有一个明白确定的解答。

要解答这一问题，第一须分析历史上各时代民族运动的特性，第二须检查中山先生民族主义的理论属于那一时代的特性。

因各时代的经济关系日渐复杂，民族运动在历史上乃有三个时代不同的特性：（一）宗法社会时代之封建贵族的民族运动；

（二）军国社会时代之资产阶级的民族运动；（三）帝国主义时代之殖民地的民族运动。

宗法社会时代的民族运动，即是资本主义国家主义前的民族运动；这时代的民族运动之特性，富于血统及宗教的色彩，实际上乃是由于民族的封建贵族争夺疆土，因为宗法社会的经济生活完全是农业的，如日耳曼人对于蒙古民族西侵之反抗，中国汉人对于契丹、女真、蒙古、满洲之反抗，回民对于十字军之战争，回、准等族对于汉人之争斗，皆属此类。

军国社会时代的民族运动，即是资本主义前半期的民族运动；这时代的民族运动之特性，乃是十八世纪新兴的资产阶级运动，此期运动已渐渐脱离前时代血统及宗教的色彩，而立脚在国家主义上面，因为这时代社会经济的发展，已不限于农业，已需要商业的发展更进的工业的发展，已非宗法社会制度血统宗教等所能支配，并且在经济的需要上，已有了血统不同或宗教不同之民族所合成的国家；这些民族中的资产阶级，正需要一个军国制度的国家机关，即超越民族血统及宗教信仰之上的国家权力，以供其资本主义发展之用。这种国家主义的民族运动，亦即民族的国家主义运动，由日耳曼、意大利渐渐蔓延到全欧洲，民族运动渐渐成了国家主义的工具；由日耳曼、意大利之成功，渐渐由自卫的国家主义变成侵略的国家主义——资本帝国主义。这些资产阶级的民族主义者即国家主义者，对外则利用"民族统一"的口号，扩张本国的领土与主权（如俄国之大斯拉夫主义，德国之大日耳曼主义，日本之大亚细亚主义等），对内则利用"民族同化"的口号，征服境内的少数民族（如俄国之大俄罗斯主义，土耳其之大土耳其主义，中国之大中华主义，外蒙之大蒙古主义等），复利用"民族生存"及"保卫祖国"等口号，欺骗国内的无产阶级为资产阶级的国家牺牲。在这时代，不但民族运动是国家主义之工具，并且国家主义也就是资产阶级之工具。

帝国主义时代的民族运动，即是现代资本主义末期的民族运动；这时代的民族运动之特性，乃是二十世纪一切殖民地半殖民地及被压迫国家之资产阶级及无产阶级联合反抗他们的压迫者——资本帝国主义，不像前时代的民族运动是单纯的资产阶级运动。因为资本帝国主义有国际性，反抗他们之民族运动也不得不含有国际性，和前时代民族运动之对象及作战策略遂至不同，这也是此时代民族运动和前时代民族运动特性不同之一。若埃及之独立运动，若土耳其之国民革命，若印度之不合作运动及农民暴动，若加哇工农之反抗荷兰，若菲律宾之独立要求，若摩洛哥及叙利亚之反抗法国，若里夫民族之反抗西班牙与法兰西，若波斯、亚喇伯及阿富汗之反英运动，若高丽、安南之独立运动，若中国之国民革命运动，这些运动是紧接着苏俄十月革命兴盛起来的，都有无产阶级的力量参加运动，使这些运动渐渐减少了前时代纯资产阶级民族主义的色彩，而增加了新的色彩——反资本帝国主义之世界革命的色彩。国家主义派说这些运动都是国家主义的运动，这显然犯了时代错误的毛病；这是因为他们不曾懂得此时代的民族运动之特性和前时代完全不同。前时代的民族运动是：纯资产阶级的，没有国际性的，造成资本帝国主义的；此时代的民族运动是：各阶级联合的，含有国际性的，反资本帝国主义的。

我们既已看清了历史上民族运动之三时代各有不同的特性，更进而检查孙中山先生民族主义的理论是属于那一时代的特性，便知道他是不是一个国家主义者了。

中山先生在他的《民族主义讲演》上说：

> 但民族和国家是有一定界限的，我们要把它来分别清楚，有甚么方法呢？最适当的方法，是民族和国家根本上是用什么力造成的。简单的分别，民族是由于天然力造成的，国家是用武力造成的。……所以一个团体，由于王道自然力结合而成的是民族，由于霸道人为力结合而成的便是国家，这便是国家和民族的分别。

> 但自俄国新变动发生之后，就我个人观察已往的大势，逆〔预〕料将来的潮流，国际间大战是免不了的；但是那种战争，不是起于不同种之间，是起于同种之间；白种与白种分开来战，黄种同黄种分开来战。那种战争是阶级战争，是被压迫者和横暴者的战争，是公理和强权的战争。

> 将来的趋势，一定是无论哪一个民族或哪一个国家，只要被压迫或委曲的，必联合一致，去抵抗强权。……今日德国是欧洲受压迫的国家，亚洲除日本以外，所有的弱小民族，都是被强暴的压制，受种种痛苦，他们同病相怜，将来一定联合起来，去抵抗强暴的国家，那些被压迫的国家联合、一定去和那些强暴的国家拼命一战。

> 现在欧洲列强正用帝国主义和经济力量来压迫中国。……弄到中国各地都变成了列强的殖民地。……故此后世界人类，要分为两方面去决斗：一方面是十二万万五千万人，一方面是二万万五千万人。第二方面的人数虽然很少，但是他们占了世界上顶强盛的地位，他们的政治力和经济力

都很大，总是用这两种力量去侵略弱小的民族。……但是天不从人愿，忽然生出了斯拉夫民族的一万万五千万人，去反对帝国主义和资本主义。……世界列强所以诋毁列宁的原因，是因为他说世界多数的民族十二万万五千万人，为少数的民族二万万五千万人所压迫。列宁不但说出这种话，并且还提倡被压迫的民族去自决，为世界上被压迫的人打不平。列强之所以攻击列宁，是要消灭人类的先知先觉，为他们自己求安全；但是现在人类都觉悟了，知道列强所造的谣言都是假的，所以再不被他们欺骗，这就是世界民族的政治思想进步到光明地位的情况。"我们不但是要恢复民族的地位，还要对于世界负一个大责任。如果中国不能够担负这个责任，那么中国强盛了，对于世界便有大害没有大利。"中国对于世界究竟要负什么责任呢？现在世界列强所走的路，是灭人国家的，如果中国强盛起来，也要去灭人国家，也去学列强的帝国主义，走相同的路，便是蹈他们的覆辙。

在以上材料中，我们可以看出中山先生的民族主义理论之几个要点：第一，他把民族和国家分得很清楚，他又一向是赞成王道而反对霸道的；因此，我们应该知道中山先生的民族主义和国家主义根本不同。第二，他观察未来的国际战争，是十二万万五千万被压迫者联合起来对二万万五千万横暴者的战争，是超越种族和国家之多数弱小民族反对少数民族帝国主义的战争；中山先生这种代表"世界民族的政治思想"，显是国际的，决不是国家的。第三，他明白中国是帝国主义之殖民地，他并且力说这殖民地之我们不但要反抗帝国主义以恢复民族的地位，还要自己不去学列强的帝国主义，否则中国强盛了，对于世界便有大害；中山先生这种民族主义的理论，明明是属于现代殖民地国际民族运动之特性；而不是属于十八世纪欧洲资产阶级国家主义的民族运动之特性。我们明白了这些要点，便不能诬中山先生是一个国家主义者，也不能说他的三民主义中之民族主义就是国家主义。

国家主义，是十八世纪欧洲纯资产阶级民族运动之产物，是资本帝国主义之前身及其工具，若在现代殖民地反资本帝国主义的国际民族运动时代提倡国家主义，不〔仅〕有时代的错误，并且有药不对症使病加剧的危险。第一，我们要懂得国家是什么。清朝皇帝常说："我国家二百年深仁厚泽"，如此清室就是国家；袁世凯曾印布一个小册子叫做"国贼孙黄"，如此反对袁世凯就是反对国家；段祺瑞、吴佩孚都自以为"北洋正统武力统一"是救国政策，如此北洋派就是国家；最近奉军亦称反奉的民众有害于国家，如此奉天军阀就是国家；法王路易十四说："朕即国家"；欧洲各国的资产阶级打破那些朕的国家，取得了那些国家的统治权，便造成了那些资产阶级的国家。这都是他们的僭窃吗？不是的。国家这一个抽象名词，本来就是一切统治阶级的所有物，谁取得统治权，谁便有权拿国家这一名义做统治全国人民之工具；国家权就是统治权，国家的利益就是统治阶级的利益，如此，则所谓国家主义也就是"统治阶级主义"。第二，我们要懂得国家主义是什么？欧洲资产阶级的民族主义者，他们推翻封建阶级夺得统治权后，都已变成反动的势力，所谓国家主义，正是这班反动势力（尤其是法西斯派）用做对外扩张资产阶级的统治权，对内压迫平民或欺骗平民为资产阶级牺牲之工具，即资本帝国主义之工具。第三，我们要懂得国家主义若应用在殖民地是怎样？殖民地不会有强大的资产阶级，便不会有纯资产阶级的民族革命运动，他的民族运动必须有无产阶级参加合作才会成功；殖民地民族运动之对象不仅是近邻某一民族；因此，若应用纯资产阶级性的非国际性的国家主义在殖民地做民族运动，则对内失去无产阶级参加的力量，对外失去全世界被压迫民族被压迫阶级联合作战的力量。

中国是一个被国际资本帝国主义所压迫的国家，我们决不向帝国主义者讲什么世界大同主义，我们自然急于要救中国爱中国，然而我们不是什么国家主义者。无产阶级本来无祖国，然而他们在救祖国的实际工作上，比任何阶级都出力：在普法战争之巴黎围城中，法国的资产阶级已经投降了，只有无产阶级尚力奋其最后决死战；俄国二月革命后，资产阶级的政策是要仍旧和协约国妥协的，只有无产阶级急起没收了欧美各帝国主义在俄权利，使俄国脱离了外国的羁绊而完全独立；德国的资产阶级一致接受英、美、法帝国主义者奴隶德国之道威斯计划，只有德国的无产阶级及其政党始终反对；这些法国、俄国、德国为祖国奋斗的无产阶级，都不曾向帝国主义者讲什么世界大同主义，然而他们决不是什么国家主义者。孙中山先生一生爱他的祖国，一生为他的祖国奋斗，然而他也决不是一个国家主义者。

纯资产阶级性的非国际性的国家主义，是前时代欧洲纯资产阶级民族运动的口号，这一口号，已属过去的而且是反动的了；在现代各阶级联合的含有国际性的殖民地民族运动中，他已经是分散此运动在内外反帝国主义联合战线之障碍物，凡是一个忠于民族革命运动的人，都应该起来埋葬这一过去的反动的障碍物——国家主义！

署名：陈独秀

《新青年》（季刊）第四号

1926 年 5 月 25 日

打破 "民族的巴士的狱"

（一九二六年五月三十日）

法国赫里欧氏有言："目下一般专务私利之投机者，已造成一种资本的巴士的狱，朘削法国政治界之心脏，而政府与之狼狈为奸，报界亦复同一腐败，一般报纸尚自称崇信共和主义，但实则已为资本家之奴隶。"

现在我倒可以说：国际资本帝国主义者，已在中国造成一种"民族的巴士的狱"，朘削中国人之心脏，而中国军阀与之狼狈为奸，教育界、商界中所谓高等华人亦复同一腐败，一般高等华人尚自以为崇信民族主义，但实则已为帝国主义者之奴隶。

五卅运动，就是中国反帝国主义的民族革命运动之开幕，就是要打破八十年来这"民族的巴士的狱"。

从前代表法王威权的巴士的狱，摧折了无数革命志士无罪平民，"打破巴士的狱"为法国革命之开幕，至今传为美谈，垂为纪念。现在资本帝国主义在西方造成之无形的资本巴士的狱，朘削了无数平民膏血，并牢笼了报界学者一辈精神的奴隶，为之歌功颂德；在东方造成之无形的民族巴士的狱，朘削了全中国人的无量膏血，并禁锢了高等华人的民族精神不能发展或不敢发展。

我们现在如果真心纪念五卅运动，便应该继续此一运动，而完成其工作——彻底打破这民族的巴士的狱，把中国民族从这狱中解放出来！

我们要打破此狱，不用说首先要毁灭此狱之墙壁——资本侵略制度，驱除为资本帝国主义者看守此狱之狱卒——军阀官僚；一般鼓吹反赤的失意政客及所谓老民党，也在狱卒的伙伴助手之列。尤其重要的是打破狱中人之精神上的镣锁，使之愿意牺牲一切，死里逃生地打出此狱。

最不幸的是狱中人尤其是狱中的所谓高等华人，因精神上的长期镣锁，已麻木其感觉性，自以为身在狱外；并且习于狱中生活，已与狱吏（帝国主义者）、狱卒（军阀官僚）取了友谊的合作态度，反指斥主张打破此狱之人是捣乱，是唱高调，是多事，是惹祸，是破坏和平秩序，是别有用心，是过激赤化。取这样态度的高等华人，乃是打破此民族的巴士的狱之重要阻碍物。

在此次上海各界筹备五卅纪念的联席会议席上，教育界代表有人主张学生不加入此次运动，更不主张各界共同发表宣言，这分明是表示民族解放运动对于他们没有什么需要。商界某首领忽然说到什么"军阀帮助帝国主义而共产党也帮助赤色帝国主义的苏俄"这类话，似乎这两方面都应该反对，可惜他们一向只勇于反对共产党与赤俄，而怯于反对军阀与帝国主义者。他们甚至于因为军阀与帝国主义者的威吓，怕犯了纪念五卅运动的嫌疑，主张把五卅烈士墓奠基礼改在二十九日举行。更可惜他们竟忘记了扣用火车妨害商业者，是军阀而不是共产党；以苛税杂捐强用军用票等形式没收商民财产者，也是反赤的军阀而不是赤的共产党；把持中国海关抑制中国工商业发展者，是帝国主义而不是赤俄；他们向之哀求交还会审公堂及租界增加华董而不得者，也是帝国主义而不是赤俄；他们更忘记了应该全中国人永世惨痛不忘的五卅事件，在日本纱厂，在南京路上，在宁波会馆前，流中国人血的，也是帝国主义者而不是赤俄！国民党右派及国家主义者也主张中国民族独立，可是他们都以为中国民族独立运动，只应以中国人自己的力量来干，不应接受外力即赤俄的援助，甚至于马素拿外国帝国主义的钱办的《独立报》也这样说；他们尤其反对赤俄以军械接济国民政府及国民军。大概他们觉得中国人所受帝国主义及军阀的践踏并不甚厉害，尽可从容以自力解放，不需急急求助于邻人；他们更或以为只有帝国主义者及军阀应该有武装，该死的中国人民，理应赤手空拳的让帝国主义者及军阀恣意屠杀，不但民众不应该寻求武装来反抗，即接近民众的国民政府及国民军，也应该由帝国主义者及军阀来铲除、赤俄不应该接济军械使他们存在，以为帝国主义者及军阀之患。国民党右派口中虽说反对帝国主义与军阀，同时却用反对赤俄与共产党以相消；并且大登其广告直指什么什么人是共产党员，公开地向帝国主义者军阀告密。报界宁开罪于民众，而不开罪于帝国主义与军阀，封锁民众运动的消息，乃是常事。

这班人的思想主张，其阻碍民族的巴士的狱之打破，也不在所谓高等华人之下，也因为帝国主义者给他们以精神上的镣锁、禁锢了他们的自由思想，使他们不甚感觉狱中痛苦，不急于求解放，不需要邻人之助，甚至于不认识邻人与仇敌。

所以我们如果要纪念五卅运动，如果要继续五卅运动，必须打破帝国主义者所加于我们精神上的镣锁，一致起来打破八十年来这"民族的巴士的狱"，使中国民族完全解放，才算完成了五卅运动的工作！如此，则将来中国的"五卅运动"，方能和法国的"打破巴士的狱"成为同样光荣而严肃的纪念——被压迫者反抗压迫者之胜利的纪念！

署名：独秀

《向导》周报第一五五期

1926 年 5 月 30 日

寸　铁

（一九二六年五月三十日）

全中国人都过激了吗？

吴佩孚向《密勒评论》主笔鲍威尔说："中国有过激主义，始于孙文，而汪精卫、蒋介石等承之，北方则有蔡元培、林长民等。"《泰晤士报》说："鲍威尔尝闻一九二〇年一九二一年间，吴佩孚曾力助京汉路工会，今吴言如此，颇以为异。"如此，在鲍威尔眼中，吴佩孚也不免有点过激嫌疑！

到底要怎样才不是过激？

蒋介石在国民党中提议限制过激派在国民党中工作，并禁止国民党加入过激党，然而吴佩孚却说蒋介石相信过激主义。吴佩孚分明对鲍威尔说："现在主旨，在与过激主义抗争，过激主义既完全灭除，则中国可安；……当立意与之为难，将过激党一齐杀却，或驱之出国。"然而鲍威尔却觉得吴佩孚也有点过激嫌疑。到底我们要怎样才不是过激？

亚细亚民族大会与谢米诺夫

　　一向侵略朝鲜、中国等亚细亚各民族的日本帝国主义者，近年复号召什么"大亚细亚主义"，以图遂其吞并亚细亚各国之野心。将于本年八月在日本长崎召集的什么"亚细亚民族大会"，正是这个野心之开始表现。现据五月二十一日上海各报载："俄国帝制派谢米诺夫日前化名由长崎来沪……因谋完成亚细亚民族之大同完结，来劝中国人入会云云。"所谓亚细亚民族大会，又添上一个谢米诺夫的色彩，那是更加好看了！在日本未取消廿一条件未交还旅大及南满铁路以前，且看十年来大叫"毋忘国耻"的中国人，有何颜面去参加仇人所召集的亚细亚民族大会！

署名：实

《向导》周报第一五五期

1926 年 5 月 30 日

世界革命与中国民族解放运动

（一九二六年五月三十日）

国民党右派及国家主义者，都以为中国的民族独立解放运动应该由中国人自己的力量来做，不应该接受外力即苏俄的援助；他们的理论仿佛是一民族的独立解放运动中若夹杂了外力，便失了独立性，所谓独立便名不称实了。

他们这种形式的逻辑，这种关门革命的方法，表面上好像是他们的民族主义更高调些，他们的独立运动更彻底些；可是实际上，若是用他们这样独立的方法，想达到独立之目的，真算是缘木求鱼！他们不是民族主义而是闭关主义，他们不是独立运动而是孤立运动。照他们的方法，关起门来做中国一民族的独立运动，拒绝全世界的同情援助，使中国一民族完全站在孤立无助的地位，此诚为我们的敌人——国际帝国主义之所喜，而陷中国的民族独立解放运动于更孤危更险阻的困境中。

法国《巴黎晨报》曾说："英、法、日、美应联合压迫中国，恢复国内秩序，以免赤俄在亚洲势力膨胀，否则莫斯科从中援助之亚洲民族自由运动将发展到中国。"可见帝国主义者压迫中国的计划有国际的联合，而中国的国民党右派及国家主义者，却反对中国民族运动有国际的援助；又可见帝国主义者早已虑到外力援助中国民族自由运动对于他们的危险，而中国的国民党右派及国家主义者，却正是专门拼命反对中国民族运动接受莫斯科的援助。这真巧极了，帝国主义者应该如何感谢他们（国民党右派及国家主义者）！

他们以为接受外力援助有损独立精神，他们忘记了美国独立战争中接受了不少的法国援助；他们更忘记了现代国际帝国主义所造成之整个的世界革命状况，和前代各国各自革命状况更大不相同。

现代资本制度已发达到最高形式——统一世界之财政资本主义，即国际帝国主义；因此，全世界的经济成了整个的，全世界政治也直接间接在这整个的经济影响支配之下成了整个的；因此，全世界的统治者压迫者（国际资本帝国主义）成了整个的，全世界被统治者被压迫者（工农阶级及弱小民族）对于统治者压迫者之反抗，也汇合起来成了整个的世界革命。各处弱小民族及被压迫国家的解放运动和各帝国主义国家内的工农阶级解放运动，都是这整个的世界革命运动之一部分，而有相互的密切关系；因为现在已经是二十世纪之第二十六年，已经是对于资本主义造成的革命对象——统治全世界的国际帝国主义革命时代，而不是十八世纪各国各自对于本国统治阶级革命的时代了。

在此整个的世界革命时代，任何国家的革命运动，任何属性的革命运动——阶级的或民族的，都不是国民党右派及国家主义者所想象之一国家一民族关起门来独立革命可以得到成功的。

这还是理论一方面，现在再说事实。俄国十月革命总算是最成功的了，然而革命的军事终了后仍然要对小资产阶级让步，仍然要受帝国主义不断的威吓。英国屡欲用兵力压迫苏俄，都因为英国工人反对及各殖民地革命运动之兴起而作罢；最近洛迦诺会议中进攻苏俄之密谋方定，而英国大罢工突起，势不得不暂时停顿。土耳其民族革命之成功，不用说是因为有苏俄很大的援助。土耳其的民族革命总算成功了，基玛尔居然趾高气扬的杀戮共产党了，并且想离开苏俄了；殊不知英法两帝国主义还未倒，他们仍旧向土耳其夹攻，尤其是最近英国抢夺莫塞尔，于是基玛尔再回向苏俄。中国及波斯在俄皇时代所失各种权利，若不是俄国无产阶级革命成功，如何能够收回？去年中国五卅运动初起，英、法、德、美各国的资产阶级的政党及其政府，一致宣传中国五卅运动是义和团一类的排外运动，嗣因英、法、德、美、俄、日本的工人及其政党纷起援助，才不便这样宣传。中国的五卅运动，因为有各帝国主义国家内的工人同情援助，使各帝国主义者不得不提出他们久已忘记了的关税会议来敷衍中国人；并且英国帝国主义者因为恐怕中国五卅运动引起印度人的觉悟，也拿出一点小小让步和缓印度资产阶级的感情。现今弥漫全世界之民族独立运动，如欧洲之墨西托尼亚、皮沙拉比亚、布哥维那、西里西亚、克洛西亚等，如亚洲之波斯、阿拉伯、叙利亚、土耳其、阿富汗、爪哇、中国、印度、高丽等，如非洲之摩洛哥、埃及、阿尔及利亚等，莫不有苏俄之后援。最近摩洛哥中悲壮震动全球的里夫民族之失败，《巴黎晨报》说："阿白杜尔克林之降，可使俄、德不复抱法国必败于摩洛哥之梦想，法国虽死一百七十万人，然终能一再表示其自卫之能力，阿白杜尔克林固可依恃法国之恩慈，但宽恕非忘却前事之解，阿氏与布尔希维克及日耳曼之接洽，法人不能忘也。"小小的里夫民族，为数不及一百万，军队只六万五千，前曾击破西班牙十万大兵，继又和法国苦战一年有余，今虽不幸失败，其所加于法国之损失如此之大，此固由于摩洛哥人勇敢善战，而俄、德、法各国共产党人援助之力亦不小，《巴黎晨报》只说法国不能忘阿氏与俄、德之接洽，却不肯说出阿氏更与他自己国中"不爱国"的法国共产党接洽也。

依据这些事实，现代整个的世界革命运动中各部分相互关系之密切，已非常明显。

现在，我们再研究中国民族解放运动的前途和世界革命之关系是怎样。

中国是英、美、法、日、意、比等帝国主义国家共同掠夺的市场，而不是哪一个帝国主义国家的殖民地；所以中国民族解放运动第一个对象是国际帝国主义，而不仅仅是哪一个帝国主义的国家。中国民族解放运动第二个对象是国内军阀，因为他们是帝国主义者用做掠夺中国利益压制中国民众之工具。所以中国的民族解放运动，必须是由集中民众的组织，民众取得武装，解除军阀的武装，一直到和帝国主义者武装冲突之胜利，才能够达到民族解放的目的。

中国现有的直、奉两系军阀，只要有一系存在，都是民众的大敌，都是束缚民族解放运动之万钧锁链；国内军阀比起英、美、法、日任何一个帝国主义的力量来，却只是九牛之一毛，何况国际帝国主义的力量，那更是大莫与京。所以，中国的民族解放运动，不但高等华人之友谊的磋商和资产阶级之和平要求，等于痴人说梦；即令有困苦的革命争斗，这种争斗，若不得到苏俄及全世界无产阶级有力的援助，使这争斗能成为长期的一直到和各帝国主义国家内的无产阶级革命汇合起来，完成整个的世界革命，也是不会完全成功的。

那么，或者有人以为反正中国的民族解放，非到世界革命实现不会成功，待到世界革命实现了，国际帝国主义覆灭了，中国问题也自然解决了，现在中国民族便无须努力做这不必要的革命争斗。这种见解非常之错。

不但在主观上，世界革命是世界各民族中革命民众之共同义务，任何革命民众，都不能取这种机会主义的可耻态度；并且在客观上，被压迫国家弱小民族的民族革命运动，和各帝国主义国家内的无产阶级革命运动，二者汇合起来，才能根本推翻国际帝国主义，才能成就整个的世界革命，譬如一车之两轮，缺一不可。我们若坐待世界革命机会之到来，而自己不努力于反帝国主义的民族争斗，使帝国主义者得集其全力以镇压其本国内的无产阶级革命，则我们所坐待之机会，或至永远不会到来。所以，中国的民族解放运动，固然不应如国家主义者所主张，关起门来独立革命；也不应如机会主义者主张我们自己不必努力，只坐待世界革命之到来。在实际的历史现象上，全世界反帝国主义的民族革命高潮，也是和各帝国主义国家内的无产阶级革命高潮，在相互影响中平流并进。中国是国际帝国主义所共同征服的国家，自然不能幻想马上就会有和帝国主义者武装冲突的胜利之可能；但我们在这世界革命高潮中之可能的责任，是不断的努力，不断的争斗，不断的摇动帝国主义在中国之势力，不断的和帝国主义者争夺中国现有的武装——尚未为帝国主义者所有的武装如冯玉祥、唐生智等军队，甚至于已为帝国主义者所有的武装如直、奉两系军队——不断的扩张民众的武装，如民团、商团、红枪会、农民自卫团、工人自卫团、工人纠察队、学生军等；经过这样的长期努力与争斗，才能够解除军阀的武装，才有联合别的被压迫国家如苏俄等和帝国主义者武装冲突之可能。帝国主义在中国之势力摇动一分，它们国内的无产阶级革命潮即高涨一分；中国民众的武装及接近民众的武装扩张一分，军阀的势力即削弱一分，亦即中国民众和帝国主义武装冲突之期接近一分；如此长期争斗之结果，再和各帝国主义国家内的无产阶级革命汇合起来，才能够根本推翻统治全世界的国际帝国主义，才能够实现世界革命，才能够使中国民族得到完全的解放。

在政治上，中国是国际帝国主义共同征服的国家，在经济上，中国是国际帝国主义共同掠夺的市场，不根本推翻统治全世界的国际帝国主义，中国民族不会有完全解放之可能；因此，中国民族解放运动之背景及其必然的途径，可称为一切民族解放和世界革命关系之模范的说明。

国民党右派及国家主义者关门革命的方法，固然不合实际；有些国民党左派，自以为赞成世界革命表示特别急进，其实这并不算什么特别急进。中国民族革命，只是整个的世界革命之一部分，赞成世界革命的人无有不赞成中国民族革命，尽力中国民族革命的人也应该尽力世界革命；尽力世界革命即是尽力中国民族革命，这两件事是很难分开的，因为这两个革命的对象只是一个：统治全世界的国际帝国主义。

中国的民族革命者，不但要尽力世界革命，并且要努力研究世界革命的现状及其趋势；换句话说，就是：不但要懂得本国的真实状况即其历史发展到了甚么阶段，并且要懂得世界的真实状况即其历史发展到了甚么阶段，更要懂得本国和所处的世界之革命的关系是什么一种形势。懂得了这些，然后所定革命的策略及行动，才适合实际，才不至于落后或空想。

现在已经不是闭关时代了，世界各部分的革命运动，因为相互影响之关系日渐密切，已成为整个的不能分开了，凡是一个民族革命者，头脑中若没有一个世界革命形势之具体的图画，并且时常检查这图画中有无错误而加以改正，则口中虽说赞成世界革命，实际上仍旧是关门革命。

一九二六·五·三十

署名：陈独秀

《新青年》（季刊）第五号

1926 年 7 月 25 日

对于上海五卅纪念运动之感想

（一九二六年六月一日）

五卅周年纪念运动的意义，一面是纪念去年今日帝国主义者对于中国民众之大屠杀，一面是纪念去年今日中国民众对于帝国主义者大屠杀及其历来侵略高压政策之反抗运动。他们的大屠杀，我们固然应该纪念以志不忘；我们的反抗运动，我们更应该纪念！尤其应该有纪念运动，应该以五卅运动的精神，以五卅运动的方法，继续此伟大的反抗运动，一直达到五卅运动之目的，这才算完成了五卅纪念的意义。换句话说，就是：我们不但要纪念敌人的屠杀，并且要纪念我们的反抗；不但要纪念我们的反抗，并且要继续我们的反抗；不但要有五卅纪念，并且要有五卅纪念运动。若只是有纪念而无运动，即纪念十年乃至百年千年，我们的纪念尽管纪念，他们的屠杀、侵略、高压仍〔旧〕是屠杀、侵略、高压，这样滑稽的纪念，只是增加五卅运动中已死者的悲伤与未死者的耻辱！

今年五卅纪念中，是不是有运动？毕竟有了一点运动。全国的运动是怎样，现在还未能详细知道，且说一说上海的五卅纪念运动。

上海是五卅运动发难地，若只有纪念而无运动，那更是可耻了，幸而还有了一点小小运动，勉强可以遮羞！五月二十九日之五卅烈士公墓奠基礼，参加的有工、学、商一千余团体，代表有五千余人，散会后整队游行，沿街高呼口号，分发传单。卅日工、学、商一致罢工、罢课、罢市。上午参加市民纪念大会的，有一千余团体，计五六万人，为近数月来未有之盛会，散会后亦分队游行，沿路高呼口号，分发传单。下午参加大马路一带演讲队的工人、学生约三千余人，商店伙友们多自动地出来参加，一时群众占领了大马路，阻止电车开行，毁坏了好些电车。这一点为上海市民遮羞的小小运动，总算照我们预期的做到了。

在这一小小运动中，我们的感想是：（一）一班大学教授及商会领袖们，他们向帝国主义者所哀求的，一点也没有赏脸，因此在五卅周年纪念若一点不表示，则未免难堪，而一有表示，又恐怕上过激派的大当，一见工、学界要参加五卅纪念运动，他们便异常惊慌，恍如大祸临头，所以硬要把烈士公墓奠基礼改在二十九日举行。其实，我们固然不肯完全采用尾巴主义，跟着和平的民众后面跑，同时我们也不肯一意孤行，吓破了大教授和大老板们贵重的胆，未免罪过，我们在事前的计划，曾如吴稚晖先生所言斟酌尽善，丝毫不肯冒昧；至于一切无意义的破坏，更理不应有，所谓到处放火，自然是侦探造谣。现在廿九、卅的运动，业已如商总联会会长邬志豪所言"平安度过"，在一般和平的新闻记者与商界领袖们，如庆更生，大出意外，固然要大大称赞此次运动"有精神又有秩序"，而在一班热烈的民族主义者，或者却要骂"过激派太不过激！"（二）大学教授和商界领袖，都主张不参加群众示威运动，教职员、学生只在各校内开会纪念，做"静默"、茹素、敲哀钟这类把戏，商界则只商总联会全体议董在宁波会馆开追悼会，各店伙友在店"默思"，不准出门；他们采取了这样分离群众的办法，这样滑稽的消极纪念——"静默"与"默思"，因此市民大会中学生比工人少，商人比学生更少，使有超过十万群众可能的市民纪念大会，变成了五六万人的大会。（三）商界领袖们，忘记了去年今日发令屠杀我们同胞的仇人是谁，竟仰面向工部局请领执照，以便佩带起来，向群众劝导！（四）学生固然不能都听从教授的主张，即商人群众也很热烈地出来参加群众的示威及演讲，并不一概听从他们领袖的命令，闭门默思。（五）国民党右派竟不参加公共体育场之群众的市民纪念大会，而和一些招牌工会及反动派，另在斜桥徽宁会馆开追悼会，孙文主义学会竟和新社会民主党、反赤联合会，混在一起！（六）总商会不但不参加运动，并且他们的领袖，竟在此时亲到五卅运动所反对的主要仇敌日本去参观，大开其宴会，大讲其亲善！（七）一向只敢反对苏俄的国家主义团体联合会，素以"外抗强权"自命，在此次全上海市民对强权表示反抗运动中，他们到那里去了？

我为什么要细说这些感想，因为要指出各阶级民众的弱点，希望大家痛改以前的观念与态度，无论过激派、和平派都是自家人，不是仇敌，我们的仇敌乃是帝国主义者与军阀，我们要认清仇敌与自家人，为反对仇敌，自家人应该合作，万万不可与仇敌合作来反对自家人；更希望大家今后一致起来巩固我们民族运动的联合战线，继续五卅运动的精神和方法一致向帝国主义持久作战，以期达到五卅运动之目的，我们中国人才有生路！

六月一日

署名：独秀

《向导》周报第一五六期

1926 年 6 月 3 日

给蒋介石的一封信

（一九二六年六月四日）

介石先生：

现在我看见一种印刷物，题名《校长宴会全体党代表训话对中山舰案有关系的经过之事实》，内中所载，倘都和先生所口说的一样，没有什么印刷上的错误，则我们在对于中国革命的责任上，不得不向先生及一般社会有几句声明的说话。并且在声明的说话之前，还要总声明一句：我们的声明只关于中国共产党方面，别方面的事一概不管。

在这个印刷物上，有两个要义：前一段是先生声述关于三月二十日事变之苦衷，后一段是先生改正国民党内共产分子态度之意见。

在前一段中，先生再三说："我要讲也不能讲。""因为这种内容太离奇太复杂了，万万所想不到的事情，都在这革命史上表现出来。""我因为全部经过的事情，决不能统统讲出来，且不忍讲的。""还有很多说不出的痛苦，还是不能任意的说明，要请各位原谅。""今天还有我不忍说的话，这只有我个人知道。"先生这些不忍说出的事，若和中国共产党无关，我们自然没有要求先生说出的权利；如果是关于中国共产党的事，请尽管痛痛快快地说出，丝毫也不必掩藏。因为先生说出后，若证明是中国共产党党的错误，则社会自有公评，共产党决不应该是一个文过护短的党；若证明是党员个人的错误，这个人便应该受两党的惩戒。在革命的责任上是应该如此的。

先生说："当三月二十日事情未出以前，就有一派人想诬陷我，并且想拆散本校……但这不过是局部的一二个人的阴谋……我自汕头回到广州以后，就有一种倒蒋运动。"——想诬陷你想拆散军校的一派人是谁，有阴谋的一二人是谁，运动倒蒋者又是谁，先生都未明言，我们当然不能冒猜；不过三月二十日事变后，第一军中实际撤退了许多共产分子及有共产分子嫌疑的党代表及军官，因此上海各报都一致说三月二十日事变是中国共产党阴谋倒蒋改建工农政府之反响；现在先生对全体代表训话中，虽未明说中国共产党有倒蒋阴谋，而全篇从头到尾，却充满了指责共产党同志的字句，使听者读者都很容易推论到中国共产党实此次事变之阴谋者；这是很自然的事。建设工农政府自然不是一件很坏的事，可是现在就主张实行起来，便是大错；倒蒋必以蒋确有不可挽回的不断的反革命行动为前提，而事实上从建立黄埔军校一直到三月二十日，都找不出蒋有一件反革命的行动，如此而欲倒蒋，且正当英、日、吴、张反动势力大联合，攻破北方国民军之时，复在广州阴谋倒蒋，这是何等助长反动势力，这是何等反革命！介石先生！如果中国共产党是这样一个反革命的党，你就应该起来打倒它，为世界革命去掉一个反革命的团体；如果是共产党同志中那一个人有这样反革命的阴谋，你就应该枪毙他，丝毫用不着客气。不过我知道我们的党并且相信我们党中个人，都没有这样反革命的阴谋（当李之龙因中山舰案被捕消息传到此间时，我们因为李最近曾受留党察看的处分，以为他已加入反动派了，后来见报载中山舰案乃是李之龙受命于共产党的倒蒋阴谋，我们更觉得离奇，最后接恩来来信，才知道李之龙是上了反动派的圈套）。凭空受这反革命的栽诬，这是我们不能够再守沉默的了！

先生所举各种阴谋之第一个事实是："有人对各军官长说是共产分子在第一军内虽然不多，但是这些分子，一个可以当十个用的，并且有团结的，可以随时制服其他一切的，还有人在演讲之中，说是'土耳其革命完成之后，才杀共产党，难道中国革命没有成功，就要杀共产党么？'这些话统统引起一般军官恐怖与自卫的心思，所以对于党代表全部的不安和怀疑了，所以他们军官有要求共产分子全部退出的事实，并且由他自卫心而起监视的举动。"这个事实，不能证明共产党有倒蒋阴谋，而是证明孙文主义学会的军官有排除共产分子之意志。何以见得呢？对各军官说共产分子如何如何，当然不像共产党自己的口气，说土耳其杀共产党这段话，我未曾听见共产党人说过，只传闻孙文主义学会中有人向汪精卫先生攻击共产分子时，精卫先生说过这样话，其实否尚不可知，即令精卫先生有这段话，只足以证明孙会中人是何等反对共产分子，而绝对不能证明共产分子拟如何倒蒋；并且精卫先生是说要杀共产党，不是说要杀孙会中人，照情理只有共产分子听了精卫先生这话而恐怖不安，为什么反是孙会的军官听了这些话引起恐怖与自卫的心思，并要监视其共产分子全部退出呢？并且先生还说："如果当时我校长不在的时候，当天的情形一定是更加剧烈，也未可知的。"这话诚然，如果先生当时不在广州，孙会中人会当真大杀共产党；而且我们还听说若不是先生切力阻止，欧阳格、吴铁城辈还要彻底干下去，这些事实正足证明精卫先生即令有那样的话，却非神经过敏，更不是有意"激动风潮"。先生要知道当时右派正在上海召集全国大会，和广东孙会互相策应，声势赫赫，三月二十日前，他们已得意扬言广州即有大变发生，先生试想他们要做什么？

先生所举各种阴谋之第二个事实是："现在广东统统有六军，广西两军，广东是一二三四五六各军，照次序排下去，广西自然是第七八军了，但是第七军的名称，偏偏搁起来，留在后面不发表，暗示我的部下，先要他叛离了我，推倒了我，然后拿第二师第二十师编成第七军，即以第七军军长来报酬我部下反叛的代价。"无论何人有这样的主张我们都以为要不得。不过只有国民政府尤其是政府的军事委员会，才有权决定这种军队的编制与名称，政府委员及军委中都没有中国共产党分子，无论此事内幕如何，当然和我们无关。有一件事或者和此事有点关系，我现在索性老实告诉先生，当第二师长王懋功免职时，我们以为右派又有什么反动发生，所以政府有此处置，但报载内情甚复杂，我们便函询广州同志，他们的回信说："王懋功被逐后，右派颇不满，孙会则乘机大造其谣言，说王懋功是 C. P.，此次蒋之处置王氏，就是对 C. P. 示威，其实不然，王氏并未加入 C. P.，而且一向是著名的反共派。闻王氏之被逐是因为不奉命令或吞款，或二者都有。"

先生所举各种阴谋之第三个事实是："至于在学校里面，政治主任教官高语罕……彰明较著说我们团体里有一个段祺瑞，要打倒北方段祺瑞，就先要打倒这里的段祺瑞。"我们早已闻有此说，曾函询广东的同志，他们回信说："语罕同志初回国，要好心太急切，期望国民党尤其期望黄埔军校也太急切，因此语罕态度都不免急切一点，至于'打倒我们的段祺瑞'之说，绝对没有，乃翻译之误，语罕已在报上声明过，当不至因此发生误会。"语罕来此，我亦当面诘责过，他亦力辩无此事，我曾告诉他，如果无此事，你应详细向介石先生说明，以免误会。语罕是我的老朋友，我深知他，他一向很老成，当不至有这样荒谬的见解，望先生再详细调查一下。如果语罕真这样说，不但对不起先生个人，并且是中国革命军事工作中理论的错误（详见《向导》第一百四十九期我做的《什么是帝国主义？什么是军阀？》），是我们应该纠正的。

先生所举各种阴谋之第四个事实是："万不料我提出北伐问题，竟至根本推翻。"关于这一问题，我和某几个同志有不同的意见，他们当然也不是根本反对北伐，他们是主张广东目前要积聚北伐的实力，不可轻于冒险尝试；我以为要乘吴佩孚势力尚未稳固时，加以打击，否则他将南伐，广东便没有积聚实力之可能，为此我曾有四电一函给先生及精卫先生，最近还有一函给先生详陈此计；两方对于北伐主张，只有缓进急进之分，对广东及先生都无恶意，也似乎说不到根本推翻。

总之：共产分子在国民党一切工作中都太过负责任（中山先生在世时，曾说："谢英伯这班人太不负责任，谭平又太负责任了。"这真是知言！），使忌之者得乘机挑拨离间，竟至使先生不相信我们，不相信"仅仅外面造出来的空气就能做成功这样的圈套"，这是我们十分抱歉的事。至于说我们有反革命的阴谋，即倒蒋阴谋，则我们不能承认。中国革命的力量还是很弱，我们敌人的力量却非常之大，我们的革命工作，好像撑破船于大海巨浪之中，急求友助还来不及，岂有自毁桅舵之理！我们对冯玉祥尚且要爱护，何况蒋介石！即右派中之比较进步分子，只要他们不赞成以区区一万一千万元出卖革命的根据地——广东于英国，我们都不拒绝和他们合作，何况蒋介石！

先生在后一段中说："大家晓得国民党是以三民主义来做基础的。"又说："国民党的领袖，只有总理一个人，不能够认有二个领袖。"这两句话没有人能够反对，凡是有一点常识的人都不能反对。在原则上，我们不能反对党中有个领袖，且必须有个领袖；可是在中国国民党自孙总理去世后，不但无名义上的总理，也并未产出能够使全党公认之事实上的领袖，因此国民党的唯一领袖仍旧是孙总理，即使将来能有名义上的总理工作上的领袖，而理论上的领袖精神上的领袖，仍旧是中山先生，这是毫无疑义的事，我不懂得先生为什么要提出这个问题？我不相信国民党中任何人（共产分子当然在内）承认国民党有孙总理同样的两个领袖，非是不应该如此，而实是无人配如此。若说国民党中共产分子有污蔑总理人格抹杀总理历史的事，这问题很容易解决，便是不再委屈他做国民党党员，国民党中的共产分子，并不是不受制裁的黄带子。国民党往往因共产分子个人的错误，便发生两党合作的革命政策根本问题，这真是一个极大危险的习惯。中山先生在世时不许党员讨论这政策的根本问题，就是反对这习惯；今后纠正这个习惯，是要将分子制裁和党的合作政策这两个问题，严格的分开。譬如国民党中有些人发行许多印刷物，污蔑抹杀得共产党简直不成话说，然而共产党从未因此发生和国民党合作的政策问题。

中国国民党和别国的国民党不同，因为它有具体的三民主义之历史与特性，任何党员（共产分子当然在内）都要信仰三民主义，都要为三民主义工作，这也是毫无疑义的事。不过先生说："凡是一个团体里面，有两个主义，这个团体一定不会成功的。"这完全是季陶先生的理论，我实在不敢苟同。我反对季陶的意见，已详见给季陶的一封信中，或者先生无暇一阅此信，现在我再略述我和季陶不同的意见。我并不反对季陶主张一个党要有"共信"，三民主义就是国民党的"共信"；然国民党究竟是各阶级合作的党，而不是单纯一阶级的党，所以"共信"之外，也应该容认有各阶级的"别信"，也就是各阶级共同需要所构成的共同主义之外，还有各阶级各别需要所构成的各别主义之存在。譬如工人加入国民党，于信仰三民主义外，不必禁止他兼信共产主义；工商业家加入国民党，于信仰三民主义外，亦不必禁止他兼信资本主义；又如吴稚晖、李石曾加入国民党，于信仰三民主义外，亦不必禁止他兼信无政府主义。凡属国民党党员，只要他信仰三民主义为三民主义工作，便够了；若一定禁止他不兼信别种主义，若一定于共信之外不许有别信，若一定在一个团体里面不许有两个主义，似乎是不可能，而且也不必要。

至于先生说："拿国民党三民主义来做招牌，暗地里来做共产主义的工作。"这是右派历来攻击国民党中共产分子的话，我们听得十分耳熟了；在第二次大会时，先生曾说共产分子都为三民主义工作，为什么现在又这样说，我不明白这句话是指哪种事实？我不知道现在的中国，有多少纯是共产主义的工作？我更不知道共产分子曾拿国民党三民主义招牌做过些什么共产主义的工作？难道是指共产分子在国民党中所做的工会、农会的运动吗？国民党三民主义的政纲，也说要帮助工人、农民发展组织，共产分子是在国民党工人部、农民部之下，公开地做这些工作，并非暗地里做共产主义的工作。难道是指共产分子于三民主义工作外，复到共产党党部的集会及兼做发展共产党的工作吗？国民党既许共产分子跨党，并未曾主张一加入国民党应脱离共产党，如何能一见他兼为共产党服务，便指责他是暗地里做共产主义的工作呢？除这两样之外，还有什么？并且先生自己也说："共产分子尽管信仰共产主义。"又说："我认为实行三民主义就是实行共产主义。"又说："所以我说反共产主义就是反三民主义的口号。"如此说来，两主义并不冲突，他们兼做点共产主义的工作，也算做了三民主义的工作，说不上什么招牌的话，实际上，在广东的共产分子，大半是拿共产主义招牌，做了些三民主义的工作！

不尽欲言，诸希赐教！

六月四日

署名：独秀

《向导》周报第一五七期

1926 年 6 月 9 日

红枪会与中国的农民暴动

（一九二六年六月十六日）

中国是一个大的农业国，我们或者可以说农民暴动是中国历史之骨干。远者如陈涉辈辍耕而叹，如赤眉、黄巾、黄巢等役，如闯献之乱，都是官逼农变；近者如洪杨、义和团及红枪会这三件事，更是很明显的农民暴动。

无论士大夫怎样诅咒农民暴动，而由陈涉一直到红枪会这二千年一贯的农民暴动历史，是无人能够否认的。

任何民族中封建社会时代的农民，他们的思想都不免有顽旧迷信的色彩；他们的行动往往遍于破坏而不免于野蛮，这本是落后的农民原始暴动之本色。士大夫固然有理由诅咒他们的思想与行动，然而没有理由诅咒他们对于统治阶级之反抗暴动。因为中国最大部分生产者是农民，同时却是被统治被压迫的阶级；压迫农民的不但是统治阶级（从前的朝廷现在的军阀）及其官吏，士大夫表面上好像是站在统治阶级与农民之间，而实际上是接近城市政权，附属于统治阶级，也要压迫农民的；所以分利的统治阶级之暴政一到了某种程度，生产的被统治阶级即起而反抗暴动，即农民对于政府官吏及士大夫之反抗暴动。这本是中国历史的惯例。

现在的红枪会运动，就是这历史的惯例之一。有广大农民群众的红枪会，已普遍了河南、山东全省和直隶之南部、安徽、江苏、江西之北部，黑枪会、黄枪会、白枪会都是他的姊妹团体。河南、山东的军阀，把他们当做土匪，整千整万一连几数十个村庄的屠杀，然而他们实是武装自卫的农民，而不是土匪。他们的大多数不但不是土匪，而且仇视土匪，因此土匪时常勾引官兵来屠杀他们。

红枪会的政纲是：反抗军阀，反抗贪官污吏，反抗苛税杂捐，反抗土匪。他们的思想顽旧迷信，和前代农民一样，他们的反抗暴动之性质，也和前代农民一样。他们当中也许杂有少数土匪，而大部分是农民，且许多是小有土地的农民。他们的首领也有腐化为军阀利用之可能，而群众是要反抗军阀苛税到底的。

《新闻报》五月二十五日开封通信说："豫东杞县、通许一带之红枪会，自经李鸿焘用大炮轰击后，村庄被焚者已百里内无人烟，人民死者数以万计。……通许知事至乡间，合集绅民劝导，绅民质问知事曰，'不教我们信红枪会极易，只要先教地方不见土匪，不再派苛税，不再派恶军队骚扰，完粮纳税一律收用纸洋。'知事语塞，狼狈而遁；会众中之妇孺争以瓦砾追击知事之轿。知事回报后，寇（英杰）知不可以理喻，遂电李速剿，而大祸作矣。"

人民要求地方不见土匪、不派苛税、军队不骚扰、官厅收用自己所发行的纸币，便是不可以理喻，便应该用大炮轰击，便应该焚杀得百里内无人烟，我们要问诅咒农民暴动的士大夫，这是什么理由？

士大夫或者以为农民暴动扩大起来，会造成洪杨时代恐怖的局面。他们这个远虑是有理由的。洪杨时代农民革命的一段历史，被士大夫宣传得十分恐怖；可是实际上究竟怎样呢？此事且不暇博征，姑举最近一点材料，作为参考。

本月六日上海美国侨民团到松江瞻拜华尔将军之墓（美人华尔于一八六二年九月二十一日率长胜军助清军与洪杨军战死于松江），福开森演说中有言：

> 是时居华之美名士前同文馆总教授丁韪良博士，曾再上书于美检事长库兴，力言承认南京革军政府之必要。英牧师杨格非、莫维廉、艾约瑟等，皆以革军功成，将为中国莫大之利；杨格非于一八六○年十二月十八日书中有云："彼较之皇党，实有数百年之进步。"……驻沪英麦领事，于一八六一年二月十九日上英首相报告书中，亦谓革军领区内，"人民皆安居乐业"，而皇党辖境，则"贼盗横行"。……当时革军所宣传之宗旨，一八六○年九月十一日大陆记录中记其简要如下：
>
> （一）治理中国者应为中国人，非满人；
> （二）专制政府之闭关政策，应即废除，俾中国亦为国际中之一分子；
> （三）应采用外国之美术品及制造品；
> （四）应与外国定友善之国交，中国物产亦应与外国交易，以辟富源；
> （五）采用外国工商业上之新发明。

依据这些材料，洪杨之太平军，未必像当时倾向皇党的士大夫所宣传的那样令人恐怖。况且现在离洪杨时代又有六十余年，中国农民已不无多少之进步，现在比那时又有了革命的政党与军队，倘与农民力量结合起来，当然可以减少前代农民暴动中顽旧迷信、野蛮破坏的成分。

总之，在北洋军阀统治蹂躏下之北方十余省农民，想他们不反抗和暴动，这是客观上不可能的事；任其自然暴动好呢，还是引导他们在反帝国主义反军阀的革命旗帜之下好，这是中国目前一个紧要问题。士大夫盲目诅咒农民暴动，是一件无效的事。

署名：独秀

《向导》周报第一五八期

1926 年 6 月 16 日

寸　铁

（一九二六年六月十六日）

威林顿眼中的华人价值

英国因五卅运动的影响，特派威林顿爵士拿庚子赔款来收买高等华人，以和缓反英空气；此事外报已公开的说过，许多高等华人，还装着未听见，高唱与外人合作。现在威林顿氏在北京英美协会演说，公然说："此次来华，备受各界优待，余囊中携有一万万元巨资，故华人皆愿与英人合作。"稍有廉耻的中国人闻此言作何感想？

请看反赤军阀之卫国救民！

直隶省商会联合会最近通电说："各路车辆尽为军队所扣留，弃置无用，不令开行；由是所有商货，或堆积站旁，或遗弃中路，总其损失，难以量计。商民坐视亏折，已属不赀，加以军队所在，纪律毫无。……又复军队复杂，号令难一，甲站贿通，乙站横阻，层层敲剥，种种留难，扰害情形，实难言喻，路局莫敢谁何。……养兵本所以卫国，兴师率皆曰救民，综观以上种种扰害实情，以此卫国，国何不亡，以此救民，民无噍类！"这些现象，本是军阀统治之下，尤其是反赤军阀统治之下，所必不能免的。一般商人仍希望军阀维持和平，并且希望军阀反赤好维持和平，现在这种希望怎样？

平民之不平

上海闸北商学界曾经反对保卫团，现据大华通信社消息："上海南市市民，佥以保卫团为保护富绅巨商而设，而充当团长团总者，又多系有财产之人，何不输助私产，而欲征诸平民，故于昨日（六月六日）起，各家门首均贴有'反对带征房捐充作保卫团经费'等白纸字条，其表示颇为激昂。"平民出钱养军阀不算，还要出钱保卫财阀。难怪他们不平呵！

署名：实

《向导》周报第一五八期

1926 年 6 月 16 日

奉直对峙的混沌政局

（一九二六年六月二十三日）

民国十五年之政治史，只是皖、奉、直三个军阀党循环胜败起伏之历史。现在皖党倒了，或者是永远倒了，即令再起，也不过是奉党的附庸，决不能够恢复从前一个独立的军阀党之势力了。此时乃是奉、直两军阀党对峙的局面，前者的靠山是日本，后者的奥援是英国。

奉党首领张作霖，虽然承日本意旨想控制北京政局；然而内因旧派吴俊升之迫令联吴，外因国民党尚存在，遂不得不与吴佩孚表示合作。直党首领吴佩孚，虽然想依据奉、直宿约，独揽关内政权，恢复十三年奉、直战前局面，再进而以武力统一中国；然而内因靳云鹗、田维勤、孙传芳之新结合，外因国民军尚存在，又加以英国之劝告，也不得不暂时求助于奉张。在这种利害冲突，实际不能合作而又不能不表示合作的状态中，亦即不能合作又不能决裂的状态中，遂形成了奉、直对峙的混沌政局。

护宪问题，颜阁问题，总统问题，阁员分配问题，直隶地盘问题，将来二五关税及大借款分配问题，不但现在的天津代表会议没有解决，即将来任何会议，都不能解决，只有奉、直再战才能够解决。然而奉、直两方都有内外种种牵制，一时却没有因无法解决而再战之可能！因此，奉、直对峙的混沌政局，或有相当时期的继续，以至于相持日久，一方面因内部的或外部的变化而自溃，他方面得着进一步发展的机会，形成一个较明瞭的新局面。

在现时对峙的混沌政局中，两方虽有种种利害不同的冲突，而都有两个共同目的：一是消灭国民军，一是获得二五关税及大借款以救济财政的恐慌。后者较前者尤为急迫，然二五关税及大借款，都必须内阁成立才有办法，而内阁问题，又必须护宪问题与阁员分配问题有了解决才能成立，因此这一目的，一时还不易达到。消灭国民军更非易事，国民一军，至少还有八万乃至十万战斗力极强的军队，有持久坚守之可能；奉军利在国、直互斗，而自己不愿多牺牲实力，吴俊升虽愿牺牲而无多实力，吴佩孚更愿牺牲而实力也有限，靳田军和孙传芳之新结合虽失败，一变而积极的为吴牺牲，当然是个问题，李景林、王怀庆收编之二三万国民二军，时时都有反戈之可能，张宗昌当然要自保山东，不暇他求，魏益三至今还徘徊观望于国民一军与吴佩孚之间，阎锡山兵虽多而无战斗力，在这样状态之下，吴佩孚将用何种力量可以消灭国民军？

再由相反的方面观察，在北直隶一隅之地，聚集这多饷源无着的饥军，人人都须自寻出路，时时都可发生异动；在河南全部，充满了红枪会及豫军独立的运动；在湖南，粤桂军北伐日有发展；这三方面有一显著的成功，即令国民军不冲出，都足陷吴佩孚于更困难的境遇，倘四方面同时发展，吴佩孚只有退走天津。

吴佩孚失败了，现时奉、直对峙的混沌政局，才能解决，否则它自身决不能解决，日本帝国主义者所期望的由奉张控制北京政局是不可能的，因为奉张一时不便和直吴开战；至于英国帝国主义者所期望的由奉、直两党组织联立政府，使军阀政权得到一个稳定而巩固时期，以便做他们宰制中国更有力的工具，这也是不可能的，因为吴、张实际不能合作。

吴佩孚如果失败了，恐怕也和段祺瑞一样是最后的失败；此时日本帝国主义者必然力助奉张，或更用段，以与国民军及国民政府对抗，英国或与日本合作，或另寻出路。此时国民军及国民政府对奉党军阀及帝国主义之争斗，必更加复杂而剧烈，或至另外形成一种争斗形式，都不可知。所可知者，一方面，此时民众运动必然得着较大发展的机会，另一方面，中国军阀党又淘汰了一个，只剩下一个奉张，这是一定的变化。这种变化，是于中国人民有利的，所以人民应该努力促成此种变化。

可是现时一般商人及新闻记者，还未看见这种变化之可能性及其有利于人民，反而希望吴、张诚意合作，好形成一个苟安的局面。可惜他们至今还不懂得军阀间永远没有诚意合作之可能，希望军阀间的和平，完全是梦想，即现时奉、直对峙的混沌政局，已经是非常之苟安的苟安局面，而且不能持久，再进一步的苟安更是不可能的。可惜他们更不懂得军阀间果然诚意合作，则军阀政权较今日更为集中巩固，他们压迫剥削人民也较今日更加规模扩大，他们借款卖国助帝国主义者宰制中国人民也必然较今日更加肆无忌惮。只有军阀间因自相冲突而崩溃，或由人民及接近人民的军队之努力使军阀崩溃，人民才有生路；只有军阀崩溃，在接近人民的军事势力统治之下，强用军票，官绅票，毁坏交通，妨害商业，勒派公债，卖国借款，苛税，扰民等等，像此时反赤军所加于商民的苦痛，才能够免除，号为南北二赤的国民政府、国民军统治下的现状就是一个榜样。无论在反赤军阀对峙的混沌政局之下或反赤军阀诚意合作的政局之下，商民这些苦痛，都是必然不可免的事；所以商民希望军阀诚意合作巩固他们的政权；便等于希望埋葬自己的坟墓更加挖深，希望杀自己的刀更加磨快！

署名：独秀

《向导》周报第一五九期

1926 年 6 月 23 日

寸　铁

（一九二六年六月二十三日）

平民的中日亲善

虞洽卿说："鄙人此行，深觉日本人民及中等资本家均已有彻底觉悟，知中日亲善之必要，至尚未能完全明瞭者，则日本政府与大资本家。"我们不是国家主义的排外者，中日平民的亲善，本应十二分欢迎；可是帝国主义的日本政府与大资产阶级不倒，中日亲善终是一个欺骗政策不会实现的。我们所反对的正是帝国主义的日本政府与大资产阶级，而不是日本平民；我们只应对日本平民讲中日亲善，不应对帝国主义的日本政府与大资产阶级讲中日亲善。因为对帝国主义者讲亲善，直是"与虎谋皮"！

"友谊的态度来交涉"之结果！

北四川路的电车路，是上海租界工部局越界筑路之最著者，他们越界筑路筑到何处，警察权便随着越界行使到何处，这是何等不法的横暴行为，即依据不平等条约试问何约何条有此等横暴不法的特权之规定！最近上海警察厅派巡警到北四川路站岗，工部局赫然震怒，十六日领袖领事克银汉，淞沪商埠总办丁文江，交涉员许沅会商之结果，十七日遂将北四川路岗警撤退了，这就是孙传芳、丁文江所称"友谊的态度来交涉"之结果！

工人活命问题

　　近来上海米价贵至每担十七元五角有奇，还有将涨到二十元以上的消息，其他日用必需品势不得不随之日见昂贵，工人每月工资平均不过十二三元，教他们如何养家活命？为活命而要求加资而罢工，总算不得什么过激罢！有一班人以为工人因生活艰难要求加资，固属情理之常，而疲敝的工商业实受不起罢工加资的损失；殊不知穷苦工人除向厂主要求加资外，别无生路可寻，而厂主则可向外国帝国主义及本国军阀争斗，以救中国工商业之疲敝，不当专向穷苦的工人身上刮取。刮尽工人膏血，也抵不了所受帝国主义侵略及军阀之扰害之损失万分之一呵！

署名：实

《向导》周报第一五九期

1926 年 6 月 23 日

革命的上海

（一九二六年六月三十日）

人口超过二百万的上海，为全国工商业之中心，革命运动之客观的条件，它在全中国各大都市中是第一具足的了。所缺乏的是主观上的革命思想与意志。上海市民缺乏革命思想与意志之故，第一原因是由于帝国主义之资本势力，已经使上海市民"洋奴化"了数十年，尤其是上层阶级，如买办、洋货商、工部局海关职员、基督教青年会，以至于英美留学生出身之大学教授及教会大学之学生等：他们的民族观念，差不多被外国金钱势力毁灭完了；即至下层平民，都免不了崇拜洋人势力和买办地位的心理，不过他们比上层阶级的人们和外人较少直接利害关系，因此他们的原始排外观念，有时还能够在外人过分的欺压中表现出来。上海纯粹是个商场，从前除教会的奴隶教育外，很少本国的学校自己的文化（所谓自己的文化，是指中国人自己建立的自然科学、社会科学及美术、文学的教育而言，不是指什么东方文化与国粹），这乃是上海市民缺乏革命思想之第二原因。

欧战中，中国工商业得了一点发展的机会，于是上海在买办和洋货商以外，新生了一些纱业家、丝业家、航业家及国货商，和外国资本有了一些小小冲突；同时，德国、俄国的革命，使全中国人的心理起了一个大变化，上海市民自然也非例外，一时革新的潮流弥漫了全中国，革新的青年集中了上海，更集中到文化运动与平民运动。因此，上海市民，在客观上在主观上，都生了剧烈的变化，因此，自"五四"运动到"五卅"运动，上海市民遂由洋奴化，渐渐行向革命化了。

现时上海市民之革命化的现象是怎样呢？二十多万产业工人不但站起来要求生活改善和阶级的组织（工会），并且大规模地参加政治争斗。有很大数量的手工业工人和商业职工，也渐渐起来做经济的罢工，组织职工会，加入国民党，且不满意于国民党中的右派，他们参加五卅周年纪念运动，其热烈并不在产业工人和学生之下。学生大部分是革命的，虽然有少数国民党右派和国家主义派从中消极的怠工或积极的捣乱，终以学生群众倾向革命，他们尚无法破坏学生的战斗总机关——上海学生联合会。中小商人因外国帝国主义、本国的苛税杂捐及大商企业这三种压迫，也渐渐倾向革命：如不满意于总商会的妥协态度，反对北京军阀政府牺牲关会与五卅案交涉借款卖国，反对北京军阀政府以烟捐向英美烟公司抵借巨款，反对卷烟税，反对军阀破坏闸北自治，反对宅地税，反对省政府停止土布免税，反对闵库增设烟酒令卡，反对省政府增加米捐，反对房捐带征保卫团经费等，都充满了怨愤不平的呼声。至于反对中外官厅护庇烟土，反对增加房租，要求抑平米价，更成了一般平民普遍的运动。最近浦东塘桥乡，竟因巡警征收门牌费，惹起了数千人的暴动。

以上各阶级的民众，即是上海市最大多数的民众，都已经脱离洋奴化，而有了政治的觉悟了。

大商阶级是怎样呢？他们的大部分还留在买办阶级的领域，

代表他们的是上海总商会。上海总商会和代表上海教育界贵族的江苏省教育会，是上海市两个反动势力的总机关。大商阶级中，近来虽然有了少数反对派倾向，如虞和德、霍守华等，然而他们当中的不同，只是多数派乃纯粹买办阶级性，无条件的和帝国主义及军阀合作，少数派稍带一点民族资产阶级色彩，须有条件的和帝国主义及军阀合作。他们对于工人运动也有不同的态度，多数派绝对仇视工人运动，少数派想拿一点改良政策利用工人，以爱国名义为他们对帝国主义要求利益而牺牲，并且主张工人不必有自己的组织。此次总商会选举，多数派得了完全胜利，他们今后和帝国主义者比虞和德时代更要亲密地合作。

大商阶级，在上海民众中虽是少数，而实力却颇雄厚，可以做帝国主义及军阀有力的工具，因为他们掌握着财政金融机关和舆论机关，并且有武装队（保卫团）。因此，在上海市民的民族运动中有一个严重的问题，即是：或者由革命的工人阶级领导此运动，一直行向革命，以至完成全中国的民族解放；或者由妥协的大商阶级势力影响一切民众，渐渐回复到从前"洋奴化"的上海。

凡是一个革命家，固然不应因抱悲观而至于看不清革命的环境，然亦不应过于乐观而至忽视革命环境中每个危险，更不应由乐观而至于夸大自欺，陷于超过实际可能之推测。大商阶级之妥协，有意的或无意的背叛民众出卖民族利益，这是革命的上海之最大暗礁，在民族运动之长期争斗中，此暗礁时时都会发生危险。

上海是全中国工商业之中心，亦即一切帝国主义者侵略中国之中心，同时更是中国中部长江流域精华所萃聚，亦即英国帝国主义者势力范围之根据地；从前太平革命势力一达上海，英国即举全力与之决死斗，今后中国对于帝国主义的争斗，在上海也须比任何地方有更长期的争斗。帝国主义在上海的失败，乃是他们在中国之最后失败；中国民族在上海的胜利，也是我们对帝国主义之最后胜利。在这困难的长期争斗中，妥协的大商阶级势力有更多更大发展之机会，可是我们也并非幻想能够马上一举而获得最后胜利，不妨得寸思尺的逐渐获得胜利，逐渐革命化，逐渐摇动帝国主义者在华势力之基础；唯必力避大商阶级之危险的暗礁，即"中外合作"之幻想，方不至由现在革命的上海，行向从前洋奴化的上海！

孙传芳、丁文江要的是"大上海"，我们要的是"革命的上海"，因为洋奴化的上海越大越糟。

署名：独秀
《向导》周报第一六〇期
1926 年 6 月 30 日

寸　铁

（一九二六年六月三十日）

国民党右派与赵恒惕

上海《新闻报》二十二日长沙电："国民党部已启封，二十一日又升旗，覃振随赵回湘，右派国民党部亦重整旗鼓。"这一短电使我们有两个感想：一是国民党中真有右派这一个事实，已是社会所公认的了；二是右派国民党竟和吴佩孚的爪牙赵恒惕合作了！

刘芦隐与张君劢

据大华通讯社消息："上海工业委员会，鉴于迩来上海工潮，起伏无常，特函邀热心工业人士张君劢……刘芦隐……等，订于本月二十五日假座福州路中央西菜社讨论消弭工潮方法。"这或者是右派国民党和其多年敌党研究系，共同进攻工人的联合战线之初幕。这些民党和研究系的老爷们，他们讨论消弭工潮时大吃其西菜，他们忘记了工人连饭也没得吃啊！

国民党右派与陈炯明

国民政府讨伐陈炯明，得了东江农民不少的帮助，农民在战争中牺牲了五百多人；现在国民党右派却在中央委员会议席上攻击农会是土匪，陈炯明闻之当大称快！

美术家再往何处遁？

中国自古就有一班人，一方面不肯同流合污，一方面又不肯奋斗，于是逃禅或隐遁是他们的出路。现在生活艰难，连逃禅隐遁都非易事，于是这班人便想逃遁于科学、美术，以为如此一遁，强权当无如我何了。不料强权仍找着了他们！上海县知事禁止美术专门学校不良科学（人体模特儿），孙传芳斥刘海粟校长："不顾清议罔识礼教"。且看大美术家刘海粟再往何处遁？

崇拜曾左罗江的国家主义者

从前听说曾琦、左舜生自比曾左，我以为是别人轻薄他们的话，他们何至如此下流！不料曾琦现在竟用曾国藩家书给学生做国文教科书；他又说："予则深信罗泽南、江忠源之遗风，必犹有存而未泯者，湘士多才，幸共勉之！"（见《醒狮》第八七号）他们真是这样崇拜背叛民族的满清奴才，他们便有勾结现在的戈登、华尔破灭中国民族革命之可能，他们还谈什么民族主义、国家主义！

国家主义的政纲

反赤派首领章炳麟尝电请吴、张讨平南北二赤，北赤是冯玉祥，南赤就是蒋介石。现在反赤派的小卒李瑢卿（李是醒狮派，该派曾加入反赤大联合，曾琦在反赤大联合开会时，发言之多，不亚于章炳麟），却来劝南赤蒋介石"一刀两断用武力铲除共产党人"（见《醒狮》八七号），可见他们的计划是：用南赤铲除共产党人，再用军阀铲除南北二赤，把中国所有革命势力铲除净尽，好让英、日、吴、张长治久安地宰割中国。这就是他们国家主义的政纲！

可以靠外力替我们革命吗？

我们以为中国民族运动绝对拒绝外力援助，是个错误；然而想靠外力直接出头替我们打战，那更是个错误。因为中国民族解放运动，究竟要我们自己负起责任来干，外人援助我们则可，外人代替我们来干则不可。可是醒狮派一面反对苏俄援助中国革命，一面又说：苏俄"海军无实力，航空不见佳，陆军不可靠，我们要想靠苏俄去打英、美、法、意、日五大强国，真是梦想!"如果苏俄有实力，我们便可以靠他替我们去打战么? 他们真是两个错误同时并犯了! 张溥泉责备苏俄不肯出兵由蒙古攻打北京是无诚意援助中国革命，这和醒狮派是同样的错误。

署名: 实

《向导》周报第一六○期

1926 年 6 月 30 日

论国民政府之北伐

（一九二六年七月七日）

北伐的意义，是南方的革命势力向北发展，讨伐北洋军阀的一种军事行动，而不能代表中国民族革命之全部意义。在此时北伐声中，我们若不懂得这个意义，便会发生许多错误的观念及行动。

中国民族革命之全部意义，是各阶级革命的民众起来推翻帝国主义与军阀以自求解放：全民族经济解放，尤其是解除一般农工平民迫切的困苦。北伐只是讨伐北洋军阀的一种军事行动，还说不上是和帝国主义者直接的武装冲突。这种军事行动，对于推翻军阀确是一种重要方法，然亦仅仅是一种重要方法，而不是唯一无二的方法；在军阀统治之下的民众，若误认北伐是推翻军阀解放人民之唯一无二的希望，遂至坐待北伐军之到来，自己不努力进行革命工作，这便是大错。这便和前代人民仰望吊民伐罪的王师是一样，完全失了近代革命的意义。再论到北伐军之本身，必须他真是革命的势力向外发展，然后北伐才算是革命的军事行动；若其中夹杂有投机的军人政客个人权位欲的活动，即有相当的成功，也只是军事投机之胜利，而不是革命的胜利。至于因北伐增筹战费，而搜刮及于平民，因北伐而剥夺人民之自由，那更是牺牲了革命之目的，连吊民伐罪的意义都没有了。

现在广州国民政府之北伐是怎样呢？在第一点，他自然还不是直接的和帝国主义者武装冲突。在第二点，广东以外的各省人民，确有坐待北伐军到来之幻想。在第三点，我们敢肯定的说，现在国民政府之北伐还不是由于革命力量膨胀而向外发展，乃是因为吴佩孚进攻湖南，国民政府不得不出兵援湖南以自卫。在第四点，国民政府之北伐战费，应该发行军事公债，向绅富筹募，如果因北伐而预征钱粮和抽收赌捐，向农工平民搜刮，不但当年中山先生不曾因北伐搜刮平民，即现时唐生智在湘南，军费并不比广东宽裕，他只发行殷实公债，而未向农民诛求，国民政府对农民政策总不应该比唐生智不如。国民二军之溃败，对农民政策之失策乃是最重要的原因；近来国民政府对农民的态度，已经使农民怀疑，若再因北伐战费而预征钱粮和抽收赌捐，若更进而剥夺广东革命的民众从护法政府以来所获得的些少自由，反而给予反革命的买办、土豪、贪官、奸商以充分的自由，则我们在野党应该向政府严重劝告，必须北伐与民众利益双方兼顾，如此才能巩固国民政府。

在上述情形之下，所谓革命军事行动的北伐，现在尚未成问题；因为在国民政府内部的政治状况上，在整个的国民政府之实力上，在国民政府所属军队之战斗力及革命的意识上，都可以看出革命的北伐时期尚未成熟。现在的实际问题，不是怎样北伐，乃是怎样防御，怎样的防御吴佩孚之南伐，防御反赤军势力之扰害广东，防御广东内部买办、土豪、官僚、右派响应反赤。

帝国主义者早已定下了吴、张分途讨灭南北二赤的计划，如此英吴日张分据南北，才能和缓他们当中的冲突；现在英吴对日张在北方既不能不大大让步，则吴佩孚南下进攻广东，无论对国民军作战胜败，都必得张作霖之援助而实行。吴佩孚一回汉口，必以全力取湖南，再由湖南进攻广西，届时动摇不定的小军阀如赣邓闽周，都必然决定态度，奉吴令一致向广东进攻；不但如此，还有香港帝国主义者封锁于外，陈林魏邦平旧部，勾结土匪、土豪、官僚、买办，扰乱于内；如果竟至如此，国民政府能否支持下去，当然是一个严重的问题。并不是我们神经过敏，这样危险的局势，实已迫在目前，丝毫不容我们忽视。

所以现时国民政府的职任，已经不是北伐而是"防御战争"，广东民众的口号，也已经不是北伐而是"防御战争"，全国民众的口号，也已经不是响应北伐而是"拥护革命根据地广东"！

将陷于四面围攻的国民政府，他的领袖们，应该和衷共济，尤其要尊重人民的自由与权利（革命军正为此和军阀战争，也就是革命军和军阀不同之一点）。使人民心悦诚服地和国民政府合作，以战胜此困难，使此困难不但不能覆灭国民政府，转而能够锻炼国民政府领袖及其军队和一切民众的革命意志与战斗力，然后再汇合全国民众革命的势力，进而北伐，才能够以革命的北伐力量完成国民革命。

署名：独秀

《向导》周报第一六一期

1926 年 7 月 7 日

寸　铁

（一九二六年七月七日）

赤化过激都是国粹

孙传芳前曾说："现在社会有什么过激主义和工会，其实这名词已发现三千年前了。"现在吴佩孚在怀仁堂宴会又说："赤化之源，为黄帝时之蚩尤，以蚩赤同音，蚩尤即赤化之祖。"好一个国学大家吴佩孚以高邮派考古方法，发明了赤化即蚩尤的后裔，如此赤化也算是国粹，而与新名词所谓红党无涉了。直系军阀不但有两次战功，八省地盘，新近又加了一次战功，发明了两个国粹，他们真是文武全才！

丁文江第二次"友谊的磋商"之结果

熊希龄于赴拒毒会欢迎途中，被会审公廨美国会审官派西探拘去，当时丁文江钟可托向西探说："今日拒毒会开会欢迎，有事可待会后商量。"西探回答说:"我必须现在逮捕他。"这是丁文江在上海第二次"友谊的磋商"之结果!

署名:实

《向导》周报第一六一期

1926 年 7 月 7 日

帝国主义者最近在上海之暴行

（一九二六年七月十四日）

帝国主义者对于中国民族，除了经济的政治的侵略之外，还有一种侮辱的强暴行为，也使中国人十分不能忍受。别地方的事，从前的事，且都不论，那最大暴行五卅惨案如"五卅凶手供伏"中美国人所自述者也都不论，现在只就最近在上海所发生的几件事看来，件件都足使每个中国人发指眦裂，只要他不是毫无心肝的洋奴！

第一件事，是六月廿三日上午四时，公共租界工部局电气处炉子间夜班工人闻宝章，因工作疲乏出而饮茶，事为西监工斯考毕（Scabie）撞见，当即在背后怒掌其颊，并痛击其背，该工人惊惶之余，且避且退，比及梯畔，适被迫及，复又拳足交加，卒至重跌于高及四丈余之梯下棚格中（即储煤之坑）；斯氏见其已不能伸动，乃令俄工拽之以出，用自来水激射历四小时之久，始稍苏醒。当时有日班工人徐梅元、沈兰东、王阿阳三名目击出而作证，以鸣不平。讵知厂长非特不归咎于斯考毕氏，反谓该工人等之言俱属诬枉，且指责该班头目孙恒足谓其不能管理工人，当场一并开除。按斯考毕平日对待工人稍有不合即施毒殴，被殴者莫不负伤垂毙，如闻宝章前已被殴过一次卧床十三日，即可证明。第以势力薄弱之工人从不与较，怎奈让者愈让，而彼之残酷手段，屡施无忌。近更益逞其凶暴野蛮之行为，竟置工人之性命于不顾，以致演成此次之惨剧。全厂工人因此大愤，群起向厂方提出下列之要求：

（一）开除凶手斯考毕；

（二）抚恤被伤者医药费；

（三）恢复四证人工作；

（四）以后不准英人毒打工人；

（五）以后不准借故开除工人。

全上海各报无一家敢登载此事，连关于此事的广告都一律拒绝登载。上海总工会拟于二十七日，在该会会所召集各团体代表大会，讨论此事，帝国主义者便命令中国官厅将总工会封闭了！此事不但表示帝国主义者之暴行，而中国官厅仰承外人意旨漠视民命，及中国新闻界之怯懦畏事，均足令外国人笑，令中国人愤！

第二件事，是荷属南洋巴达维亚华侨温庆贤，于去年回国，近由上海会审公廨于六月二十一日，从南京将其提到上海，并且荷兰总领事还要引渡归彼审理。查温庆贤生长中国，父母均是中国人，虽在巴达维亚经商多年，而并未入荷籍，去年回国系用中国护照，回国后也未曾在荷兰领署注册，即现在上海荷领因受巴达维亚荷官之托，使会审公廨出票移提，票内亦注明系拘捕中国人民温庆贤，因被告若非中国人，便不属公廨管辖。因此，此案当然归公廨审问，断无引渡于荷官之理。荷属华侨受荷官虐待，真是苦不尽言，现在更进一步，来到中国领土之内拘捕中国人了！横暴的荷领事，竟要在中国境内拘捕中国人！糊涂的公廨中国会审官，竟不向荷领抗议引渡审理中国人民！

第三件事，是熊希龄之被捕。湖南华昌矿务公司董事熊希龄，曾经辞去一切董事名义，并登报声明过；公司闭歇后，尚欠美国工程师怀德薪金若干，现在熊氏来到上海，公廨中美国会审官派克思，竟据怀德之请求发出拘票，于六月二十八日下午四时，将熊氏在赴拒毒会欢迎会途中拘至公廨，要求熊氏交出保证金三十万两。熊氏被迫登车时，当由丁文江告西探：今日拒毒会开会欢迎，有事可待会后商量；该西探坚称立须逮捕，丁文江等遂陪熊氏同往公廨，直至晚九时，始由江海关监督以一万两保证金保出。公廨受理此案及出票拘捕手续，不用说理由都不充足，分明是美国会审官滥用职权，有意为他们的工程师来侮辱中国绅士一下。绅士尚如此被侮辱，中国平民又当如何？丁文江是华界最高行政长官，对此案不立刻依据职权向美国领事提出严重抗议，竟取"友谊的磋商"之故智，忘了自己的身份，陪熊氏同到公廨，形同被捕，以取侮辱。被此侮辱的不是丁文江个人，而是淞沪商埠总办呵！

第四件事，是沪商协会于本月一日，在岭南楼菜馆开筹备会议，正将开会时，西捕蜂拥而入，一面喊问你们在此做什么？有多少广东人？一面大挥拳棍打人，将会打散了。各报记载此事，只说"派捕禁止"，而不敢说被捕打散。租界禁止华人集会已经是横暴了，正经商人集会竟被西捕打散，这乃是第一次！并闻捕房此次加于沪商协会之暴行，乃由于新改选的总商会中人所嗾使，因为他们疑心协会是粤商霍守华主动，所以西捕问有多少广东人。

在此小小四件事中，帝国主义者对中国人是如何横暴侮辱，中国代表买办阶级的总商会是如何卖国自残同类，官僚是如何昏聩误国，新闻界是如何畏怯不能代表舆论，都一一充分地表现出来了！

署名：独秀

《向导》周报第一六二期

1926 年 7 月 14 日

答张人杰、符琇、黄世见、冥飞

（一九二六年九月十三日）

张人杰、符琇、黄世见、冥飞诸先生：

诸先生对于鄙人前作《论国民政府之北伐》一文，有所辩难，以抱病久未奉答，歉仄之至。诸先生意见大致略同，所以现在一并奉答；病后体弱，恕不能详。在答复诸先生示教之先，谨将鄙人前文要旨略重述一下。第一个要旨是警告国民政府统治以外的民众，第二个要旨是警告国民政府的当局。警告民众的是：不可专门依赖国民政府北伐得到解放，各地民众应该自己努力做推倒军阀统治的运动，至少也要摇动当地军阀的统治地位；各地民众若不自起奋斗，专门坐待北伐军之到来，便是极大的错误。警告国民政府的又有二义：一是不可把北伐看得太神圣了，因为他是神圣事业，遂不惜牺牲民众利益，民众若自愿为北伐而牺牲利益，那是可以的，若政府当局拿神圣北伐的大帽子来压住民众，硬要牺牲他们利益，这便大大地失了北伐之真实的意义了（至于北伐名义不妥当如本报读者于枫冷先生所云，还不是重要问题）；二是不可主观地把此次北伐看得太夸张太奢望了，现时民众的组织势力上，在国民党指挥政治、军事之党的权威上，在国民政府所属军事的内容及实力上，这些客观的状况看起来，此次北伐始终只能是防御战争，是防御反赤的北方军阀势力希图消灭南方革命势力的战争，真正完成国民革命的革命战争，还要待今后有充分准备的，第二次北伐、第三或第四次北伐，不看清客观上的实际情形，专凭主观妄自夸大，或希望速成侥幸图功，这决不是意志坚强的革命党人所应取的态度，而且会偾事。这些实际情形，这些革命北伐的意义，在革命的责任上，我们不得不公开地普遍地告诉全国民众及一切革命派的同志，免致误入迷途，决非对于一二人"函电相绳"可以济事的（像诸先生都不了解，竟来函辩难，恐怕除诸先生之外，不甚了解的还有多人，即此更足证明非公开地普遍地讨论不可了），更不是什么"翘此以为报章快心之谈"，因为民众的力量还未充实，国民党、国民政府、国民革命军本身又还有许多缺点，使国民革命一时不能急切成功，正是我们痛心的事，不应该是我们快心的事！

你们说："出师北伐，廓清军阀，虽非国民革命之全部工作，实为国民革命之唯一先著也，凡在革命旗帜之下，同抱打倒帝国主义目的者，对此惟一先著，应无异议，足下更何忍加以攻击乎。"我前文曾说过："北伐是讨伐北洋军阀的一种军事行动。"在此等军事行动之先，应该以充分的民众宣传与组织为先著，现在你们仍旧以出师北伐为国民革命之唯一先著，你们这种军事行动万能的老观念仍然丝毫未改，怎不令人失望！军阀是帝国主义的工具，抱打倒帝国主义目的者，当然主张要打倒军阀；但我们对于出师北伐是否国民革命之唯一先著，对于怎样出师北伐，和你们都有不同的意见，你们一闻不同的意见便以为是攻击，你们这不受善言的老脾气也仍然丝毫未改，更是令人失望！

你们说："北伐军之性质程度及平日之训练，当为足下所素知，尊著乃对于北伐军出师，糊涂闪烁加以投机权位之恶名，使民众而尽闻足下之言，且以足下之言为可信，其影响所及，足下曾一计之乎？"你们当知：现在所有的北伐军之性质程度及训练，是不是同等的，是否含有投机权位分子，即训练最好之党军现在是怎样，你们倘不要求我详细指陈，我姑且不必多说。你们又当知：民众只认识事实，当看北伐军的实施政策为向背，任何人空口说好话都是无用的；并且我们固然应该引导民众赞助北伐军，然而一概蒙蔽民众欺骗民众，每个革命党人都不应如此。

你们说："至于因北伐而筹款，为此间不得已之办法，足下固诏此次出师为防御之战者，则寇盗在门，岂容偃息，塞井夷灶，尚非苛政。政府以不忍人之心，筹不得已之款，兢兢业业，未尝稍弛，足下如能来此一游，必知真相。乃据远道传闻，遽施攻击，且施攻击于北伐中与贼相持之时，实此间同志所惶惑不解者。"既然出兵，自必要筹款；然不筹之于殷富，不筹之于官吏中饱，而摊派公债预征钱粮及于小商贫农，且有恢复赌捐之议，好一个不得已之办法，这都是远道传闻吗？并且你们自己公然说："因增筹战费而及于平民是事实上的要求。"又说："广东农民困苦，负担太重，这是革命过程中不能避免的事实。"既然是事实，又何以说是远道传闻呢？总之，你们的责任是在力求与贼不同，并不是于北伐中与贼相持之时力拒任何忠告！

你们说："尊著中对于国民政府的政治实力及国民革命军革命一概加以否认，且因此否认此次出师之为革命，尤近于臆断。"在一般意义上，不但现在的国民政府和现在的出师北伐是革命的，就是以前杨、刘讨伐沈鸿英，讨伐商团，在客观上都是革命的；有许多人以为此次北伐的内容虽然有些缺点，而北伐军所占的地方，总比吴佩孚要好些，这个事实，除了帝国主义及军阀，无人能够否认。然而我们以为这样观察批评国民政府及其北伐军，与其说是恭维，不如说是轻蔑；因为凡是尊重国民政府的人，应该要求他有高度的革命性。事实是怎样呢？中山先生拥护农工利益联俄联共，此革命政策，都几乎推翻了，现时还在推翻的运动中，北伐总司令部成立后，国民政府几乎是无形取消了，北伐期中限制人民自由的什么条例几乎颁布出来了，什么"因增筹战费而及于平民是事实上的要求"，什么"农民困苦负担太重这是革命过程中不能避免的事实"，竟成了政府党人口中革命的理论，这样来革命，其结果怎样呢？

你们不相信"一种军事行动不能代表中国民族革命军全部意义"，又不相信"这种军事行动对于推翻军阀不是唯一无二的方法"，这两层上文已经答过，兹不重赘。

我说："北伐的意义是南方的革命势力向北发展讨伐北洋军阀的一种军事行动。"这是泛论北伐这一名词之本身的定义。我又说："再论到北伐军本身，必须他真是革命的势力向外发展，然后北伐才算是革命的军事行动。"这是特论北伐军这一行动必须合乎北伐的定义。这并无所谓冲突处，难道这样浅显的文义你们都看不懂吗？

你们又不相信"近来国民政府对农民态度已经使农民怀疑"之说，广东之五华、中山、花县，广西之东兰、平南、怀集等处农民，被驻军县官蹂躏的事，你们不知道吗？中央党部中，国民政府中，都有人大喊农民协会是土匪，你们听不见吗？这样怎令农民不怀疑！

你们要问北伐时期成熟的标准吗？在内须有坚固的民众基

础，在外须有和敌人对抗的实力，民众的暴动已经非有充分的准备不可，何况国民政府的北伐是有一定领土的政府正式出兵？

你们以为我说讨伐军阀还不是直接和帝国主义者武装冲突，这是我没有把帝国主义与军阀关系弄清楚；我们知识浅陋，一向不曾把军阀与帝国主义之间的关系弄清楚，只知道国民党右派是帝国主义的走狗，还不懂得军阀也是帝国主义的走狗，承教至为感谢！

你们既然承认北伐将领有打避疫针的必要，却又提议用别种方法。用别种什么方法呢？或者是讳疾忌医，不肯打针，还是去烧香打醮罢！

你们不以我说"必须北伐与民众利益双方兼顾"的话为然，而主张"革命政府下的人民应该尽一点义务"、"因增筹战费而及于平民是事实上的要求"，既然如此，便不必责我"乃据远道传闻"了！

你们断定在军阀统治下的民众不能起来造成革命的势力，又感觉得"稍一动作即遭通缉捕杀的祸患"，如此诚然是危险呀，大家坐等着候北伐军打来罢！

你们对于我这个答复，如果还有不满意的地方，尚望再赐教言，我们是不拒绝异议的。

独秀　九月十三日

《向导》周报第一七一期
1926 年 9 月 20 日

我们现在为什么争斗？

（一九二六年九月二十五日）

民国十五年，几乎年年有战争，大家厌恶战争，希望和平，这是当然的事。可是战争决不是仅仅由厌恶而可去的，和平也决不是仅仅由希望而可来的；必须经过几次有主义有社会目的之战争，来去掉那无主义无社会目的之战争的源泉，然后战争可止而和平可期，否则终于混战而已。

现在的战争，是不是有主义有社会目的之战争呢？我们可以坚决地肯定它是有主义有社会目的之战争。自从吴佩孚出兵讨赤护宪到国民政府北伐，这八个月以来的战争，不但国民政府、国民军方面有主义有社会目的，就是奉、直军方面在客观上也有他们的主义他们的社会目的，和以前个人的一党一系的直皖战争、直奉战争，确是不同。

这八个月以来的战争，在表面上固然也可以说是赤与反赤之战争，但更科学些即更实际些观察起来，乃是中国半封建势力与民主势力之战争。不但两方直接战争者其性质如此，即关系两方之社会势力，亦显然分成两大营寨如下表：

半封建派（反赤的）：	民主派（赤的）：
奉直军阀	国民党及国民政府
官僚	国民军
洋行买办	农民
大学教授	工人
地主土豪	学生
交通系	有政治觉悟的工商业家
安福系	中小商人
研究系	共产党
联治派	共产主义青年团
国家主义派	语丝派创造派等文学家
复辟派及新社会民主党	
老民党	
各种宗教徒	

这两派的营寨旗帜都很鲜明，其争斗亦日趋剧烈，很少有中立之余地；只有研究系一派人，还常常装出中立的态度，最近他们的张君劢，于吴淞政治大学开学日演说："目下时局，不论谁胜谁败，吾人殊无过问之必要。"其实，他们一向站在清室、袁世凯、段祺瑞、曹吴那边，拼命和民主派作对，吴佩孚、齐燮元之盛时，他们却大过问而特过问，张君劢曾亲身出力拥护曹宪，丁文江也做了孙家的官，他们的大将蒋方震，从去年为吴、孙奔走，一直到现在不曾停蹄。他们的机关报说："吴之力不足自救，东南以力分又不足以剪灭当前之大敌，虽有强援焉，而不可以为吾用……若其不幸而有所挫败……"（见九月二十日《时事新报》时论）曰"吾"曰"不幸"，这分明是站在吴、孙那边说话。他们的机关报又说："我并不相信，什么国民革命，而且

我更不能承认国民革命可以完成。"（见九月二十一日《时事新报》时论，这篇论文起首却说："现在国民革命正举行之时，我们若是发国民革命没有成功的可能的话，即不是受了帝国主义的唆使，亦是反革命者的鬼蜮。"这几句自相矛盾的话，分明是痛骂他们自己。）

国民革命包含着民族革命民主革命两个意义，也就是打倒外国帝国主义和国内半封建势力这两个意义。他们既不相信有什么国民革命，更不能承认国民革命可以完成，那么他们主张怎样呢？难道他们主张向前社会革命，当然不会，当然他们是主张向后仍旧由帝国主义扶助中国的半封建势力统治中国。因此，我们把研究系也列在半封建派之内，总不至于不符事实罢！

现在分明是半封建和民主这两派势力的战争，所以能够肯定它是有主义有社会目的之战争，而不是无主义的个人的或一党一系的目的之战争。因为此次战争若仍旧是奉、直军阀的胜利，不用说中国仍旧脱不了外国帝国主义和国内半封建势力之统治；胜利若归诸国民政府、国民军，至少我们能够渐渐走上对外民族独立对内建设民主政治的道路，再至少我们总可以大大地发展走上这条道路的运动。一切半封建势力，都是中国民族走上这条道路的障碍物，这些障碍物不搬开，中国永世不会有进步，所以我们坚决地毫不游移地现在要为这个目的而争斗，即一切民主派为实现民主政治对于半封建势力之争斗；这个争斗也就是此次八个月以来国民军、国民政府对奉、直战争之社会目的。

这个争斗在中国是一定需要的，本来不成问题，虽研究系的人也不是有意造谣。最近研究系的机关报（九月二十一日《时事新报》时论）说国民革命成功必然发生两个问题：（一）信仰无产阶级专政的列宁党，将与国民党左派争政权；（二）赤俄必定帮助列宁党战胜国民党左派，将中国设为他的赤塔共和国来主持中国的一切事业。研究系这班人，一向是替帝国主义军阀信口造谣来攻击中国共产党和苏俄的，现在眼见吴佩孚被北伐军打败，气昏了，更要失神的无端狂吠了！列宁党应该信奉列宁主义，主张彻底的民族自治，反对强大民族压制弱小民族，本是列宁主义要素之一，中国共产党若希图中国归苏俄统治，这简直是卖国党，而不是什么列宁党了。至于国民革命成功，共产党便要与国民党左派争政权，这也是不会有的事。共产党取得政权，乃是无产阶级革命时代的事，在国民革命时代，不会发生这类问题。马克思主义列宁主义的共产党，他们是科学的社会主义者，而不是乌托邦的社会主义者，他们最懂得历史各时代之革命的理论与政策的：他们懂得中国的历史和经济状况，现在还是国民革命时代，而不是无产阶级革命和专政时代，现在不但资产阶级需要民主政治，即无产阶级亦需要民主政治，或者比资产阶级需要民主政治更为迫切；因此，我们敢说：在国民革命的争斗中，中国共产党是不会有向左超过民主主义的倾向的，或者有时比国民党左派分子一时浪漫的说话还右一点也难说。我们还敢说：即国民革命成功后之建设时期，也必然是革命的民主的民众政权，而不是无产阶级专政，并且还不是工农政府；在那时革命的民主的民众政权之下，中国的资本主义当然要发展起来，也只有到那时，真正中国的资本主义才能够自由发展。我们不是乌托邦的社会主义者，决不幻想不经过资本主义，而可以由半封建的社会一跳便到社会主义的社会。不过那时的中国资本主义，已经过国民革命的洗礼，已经是民族的民主的资本主义，他的发展影响到全民族的经济生活，和研究系这类人所要的资本主义——"不要民族革命，不要民主革命，不经过国民革命的洗礼，只由半封建势力下之军阀官僚买办，结托帝国主义，在中国发展道威斯式的资本主义"——相差甚大。

在后一问题，前表所列民主派的各社会成分，民主化的程度虽不齐一，而根本上都是站在民主的战线上和半封建势力争斗的。我们为稳固充实民主战线起见，不得不向正站在民主主义旗下和军阀血战的国民政府与国民军，要求他们更高度的民主主义化：第一，他们应该在思想上抛弃仁爱、爱民、保民、救民这类论调；仁爱、爱民、保民、救民，这都是封建时代圣君贤相的所谓仁政，真正民主主义者，应该走到人民中去，引导人民自己奋斗，不应该高居人民之上、来爱他们保他们救他们！第二，他们应该在行动上抛弃封建时代军事专政的万恶制度，他们政权所及之地，务须使该地方政治尽可能的民主化；而且在事实上，贪官污吏是中国政治之致命伤，只有政治民主化可望救济，军事专政正是贪官污吏藏身之所。第三，他们政权所及之地，应该和农民合作，惩治贪官污吏、劣绅、地主、土豪，而不应放任贪官污吏及驻军勾结劣绅、地主、土豪蹂躏农民；因为农民是国民革命中主要的广大民众，劣绅、地主、土豪乃是半封建势力之真实基础。只有他们自身这样更高度的民主化，才能肃清民主派内部的封建余毒，才能稳固充实民主的战线，才能保证民主派的胜利。

研究系这班人，在表面上或不敢公然反对民主政治，实际是反对的。他们否认国民革命可以成功，否认国民会议可以召集，否认商会、农会、工会、教育会、学生会可以代表人民，一切都否认干净了，不看见他们于这些消极的否认之外，有什么积极的主张。他们积极的主张，不用说就是照旧由半封建的军阀统治中国，更好是由有两次战功、八省地盘的直系统治中国，最好是袁世凯复活来统治中国，好用他们来组织所谓"第一流内阁"。我们现在为打倒半封建势力而争斗，为实现民主政治而争斗，不但要用枪炮和半封建的军阀争斗，还要用笔舌和反民主主义的研究系这类政客争斗！

署名：独秀

《向导》周报第一七二期

1926年9月25日

寸　铁

（一九二六年九月二十五日）

丑哉和平运动！

和平是人人所希望的，真正的和平运动更是不应该反对的；可是奉直联军急攻国民军之时，吴佩孚对湘、粤大张挞伐之时，都无人出来运动和平，独当北伐军急攻武汉之时，南北巨绅都应时而出，主张和平，仿佛和平运动也算是北洋军阀一种武器，危急时也用得着。孙传芳只想保境安民时，上海和平运动之声大起，孙传芳想进兵攻取湘、鄂时，上海和平运动便沉寂，现在孙传芳军事失利，上海和平声浪又高起来了。月薪千元之孙传芳的高等顾问蒋伯器出来号召和平，几扎蹩脚绅商跟着他跑腿，这种和平运动，岂不丑哉！张一麐君老矣，何苦也出来跟着献丑！？

好一个有弊而却公道的治外法权！

美国驻华公使马慕瑞近在上海美国人招待会说："治外法权

乃一种苟且之计，但此时实属必要之物，明知其弊，而实不能去之……因此权一去，公道被危。"平心而论，治外法权在中国人自然恶其有弊，在外国人自然觉得是必要之物而且公道，倘一旦这种"公道"被危，英国领事便不能在青岛护庇杀害德国人的凶犯，日本领事也不能在上海护庇打死陈阿堂的凶犯了。这种公道在帝国主义者欺凌中国人的作用上诚属必要之物，可恨赤俄竟不感觉其必要，竟在中国把这种"公道"抛弃不要，所以有些人痛恨苏俄起来反赤！

张宗昌的亲口供状

张宗昌对济南各界代表说："并闻党军实行共产共妻主义，不论公私房地，执行没收，各地稍有财产者，党军概强迫勒捐，或将全部财产，全数没收，归公之产，作三三四三股分派，以三成充党费，三成充战费，其余四成则入私囊，沿线所掳之妇女，悉遭奸淫，惨不忍闻；又其出兵之际，即印就中央银行钞币二万万张，强迫地方行使；现湖南至汉口一带，均强迫行使此项纸币，贻害人民，凡此种种惨无人道之罪恶，罄竹难书。"张宗昌这一篇谈话，若将其中"党军"改为"奉联军"，"中央银行钞币"改为"军用票"，湖南至汉口一带改为济南至张家口一带，再加枪杀新闻记者一项，便是张宗昌的亲口供状。

国家主义者哪里去了？

万县最大屠杀事件出来以后，全国悲愤，无论新旧党派，都一致奔走号召，反对英帝国主义之横暴，独有一向自称外抗强权的国家主义者，不知道哪里去了？国家主义者的大首领多半是四川人，现在强权屠杀到他们的家乡了，他们再不出来抗一抗，他们的血也未免太冷了！

署名：实

《向导》周报第一七二期

1926年9月25日

帝国主义者对待中国人之态度

（一九二六年十月十日）

帝国主义者对待中国人之态度，历来是把中国人当做未开化的蛮族看待，动辄开炮轰击，以快其意，以遂其欲求，以为无论有理无理先打死他们几个再说，他们最怕的是大炮，大炮打死了他们，我们便有了理了，他们的酋长也就屈服了。帝国主义者，对待中国人这样的态度，简直与对待非洲和南洋各处未开化的蛮人生番一样，对待半开化民族都不至如此。

自鸦片战争到万县屠杀，英国这种炮舰政策，便是一切帝国主义者对待中国人之代表态度。

万县屠杀之起因，是由于最近英轮在川江一连任意撞沉了中国官船七只，淹死的军官、兵士前后共计七十七人，杨森派兵一队向英轮交涉，反被英轮缴械，杨森遂将英轮二只扣留。英国帝国主义者是怎样办法呢？他是不曾和杨森交涉，而马上采用炮舰政策，开炮轰击万县城。其结果怎样呢？英国人自己的机关报《字林报》说："维勤号专击华军之炮及沿江兵士，考克却菲号则以大炮轰城。……第一弹即将其司令部完全击毁，闻共发弹三十九枚，或云五十六枚，全城起火……城中火光烛天，终夜不熄。……万县民兵共死五千……该城大部分已破坏。"这是何等无理由的大屠杀！

即依据帝国主义者所视为神圣不许侵犯的不平等条约，试问何约何条，载明英国兵舰在非宣战时亦得有任意开炮轰击中国军民之特权呢？英国人这样横暴不法的炮舰政策，不是对待蛮族生番的态度是什么？

路透社九月二十八日伦敦电："保守党洛克问在华英国兵力足以充分保护英人利益否？首相答称，刻已在途之接应兵力，计飞机、运送舰一艘及驱逐舰九艘，连同现已在华之兵力，可视为舰队力充足。"以此可见英国人对华炮舰政策，现在仍是有进无已。

同时，英国人在上海号召的什么"自由保障会"，在各报上大登其启事说："本会专事联合各国人民反对第三国际之学理及共产政策之宣传，增进各国各阶级之合作心，维护原有良好之教化思想言论之自由。"他们正在宣传这些德意，万县大屠杀，却好把他们这些德意证实了；考克却菲号准对着万县市民所发的大炮炮弹五十六枚，才真是自由之保障哩！难道杨森及万县市民也和第三国际学理共产政策有什么关系么？

英国帝国主义者既然始终以炮舰政策对待我们"未开化"的中国人，我们未开化的人，只有自己尽可能的力量，用"未开化"的手段回答他们，切勿希望什么政府交涉可以解决这样的血腥问题；因为无论北京政府或四川政府，都是在英国奴才、直隶军阀势力支配之下啊！

署名：独秀

《向导》周报第一七三、一七四期合刊
1926 年 10 月 10 日

我们现在怎样争斗？

（一九二六年十月十二日）

醉梦他自己以武力统一中国的吴佩孚，已由武汉而败退到郑州，只落得奉张击掌称快和孙传芳乘机出头。现时在吴佩孚名义之下的部队，虽号称尚有十万，然不独战斗力薄弱，而且各自欲觅得地盘，不能为吴佩孚反攻武汉而战了。其中由国民二军由靖国军改编的部分，还要乘机倒吴，吴佩孚的势力是要根本消灭的了。

继起的孙传芳是否能以成功，全看他在鄂、赣边界和北伐军战争之胜败和奉军是否乘机南下夺取苏、皖。

奉军尤其是张宗昌军，急欲以援吴名义扩张地盘，以安插其有功将领；然为吴佩孚、孙传芳阳求援助阴拒其派兵南下所阻，现时只得且用全力经营直、鲁及热、察二特区，将来再观变而动。

孙传芳若在鄂、赣得到胜利，则奉据北方，孙占长江，国民政府仅保有南方，直系军阀势力倒了一个吴佩孚，又起来一个孙传芳，中国政治将更陷入混沌局面。孙传芳军若在鄂、赣失败，则直系势力全灭（靳云鹗在河南，四面受敌，非依奉必依国，即表面上勉强存在，亦不能自成一派独立的军阀势力），奉鲁军迟早必南窥苏、皖，这时便会形成国、奉南北对峙的局面。

如果到了国、奉南北对峙的局面，中国的政局，将由混沌而转入活泼，或者由军事争斗暂时转入政治争斗；然而是否真能如陶孟和先生所希望"由战争到政治"呢？当然还不能。要真能由战争到政治，至少必待奉军退出关外。因为军阀势力未消灭，在民主派统一政权代替军阀的军事专政以前，国内战争是不会停止的。

因此，我们要真能由战争到政治，要真能得到和平，便应该懂得现在及最近的将来要怎样争斗了，怎样为到政治到和平而争斗：

第一步是要消灭孙传芳势力；

第二步是要消灭奉张势力。

这两个军阀势力是目前中国半封建势力之代表，消灭了他们，才能够停止内战，才能够使战争到政治，才能够得到和平，才能够走上民主政治的路，才能够使中国历史由半封建时代进化到资本主义时代。全国革命的民众及接近民众的军队，应该一致向着这个目标前进！

广东、湖南、湖北这些省份的民众，应该努力拥护国民政府的政权，努力助北伐军击破孙传芳侵入湖北、江西的军队。东南各省民众，应该尽可能的力量驱走孙传芳的驻防军，为实现地方自治政府而争斗，至少农民、商民不应该再以纳税出捐形式帮助孙传芳做扩张地盘的军饷了；知识界、言论界不应该再以中立态度助长孙传芳的野心，更应该起来揭破奉、直军阀以讨赤来欺骗人民的假面具。尤其是东三省的民众，应该尽可能的力量阻止奉军南下援助吴佩孚与孙传芳，更进而在军事上在财政上，摇动奉系军阀统治的基础，一直到武装响应国民政府和国民军讨奉战争。西北各省民众，应该与国民军合作，肃清吴佩孚在陕、甘的残余势力，更进而援助国民军向奉军反攻。

国民政府眼前的紧急争斗，自然是击退孙传芳之进攻，非此不能保持此次北伐已得的胜利。同时，对孙传芳战争一有结束，国民政府对于所统治的省份尤其是广东，即须尽可能的力图民主政治之建设，力助民众的组织力和武装战斗力之发展，尽力来肃清境内的半封建势力，如贪官污吏、劣绅、地主、土豪、工贼等，如此才能充实南方民主派的实力，继续北伐，完成民主革命的争斗。

国民军欲图向奉军反攻，必先尽力与民众尤其是农民合作，以巩固其在陕、甘的政权。特别是对于西北各省回民，须有适当的政策，不损碍其政治上经济上的生存权利，以引导他们参加全国的民主革命争斗，至少也要使他们不妨害此争斗。

现时中国的政治争斗，是民主主义胜利呢，还是半封建的军阀胜利，这要看我们是怎样争斗和争斗的努力至何程度了。现在确是中国历史之一重大时期！

署名：独秀

《向导》周报第一七五期

1926 年 10 月 12 日

寸　铁

（一九二六年十月十二日）

孙传芳章炳麟的双簧

章炳麟劝孙传芳讨蒋的支电，不但高叫"迫切陈词，为国呼吁，为民请命"。并且责备孙传芳不应"宴安江左，偷引岁时"。其实这道将近一千字的电报，乃是孙传芳特别拿出一千块大龙洋，叫章炳麟如此这般的。这岂不是他俩在那里唱演双簧吗？

好一个有节操的章炳麟！

章炳麟今夏在苏州什么平旦学社讲学说："文学当重气节，明末清初顾亭林先生之文学，为后世所推崇，亦以其气节耳，后人文章成〔诚〕能及之，而节操品概，往往不逮远甚。即如古人扬雄、韩愈，其文章虽好，而一则崇拜王莽，为当时帝王所雇用，志气消沉，一则重视富贵利禄，乞怜求援，廉耻丧失，气节皆不高超也。"我想听了他这段话的人，不浑身肉麻，便误以为是他自己痛责自己。以一个同盟会会员，首先向张之洞乞怜求援，乞怜不成，又派何震（刘申叔之妻）到端方处运动投降，首先通电说统治中国非项城不可，称孙、黄为小丑，章炳麟的气节安在？王莽比袁世凯总算略识诗书，而且扬雄在王莽朝，也并未曾像章炳麟荣任筹边使大摆勋章那样出丑；韩愈固然上书宰相不忘利禄，然而当时的宰相，也还不像现在的什么镇威孚威这样做恶，韩愈更未曾像章炳麟为区区一千元替孙传芳摇旗呐喊，且称孙传芳为神武这样的"廉耻丧失"！

以党治国与军事专政

现在治英国的是保守党，治意大利的是法西斯党，治美国的是共和党，凡非以君治国的国家，都是以党治国，本来一点也不稀奇；如果有人说以党治国是孙中山先生的新发明，或以此非难他，都算缺乏常识。现是〔在〕的中国，既非以君治国，又非以党治国，乃是以军治国；中山先生以为这样不好，所以主张也要和别国一样以党治国，换句话说，就是以政党政治来代替军事专政。我们以为凡是反对军事专政的人，便应该赞成以党治国；同时，主张以党治国的人，也不应该仍旧留恋军事专政！

我们的教育家还要反赤吗？

在反赤军势力下之北京国立各大学，直到现在都还没有开学希望；同时，胡适之由赤俄写信给北京一班主张"仇赤友白"的朋友说："我看苏俄的教育政策，确是采取世界最新的教育学说，作大规模的试验。"如此看来，我们的教育家还要反赤吗？

章炳麟和康有为的财运不齐

章炳麟辛辛苦苦为孙传芳做了一篇洋洋千言的讨蒋电报，只到手一千块钱；同时，康有为到山东、天津、奉天走了一趟，"南返程仪万金五千不等"（见《时事新报》九月念九日北京电）。章炳麟得毋羡煞妒煞！

好个中国和平之奥秘！

教会办的《时兆月报》上说："在上有权柄的，人人当顺服他，凡掌权的都是上帝所命的，当得粮的给他纳粮，当得税的给他上税，当惧怕的惧怕他，当恭敬的恭敬他。这段话非常智慧，乃由伟大的上帝所说。中国和平之奥秘包括其中。今中国若遵行此话，国中就有和平，倘轻视之，就必兴起骚乱纷争。"（见该报本年七月号斐以文做的《中国可享和平么》一文中）青年们注意呵！照基督教的教义，中国若要享和平，只有遵行上帝的话，服顺所有中外掌权的人，惧怕他，恭敬他，切不可再说什么"打倒帝国主义"、"打倒军阀"了！

"反国民革命者"的民权呼声

民权是我们应该主张的，摧残言论是我们应该反对的，可是我们却不赞成反革命者可以拿民权与言论自由做护身盾牌。研究系一班人对于民权与言论自由的观念，完全和我们相反：反动的北京《晨报》被毁时，他们大叫民权与言论自由被损害了，到了奉、直蹂躏北京报界，他们却一声不响，还仍旧附和奉军反赤；最近孙传芳封闭上海国民通信社，逮捕记者，他们是不响一声，同时对于国民政府禁售反对革命的报纸，则大呼民权与言论自由：照他们这样的态度，仿佛民权与言论自由仅仅只有给反革命运动做盾牌的单纯意义，似乎不甚妥当吧！

所以我们对于此次广州禁售报纸的态度是：不根本责备他们这是摧残民权与言论自由，而是希望他们将所禁的报纸再审查一下，哪些是反对革命的（如"宁愿为反国民革命者"的《时事新报》之类），哪些不是反对革命的（如《独立青年》之类），应该分别看待。像《新申报》分明是孙传芳的机关报，《新闻报》一向为陈炯明鼓吹，现在又在为吴佩孚出力，《顺天时报》更不用说是日本帝国主义的喉舌，上海的《独立报》、《正论报》和香港的《讨赤报》，都是英帝国主义出钱办的，都天天大捧其张雨帅、吴玉帅、孙馨帅，民权与言论自由若为此等报纸而设，试问民权与言论自由还有什么价值？

署名：实

《向导》周报第一七五期

1926 年 10 月 12 日

独秀同志给各级党部的信

——对于扩大党的组织的提议

（一九二六年十月十七日）

各级党部负责同志们：

我们现在已经喊出"从研究的小团体到群众的政党"这一口号了；可是怎样才能够走到群众的政党呢？党员数量上的增加，乃是第一个重要问题，当然，同时我们也不应忽略质量上的增加。我们必须懂得"数量上的增加可以改变质量"这一原理；我们更须懂得质量上的增加，大部分是靠在群众的实际活动中学习与训练，不是单靠书本上和党校中可以收效的。我们万分不应该把许多革命的工人和农民关在门外，使这些革命分子没有机会得到党的直接训练，而徘徊歧路，以致走到别的党里去。并且这些革命的工人农民党员之增加，正是使党革命化，正是增加质量之一种方法，一种重要的方法。

尤其是北伐军和国民军所到的地方，一般民众的革命潮流更高涨起来，我们党的各级党部若仍然被研究小团体的旧观念所拘囚，而不急谋党员数量上的增加，便是对党怠工，便是一种反动行为！

因此我提议：我们的党在明年春天第五次全国大会以前，党

员应发展到四万以上（C. Y. 应该照此数目加一倍）。我并且以
为在事实上各地党员发展到下列数目（新旧党员全数），或者不
是空想：

地　域	党员数目	社会成分
江浙区	七〇〇〇	工人及智识者
粤区（两广）	一〇〇〇〇	农民及工人
湘区	七〇〇〇	农民及工人
鄂区	四〇〇〇	农民及工人
北方（直晋三特区）	三〇〇〇	工人农民及智识者
山东	一〇〇〇	工人农民
河南	一〇〇〇	农民工人
陕甘	二〇〇〇	农民及智识者
四川	二五〇〇	农民及手工工人
江西	二〇〇〇	农民及手工工人
安徽	五〇〇	智识者及农民
福建	五〇〇	农民及智识者
东三省	五〇〇	工人农民
云贵	二〇〇	智识者及农民

我们的党，自然以工农党员为柱石，然而除上海、武汉、津
唐、香港四个工业区及山东、湖南矿工各省路工外，别处多半是
苦力及手工工人，近代产业工人实在不多，最大部分的中国领土
是农民世界；尤其是广东、广西、湖南、湖北、河南、四川、陕
西、江西这些省份，都已经有了农民运动，我们的党在这些省份
应该喊出一个口号："党到农民中去！"

以上我的提议，希望各地各级党部负责同志都能够经过很诚

意的考虑而采纳，切勿冷淡地嘲笑我这是一个空想！

请接受革命的敬礼！

〔一九二六年〕十月十七日

未署名

转自《中共中央政治报告选辑（1922—1926)》，

中共中央党校出版社 1981 年版

对于国民党中央会议的希望

（一九二六年十月十九日）

在辛亥革命军发难之日，民党军队第二次占领辛亥革命发难地的武昌，同时在江西方面，也有击败孙传芳之可能，不久国民政府北伐军事或者能有一小结束。刚在此时，国民党中央党部在广州召集全体中央委员和各省省党部代表的联席会议，这会议是有重要意义的。

以前有许多人看广东不过是一些乱党或者是一些赤化党在那里胡闹，好在远在化外的大岭以南，无关大局；现在却不然了，不但吴佩孚的势力被它打碎了，孙传芳若从九江败退，则福建、四川、云南都绝了北向之路，如此则国民政府已占有半个中国，它的战后设施，全中国人甚至于全世界人都不得不改变以前的态度加以注意了。

据我们所得的消息，此次国民党会议的重要议程是：（一）国民政府之组织及地点；（二）召集国民会议；（三）省政府之组织，省民县民会议，省与中央（政府）之关系；（四）省政府与省党部之关系；（五）新的政纲。

此次国民党会议提出这些问题来讨论，已经可以证明国民党有异常的进步。国民党前此两次全国大会，虽然议决了一些政治原则，此次的议程更具体化了。此次会议将如何决定这些具体问题，这是希望国民党、国民政府和反对国民党、国民政府的人们，都急欲知道的。

我们一向是希望国民党、国民政府的，此时期中的希望更为迫切，因为现在是全国人开始认识国民党、国民政府的时期。

此次国民党会议议程中，最重要的还是第（五）议题"新的政纲"，因为第一次全国大会所决定的政纲还抽象一点，其性质似乎是党纲，现在应该根据前定的政纲，更具体的规定出来对于各方面目前的实施政策。例如，根据民族平等及经济发展的原则，决定关税政策和对那几国的外交态度，对于国内战争及和平与夫对于其他军队之态度，对于财政应如何将第二次全国大会决议案中那些急需而且可能的办法决定实施，如何完成粤汉铁路及建筑海港以发展工商业，确定教育经费及优待小学教员的具体办法，这些都是此次新的政纲中所必须注意的。关于民众利益之保障，尤其是此次新的政纲之生命，第二次全国大会所决定的工人运动决议案、农民运动决议案和商民运动决议案中之具体办法各条，都应该尽量采入此新政纲；并且关于工人最低工资之利益，应该更具体地指明由政府和工会合组一委员会于一定期限内制定，关于工人集会、结社、言论、出版、罢工之自由，应该更具体地指明由国民政府通令所属各省废止治安警察条例及刑律第二百二十四条；关于农民政治的丙项，应改为解散压迫农民之"军队及民团"，经济的甲项，应改为严禁对于农民之高利贷超过若干以上；关于商民应增加二项：一是以海陆军保护水陆商业、交通及禁止各铁路因军事阻碍商业运输，一是修正商会法，使各业真正商人无限期的都能参加商会组织，而不为少数洋行买办所把持。此次新政纲更应该珍重声明：国民政府的基础是建筑在民众势力之上，而非建筑在军事势力之上；因为这是中国由半封建的军事专政到革命的民主政治之唯一标识。

（二）（三）两议题，算是新的政纲问题：召集国民会议之地点与时间，这是一个事实问题；最重要的是计划如何即刻在各地发展国民会议的民众运动，免得将来成一空洞会议；其次便是决定国民会议之目的，应该是民众尽量发表怎样减轻十五年来的痛苦，怎样改正关税制度，怎样解除筹还外债，以解除全民族的枷锁；至于全国政治组织和宪法问题，还不是军阀未完全倾覆以前第一次国民会议所急需讨论的议题，所可决定的只是国民会议本身代替国会制度的问题；以省民会议代替省议会，县民会议代替县议会，也应该有同样的决定。省与中央政府之关系，应该根据第一次全国大会所决定的政纲对内政策第一条，中央政府和省政府之军政财政，都应该划分权限，不可采用割据的联省自治，也不可采用无限制的中央集权制。

全国人都开始重视国民党、国民政府了，此次国民党的中央会议应该产生一个适合目前中国初步改造所需要的政纲，而且马上就能够实施这一新政纲，使全国各阶级的民众都认识国民党、国民政府究竟是什么！

署名：独秀

《向导》周报第一七六期

1926 年 10 月 19 日

寸　铁

（一九二六年十月十九日）

讨　赤　特　捐

上海《新闻报》十月九日济南电："讨赤特捐已开征，丁银一两征四元二角，漕米一石征八元。"可怜被苛捐杂税逼得难以活命的山东人民，尤其是农民，现在又加上这种特捐，他们不得不感谢反赤运动了！

高叫拥护国旗的是些什么人？

中华民国果然由辛亥革命而成立了吗？实质上当然没有这么一回事，自孙中山辞总统职一直到现在，只有中华袁国、中华段国、中华直奉国，而没有中华民国。既然还没有中华民国，哪里还有什么中华民国国旗？议决什么中华民国国旗的什么国会，自从附和袁世凯定都北京一直到贿选，只是北洋军阀的御用机关，哪里是什么中华民国国会？因此盲目地拥护什么中华民国国旗，而忘记了中华民国，已经是买椟还珠；而高叫拥护国旗的人们，又是一班从前拥护龙旗的保皇党后身研究系和孙传芳国都里的几个顺民，怎不令人齿冷！

丁文江与爱国行动

以丁文江博士统治之理想的大上海，竟因为讨论万县惨案逮捕各团体代表、封闭学生总会，还行文来法租界拿人！丁博士的代表詹科长对学生会代表说："此次被捕代表，实系纯粹爱国行动，唯值兹地方多事之秋，自当特别从轻办理。"然而警察厅厅长却对商人表示对被捕各代表，他本愿意轻办，只以丁总办主张严办，故一时未便释放。哈哈！好一个鼎鼎大名的丁博士，对外人则主张"友谊的磋商"，对爱国行动则主张"严办"！"笑骂由他笑骂，好官我自为之。"呜呼博士做官！

傅筱庵的和平运动

孙传芳的子民傅筱庵，一面拿招商局轮船替孙传芳运兵，一面拿上海总商会名义通电主张和平，像他这样的和平运动还有什么意义？然而有一个重要意义：总商会发一次主张和平电，便是声明孙传芳打了一次败仗。

国家主义者曾琦与万县惨案

对于万县惨案，有些军阀都表示愤恨，独有所谓国家主义者置之不闻不问。上海学生会邀请国家主义者大首领曾琦，参加各团体讨论万县惨案会议，曾琦回答道："这是共产党的运动，我们不参加。"因此，上海四川同乡会大不满意，宣布削除曾琦的四川省籍，大概这位曾琦先生是主张国家主义而反对乡土主义吧！

哪里有中华民国？

张一麐说现在国民党革命北伐是革民国之命，试问现在是不是民国？本来自袁世凯以来，中华民国这块招牌，已被北洋军阀负之而趋，现在国民党起兵讨伐这班北洋军阀，所以袁世凯的幕客张一麐便大呼是革民国之命，所以北洋派的忠臣研究系也站起来大呼拥护北洋派的国旗。孙传芳复孙洪伊的信也说："民国既已告成，已无再谈革命之理。"哪里有民国？北洋军阀就是民国，孙传芳也是北洋军阀之一，他当然要反革命，我想张一麐还可以帮孙传芳解释说：你们革我北洋派之命，就是革民国之命。

避开革命的新方法

　　《时事新报》上张水淇先生论中国人口问题，说人口过多是"盗贼繁多内乱频仍之根本原因"。这种见解乃似是而实非。中国的经济命脉倘不操诸外国帝国主义之手，内部倘没有军阀扰乱摧残农、工、商业，以中国的土地产业养中国人，一时哪里会有什么人口问题？因此，我们应该知道：中国人口问题，不是什么人口过多，乃是人口和生产力不相称；在帝国主义和军阀统治下之中国，生产力实无由发展，所以中国盗贼繁多内乱频仍之根本原因，乃是军阀扰乱和帝国主义的侵略，而不是人口过多。欲发展中国的生产力，反帝国主义与军阀的革命是不可避免的道路；然而一班愚懦的人总想避开这道路，主张什么不合作主义，什么教育救国，什么重农救国，什么道德救国，什么基督教救国等等；现在又有人想出什么解决人口的法子来了，这班先生们想避开革命的方法真多哩！

署名：实

《向导》周报第一七六期

1926 年 10 月 19 日

同志关于 K. M. T. 问题报告

（一九二六年十一月四日）

关于 K. M. T. 问题，第一要提出的是中国国民革命是不是过去了？有些外国同志颇有此见解，中国同志中亦有人以为中国国民革命已经成功或快要成功，无产阶级革命快就到来了。这种见解明明不对。因为中国三分之二地方还是在直系奉系军阀统治之下。从国际关系说，还是半殖民地；在政治上，连广东国民政府亦不得不带些半殖民地的妥协性；在经济上，全国金融财政海关交通机关及大的工业（尤其是煤铁），都还在帝国主义宰制之下；所以说中国国民革命已过去或快完了，那是不对的，只能说是才开始。假定我们见解是对的，中国还需要民族革命，可是第二个问题便是〈是〉否需要有个民族革命的党？有些同志以为这个民族革命也可以由 C. P. 来做，不一定要有个民族革命的党。说这样话的人，表面上虽然很"左"，但实际上是帮助了帝国主义者与军阀。一是因为若没有个民族革命的党，我们便不能直接拿住城市里革命的小资产阶级，并且不能够完全拿住农民；二是因为 C. P. 的政权在现时世界政况上不能够站得住（最近日本清浦子爵即曾经问北京民党政委广东是否 C. P. 政府）。所以现时还要有个民族革命的党。再有一种见解是承认要有个民族革命的党，但是否要在 K. M. T. 之外另造一个民族党？本党许多同志在过去都有此意见。现在看起来，这个意见也是不对的。我们须懂得全中国社会情形，小资产阶级的思想与能力，都在一条水平线上下相差无几，不要这个 K. M. T. 再造一个 K. M. T.，仍旧是半斤等于八两，并且还没有现在的 K. M. T. 有很长的革命历史。在实际经验上，我们看见许多人有此另〈组〉新党的企图，但皆不能成功。如新中国党及国家主义派，均有企图在 K. M. T. 之外组织一个民族党的野心，然一已完全失败，一已渐渐衰落下去。所以从理论上与事实上观察，要另组一民族革命的党皆不可能。

现时中国社会情形，不但小资产阶级的党不容易有第二个，连大资产阶级的党亦不易发生。因买办阶级的力量还很大而民族资产阶级还未完全形成，故进步的资产阶级也只有走向 K. M. T. 来。尤其是北伐军胜利后，资产阶级更倾向 K. M. T.，只有买办阶级仍旧留在研究和交通系内。我们并不是说中国民族革命只要一个民族党，因为 C. P. 参加现在的民族革命是显然的事实，我们也不是说除 K. M. T. 外不应有第二个民族党，我们是说现在中国只有 K. M. T. 是个民族革命的党，并且事实上很难发生第二个民族党。

照以上的分析〔析〕，我们可以肯定说：现时中国还是民族革命时代，在这时代要有个民族革命的党和我们合作，K. M. T. 乃是现时中国的唯一民族党。K. M. T. 的内容是怎样呢？其左派已走上了民族革命的道路。在第一次大会改组时，分开左右两派，当时之右派冯自由、马素等，代表地主买办军阀，反对共产分子加入，反对 K. M. T. 改组，现时这部分右派已出了 K. M. T.。第二次大会前后，发生了新的右派，即戴蒋等。此右派与左派均尚在形成的过程中，若资产阶级加入 K. M. T.，则右派将更强壮起来。唯现时他的力量，并不及老右派大，仅恃蒋的武力强握党权与政权。此新右派确是反对老右派的，这一右派势将日益向前发展（中国资产阶级要发展，代表他的 K. M. T. 右派也要发展），即或他的领袖将来不是戴或蒋。

左派代表小资产阶级，现时的右派代表资产阶级，已出去的右派代表买办地主军阀，大致我们可以这样说，并非我们附会。在此状况下我党很明白的还应该留在 K. M. T. 中，与左派结密切联盟，才能够帮助左派阻止老右派思想及势力之侵入，并阻止新右派右倾妥协。去年今年两次扩大会的政策，现在看起来还是很对的。

自三月二十事变以来，因由左派分出戴蒋形成新右派，汪又走了，其余左派领袖都表现十分摇动。于是粤区有些同志遂怀疑 K. M. T.，怀疑 K. M. T. 能不能革命？K. M. T. 是否站得住？我党对 K. M. T. 的政策是不是对的？

不仅广东，北方区有些同志也有此思想。竟有人以为 K. M. T. 不革命了，还是要 C. P. 来。事实上有许多也足以使我们怀疑。三月二十日后，左派几乎粉碎了，无论何事，左派均先问 C. P. 意见，C. P. 不表示，便不敢做。就是此次 K. M. T. 中央与各省党部联席会议，还几乎是 C. P. 包办，C. P. 不包他们便无法办。以上是广东情形。在上海方面，更完全是 C. P. 包办，左派领袖柳亚子，我们费了多少气力去助他，他仍不肯出来负责，一切工作皆是 C. P. 办。这种现象，使得上海资产阶级亦情愿直接与 C. P. 支配的上总合作，而觉 K. M. T. 没有什么用；广东的资产阶级，也有时对 C. P. 比 K. M. T. 更为重视。在北京方面，K. M. T. 工作，无论左派右派均极消沉，所有工作皆守常同志在那里提调，几乎 K. M. T. 就是李守常。在湖南方面，最近全省代表大会，C. P. 分子占百分之四十余，左倾者百分之十余，中立者百分之二十余，右派百分之十余，湘区初取放任态度，一切议案，都让左派自己起草，一是免得说我们包办，二是借以考察左派的能力与理论。但开会一星期后，议论纷纭，无一点成绩，C. P. 分子不得不出而〔面〕包办，其结果，议决案及选举均依照我们的意见通过。当大会初开时，我们同志很少说话，对于小问题，同志间发表的意见故有出入，右派以为 C. P. 也不一致，但到最后议案通过及选举结果完全照我们的预计实现，于是各派都对 C. P. 的组织一面惊赞，一面发生恐怖。

戴季陶近来的意见是，K. M. T. 不行了，革命还是 C. P.；谭延闿及其部下说 K. M. T. 没有力量，还是 C. P. 力量大；唐生智也有同样的意见。

我举出这些事实，并非是证明 K. M. T. 已无用而须 C. P. 单独来革命；这些事实只可证明两件事：（1）C. P. 与左派联盟是可以的；（2）左派虽不愿意我们包办，还是需要我们帮助与领导，这个责任，还是我们一时不能放弃的。我们若是放弃这个责任，甚至于退出 K. M. T.，便是完全让代表资产阶级的新右派结合代表小资产阶级的左派来领导革命。

这里有一个最重要的问题是 K. M. T. 中究竟有没有左派存在可以做和我们联盟的对象？我们可以肯定说是有的。不但 K.

M. T. 中和 K. M. T. 外，都有左派的极大群众，并且左派的组织已在日益发展之途中。单看广州的事实：（一）黄埔军校中，自我们同志一百六十余人退出后，左派学生在我们指导之下已经组织起来，并且发展到广大中去，又企图扩大到全国；他的政纲是迎汪复职，继续总理联俄联共扶助农工三大政策。（二）民中农民部长甘乃光，已着手做广东及全国农运，常找左派青年秘密开会，又著一小册子，企图造成左派的理论，说 K. M. T. 当以农民为基础，其书闻已销行至五万部。粤区同志已注意这许多事实，已来信说："我们相信在中国民族革命运动中一定有一个左派领导这个运动。"已承认中〈央〉指示"我们不要包办革命，要帮助左派，使左派自己起来负责任，使左派自己觉得有群众有力量，能够站得住。"这个原则是对的。唯粤区同志又提出一个很重要的实际问题，即是：我们怎样帮助左派及我们帮助怎样的一个左派？粤区同志的答复是要有一个左派的政纲，依据这个政纲，发展各地方群众的左派党部和群众的人民联合会，使 C. P. 和左派群众间有一正确关系，以推进革命，而不在帮助几个左派领袖。粤区同志说："我们用不着多说领袖，因为我们对付领袖，帮助他们，没有多大困难。"这个意见一半是不对的。我们帮助左派，不用说第一重要是要拿左派群众充实其党部；可是如果忽视了左派领袖问题，丢开了领袖，使领袖仍旧和群众隔离着，也是一个错误。无群众的领袖固然无用，无领袖的群众又何能成为有组织的争斗？群众的趋向固然能够影响领袖，而领袖的趋向影响全党也非常之大，任何阶级的政党都是这样。K. M. T. 左派领袖还很复杂与动摇，我们对付他们帮助他〈们〉还时时感觉困难，我们对付他们帮助他们的策略不适当，致促成三月二十日事变，便是很明显的一例。现时 K. M. T. 左派有三个缺点：第一是左派没有具体的政纲；第二是左派领袖无中心人物；第三是左派领袖与群众隔离。我们要帮助左派的就是这三件事：使左派有政纲；使左派领袖有中心人物；使左派领袖有群众。粤区同志何以这样只注意左派群众而忽视左派领袖？在他们的历年报告中可以看出他们的意见。他们以为若说 K. M. T. 有左派，那么只有左派群众，而没有左派领袖，那左派领袖的思想与行动时常动摇，很少靠得住，实无所谓左派。粤区同志听见汪精卫曾说："农民若只顾阶级争斗，我们便不要他们。"又听见廖仲恺曾说："广宁事件是农会的人受了老鲍及 C. P. 影响。"又看见戴季陶蒋介石丁惟汾都变成了新右派，连顾孟余也说农民协会里有土匪，连甘乃光对花县惨案也不曾在政治会议为花县农民说句话。这些事实使粤区同志怀疑 K. M. T. 真有什么左派，他们说："K. M. T. 左派还是知道自己利益紧要些。"又说："K. M. T. 左派利用农民的力量，保护自己的地位，已经达到目的，所以自然而然要忽视农运了。"我们若因此忽视了 K. M. T. 左派领袖，说他们不是真正左派，这个见解非常危险。粤区同志主张"我们 C. P. 与左派的群众间应当有怎样一个正确的关系"这是对的，然不可因此遂怀疑除群众外真没有所谓左派领袖。新的左派领袖未产出以前，在我们和 K. M. T. 合作的关系上，对于现在的左派领袖是不可忽视的。粤区同志怀疑 K. M. T. 左派领袖，其错误是在对左派估价太高，几与 C. P. 无甚分别。K. M. T. 左派和右派及 C. P. 之不同，是右派摧残农工利益，C. P. 为工农的利益奋斗；而左派则利用工农为他们自己的利益奋斗。我们若以 C. P. 的观点视 K. M. T. 左派，责他们也站在工农阶级的利益上为工农奋斗，则中国便不必有 C. P. 存在，同时 K. M. T. 左派也只好变成一个工农党，无法吸收城市小资产阶级的广大群众；因为城市小资产阶级只能在革命联合的需要上赞助工农而决不能站在工农阶级的利益上为工农奋斗。

我们也知道中国国民革命有相当的成功，政权若落在现在这样的左派领袖之手，对于工人的要求如减时加资工会自由改良待遇等，他们和我们的政纲或者没有多大冲突；至于农民政纲如武装土地及农村政权等要求，左派未必充分容许，我们和左派的联盟将来会因此分裂，因为我们不能因为维持和左派联盟而失去农民。这时候世界的革命状况或已有新的变化，中国的国民革命也许转入一新时期，中国的政党也许有新的阶级分化。这个也许是较远将来的事，在现在及最近的将来，在反帝国主义与军阀的困斗中，我们和 K. M. T. 左派联盟关系愈持久些，便于中国革命愈有利些。因此，我们和 K. M. T. 左派关系，不是降低我们的农民政纲以图维持此联盟，而是要确定我们的农民政纲，在主观上尤其是在客观上努力影响推进 K. M. T. 左派，使此联盟不至〔致〕因彼此农民政纲相差太远，而促成过早的分裂，虽然彼此在农运的立脚地不能相同。

现在我的结论是：据最近的经验，我们现在对 K. M. T. 政策，和上二次扩大会议所决定的并不须有什么改变；唯足唤起我们的注意者，乃是为中国革命运动之进展，我们须有一适合农民需要的农民政纲；我们并须拿我们的农民政纲影响 K. M. T. 左派，尤其要拿广大的农民群众充实左派的力量，推进左派，使他们的领袖也不得不采用有利于农民的政纲，以避免我们和 K. M.

T. 左派联盟因农民问题而分裂。

未署名

1926 年 11 月 4 日　根据中央档案原油印件刊印

转自《中共中央文件选集》第二卷，

中共中央党校出版社 1989 年版

对于国民军再起的希望

（一九二六年十一月四日）

"冯玉祥回国，国民军再起。"只要不是希望吴佩孚、张作霖长久统治中国的人，都应该表同情于这件事。因为这件事至少可以使张作霖不能够专力对付南方的北伐军。

研究系一派人，他们虽然现在还不曾公然逢迎张作霖，他们传统的思想，总以为中国应该永远归北洋派统治，由袁而段而徐而曹、吴，他们都继续拥戴，曹、吴败了，他们便来拥戴孙传芳，孙传芳若再失败，不知他们将于北洋派中拥出谁来？或者也只得去就合张作霖。冯玉祥虽然也是北洋派中分裂出来的，可是他忽然亲近了孙中山，并且亲近了苏俄，北洋派的忠臣研究系，当然要咒骂冯玉祥。

不懂得军阀定义的人们（如国家主义派），竟把冯玉祥、蒋介石看做和张作霖、吴佩孚同样是军阀，像这样故意混乱是非，真是暗中帮助了张作霖、吴佩孚。

军阀们大喊冯玉祥倒戈是破坏道德信义；有些无聊的小新闻记者，也附和军阀，以倒戈团团长、倒戈学校校长嘲笑冯玉祥。其实，民国倒戈之始作俑者是段祺瑞等向清室倒戈和吴佩孚向段祺瑞倒戈，冯玉祥算不得是倒戈团团长或倒戈学校校长；并且这几次倒戈只是破坏了封建社会的道德信义，在民主政治之过程上都有很大的意义。胡适之说："冯玉祥之对曹、吴倒戈，放开眼界通观前后二十年全部历史，是很有价值的一件事。"此见实不同凡俗。

京津一带商民对冯军是怎样感想呢？有一部分接近奉、直军阀的商人说：冯军是有纪律不扰害人民，只可惜要共产公妻不好。一般商民并未看见共产公妻的事实，他们只看见赤军不曾扰民而反赤军却是烧杀淫掳这些事实，遂不禁发生希望赤军再来的心理。本年七月四日上海《申报》所载北京归客谈，有一段话可以代表当时人民对于赤军与反赤之感想，兹照录于下：

试从西直门至清华学校，吾人常往来之路，举目四顾，只见有兵，不见一老百姓，自校入城，在西四牌楼以西，尚无开门之店铺，其在前门一带，则十家内至少有七家停市闭门。初时瑞蚨祥等，恃与八太爷多为乡亲，开门敷衍，数日而后，亦停市矣。凡绸缎店、金银店、粮食店，以及出售贵重品日用品者，莫不首先停市。一日余往前门买夏布，店伙答称对不住，铁路不通，来货没有，请改日光顾。余初信之，余妻住京久，恃与熟识，明日往买，则慨然出售，诘之，则称实不相瞒，八太爷手持军用票，决不敢请教也。八太爷程度日高，往往另串一人入店，选货既毕，则八太爷昂然直入，非纳军用票不可；有时串得一大家装束之妇女入店，必以为与八太爷无关系矣，选货既毕，而八太爷忽入，诈为护兵，口称：太太，货选好没有，强纳军用票于柜，挟此大家妇女，携货以去。又有一次，确是一大家妇女，选货既毕，出现金，将交柜，八太爷直入，谓此间无须现金，吾代汝纳军用票足矣，即取该妇手中现金，昂然遂去，如此行径，店铺非不欲营业，实觉少做一笔生意，少蚀一笔本钱。

军用票有数量之限制乎？曰无有也。苟有限制，商会等机关尚可为之设法，今则无底之囊，谁肯填之？初时尚有电车、电话、电灯等公共机关可以使用，今则肯收者日少，尤可恨者，崇文门税关，明为搭用，实则提高税率，使等于军用票短折之数，如军用票对折，则税率提高一倍，诘以何以与天津税单定额不同，则称吾那里管得。过天津，则租界以外商民之苦痛，一如北京，更强向屋户或铺户，加征房捐三个月，不足更加收房租两个月，其系自有之屋，则为之估价，令人痛恨上海何丰林之作俑于前，遂成军阀搜括民财之惯例也。纳房租房捐于官，却不许还搭军用票，某商人语余，简直是要我们性命。京、津老百姓，莫不想念国民第一军之纪律，虽在退兵时，从未强索一钱，掠取一物，以为其领袖人物如何，又当别论，若其兵士，真当起爱民不扰民数字，甚至谓如此好兵，若竟不能生活，未免无天道矣。

现在有纪律的好兵又起来了，京、津老百姓当然要欢迎：可是研究系一班人听见冯玉祥回来，并且回来还是要反抗张、吴而革命，他们便大叫冯玉祥抗张、吴，是苏俄乱华计划。到底是有纪律的好兵乱华，还是反赤的奉、直军乱华，老百姓只看事实，不会把白党（奉直军阀、研究系、国家主义者及章炳麟等）的宣传看得比事实更为可靠吧！山东的农民本来不知道中国有共产党，更还不知道共产党是什么；可是张宗昌反对共产党的告示贴遍了山东全省各乡村，农民见了窃窃私议道：张宗昌这样深恨共产党，想是共产党反对张宗昌，看来这个党或许不错，现在研究系大声疾呼冯玉祥抗张、吴是苏俄乱华计划；老百姓也许因此更觉得冯玉祥和苏俄都不错，因为老百姓目前切身感觉得乱华的人正是张、吴，不是别人。

奉、直两系军阀之为害中国，无人能够否认；不用武力而可以打倒他们，非童昏当不至作此奇想。将用武力打倒奉、直军阀之国民政府及国民军，是否也和军阀一样呢？不独工人、农民、学生相信他们是革命的；即一般稍稍进步的商人，现在也知道国民政府和国民军比奉、直军阀好，暗中盼望他们得到胜利；连研究系、国家主义者及章炳麟等白党的肚子里，又何尝不晓得国民政府和国民军好过奉、直军阀，不过在他们的利害和感情上，不愿意这样说罢了。

现在不独国民政府的势力达到了长江，冯玉祥回国，国民军再起，陕、甘、绥、晋渐渐归入国民军掌握，由包头到广州新的革命势力和由满洲里到福州旧的军阀势力，已成对抗之局，人民对此对抗之局应该有个选择了，似乎很难中立。站在军阀那边的人们，称国民政府和国民军为乱党为赤化党为赤贼，只好听他们自便；若是有人满肚皮不愿意站在军阀那边，同时又满肚皮对国民政府和国民军怀疑，试问他们有什么别的出路？不但站在军阀那边的白党若研究系、国家主义者及章炳麟等，显然是反革命，那对军阀与革命间取了中立态度的人，实际上减少了革命的力量，也算是帮助了军阀。所以现在人民单是消极的不反对国民政府和国民军还是不够，应该起来帮助他们的军队进攻。因为在事实上已证明了国民政府和国民军的确是中国推翻军阀的尖兵。

　　国民政府统治下的人民所得自由，比在奉、直军阀统治下的人民如何，这是有目共睹的事实，不消说得。冯军的纪律比奉、直军如何，不但京、津老百姓知道，即张作霖也知道，并且他自己也承认过；冯玉祥此次回国，在他固有的治军谨严治己勤俭外，更鲜明了他的政治态度，确定了他的革命方针，在他的回国宣言上（宣言附录于后），都明明白白地告诉了国人。我敢说他这个宣言是中国革命史上重要的文件之一，由这个宣言所产生结果，将来必非常之大。我还敢说：今日的冯玉祥，我们不能当做从前的冯玉祥看待了！

　　我们肯定了"冯玉祥回国，国民军再起"，在中国革命有重大的意义，我们固然应该说明这个意义，我们更应该对冯君及全体国民军表示几件具体的希望：

　　第一，国民一军"有纪律不扰民"的荣誉，应该极力保存勿失，并须将他荣誉普及到二三五军去，尤其是二军更需要。

　　第二，一二三五各军都要统一在冯总司令统率之下，对内整理，对外作战，万不可妄想各自树立单独行动，致分裂革命势力，尤其不利于作战，国民二军在河南失败便是前车之鉴。

　　第三，国民军并不是简单的军事势力，乃是一种政治势力，他的势力应该很深固的建设在民众势力之上，尤其是农民。应该由国民军兵士的群众中，叫出"军人和农民合作"的口号；国民军所到的地方，都应该帮助农民（佃农与自耕农）反抗地主过分的剥削，反抗土豪、劣绅、讼棍的鱼肉，剿办扰害农民的土匪，严惩贪官污吏更不待言；应该唤起农民对国民军的同情心，由农民自动的供给国民军以食粮，不应该以赋税的形式强迫农民增加负担；应该尽力帮助农民的组织、教育与武装；应该使农民群众成为国民军的后备军。同时国民军也就是保卫农民利益的军队。

第四，国民军暂时不必急于向外发展，首在要整理内部，充实其战斗力，使奉张不敢轻于尝试。军中下层的政治训练尤其重要，不仅要使每个将领每个兵士都能够打战，更要使每个将领每个兵士都懂得为什么打仗。总司令一个人决定要革命是不够的，必须在下层的政治训练工作上充分努力，使每个将领每个兵士都认识自己是一个革命党，都有为民族自由而战不得不牺牲自己的自由与生命之决心。

第五，对于蒙、回少数民族，应该尊重政治上经济上的生存权利，以引导他们参加全国反军阀反帝国主义的争斗，至少也要使他们不妨害此争斗。我们不可一面反抗国外的帝国主义者，一面对国内的少数民族，自己也成了帝国主义者。

第六，尽可能的（只要不损失主权，虽借用外债亦可）完成陇海路，在商业上文化上，都非常必要。

署名：独秀

《向导》周报第一七七期

1926 年 11 月 4 日

寸　铁

（一九二六年十一月四日）

到底是谁没收人民财产？

在前清末年，山东全省岁入为一千一百二十余万两，民国八年度预算，只有一千万两有奇，张宗昌初到山东时，全省岁入为一千五百余万元，和民国八年差不多；张宗昌到山东不久，便增加到五千余万元，人民负担陡然加了两倍半。现在又要就丁漕两项征收什么"讨赤特捐"，总额一千六百十四万七千元，本年十月一日开始，至十二月廿八日截数，限各县于此三个月内缴齐，并须一律现洋，不知道山东农民怎样能够活命？同时饱受兵灾的直隶，也正在摊派善后公债一千万元。然而张宗昌、褚玉璞却天天在那里大叫反赤，大叫广东赤党没收人民财产！

孙中山的北伐还是段祺瑞的北伐？

张继曾问蒋介石：此次是国民党北伐还是共产党北伐？我们

现在却要问：此次是孙中山的北伐还是段祺瑞的北伐？为什么发此奇问？因为段祺瑞针对孙中山主义"废除不平等条约"而发的"外崇国信"这一口号，现在刘文岛也公然在北伐军中叫出来了！段祺瑞一叫"外崇国信"，把活的孙中山气死过去；刘文岛又叫"外崇国信"，或者可以把死的孙中山气活转来。现在可是要请问张人杰君：是否我们"糊涂闪烁加以投机权位之恶名"？

以招商九轮报效孙传芳的是谁？

招商局江永轮船，为孙传芳由南京运子弹到九江，突然炸裂，船身完全炸毁。该局董事会因此开会讨论，他们都以为现留九江供作孙传芳军运之轮，还有八艘，每艘代价平均在三四十万元，关系重大，决再电请放还，至江永轮之被毁损失在廿万元以上，届时亦须要求赔偿云。我要问问招商局董事们：你们向谁要求赔偿？孙传芳的子民傅筱庵，私以招商九轮报效孙传芳，招商局董事会，是否应该严惩这样私卖招商局的总办？

此路不通的国家主义

国家主义者陈启天在《时事新报》上发表一篇文章，一面主张要收回各国在华一切权利，而一面却反对共产党打倒帝国主义的主张。不知道他们打算怎样收回？真是"此路不通"！

国家主义者与研究系

国家主义者一向不赞成国民党，并且很轻鄙国民党，曾讥诮共产党不应该加入国民党；可是他们现在却附和研究系，向创造中华民国之孙中山的青天白日旗攻击，又在研究系的机关报上大做其文章，想必他们以为研究系比国民党要高明些。这真是"方以类聚物以群分"！

署名：实

《向导》周报第一七七期

1926 年 11 月 4 日

十月革命与东方

（一九二六年十一月十五日）

我们要懂得十月革命的意义，不可忘记了当时的世界情况。在国际资本帝国主义的大战中，欧洲的帝国主义者，两方面都只以保卫祖国相号召，独有帝国主义的美国威尔逊举起"打倒德意志军国主义"、"民族自决"这两个旗帜出来号召，颇得了许多人的同情，许多资本主义国家内的自由派和许多殖民地半殖民地的民族派，都对威尔逊怀了多少幻想。这时只有无产阶级的首领俄国列宁，他看破了威尔逊的虚伪与无能，他坚决的主张非发起各国国内革命不能打倒军国主义，非推翻帝国主义不能实现民族自决。其结果威尔逊的巴黎和会，打倒了一个军国主义的德意志，救出了英、法、意、比等许多军国主义的国家，民族自决更成了一句废话；列宁的十月革命，却实实在在以无产阶级的国内革命，打倒了俄皇的和克伦斯基的军国主义帝国主义政府，实现了芬兰、波兰及其他国内少数民族之民族自决——独立或自治。这种历史的事实，曾经明白的告诉了我们列宁和威尔逊之不同，列宁的见解正确而伟大和十月革命之世界的意义，都已经不是还有讨论余地的理想了。

从十月革命到现在，已经有整整的九年，在这九年中，苏俄仍旧是继续列宁的十月革命工作：援助全世界的民族解放，推翻全世界的军国主义帝国主义。

欧美资本帝国主义者，知道十月革命之世界意义对于他们的危险，始而武力对付，继而用经济封锁政策，这两样都不曾收效，现在遂改用吊膀子政策，甜言蜜语劝苏俄"回到西方"。

"回到西方"是什么意义呢？就是说抛弃十月革命之世界的意义，换句话说也就是停止援助东方民族革命运动，回向欧美各资本帝国主义的国家妥协合作。苏俄内部，近来有一小部分右派分子也主张回到西方，他们以为东方民族中，如中国人并不大感觉得帝国主义宰制之痛苦，反以苏俄援助他们革命为多事，有野心，在另一方面，苏俄却以援助东方民族革命运动结怨于列强，为苏俄自身利益计，应该改变以前政策，停止援助东方民族运动，与西方资本主义的国家妥协，以便从这些国家中得到苏俄经济发展之物质的援助。苏俄中大多数左派分子却不赞成右派这种意见，以为是违背了列宁的十月革命之世界意义。

当真中国人都不大感觉得帝国主义宰制之痛苦吗？苏俄中右派分子的意见是不对的。中国的革命派不用说，就是一般商人，近来也都感觉得帝国主义宰制之痛苦。并且已经起来做反抗帝国主义之行动，如反抗棉花出口，反抗帝国主义干涉中国的纸烟捐和商标，主张关税自主，主张修改不平等条约，主张废止领判权，主张收回会审公堂与租界等，已成了全国商人普遍的运动，而却未曾有一次真正商人反对苏俄，因为在他们的经济生活发展上，天天都感觉到帝国主义者当面的压迫，而不曾感觉受苏俄压迫的事实，真正商人不同流氓政客，因此他们不能无病而呻。中国人中反对苏俄而不反对帝国主义的人，不是占全国人口最大多数的商人、工人、农民，而是一小部分军阀和无职业的流氓政客如下表：

（一）军阀；

（二）军阀的走狗（如交通系、安福系、研究系、联治派、复辟派、国家主义派及民党右派冯自由、章炳麟、徐绍桢、黄大伟等）；

（三）帝国主义的走狗（如洋行买办、耶教徒及民党右派马素、童理璋等）。

这三种反革命派确是不感觉帝国主义宰制之痛苦，反大叫苏俄援助中国民族革命有野心。然而他们却不能代表中国最大多数人民的意见。他们以为帝国主义与军阀非中国之患，中国大患只是苏俄所援助的国民革命；他们希望力量还弱的国民革命军得不着国内国外任何援助，好让帝国主义所援助的奉、直军快快打平。他们都立脚在帝国主义和军阀的利益上面，他们反对苏俄援助中国反帝国主义与军阀的国民革命军，这也是当然的事。

还有一班人，他们都非立脚在帝国主义和军阀的利益上面，也并不反对苏俄，而他们以为我们应该用自己的力量来革命，不一定要依赖苏俄的援助。革命应该用自己的力量，不一定要依赖外援，这个意见并不错，并且我们应该尽可能的这样做，这是毫无疑义的事。不过若因有苏俄援助可以增加我们革命发展之速度，似乎也没有理由应该拒绝，更无理由因此而反对苏俄。

反对苏俄的人，硬说苏俄援助中国革命是有他的野心，而非善意的援助。说这样话的人，他完全不懂十月革命之世界的意义。试问苏俄因援助中国国民革命军曾经得到些什么没有？苏俄援助中国，若是由于他的野心而不是立脚在十月革命之世界的意义上面，他尽可继续旧俄政策，援助奉天或直系以达到他的野心，又何必援助中国的国民革命呢？国民革命的势力得胜，能容忍任何国家的侵略野心吗？奉张对俄大使说："奉、俄近邻，你们为什么不帮助我而帮助很远的广东？"吴佩孚对俄领事说："我为中俄协定很尽力，我是中国最有权力的人，你们应该来帮助我，派些顾问到国民军那里有什么用？"奉、直军阀并不是不要苏俄帮助，正因为得不着苏俄的帮助才反赤。苏俄为什么不帮助奉、直军阀而帮助国民革命军，这便可以充分证明苏俄是立脚在十月革命之世界的意义上援助中国，而非由于侵略野心。

苏俄十月革命之世界的意义，关系东方被压迫的民族革命运动，非常重大，可是欧美的资本帝国主义者力劝苏俄回到西方，恰好中国的反革命派也拒绝他来到东方，东方的革命派应该起来怎样对付这个问题呢？

署名：独秀

《向导》周报第一七八期

1926 年 11 月 15 日

寸　铁

（一九二六年十一月十五日）

研究系官运不亨通

研究系的前身保皇党，刚刚跪求满清做点立宪运动，却被民党的辛亥革命打翻了；刚刚拍上了袁世凯，组织了什么第一流内阁，却又被北洋派嫡系赶走了；刚刚拍上了段祺瑞，攫得财政、司法几个总长地位，又被民党的护法运动打掉了；刚刚拍上了曹、吴，又被冯玉祥反戈拆散了；最近刚刚拍上了孙传芳，又被北伐军打来，不独蒋方震的江西督办落了空，就是丁文江的淞沪总办也有点靠不住。可怜的研究系，怎么这样官运不亨通！

研究系是只白虎

研究系保清朝，清朝亡；帮袁世凯，袁世凯灭；帮段祺瑞，段祺瑞失败；帮曹吴，曹吴倒霉；帮孙传芳，孙传芳卸甲丢盔。有人说他是只白虎，谁沾染他，谁就晦气。

国家主义者对国民党党旗及北伐

国家主义派，不敢反对国民党，只好说共产党假冒国民党；可是他们所攻击的青天白日旗，总不是共产党假冒的吧？国家主义派说："自蒋介石北伐以来，全国言论界大都为他一时的胜利所惑，莫敢为斩钉削铁的批评，独有我们国家主义者抱定信念，认清真理，尽量的揭发蒋介石亲俄的自误误国（帝国主义及军阀当多谢国家主义者！）及其所以不能成功的理由，现在事实渐渐证明国家主义者言论是真理，不是客气，是千真万确，不是神经过敏了。"不错，孙传芳又已经到了南京，国家主义者所谓北伐军不能成功，总算千真万确了！国家主义者大喊其他们是国民党的友人，共产党是国民党的致命敌人；只可惜他们不应该攻击他们友人的青天白日党旗！

国家主义派有了极阔的首领！

国家主义者自夸道："国人对于国家主义的信用，也一天增加一天了。"又道："国家主义潜伏在国人心田中的势力，已到了奔腾澎湃莫之能御的时候。"不错，国家主义的信用和势力已经了不得，而且已经有了一个极阔的首领，不是最近前国务总理大人靳云鹏大鼓吹其国家主义吗？或者张雨帅、吴玉帅也会加入国家主义派，因为他们都是反赤的同志。

又是一个为孙传芳保江山者！

　　孙传芳举兵讨赤之初，置人民和平的呼吁于不闻，到了赣战不利，才串出蒋尊簋、张一麐等出来奔走和平，做他的免战盾牌。现在孙传芳由九江败退到南京，不但怕北伐军东下，并且怕奉、鲁军南下，更用得着和平做盾牌了。于是什么皖、苏、浙三省联合会乃应运而生。该联合会表面上是说三省人民自治，实际是重在三省军事当局停止战争，由人民代表和粤、奉、鲁接洽和平，这本是孙传芳所求之不得的。这种仍旧拥戴三省军事当局的自治运动，与其说是三省自治运动，不如说是为孙传芳保江山的运动！这班人民代表若当真去广州为孙传芳接洽和平，国民政府或者要问问他们：三省人民自治诚然很好，但是你们所拥戴的三省军事当局是谁？

署名：实

《向导》周报第一七八期

1926 年 11 月 15 日

革命与武力

（一九二六年十一月二十五日）

反对"革命要有武力"，这种人不是糊涂蛋便是反革命者。任何国家任何性质的革命，都非有武力不成；因为被革命的统治阶级都有强大的武力，革命的被统治阶级如果没有武力，当然不会成功。

尤其是在殖民地和半殖民地，民众的势力还未充分组织起来，需要军事行动更多一点；并且很难从军阀的武力时代马上跳到民众的武力时代，中间会要经过武力与民众合作时代。这不是偶然的事，也不是那个愿意这样办，这是因为殖民地半殖民地的统治阶级高压政策特别严重，革命的民众不容易得着武装；在另一方面，殖民地尤其是半殖民地，民众的革命运动潮流高涨到相当程度，国中军事领袖当中，有些和当时的统治阶级利害不一致的部分，在民众革命运动的高潮中，便会走向民众方面，与民众合作。现在的中国就是这样。具体说起来，南方的北伐军和北方的国民军，都确已走上了武力与民众合作的道路。

可是在现时武力与民众合作之中途，我们还未可过于乐观，而忽视了可能的危险。危险是什么呢？就是现时所有与民众合作的武力，都能够合作到底，并且还能够进一步变成民众的武力；

或者是合作不能到底，有些仍旧要站到反民众利益的阶级（军阀、买办、地主、士绅）那边去。

要免除这个危险，民众和革命旗帜下的军人，两方面都要注意。

现在摆在我们面前的事实，民众运动发展之速度，远不及军事的发展；这种状况若继续下去，很容易使军事势力右倾，甚至于离开民众，形成新的军事独裁政治，这是民众方面所应深刻注意的事！

在军人方面，单是口头上说自己是革命的，即或志愿上自己的确是要革命，这样都还是不够，真正革命的军人，必须有两个条件：（一）须懂得在中国的政治经济状况中，革命的军人和反革命的军人在实质上究竟是怎样的不同？（二）须能够服从民众的和党的制裁。

中国的政治经济现状是怎样呢？一方是被剥削压迫阶级的民众——工人、农民、商人等要求民主政治；一方是剥削压迫阶级的帝国主义者、军阀、买办、地主、士绅等，要维持封建的军事独裁政治；代表后一阶级利益的军事势力当然是反革命派，革命的军人应该站在前一阶级利益上面。帝国主义者利用军阀、买办掌着中国城市政权，做他们剥削压迫中国民众的工具，复利用买办勾结乡村的士绅、地主掠夺中国的矿山，吸收中国的贱价原料；军阀利用买办（商会领袖及银行家）在城市剥削工人、商人，利用地主、士绅在乡村剥削农民，以供给他们的军饷；因此，可以说军阀、买办、地主、士绅，同样是帝国主义者剥削压迫中国民众的三个工具。革命旗帜下的军人，若只知道反对帝国主义与军阀，在实际行动上，不能力助工人、商人反抗大商买办之剥削与垄断，不能力助农民反抗地主、士绅之剥削与乡村政权，则不但依然做了帝国主义的工具，而且保护了军阀势力在城市和乡村的基础，这样如何算得是革命的军人？这样如何算得是武力与民众合作？

每个有兵权在手里的人，若不能够受民众的或党的任何制裁，都有变成军阀和形成军事独裁政治之可能，此吴稚晖先生所以有"有军必阀"之叹。我们或者可以承认现时方与民众合作的军事势力，即不幸也形成军事独裁的局面，他们的军事独裁比北洋军阀的军事独裁总要开明一点。可是这种较开明的军事独裁，至多只能造成统一的中国，决不能造成民主的中国。并且在任何军事独裁的局面之下，都有培养贪官污吏之必然性；这是因为军事独裁局面之军事首领，不受民众或党的任何制裁，拥有无上威权，因此以"反对派"三字杜绝一切闻过之路，于是左右一班宵小与夫乡党故旧得乘机以小人之爱捧此军事首领，只需蒙蔽此首领一人之耳目，便不妨放胆的贪赃枉法，无所忌惮，非至激成众怒危害此首领不止。在这样贪官污吏横行无忌和民怨沸腾的局面之下，还说得上什么民主，什么革命!? 然而不受民众的或党的制裁之军事独裁，其结果必至如此，这是无可避免的公例!

我们还记得辛亥革命时，有"军人出头"的呼声，并且把军字写作"军"，许多官厅公文中都是如此，其结果怎样呢？我们又记得国民党在广东驱逐陆荣廷、莫荣新的势力后，洪兆麟在陈炯明宴孙中山、唐绍仪、伍廷芳席上，乘醉伏在桌旁东倒西歪的说："广东是老子打来的! 广东是老子打来的!"其结果又是怎样呢？现在我们虽然未曾听见"湖南是老子打来的，湖北是老子打来的，江西是老子打来的"，这等怪话，却有了"军人革命论"这样的不祥之声！并且有些青年军人时常拿武力万能的观念，干涉一切社会事件，虽然是善意的。这样不祥之声，这种武力万能的观念，都足以促成军事独裁的局面之开展。

真正有觉悟的革命军人，如果想想军事独裁对于民主革命的危险，如果愿意考查已否因此使革命根据地贪官污吏化，便应该放弃军事独裁的野心，诚意的与民众合作，尊重民众的意见而受其制裁；至少也要受党的制裁，以免流为个人的军事独裁。每个革命党的军人，都不可单看自己是一个军人，必须看自己是一个有武装的党人，虽统率十万大军的总司令也应该如此。每个革命党的军人，都应该尊重党的威权在军队的威权之上。如果主张"以党治国"，便不应该主张"以军治党"；因为以军治党，则以党治国便毫无意义，不如直接老实主张"以军治国"了。我们反对以军治党，并不是说军人党员不能过问党事，也不是说军人党员不能同时主持党事，乃是说每个军人党员乃至军事首领，都应尊重党的集体意见，服从党的集体制裁，如果挟军事势力，使党的集体意见以军事首领的意见为从违，使党的一切决定都要仰军事首领的鼻息，使党众的意见不敢和军事首领的意见不同，使军事首领即党之化身，使党内党外群众都只知有军事首领而不知有党，则这样的一个党，便等于聋子的耳朵，瞎子的眼镜〔睛〕，则所谓党的威权，党的决定，党的制裁，党的命令，都由"强奸党意"而来，等于无物。这样没有党的制裁之军事势力，要想免于军事独裁的危险，那是不可能的事。

我们的结论是：革命是不能没有武力的；可是革命的武力至

少必须与民众合作，必须受民众的和党的制裁，才能够免除形成军事独裁走到反民众利益那边去的危险。

署名：独秀

《向导》周报第一七九期

1926 年 11 月 25 日

寸　铁

（一九二六年十一月二十五日）

自治呢还是由军阀保境安民？

什么苏民自治协进会，通电要求苏孙本保境安民之初衷，勿以苏省卷入战事漩涡。我们对于这班号召自治的糊涂虫，有三个疑问：第一，向苏孙要求他保境安民，这是什么自治？第二，孙传芳拿苏省的钱，派苏省的兵，和北伐军打得不亦乐乎，何以到现在才想起来勿以苏省卷入战事旋涡？第三，孙传芳去了，张宗昌就要来，你们热心自治的先生们，是否再来电求苏张保境安民呢？

丁文江竟比军警还要反动

前此主张严办为万县案运动的青年的，是丁文江；现在戒严司令部枪毙陶鑫元（即陶静轩）的，也是丁文江，最近向法捕房要求逮捕钮永建的，又是丁文江；甚至于严春阳示意工会，快

快将关在法界捕房的海员保出，否则丁文江要求引渡去，必然枪
毙。好一个博士做官的丁文江，好一个试验大上海自治的丁文
江，他的反动行为竟在军警之上！

国家主义派眼中的爱国军队及其五色旗

国家主义派近来在各处尤其在日本，大反对其国民政府的青
天白日旗，大拥护其五色旗，说五色旗是国旗。可是他们（武
昌的国家主义派）曾派人到岳州的吴大帅的军队宣传，恭维他
们是爱国的军队，并且说："凡反赤的军队都是爱国的军队。"
他们的机关报说："鄂人对于北方军阀大兴其去后之思，而对党
军反有愿与汝偕亡之意。"他们称三民主义为"残民主义"，他
们称国民政府为"所谓国民政府"，他们公然大叫"反对擅改国
旗的国民党"（以上均见最近《醒狮》周报第一一一期）！国家
主义派这样的恭维北洋军阀，这样的反对国民党与国民政府，难
怪他们要拼命拥护北洋军阀的五色旗而反对国民政府的青天白
日旗！

国家主义者眼中的赤化！

国家主义派拿"满地红表示赤化"为反对青天白日旗的理
由之一。哈哈！照他们这样见解，那么，五色旗的第一条便是红
色，它不也有赤化嫌疑吗？并且马路工程上大插其小红旗；各国

的国旗商旗上，很少没有红色；许多纸烟火柴盒子，都是满地红；婚姻喜事，更是大用红纸帖子，大穿其红色衣裙；难道都是表示赤化吗？若这样杜绝赤化，连药书上的红花、橘红和词典上的赤胆、赤心、红梅、红日都应在删去之例了！如此看来，所谓国家主义派，竟是一班无知识的小孩子。

青天白日旗是共产党的吗？

国家主义者说："主张用青天白日旗者，不问可知为共产党人。"又说："共产党人欲实现其一党专制之目的，绝不顾民意之赞同与否，擅自用彼一党制定之青天白日满地红旗。"又说："使共产党人而有理性，自当服从多数爱国青年主张，放弃其青天白日满地红旗之谬见，而同立于五色国旗之下。"我们的回答是：国家主义者若尚有丝毫理性，总不应该闭着眼睛否认青天白日旗是中山先生在辛亥革命前就制定的这一个事实（即曾琦自己也说："同盟会初成立时，孙中山主用青天白日旗。"），而硬把这面旗擅自送给共产党；更不应该诬称多数爱国青年都反对青天白日旗；似乎也不应该劝我们和他们同立在北洋军阀的五色旗之下！

到底是谁强夺他人的财产妻女为己有？

共产党是主张生产工具（如土地、机器、铁路、矿山等）

归社会公有，而不是要强夺他人财产为己有。共产党是主张婚姻自由，而不是要强夺他人妻女为己有。反赤派所指斥的共产公妻，正是强夺他人的财产妻女为己有之意；这样的共产公妻，张宗昌、张学良都已经在京、津、山东实行，如此反赤，正是反对他们自己呵！

署名：实

《向导》周报第一七九期

1926 年 11 月 25 日

孙传芳败后之东南

（一九二六年十二月五日）

孙传芳败后，东南三省最重要的现象使我们注意的，乃是上海市以至苏、浙、皖三省的自治运动。

此种自治运动，首先发生于上海市，远在齐卢战争以后，由上海市自治运动，扩大到环太湖区域。闸北自治运动和孙传芳争持最烈，其初发动于闸北自治公所几个董事，渐渐扩大到环上海市所有大小城镇的绅商团体；然而一时轰轰烈烈的自治运动，终于被孙传芳用租界帝国主义的援助和丁文江博士大上海的欺骗政策压服下去，上海市终于被孙传芳统治了（丁文江不过是个工具）。孙传芳在江西战争不利，上海市自治运动又重新起来，十月二十三夜的暴动，虽然被孙传芳的铁血政策镇压下去，而暴动中所喊出的"市政归诸市民"这一口号，却并未曾镇压下去，反而日渐流行高涨起来，除傅筱庵等买办分子外，工人、学生、商人都集合在此口号之下。十一月五日九江陷落，孙传芳溃退到南京，上海商总联会发表宣言，主张拒绝奉鲁南下，划上海为特别市，市政归诸市民，永不驻兵，全市工、商、学各团体群起响应；并由上海自治运动，扩大到苏、浙、皖三省自治运动，在上海产生了一个苏、浙、皖三省联合会。

这个联合会产生之初，其中有些反动的官僚分子，企图利用这个三省联合会，以自治的名义拒绝北伐军及奉鲁军入境，实际上是为孙传芳保全三省地盘，以便他们得以参加政权；嗣因会中急进分子反对，乃改变参加政治之表示为管理政治、军事之表示；迨十七日孙传芳北遁，张宗昌实行动员南下，三省联合会乃表示其脱离孙传芳拒绝鲁军南下之主张。孙传芳、张宗昌严拿反对直鲁联军南下的董康，江苏绅士乃表示宁欢迎赤化而不欢迎绿化（因奉张、鲁张均出身绿林）；张宗昌准备带军用票一千万元南下，苏、皖商民闻之失色相告。现在苏、浙、皖三省的自治运动，已渐渐和奉、直军阀在东南之统治权短兵相接了。

奉系军阀之内部，奉与鲁有竞争，奉之中新派（张学良、杨宇霆）与旧派（吴俊升、王永江）又有竞争，又加以日本帝国主义者力阻其向南发展，国民军之再起，晋阎之中主，更足以使奉张的军事计划，对西北更急于对南方；并且对南向河南则先与吴佩孚战，向苏、皖则先与孙传芳残部战，在军事上在政治上都于彼不利。因此我们可以看出，所谓奉鲁军南下讨赤，乃由于英帝国主义者之怂恿与张宗昌之野心（张宗昌想做直、鲁、豫、苏、皖五省联军总司令），奉张在实际利害关系上未必如此。在这样情形之下，孙传芳也许有回到南京之可能（本报付印时，孙传芳回到南京了）。孙传芳如果回到南京，至少必让津浦南段于鲁张以结后援，固然不能完成其保全三省地盘之初梦，然他还有二万（孟昭月旅、冯绍闵旅、李宝章旅、王雅之团及卢香亭、彭德铨残部）可用之兵，以之继续对北伐军作战固不足，以之镇守江苏则有余，浙、皖二陈战斗力并未损失，孙如能占住南京，彼等势必联孙以自保，北伐军如不取浙、皖，则孙传芳尚有赫然自称苏、浙、皖三省联军总司令之余地。因此，三省自治运动，目前尚未至如何拒绝直鲁联军，而是如何对付这个僵尸的孙总司令及其走狗丁文江、陈陶遗等。去了孙传芳，还要拒绝奉鲁军，苏浙皖三省联合会若不于开会通电之外，有更大的努力更大的牺牲，此次自治运动之成败正自难言。

然而东南三省，尤其是上海市的自治运动，无论其目前能否成功，无论其急进或是缓进，必有一个长期的争斗，只要有争斗，他的性质，他的价值，在中国民主运动史上是我们不应轻轻看过的一件事。

依我们现在的经验，中国民主运动，有三种形式的可能：一是革命的军事行动，由辛亥革命到此次北伐，属于此种形式；二是资产阶级的自治运动，此次上海及东南三省自治运动，即属此种形式；三是农民推翻乡绅政权的暴动，此种运动才开始，将来或者是中国民主运动最后的最高的形式。这三种形式不同的运动，都有一共同性质，即资产阶级的民主运动。或者有神经过敏的人，以为农民暴动是无产阶级的共产运动，这是一个非常的错误。现时中国还没有近代资本主义生产制的农业，因此佃农、地主间的土地关系和地主对于佃农剥削方法，还是半封建制度，而不是资本主义制度即工银制度；农民运动的成分主要的是佃农与自耕农等小资产阶级，而不是无产阶级；所以现时中国农民在乡村推翻地主乡绅政权的自治运动，和商人在城市推翻军阀官僚政权的自治运动，同样是资产阶级性的民主运动，同样是资产阶级推翻半封建势力的运动，决不是什么无产阶级的共产运动，虽然城市自治运动中有工人参加，乡村自治运动中有雇农参加。

此次上海及东南三省的自治运动，很明显的是资产阶级性的民主运动，他比湘、鄂、闽、赣的军事行动，革命性要少些，而民主性或者还要多些；因为他是由人民自己起来要求脱离军事统治而自治，比北伐军更有社会基础。东南各省尤其是上海市，是中国产业和文化最发达的地方，城市资产阶级的民主运动从这些地方发生，决不是偶然的事。

不过我们也不要忘记了一件事！中国的资产阶级犹甚幼稚，致军阀死命之金融权尚操在买办官僚之手而不在资产阶级之手，因此他们的民主运动，往往归于畏怯退缩。上海的运动，因有工人群众参加，比别处要急进一点。三省联合会中，夹杂着许多官僚政客，这是东南自治运动的一个内伤，因为他们很容易和军阀妥协；尤其是研究系、江苏省教育会和张君劢、张一麐、张孝若这班直系党羽，到了孙传芳当真不能在东南三省存在的时候，必然也要伸出尖头，戴上自治民主等面具，大摇大摆的走出来偷点什么去，尤其要藉此反对国民党。因此，东南自治运动要真能成为资产阶级的民主运动，不但须彻底力抗军阀，并且须谨防内部的扒手——反民主的官僚政客、买办教棍等直系党羽！

署名：独秀

《向导》周报第一八〇期

1926 年 12 月 5 日

政 治 报 告

（一九二六年十二月十三日中央特别会议）

此次会议的政治报告，主要点还是关于国民党问题。因为自江西战争胜利之后，我们与国民党的关系又发生许多新的变化，我们有重新讨论之必要。国民党问题不是很简单的，是牵连许多别的政治问题的，所以国民党问题，可说就是全般政治问题。国民党问题之要点乃是一个民族革命中联合战线问题，也就是一个整个的民族革命问题。我们先说这个问题的历史方面：

中国的民族革命联合战线，是一九二二年国际第四次大会讨论东方问题时决定的策略。这个策略决定后，至一九二五年"五卅"才广大的实际应用出来，此时民族的联合战线，亦即所谓"赤的联合战线"。五卅运动之成功，就是民族联合战线之成功。当时这个战线非常扩大，自工人以至军阀莫不加入这个战线（当时张学良、孙传芳等都通电响应，捐款援助），一时民众势力非常发展。但同时反赤的联合战线即英、日、张、吴的联合战线也随着形成起来。他们的目标便是讨灭南赤、北赤，结果反赤的联合战线成功，赤的联合战线失败，如北方国民军之失败，北方的"三一八"大屠杀，南方的"三月二十"，就是反赤的联合战线成功，赤的联合战线破裂之表现。

自三月二十至七月四日为反赤运动最盛时期。自七月四日国民军退出南口，反赤的联合战线开始分裂，不能继续。奉系军阀在北方得势，不但奉、直发生利害冲突，英、日两帝国主义亦因此在北方失了势力之均衡。并且奉系内部直系内部也有冲突，如奉系新旧派之争，直系吴、靳之争等，这都是不可调解的利害冲突。军阀内部帝国主义间都如此冲突，反赤联合战线遂完全破裂。同时赤的联合战线，自北伐以来又渐渐恢复以至扩大，自工农以至资产阶级绅士，甚至一些小军阀，均有联合于此战线之势。如江苏绅士说："赤化并不可怕，只有绿化真可怕（指绿林的奉系军而言）。"上海大商人主张联合工商界以解决上海问题；苏、浙、皖的绅士商人组织三省联合会；上海的工商学各团体组织市民公会，共同反抗奉鲁军南下。但最近九江、南昌攻下之后，这个赤的联合战线又有发生危险的倾向。这个危险倾向的由来：一因江西战胜后，军事势力有离民众而往右走之倾向；二因工农运动之发展，使资产阶级恐惧；三因帝国主义改用新的分离政策；四因我们之失策。兹分述如下：

（一）帝国主义之分离政策——军事的胜利和民众运动的高潮，使帝国主义者不能不认识南方的革命势力已不可以强力去消灭，惟有用软的方法去和缓。即最顽强的英国在天津会议后，亦不得不暂时停止以前"打"的政策，代以"拉"的政策。即是帝国主义者开始对国民政府表示让步，将来或可提出比"五卅"更多的让步，以换取他们所需要的条件：（1）保留大部分不平等条约；（2）离开苏俄；（3）禁止工潮等。用这些条件拉着国民政府向右走。同时帝国主义者在另一方面，复想拉着大商买办阶级为他压服工潮的工具，公开的在汉口英文报□报上劝中国商人应与外国资本家合作对付工潮。这是赤的联合战线第一个危险倾向。

（二）国民党之右倾——国民党中的一般游移分子，自湘、鄂工农运动之突起，即因恐怖而表现右倾。尤其是在武汉工潮中，他们以为武汉、江西取得之后，行动便当和平些，不然已得的胜利恐怕就会保不住；同时又以为北伐的胜利，民众势力都握在 C. P. 手里，如果民众势力太发展了，这是 C. P. 势力的发展，因此更加以限制。他们这种右倾的表现，不是现在始，在十月联席会议前就如此。联席会议的结果，表面是左派胜利，实际议决自议决，实际掌握政权的蒋介石，执掌党权的张静江、丁维汾等浙江派山东派，均蔑视决议案而日行其右倾政策毫无所顾忌。现在大部分政治军事势力握在右派手里，在后方李济深日事压迫工农运动，甚至纵容部下杀戮农民运动者，他不但主张限制工农运动，即对工农商学联合会的运动他也反对。至于前方的蒋介石，言论虽左，实际行动仍然表示很右，最近表示"乡村农运可做，城市工运则当停止"。右派对于反帝国主义的运动虽尚未公开的阻止，但实际上急欲缓和工农运动以取得帝国主义者承认国民政府。他们不想以革命的争斗取得统一中国的政权，而想由帝国主义的承认以取得统一中国的政权，这本是国民党的传统政策。丁维汾说："现在北伐要紧，我们应该停止打倒帝国主义的口号。"柏烈武说："列强有承认国民政府的意思了，我们应该停止反帝国主义的运动，免生阻力。"这是赤的联合战线之第二个危险倾向。

（三）商人的恐慌——北伐胜利后工人组织勃起，经济罢工遂一发而不可遏止，尤其是久受压迫〈的〉武汉工人，这样不但引起大商人的恐慌，尤其是一般中小商人因手工业工人店员之罢工，更是无法应付。中小商人素来受帝国主义者军阀及大商人三层剥削，现在更加上工人店员罢工，经济濒于破产，因此他们自然很容易站到大商买办那边也反对工人，这是赤的联合战线第三个危险倾向。

（四）我们党中的"左"稚病——我们同志中"左"稚的现象约有数种：（1）看不起国民党。这也可以说是一种传统思想，尤以粤区同志为甚，有人曾说："国民党自三月二十以后，已经死了，五月十五以后，已经臭了，我们还把这臭死尸抱在怀里做什么?"可是北阀军事的胜利所给北方军阀及民众运动勃兴之影响，仍然证明国民党还不是一个臭死尸。（2）包办国民党。许多好的国民党分子说："我们不反对 C. P. 赤的政策，所反对的是 C. P. 处处把持国民党的工作。"这就是我们同志包办的反响。这种包办不一定是有意的，但包办的结果，一方面没有国民党，一方面也没有 C. P. 了。（3）包办民众运动。我们不但要包办国民党，并且要包办一切民众运动，三月二十、五月十五以前在国民党内包办，现在更在国民党外包办。包办的结果，国民党没有群众，左派的群众和左派领袖隔离了，于是左派未能有力的形成。没有一个有力的左派和我们合作向右派争斗，其结果自然只有我们单独的领导群众和右派的军事政治势力直接冲突，在形式上直是 C. P. 和 K. M. T. 冲突。在现时，这种冲突正是帝国主义者所需要的，而非民族革命的联合战线所需要的。（4）否认左派存在。这种完全否认左派的思想，特别粤区的同志最厉害，他们在给中央的报告中说："至于左派呢，亦没有这回事"。还有鲍同志以为真能解决农民问题，只有解〈决〉土地问题；

因此他说："赞成解决土地问题的，才是真正左派，现在国民党中无左派。"这是一种新奇的逻辑！否认左派的结果，我们只有两条出路：一是与右派合作，一是退出国民党而领导群众和国民党冲突。这两条出路都要不得，我们的出路只有留在国民党中联合左派和右派争斗。鲍同志这种错误见解的原因：一是所定左派的标准太高；二是忽略了中国目前争斗的问题。中国目前的争斗是要继续反帝国主义的民族运动和反军阀土〔地〕主劣绅土豪的民主运动。在国民党中谁完全赞成这两个运动的就是左派，否则便是右派。因为国民党的左派必须是民主主义者，若只赞成反对帝国主义而不赞成反对军阀、地主、土豪劣绅的人，便是封建主义者，当然是右派，这种右派分子，在国民党重要人物中还非常之多。解决土地问题，当然是对地主土豪最后的打击。可是目前中国大多数农民群众所争的还是减租减息，组织自由，武装自卫，反抗土豪劣绅，反抗苛捐杂税这些问题，而不是根本的土地问题，他们都还未能直接了解到这个根本问题。我们在宣传上自然可以由目前争斗的这些问题，引申到根本的土地问题。若是马上拿农民群众还未能直接了解的土地问题做争斗口号，便是停止争斗；若是拿赞否解决土地问题做国民党左派标准，自然是没有左派。减租减息等目前的争斗，在农民群众中，比解决土地问题更是迫切的要求，赞助这些要求的国民党左派之已经存在，比希望有一个赞助农民解决土地问题的左派出现，更合于事实。因为想象未来更左的一派而否认现在的左派，便等于专候下礼拜吃鱼肉，把今天吃豆腐白菜维持生活看做不必要。（5）误解党的独立。我们的党之独立，是指独立的政治宣传和党的组织，而不是说在现时一切实际政治争斗都应该独立行动，不与国民党合作。

有些同志这样解释党之独立，所以往往幻想组织工、农、商、学一切群众在我们直接领导之下，包办一切民众运动而不必与国民党合作。北京、湖北的同志都有这种思想，尤其是在广东的同志，他们更加上否认左派之存在，自然会发生"我们当然站在民众一方面与政府对抗……民众与政府的冲突中，亦即表现出整个的 C. P. 与国民党的冲突"这种错误观念。这种离开国民党的左倾错〈误〉，和以前不想发展党的组织，几乎沉没在国民党中的右倾错误，对于党是同样的危险。（6）应付中小商人的政策不好。在长沙，在武汉，我们都没有经过国民党把手工业工人店员和中小商人的关系弄好。尤其在武汉，有些手工业工人店员的过高要求，逼得中小商人和总商会合作反对工会。至于未能制止纠察队对于商人之胁迫和侮辱，更是万分不应该继续的现象。这是赤的联合战线第四个危险倾向。

以上四个危险倾向汇合起来，随地随时都会使联合战线破裂。此时破裂之可能性已异常严重，我们急应努力进行以下各项挽救的策略：

（一）防止党外的右倾，同时反对党内的"左"倾，以巩固赤的联合战线。这种"左"右倾距离日远，是破裂一般联合战线及国共两党关系之主要原因，帝国主义之新政策和商人之恐慌还在其次。我们固然不幻想这种"左"右倾的距离能够相近而至于零，我们必须注意联合战线之巩固的程度，乃以这种"左"右倾的距离远近为正比例。

（二）督促国民党和国民政府实行"武力和民众结合"的口号，对内继续民主的统一争斗，即推翻都市中封建的军阀政权，推翻乡村中封建的地主土豪劣绅政权之争斗；对外继续独立平等的争斗。在过去的经验，国民党每次得到一点军事胜利，便马上向敌人妥协而右倾，而失败，现在的右倾大部分也是为了要与敌人（帝国主义者及国内封建势力）谋妥协。要挽救其现在的右倾，惟有继续争斗，惟有督促其实行武力与民众结合继续向敌人争斗，才能挽救民众日益向左，武力政权日益向右之危险的现状。

（三）维持国民党军事首领势力之均衡。有些同志主张国民党的军事势力应该集中，这是一个幻想。国民党的军事势力集中，不但不可能，而且也不必要。国民党的军事势力集中与反动局面之促进必成为正比例，军事势力越集中，反动越大；集中越快，反动来的也越快；集中在谁手中，谁就先反动。这乃是国民党之党的威权不能制裁军事首领的必然结果，也可以说是民主主义不发达的国家的必然运命。

（四）扩大民主主义的宣传。以前的宣传都集中在民族主义一方面，这种简单的宣传运动，每会为军事独裁者所利用。现在为抑制军事独裁的局面之向前进展及向右反动，必须开始作民主政治的宣传和运动。抽象的宣传民主主义是不够的，必须指出必须实现国民会议，省民会议，市民会议，乡民会议，城乡政权归人民，才是民主主义的政治之具体的表现。更须切实说明凡是民主主义的政府，必须向左站在民众方面，给民众以充分的集会、结社、言论、出版、罢工、抗租之自由，而不能向右站在帝国主义、大商买办、地主、土豪劣绅方面压迫工农运动。尤须珍重说明，此时的农民运动，正是帮着民主主义的政府向封建的地主、土豪劣绅进攻，正是为〈民〉主主义的政府扫除其敌人，巩固政府的基础，而不是加害于政府。民主主义的政府不应该援助他自己的敌人（封建的地主土豪劣绅），压迫他自己的帮手（农民）。

（五）改善我们和国民党的关系。一切群众组织和运动，尽可能的和国民党合作，尤其要援助左派的势力发展，使左派领袖获得群众，努力在小资产阶级（农民、手工业工人、店员、学生、小商人）的群众中发展左派的国民党组织，竭力援助左派达到第三次全国代表大会之胜利。这一政策我们从今天起即须开始工作。右派早已着手活动，派人到各地集合他们的势力，甚至于拉拢西山会议的分子、工贼及一切反动分子入党做他们的群众，以备第三次全国大会与左派竞争。第三次全国大会如果胜利从于右派，则国民党的联俄联共政策及对工农运动的态度，必更有大的变动，这是我们应该特别注意的。

（六）扶助左派建立以汪精卫为领袖的文人派政府。军事首领不任政府的常务委员，军事委员会须在政府管理之下，以减少国民政府之军事独裁的性质与形式。

（七）确定我们对于中小商人的政策。我们此时对于中小商人的政策非常困难，因为各地手工业工人及店员对于厂主店东之罢工，乃是小资产阶级当中的利益冲突，两方面都是民族的联合战线中所需要的，我们势不能偏袒哪一方面，而又不能中立，我们只得采取下列政策：在消极方面，努力向店员工人解释，不便向厂主店东提出他们经济力限制以上的过高要求，更不可轻取罢工手段，尤其在日常生活品的商店（如米店，柴炭店，油盐杂货店等）；在积极方面，加紧联合战线的必要之宣传，工人援助商人对于苛税苛捐及市民自治的争斗，谋全市面的经济枯竭和金融恐慌之救济。只有这些方法，才多少可以和缓小资产阶级间的冲突，以巩固联合战线。

未署名

1926 年 12 月 13 日

根据中央档案原油印件刊印

转自《中共中央文件选集》第二卷，

中共中央党校出版社 1989 年版

各国承认国民政府问题

（一九二七年一月十一日）

国民政府与经纪政府
 赤的政府与反赤政府
  人民选择哪一个?

自国民政府势力发展到长江以后，帝国主义的各国，遂不得不改变其以前武力的高压政策而为外交的和缓政策，以前是讨论如何用武力干涉中国的革命运动，现在是讨论在何时将怎样承认南方的革命政府即国民政府，他们的舆论固然有人大声疾呼的主张承认国民政府，即他们的外交当局也不能不把向来不置一顾的南方政府承认问题当做重要的问题来详加考虑了。

现在已经不是闭关时代，我们并不拒绝和任何国家通商往来，代表人民权力与利益的国民政府取得政权以后，当然还需要取得国际地位；因此，我们对于各国承认国民政府这一问题，是值得我们注意的，任何国家能够承认国民政府，我们都一律欢迎，当然没有拒绝帝国主义的国家之承认这种蠢思想。并且，我们是革命党，便应该爽直地说老实话：我们的敌人，虽然昨天还把刀放在我们的脖颈上，他们如果今天放下刀来，拿笑脸或苦笑的脸同我们说和，我们仍然是欢迎的，就是报以不是致中国死命的让步都是可以的，因为我们需要得到和平发展的机会。

不过我们对于各国承认国民政府这一问题，断然不可忘记了几个必要的原则：

（一）我们要决心由争斗得到各国承认，不可希望由妥协让步得到承认。

（二）我们要懂得各国承认只是获得政权的结果，万不可想靠各国承认来做获得政权的原因。

（三）我们固然希望国民政府获得国际地位，可是我们所希望的是获得独立的平等的国际地位，而不是获得和封建军阀政府同样的国际地位。

（四）我们要懂得人民承认国民政府比各国承认更为重要。

只有由争斗才能得到让步，决不会由让步得到让步，我们让步了，已经没有争斗了，敌人还为什么要让步？各国为什么要考虑承认仍旧是赤色的国民政府这一问题？是因为民众反英运动普遍了南方，国民政府的力量又到了长江。他们为什么还没有承认的决心呢？是因为北伐军还未到北京。这是"只有由争斗才能得到让步"一个注释。英国有好几个报都一致主张只有承认国民政府才能够和缓中英间的关系恶化，这是"只有由争斗才能得到让步"又一注释。若希望由妥协让步得到各国承认，不但毁坏了国民政府的政治生命，并且在事实上是一个幻想，因为帝国主义者不相信国民政府将来能够比张作霖更听话。

有些革命性薄弱的党人，还抱着谬误的传统思想，以为各国一承认南方的革命政府，北方的军阀政府便自然倒了，所以不妨停止反帝国主义的运动，以取得他们的承认，以取得中国的统一政权。这种不靠自己争斗而依赖帝国主义的力量取得政权的下流思想，在事实上固然是一个幻想，即令不是幻想，能够由他们这样的下流思想而成为事实，则南方革命政府所获得的国际地位，和北方军阀政府的国际地位还有什么不同？曹锟以应允临城案要求换得他的贿选政府之承认，段祺瑞以宣言"外崇国信"（即遵守不平等条约之意）换得他的执政政府之承认，革命的国民政府又何能走这条路！因为承认一切不平等条约，便不能收回税权、法权及撤退驻华海陆军，我们决不能拿这个致我们死命的让步，即出卖国家的让步，去换得国民政府之承认。幸而国民政府的领袖们并未预备走这条路，国民政府迁到武汉，国民政府委员和国民党中央委员联席会议第一次会议即决定对外方针，以不放弃修改不平等条约的主张不损失国家独立平等地位为和蓝浦生谈判的原则（大意如此，惜议决案原文不在手边，未能具录）；蒋总司令对外宣言及和西报记者谈话，也是继续反帝国主义的态度和坚持收回税权、法权，将继续革命的争斗，以期获得中国之独立的平等的国际地位。《申报》十二月二十二日北京电："英方要人消息，……将关税附加二点五，所有原来本税仍交存外国银行，缴付中央，此二点五附税作为各省政费，俾南北两方无偏枯，此事闻由蓝浦生吐露于陈友仁之前；陈谓南方立脚点重在主权，不重利益，苟自定关税，即收入不到二点五，亦所欣慰。蓝氏以南方口号与维持条约权利之列国见解，无论如何似不能相容，故在汉未能得谈判结果。现在陈友仁正与佐分别（日本外务省条约局长）谈判中，预料南方决不肯抛弃关税、法权、废约等口号，故与日谈判亦必无结果等语。"

依据以上的事实，国民政府虽然被张作霖、吴佩孚、孙传芳、张宗昌称为赤色的政府，然而他的确是一个爱国政府，因为他不肯出卖国家换得各国承认。

我们再看反赤政府的对外态度是怎样呢？东方社十二月二十八日北京电："张作霖拟令安国军吴外交处长向外交团表示下列各项意见：（一）组织巩固之政府；（二）外交取渐进主义；（三）遵守（不平等）条约规定之效力……；（四）承认对外债务；（五）反对赤化；（六）禁止反帝国主义运动及罢工宣传；（七）知赤化为全世界之公敌，请列国援助对赤之安国军。"张作霖这种对外露骨的表示，本是自从石敬塘〔瑭〕、张邦昌、吴三桂一直到曹锟、段祺瑞这一系卖国贼卖国求援的传统政策，与其说他是军阀政府、安国政府或反赤政府，不如说他是"经纪政府"，他的任务是出卖国家于帝国主义者之经纪。

把两个政府比较一下，人民选择哪一个？承认赤的国民政府呢，还是承认反赤的经纪政府？国民政府虽然是赤的，然而他不肯因为要取得各国承认而抛弃收回关税、法权和废约等口号而卖国；经纪政府虽然是反赤的，然而他公然请求列国援助他的安国军，他遂不惜公然向东交民巷摇尾乞怜的包办保护不平等条约，包办禁止人民反帝国主义运动，这分明是卖国，绝对不是安国。人民选择哪一个政府呢？

英、日两帝国主义者此时对中国的政策，乃是日本人所谓"两刀政策"，即是一面和缓南方政府，一面援助北方军阀。他们这种两刀政策中所包含的南北分裂意义，我们当然要反对。可是他们这种和缓南方政府的政策，已因南方政府不肯抛弃关税、法权、废约等口号而无结果；同时北方经纪政府高高挂起承揽包庇不平等条约和包办禁止反帝国主义运动的老招牌，正和蓝浦生所谓"维持条约权利之列国见解"的货色相投合；如此一来，帝国主义者也许要抛弃其两刀政策，仍旧采用一刀政策，仍旧极力援助北方的经纪政府向国民政府进攻。他们这种一刀政策也许成功，也许和以前援助柯尔恰克，援助但尼金，援助乌兰格尔，援助段祺瑞、曹锟、吴佩孚、孙传芳同样的失败。

国民政府若因帝国主义者援助北方的经纪政府之进攻而失败，人民应该懂得这并不是国民政府对外政策之错误；人民应该感激国民政府是因为不肯学经纪政府出卖国家主权人民利益以换得各国之承认与援助而失败。

不平等条约不废除，关税不能自主，法权不收回，各国驻华海陆军不撤退，中国还成个什么国家，一切政治的建设和经济的发展，哪里会有一点希望?! 爱国的国民政府，正因为不忍拿这些足致中国死命的让步而失去各国之承认与援助，中国人民便应该起来承认国民政府，援助国民政府。国民政府如果失败，全国统一在经纪政府之下，这不仅仅是什么国民政府自身的失败或国民党的失败，乃是中国全民族的失败! 在军事上，在财政上，国民政府都正在很困难的境地，爱国的国民政府既不忍负人民，人民便不应该负国民政府呵!

人民承认国民政府援助国民政府，并不是空口说白话，急需与以军事的财政的援助。军事的援助应该：（一）青年们喊出"到革命军中去"的口号；（二）城市及乡村人民都尽可能武装起来，铲除一切反革命的势力，以绝革命军后顾之忧；（三）有组织农民、工人、商人、学生群众发起大规模的"革命兵士慰劳捐"，募集大宗的金钱与用品，分配给革命的兵士，以助军需而壮士气。财政的援助应该：（一）在克服张作霖打倒经纪政府的战争中，我们不要拿地方利益来摇动国民政府中央的财政计划，我们要尽可能的为供给军事需要而牺牲（政府方面尤其是军事当局，当然不应说这样违反民主主义的横话）；（二）关于赋税之负担，不应该拿对待军阀政府的旧观念对待国民政府，即是只宜积极的监察用途，反对政府滥费，反对贪官污吏之中饱，而不宜消极的根本反对增加负担，尤其在克服反革命的战争中，更不能不忍痛增加负担。只广东一省人民已为北伐负担了五千万元，然而吴佩孚的兵队若到了广东，人民的负担与痛苦当然和十室十空的河南一样；张宗昌一到江苏，便要人民负担一千万元的军用票，每月由孙传芳付他的六十万元还在外；所以为革命战争而增加负担，乃是一般人民特别是资产阶级所必须忍受的痛苦。

人民如果认识国民政府和张作霖的经纪政府有所不同，即应起而承认国民政府，援助国民政府。拥兵五十余万的柯尔恰克，拥兵百万的但尼金，都曾得到英、美、日、法等帝国主义者的援助，然而苏俄政府终以获得人民的承认与援助而战胜，张作霖的力量还远不及柯尔恰克与但尼金，国民政府若能努力获得人民的承认与援助，当然可以打倒张作霖及其经纪政府，到那时，各国承认不承认，便不成什么问题。我所以说"人民承认国民政府比各国承认更为重要"。可是国民政府要想获得人民的承认与援助，也不是空口说白话可以办到的，必须尊重人民的权利，必须使人民知道不是为政府或个人挥霍而增加人民负担，然后才能够得到人民的承认与援助。

署名：独秀

《向导》周报第一八二期

1927 年 1 月 11 日

谁 杀 了 谁？

（一九二七年一月十七日）

英国兵在中国杀人已成了家常便饭！前年在上海杀人，在广州杀人，去年在万县杀人，今年才开始又在汉口杀人，在九江杀人了！并且他们杀人，不是由于群众的暴动与误杀，乃是由他们国家的巡捕头司令官故意下令开放枪炮轰杀的！即依据他们所视为神圣不可侵犯的不平等条约，不知何约载有"即非两国开战时英国的军警长官有任意下令开放枪炮轰杀中国市民的权利"这样的条文？

汉口的英租界"一三"事变，九江英租界"一六"事变，都分明是英国兵杀了中国人，而不是中国人杀了英国兵，英国兵在九江杀中国人的时候，英国兵舰还从旁发炮示威，这是何等横暴的事变，然而伦敦的英国报纸竟称赞英国水兵能够忍耐，上海、天津的英国报纸竟大叫英国人的生命财产受了危险，英国政府竟大派其炮舰来中国示威，英国驻华参赞竟到汉口拟向国民政府要求英国人生命财产的保障，反了反了，这竟和寻常刑事冤案一样：杀人凶犯无罪而尸主反来有罪了，真是反了！

事实是不是这样呢？我们不需造一句谣言，上海的《时事新报》向来是不赞助国民政府与民众暴动的，现在只要看十一

日该报的汉口通信和九江通信，便知道此次事变的真相了。兹照
录该报通信于下：

"汉口事件"之原原本本

汉口英国水兵以刺刀刺杀华人多名一案，略情已见本报，现
已成中英间之轩然大波，兹再记其详情于下：

▲肇祸之真相　十六年一月一日二日三日，为武汉各界庆祝
国民政府北迁和北伐胜利之期，党部及中央政治学校宣传员，为
使各界明了庆祝意义，特组织演讲队到各重要地方演讲。前日
（三日）下午三时，有宣传数人在一码头江汉关前面中英交界之
空场演讲，听众颇多，宣传队派有专人照顾，秩序井然，不料英
租界当局认此为挑衅机会，急调大批武装水兵登岸，挖掘战壕，
架机关枪十余架，俨然向赤手空拳之听讲民众，取作战之形势。
听讲民众，训练有素，不为所动，英兵乃蜂拥上前，实行驱逐。
群众知其有意挑衅，乃向华界退却，英兵复大队冲入华界，将刺
刀向人群中乱戳，当将海员工会会员某腹部洞穿，立时毙命，又
有码头工会会员李大生腹被刺，大肠随刀拖出，血流遍地，命在
旦夕，市民方汉山，腰部刺入甚深，亦有性命危险，其余商工各
界听众被刺刀枪托杀伤打伤手足及面部者，总计在三十人以上。
群众睹此惨状，异常愤激，无不愿以赤手空拳与英水兵决一死
战，其时幸经国民政府代表徐谦、蒋作宾，汉口特别市党部代表
李国暄、宛希俨，汉口市公安局长张笃伦等赶到，向民众宣示对
付办法，力劝民众暂忍一时之气，免受更大牺牲，群众深为谅

解，渐次散去，一幕惨剧，始告终局云。

▲公安局之报告 为呈报事，昨日下午二时，据职局警察第六署长戴维夏电话报称中央军事政治学校宣传队，在一码头中英交界地方演讲，民众聚集静听，秩序井然，乃英人无故调多数水兵登陆，密排武器示威，并干涉演讲，听讲民众，置之不理，讵英兵胆敢以刺刀杀伤数人，徒手民众，因无力抵抗，请派警保护等语。局长比即派督察长饶仁华率领保安队驰往救护，并由电话通知武汉卫戍司令部及前敌总指挥部，速派队前往，协同维护。旋据第六署署长戴维夏呈报，英兵以刺刀刺伤民众祝香山、方汉山、李大生等，并呈缴英兵马枪一枝，上冠刺刀，血迹甚多，随带同王庚书及受伤人祝香山到局；询据王庚书供称，适才经过该地一见英兵持枪刺伤数人，经众将枪夺下等语；复据保安队队长段海山侦缉队队长李清澄报称，英兵又刺伤张义贵、明宿生等前来；局长并亲履该地与英人交涉，撤退英兵，令勿开枪激变，并劝导民众，静候政府处理，幸双方允可，局长以事关外交，即亲赴南洋公司联席会议，报告经过情形；去后，接据督察长饶仁华报称，局长离开该地后，英兵又刺伤一人，不知姓名各等情；据此查此次英兵无故登陆，刺杀民众，幸未酿成巨变，嗣经局长交涉妥后，复以刺刀伤人，实属野蛮已极，除将枪刀存局待缴外，理合将英兵肇事情形，及已查明之受伤民众姓名，缮单呈祈鉴核，恳向英领严重交涉，以重国权，而张公道。谨呈国民政府外交部部长陈。

▲各界紧急会议 惨案发生之后，武汉各界民众，悲愤异常，当晚即各分途召集紧急会议，讨论对付，汉口特别市党部为集中各方意见，更于前晚发出十万火急通告，召集武汉农、工、

商、学各团体代表，于昨午十一时在汉口总商会开紧急会议，讨论办法，于是各界代表到者极为踊跃，计有湖北省党部，汉口特别市党部，全省商联会，汉口武昌总商会，汉口商民协会，全省总工会，全省农民协会，全省学联会，全省妇女协会，汉口学联会，汉口妇女协会等二百余团体，代表五百余人，十一时三十分开会，由市党部代表李国暄主席，秦君侠记录。兹将其议决之重要事项，条列如下：（一）向政府之具体要求，代表大会一致议决，对于此次惨案，决要求政府向英领事提出八个条件，限英领事于七十二小时以内答复。一、立即向英领事提出严重抗议。二、英政府须负赔偿此次同胞死伤之损失。三、英政府须立将肇祸凶手交中央政府依法惩办。四、英政府须立即撤退驻汉英舰及英界之沙包电网等作战物。五、英政府须向国民政府道歉。六、英租界内华人须有集会、结社、游行、演讲之绝对自由。七、英界巡捕及义勇队须一律解除武装。八、英租界须由中政府派军警管理。以上八条件，如英领事在七十二小时内无圆满答复，则请政府正式通知英领事，以后如再有何种不幸之事发生，应由英国政府完全负责，同时代表大会为求避免以后再有此类惨案发生，更须要求政府自动办理下列各项：（一）立即收回英国租界。（二）立即收回海关。（三）立即取消英轮在中国之内地航行权。（四）立即撤销英人在华领事裁判权。（五）如英领事对于国民政府所提之条件不能接受时，民众决自动封锁英租界，实行对英总罢工。（六）实行对英经济绝交，由总商会通告，严禁买卖英货。（七）五日下午二时在济生三马路，召集市民示威大会，追悼死难同胞，讨论对英办法。（八）通电全国全世界宣布惨案真相。（九）组织武汉市民对英委员会。当推定湖北省党部，汉口特别市党部，总工会，全省商联会，汉口总商会，武昌总商会，省农协会，省学联会，省妇女协会，汉商协会，汉阳商会各团联合会，律师公会，新闻界联合会，农工商学联合会等十五团体代表为委员，并即推此十五团体代表，立刻将联席会向政府所提出之条件，口头向政府陈述，以备采纳，旋即散会。

▲当局之办法　中央执行委员国民政府委员临时联席会议，自接得各方关于此次惨案之报告后，异常愤激，当于前晚发出紧急公告，宣示民众，原文如下：

中央执行委员国民政府临时联席会议，闻英水兵行凶之事，我同胞一人被杀，数人被伤，政府同人，不胜愤激，政府必当采取适当方法，保护人民，在二十四小时内，当可决定办法，防止以后再有此等惨剧发生，及为人民报仇雪耻。在政府未决定办法时，希望人民离开租界，以免危险。政府一经决定办法，立即通知人民，于一月四日下午后七时在新市场正式宣布，特此公告。

中央执行委员国民政府委员临时联席会议。

昨日下午七时，国民政府代表徐谦、孙科、蒋作宾等复在新市场召集各人民团体代表开会，宣布政府对于此次惨案之态度和办法，大致略谓，中央临时联席会议昨晚开会时，对于农工商学各界联席会议所提出之八项条件，决定全部接受，且有先已由外交部分别进行者，故此次之对英交涉，政府与人民完全一致，同时昨晚会议中决定令卫戍司令部派精良军队入驻英界，维持秩序，保护安全，此项命令，已于昨晚实行，最后并勉励民众整齐步骤，维持秩序，共争最后之胜利云云。

新市场大会散后，政府委员又召集各团体代表在南洋大楼开联席会，徐谦主席，由外交部秘书吴之椿，中央党部代表陈群，先后报告交涉经过及派兵驻防英界情形，大致可分二点：（一）外交部对于此案，前晚即已提出口头抗议，限其立刻撤退水兵及义勇队，英领旋于今晨答复，完全照办，并允许中国军警入驻英界。（二）昨日政府已派军队三连入英界，驻英巡捕房后堆栈内，今日决再加派一连前往，营长一人，党代表（陈群）一人，驻英捕房办公。所有在英界之中国兵士，均受党代表之指挥，党代表则受外交部之指挥云。（一月五日）

九江工人与英兵冲突记

枪伤工人一名
外舰发炮示威

国闻社九江通信云：记者本日由南昌赴九江，至九江已钟鸣四下，街市商店，完全关闭，行人往来，如怒潮汹涌，兵士皆荷枪实弹，巡逡綦严。记者睹此情况，甚为惊讶，及过租界，见栅栏门已封锁，门外军警密布，断绝交通，心知系与租界发生交涉。在旅馆安顿行李后，特出外访问，得悉在一小时前，有一工人，为外人用手枪击伤，工人群起救护，遂与外兵冲突，外舰从旁发炮示威，共发二响，因未实弹，尚未演成若何惨剧。驻浔军警，闻风一齐出队弹压，商民亦大动公愤，相与罢市，以谋应付。九江军政当局，除向外领提出抗议外，并电南昌国民军总司

令部，严重交涉。（一月六日）

七日九江续信云："九江工人，被外兵击伤，兹经确实调查受伤工人，为伍宜山，已送医院医治，因当时情形混乱究竟此外有无死伤，尚无从明晰。"

又十一日上海《商报》载国闻社汉口通信云：查一三案之受伤者之姓名籍贯伤情如下：李大生，鄂城人，年三十二岁，现充吉田洋行打包工，腹伤甚重，因肠出，已经天主堂剖诊；明宿庭，住济生堂后，肠出，入医院，苦力；祝香山，孝感人，住三新街，头伤；张义贵，黄冈人，住三新街，头伤；方汉三，黄陂人，年十岁，头伤。

此次汉口九江事变中，被英国兵杀伤的中国人，我们现在已经知道的明明白白的有：

　　　海员某
　　　李大生
　　　方汉山（即方汉三）
　　　张义贵
　　　明宿生（即明宿庭）
　　　祝香山
　　　不知姓名一人
　　　伍宜山

等八人，而英人被杀伤的是谁？究竟是谁杀了谁？究竟是谁人的生命受了危险？中国人因杀了两个外国教师而失去胶州湾、青岛，现在英国人因杀伤了八个中国市民而退还本应该退还的汉口、九江英租界，丝毫不足为奇。若是中国人在汉口、九江杀伤了八个英国人，试问英国是怎样的态度？或者英国人要说：你们中国人是贱种，杀伤几个不算什么。这正是我们中国人最不能忍受的一件事！

我们再看英国在此次事变前后对中国的态度是怎样。在事变前，驻北京英代办的提案，表面上似乎是采取和缓政策，其实是一面以二五附加税根本拒绝中国收回海关，一面以二五附加税的百分之八十供给张、孙两军阀对南战争。我们复不能忘记在一三惨杀案一周前的"团风事件"，即是英国亚细亚商轮"福光号"在团风地方故意撞沉华轮"神电号"，淹死四百多人；此案交涉尚无结果，又故意在武汉市民庆祝国民政府迁移的盛典中，施行屠杀，这就是英国承认国民政府之表示。

"一三"惨案以后英国的态度是：（一）运动法、美、日本各帝国主义者一致对待中国；（二）大调军舰到汉口示威（见前文摘录《大陆报》所载消息）；（三）上海英租界工部局布告，禁止一切含有政治性质之集会游行讲演。

帝国主义者一向把租界当做他们的领土，是不轻易放弃的，他们在租界内剥夺中国的集会、结社、言论、出版之自由，戕害中国人的生命，一向任意行之；租界一天不收回，驻华海陆军一天不撤退，中国人被屠杀的事是不能免的。

上海五卅惨案，不是上海人一部分的事；广州沙基惨杀案，不是广东人一部分的事；万县惨案，不是四川人一部分的事，现在的汉口、九江惨杀案，也不是汉口人九江人一部分的事；从前年"五卅"到今年"一三"，都是英国帝国主义者对于中国全民族的暴行与侮辱，全中国人都应该起来对英反抗，实行对英经济绝交，男女老幼一律不为英人服役做工，非到收回英租界，永远撤退英国驻华海陆军，收回海关不止！

署名：独秀

《向导》周报第一八三期

1927 年 1 月 17 日

列宁逝世三周年纪念中之
中国革命运动

（一九二七年一月二十一日）

今天（一九二七年一月廿一日）是列宁逝世之第三周年，在这第三周年纪念中，令我们回想到"落后的欧洲与先进的亚洲"这句话。这句话是列宁所作一篇短文的题目，在现在中国革命运动的高潮中看起来，非常有意义；列宁自己也曾说："在这题目的几个字里却含有苦的真理"。

列宁在这篇短文里说："在文明的先进的欧洲，有极发展的技术，有极丰富的各方面的文化及宪法；现在却到了一种历史的时期，使资产阶级因惧怕那渐渐增长和巩固的无产阶级，不得不拥护一切落后的死了的中世纪遗物，停滞不前进的资产阶级与一切停滞不前进的势力联合起来，以保存那动摇不定的雇佣奴隶制度。在先进的欧洲，是拥护一切落后的东西的资产阶级在那里横行。……也许还可以举一个比较显著的例来证明欧洲资产阶级之腐败，如为了财政的分割及资本家利益的关系，欧洲资产阶级居然拥护亚洲的黑暗势力。亚洲各处现在都发生了德谟克拉西运动，并且日见扩大，日见巩固，那里的资产阶级还与人民携手去反抗黑暗势力。"

列宁的意思是说欧洲本来是先进的，欧洲的资产阶级在以前反抗封建贵族做德谟克拉西运动的时候也是革命的，可是现在他们因为对内要压迫无产阶级之兴起，对外要剥削殖民地，便不惜联合国内外封建的黑暗势力而反革命，而落后了；亚洲本来是落后的，可是现在他们居然能够起来做德谟克拉西运动，而反抗封建的黑暗势力，而革命，而先进了。

列宁这篇短文，做在去今十四年，即一九一三年五月，正是民国二年三月宋教仁被刺，四月二千五百万镑英金大借款成立之后，列宁此文中所称"欧洲资产阶级居然拥护亚洲的黑暗势力"，正是指英、俄、德、法、日五个帝国主义的银行团借款给袁世凯压迫国民党这件事。

列宁若到现在还活着，眼见法西斯的组织遍于欧洲各国，而且在好几个国家取得了政权，眼见欧洲各国的人在中国收买或暗示一切反动分子做反赤运动，眼见欧洲各国政府尤其是英国力助吴佩孚、孙传芳、张作霖、张宗昌等黑暗势力向国民政府国民军进攻，眼见英国兵在上海、在广州、在万县、在汉口、在九江继续不断的屠杀中国市民；同时也眼见中国的工人、农民、学生及革命的军队均百折不回的向黑暗势力反抗，全国中德谟克拉西运动的高潮，比之十四年前，更是扩大而巩固，列宁不但更要自信"落后的欧洲与先进的亚洲"这句话是对的，而且要喊出"黑暗的欧洲与革命的中国"了。

"革命的中国！""革命的中国！"列宁若到现在还活着，必然这样欢呼。可是这里有一个严重的问题，即是：在革命的中国，是否也会走到一种历史的时期，使革命势力中一班有落后的欧洲资产阶级意识者，一方面因惧怕工农阶级及其政党的势力渐渐增长，一方面为帝国主义和国内黑暗势力投机分子和平空气所诱惑，遂至回头和国内外黑暗、反动、右倾、一切不前进的势力联合起来，向前进的工农群众进攻，在赤的营垒内响应外面的反赤运动，以回复到不革命的中国，甚至造成反革命的中国？

这一问题，我们现在还很难回答，因为两方面都有可能。中国革命运动的前途，已经显现出两个不同的趋势：（一）武力与工农群众及革命化的城市小资产阶级结合，打倒国内外一切黑暗反动势力，建立革命的民众政权（当然说不上什么无产阶级专政或工农政府），力图国民经济生活之发展；（二）武力与反革命的大商、买办、官僚、地主、土豪劣绅及懦弱妥协的资产阶级结合，和国内外一切黑暗反动势力调和，在政治上建立压迫工农群众法西斯式的军事独裁政权，在经济上输入道威斯式的资本主义。第一个趋势将以完成革命的中国，第二个趋势将以造成反革命的中国。依照国民政府的现状及国民党的党纲政纲前进，则可实现前者；国民政府及国民党若把右派的势力与友谊看得比党纲政纲及中山先生的革命政策还宝重，若把工农势力看得比右派势力更可虑，若不能断然制止国民党同志俱乐部、西山会议、上海大会一贯到底的右派思想与政策在党内日渐得势，这些党内的右派势力，会和党外的一切黑暗反动派离散削弱南方革命势力联结起来，危害革命之前进，而实现后者。

冯自由、马素、彭养光等所领导的国民党同志俱乐部，自始即反对中山先生的联俄、联共、扶助农工这三个革命政策，安福政府称他们为稳健派，打算牢笼他们以消灭国民党的革命运动，幸而当时的国民党左派领袖很一致的坚决的和这班右派决裂，才保存了国民党的政治生命，虽然中山先生逝世了。从西山会议到上海大会，这些右派在组织上虽然不和同志俱乐部是一事，在思想上却接受了他们的反俄、反共、反工农运动三个政策。左派领袖们对于西山会议、上海大会的右派行动虽然不赞成，虽然说他们是反革命的，至少也说他们是不革命的，虽然尤其反对他们单另组织是叛党；然而一部分人却已渐渐接受了西山会议、上海大会的思想和政策：以为不联俄也可以革命；以为反共反赤不是反国民党；以为西山会议分子究竟比共派还是真国民党，究竟是一家人，宁可联合他们以反共；限制工农运动的呼声也渐渐到处都听见；因此我们可以说同志俱乐部、西山会议、上海大会这些右派分子在组织的运动上虽然失败了，在思想和政策的运动上却是胜利了。国民党左派或者还未曾感觉着这样，而国内外一切黑暗反动势力却已经感觉着了：帝国主义者说："如果国民党稳健派得势，于我们并无什么危险。"奉系军阀和安福系都说："国民党倘能排除赤的分子，孙文主义可以容纳。"又说："与俄断绝关系，鲍罗庭以下均须放逐，蒋介石倘能接受此警告，当与其妥协提携，商讨对内对外政策。"又说："对党军只反对俄化，此外可商。"上海的买办阶级说："国民党虽讨厌，然可作为反对共产党之用。"国民党领袖们将如何选择？接受国内外黑暗反动派离散削弱南方革命势力的提议呢，还是继续中山先生的革命政策？

　　我想每个忠实的国民党党员，都不忍忘记了中山先生临终之言："我死之后，我们政治的敌人定要设法软化你们，你们如今不受软化还要继续革命，他们一定要杀害你们。"当时段祺瑞对电通社记者说："予与孙先生所统率之国民党，自应努力相为连络，国民党果以真正之直道而行，予无不愿提携从事，但如向共产各说之邪道而趋，则本人宿所反对也。"姚震也对东方社记者说："孙氏既死，彼国民党者，鉴于由来之经过，即终不免于分裂，然国民党中之稳健派，此时有与吾人握手提携之充分可能矣。"当时日本的报纸也说："以段氏为中心之和平统一，成功与否，胥视其能否与占多数于国民党之稳健派相提携为断。"现在，国民党很危险的试验时期又到了！所谓稳健派（自有中山先生革命运动以来，稳健派这个佳名，即是反对革命者之称），即是反俄、反共、反工农运动之右倾分子，是否占多数于国民党，是否不受敌人软化而与之握手提携？这不独是国民党的政治生命所关，并且中国革命前途是否会因此中遭顿挫！

或者有人说，我们虽然反俄、反共、反工农运动，我们仍然要革命：我们反俄，同时也反对帝国主义；我们反共，同时也反对黑暗反动势力；我们反工农运动，同时也反对官僚、买办、地主、土豪、劣绅及万恶的资本家。这本是国民党右派和国家主义者的老调，我们听惯了这一片欺人的鬼话，谁也不能相信。即令他们不是欺人的话而真是这样想，也是一个大笑话，试问有没有不分敌军友军一概用机关枪扫射这样滑稽的革命战术？并且在事实上，反俄即是帮助了帝国主义；反共即是帮助了黑暗反动势力；反工农运动即是帮助了官僚、买办、资本家、地主、土豪、劣绅。

中国社会，现在只有两种对抗的大势力：一方面是革命的工农群众及革命化的城市小资产阶级；一方面是反革命的军阀、官僚、买办、地主、土豪、劣绅。资产阶级乃介在革命与反革命之间动摇不定，并且他们的力量和政治觉悟都还太弱，只能拉他们倾向革命，不能算在革命的势力之内（即最发展的上海资产阶级，一遇孙传芳的压迫，马上通告各界，声明"其向抱宗旨，

除关于商业切身利害外，其他各个言论概不预闻"，并且大登其
"不与闻政治"的广告。有人询问蒋梦麟先生：什么是中国革命
的力量？中国的资产阶级为什么不挺身参加革命争取政权？梦麟
先生说："中国资产阶级的力量还太弱，任何势力能够统一中国
不妨害他们的发展，他们都赞成；他们自己的政治理想还是君主
立宪。"梦麟先生这几句话，描写中国的资产阶级非常深刻）。
在这样状况之下，国民党右派若反对工农运动，其结果势必走到
官僚、买办、地主、劣绅那边去；若当真对两边一齐反对，他自
己便悬在空中，有何出路？

　　负有中国国民革命使命的国民党，是中山先生所留给中国一
个至可宝贵的遗产。中山先生临终致苏俄遗书说："我遗下的是国
民党。我希望国民党，在完成其由帝国主义制度解放中国及其他
被侵略国之历史的工作中，与你们合力共作。命运使我必须放下
我未竟之业，移交与彼谨守国民党主义与教训而组织我真正同志
之人。"我们希望每个国民党同志，都要谨守中山先生的遗训，继
续中山先生未竟之业，造成革命的中国，先进的中国；切勿效落
后的欧洲资产阶级，拥护一切落后的死了的中世纪遗物，结合一
切黑暗反动势力，使中国仍旧是不革命的中国，落后的中国！

　　在今天列宁逝世第三周年纪念中，自然令我们联想到中山先
生逝世第二周年也快到了；也自然令我们回想到列宁和中山先生
对于中国革命之遗言。

署名：独秀

《向导》周报第一八四期

1927 年 1 月 21 日

英国帝国主义最近
对中国进攻政策

（一九二七年一月二十七日）

自前年"五卅"事变以来，英国帝国主义者，他们自己屡屡单独的屠杀中国人，越屠杀越引起中国人的民族运动，他们便感觉着自己单独的屠杀中国人还不够，并且不便，于是极力鼓吹各国一致对华政策。不过屡次事变都是英国帝国主义者单独屠杀中国人这些太明白的事实，不能够引起各帝国主义对中国一致的愤怒。并且各帝国主义者不愿意专为英国效劳而引起中国民族感情对他们自己的损失，于是英国帝国主义者在国际上陷于孤立地位。到了万县屠杀事起，英海军的举动过于横暴了，帝国主义的英国内部在野党也觉得有点难为情，并且想利用这个机会攻倒敌党内阁，于是陷于孤立地位的英国帝国主义内最反动的保守党内阁，复陷于孤立地位。"一三"汉口屠杀事件发生，孤立的保守党内阁异常恐慌，乃采取很巧妙的策略：一面退让，使国民政府为他们暂时看守租界；一面到处大声呼号英国人的生命财产危险，在华各国人的生命财产危险，想藉此造成第二次庚子（一九〇〇年）联军对华的局面，以挽救其孤立地位。

可是，帝国主义的英国反动的保守党政府，这种巧妙的政策，并未十分成功。因为被屠杀的只是中国人而不是英国人或其他国的人，杀人的仍旧是单独的英国，中国人的愤怒也仍旧集中在对英，美、法、日本虽然共同遣派海军防卫各帝国主义在华的最后根据地——上海，而一般举动尚是慎重观望的态度，只是各国自保其在华权利，而不肯为英国特别效劳。尤其是日本，为了二五附加税问题，且和英国公然反目。

英国帝国主义者所极力鼓吹的各国一致对华政策仍然未能十分成功，其最近政策乃是：一面用硬的方法，大派海陆军来中国示威，又以二五附加税助张作霖、孙传芳向南进攻；一面用软的方法，诱惑国民党中的稳健派向他软化，以阻挠急进派的革命运动。

路透社十八日北京电很高兴的说："奉队兵众械利……奉军自称，如实行进攻，一月内可复汉口。"

上海《新闻报》十九日伦敦电："英政府派遣海陆战兵一千名，乘舰名徐伦特，于一星期内开往中国。"

路透社十八日伦敦电："英公司船基芳斯号与基杜南号两艘，泊于桑浦顿已有数月，现从事布置，以便早日运兵往中国，闻基杜南号定于本月二十六日开行，基芳斯号二十九日出发。"

路透社十八日玛尔太电："第一巡洋舰队，除无畏号外，将由波益尔少将统带驶往上海。"

路透社十八日伦敦电："英国查桑濮莱茅及朴资茅之水兵一千人，已奉训令准备开往远东，大约一星期内可出发。十九日由玛尔太出发赴华之巡视，为佛罗比摄号、德里号、丹尼号、龙号四艘，其任务亦在保护英人在长江之权利。"

路透社十九日玛尔太电："第一巡洋舰队，除无畏号外，今晨开往上海，港内英舰均向欢送，舰中兵士欢呼不已。"

路透社二十日玛尔太电："医院船梅恩号，二十日左右偕炮船阿菲斯号、莱台葆特号赴华，将由驱逐舰华特勤号、华尔夫林号护送。"

路透社二十日伦敦电："英船梅根狄克号现泊于利物浦，从事布置，以便改作装运水兵前往中国之运兵船。"

以上是英帝国主义者硬的进攻。

上海《字林报》说："国民党内有温和派与极端派，是公开的事。极端派甚憾温和派掌握政府大权。……国民党中究将何派占胜利，关系于外人对于国民政府之态度，实在不小。"

英国某报说："英人在汉口采行温和政策，此事固丧失可发生恨畏之威严，但也在国民党稳健分子中增进英人之声望。"

伦敦《每日电闻报》说："显明之真相，为南政府已放出非其力量所能制之魔鬼，但可欣幸者，英政府现似已看透此中事矣。"

《晨邮报》说："国民党受莫斯科之操纵……英国在列强中最无侵略中国土地之野心，俄国现驱粤人反抗英国，实欲置中国于其势力管辖之下。"

伦敦《泰晤士报》说："英政府在汉口所取极和婉之态度，当可使粤政府表示其是否果真代表中国人士之思想，抑或别有他种势力为主动。"又说："目下仍切望中国国家主义之代表能善用其智慧，乘机表示其政才，其选择全在彼等之手。"

路透社二十日汉口电说："消息灵通各界既信陈友仁亦知排外风潮所酿成之局面，殊形危险，但无力与急进国民党为抗。陈虽屡图以外交手腕修正条约，而若辈则欲用激烈手段。"

以上是英帝国主义者软的进攻。

我们怎样抵御他的进攻呢？一直到今天，我们还并未打算现在即与帝国主义者直接的武装冲突，更不主张加害于任何外国的或个人私人机关（商店、工厂、教堂、医院、学校等），我们所反抗的，只帝国主义对于我们在政治上经济上文化上的侵略制度及行为与其陆海军警察对于我们民众或个人之暴行。但今后无论何时，无论是何国陆海军或英国新派来之水兵，如果以枪炮屠杀吾人，代表人民利益的国民政府军队固不容袖手旁观，即徒手的民众亦不辞与之血肉相搏，以力争吾人之生存与自由。至于帝国主义的工具张作霖、吴佩孚、张宗昌、孙传芳等势力，乃是国民革命初步所必须解决的问题。解决这些问题，就是完全解除张作霖、吴佩孚、张宗昌、孙传芳的武装，也就是解决帝国主义者在中国所雇佣的间接武装。

我们知道帝国主义者软的进攻，比硬的进攻更加厉害。可是国民党中最稳健最温和的分子如冯自由、马素、马君武等，早已被排除在国民党之外，已成为安国政府中的人物，现时国民党中即有比较稳健温和的分子，亦不出卖祖国于帝国主义者，至少亦不忍受中山先生素所愤恨的英国帝国主义者之软化，即令有少数分子如此，亦必不为党员群众所姑容。软化国民党中稳健温和分子之企图，香港政府对广东曾屡试屡败，我们希望国民党的领袖们和国民党党员群众，现时仍须十分警戒，庶几使英国帝国主义者最近软的进攻仍归失败！

署名：独秀

《向导》周报第一八五期

1927 年 1 月 27 日

谁践踏了谁？

——斥麦克唐纳尔

（一九二七年一月二十七日）

自汉口"一三"屠杀以来，英国帝国主义者反而大做其中国人加害于英人及各国人的生命财产之宣传，怎奈是英国水兵杀伤中国人的事实太明显了，美、法、日本各帝国主义的政府虽然取了共同防卫的态度，尚未完全接受英国的提议，像一九〇〇年一样对中国共同宣战；至于他们的舆论：美国的波拉，英国的孟却斯特派，都仍旧相当的表同情于中国的民族运动，英国的自由党，亦尚未积极的做反中国的宣传，惟有工人阶级的叛徒改良主义的第二国际首领英国工党领袖麦克唐纳尔，竟露出他的真面目，和保守党取了一致的态度。据路透社十五日伦敦电，工党机关报《前进报》载前相麦克唐纳尔论汉口案一文，略谓：

> 此次外交家与水兵均能自制，得免偾事，令人极深钦佩。夫租界为前中国政府许吾人管理，我民托庇于条约所予之安全，乔寓其地，当局若悄然退出，实无理可原。吾人当结一约，谈判之际，宜取保安之寻常戒备。余意往事应加清理，盖时代已不同也。惟清理若听暴众为之，既无益于中国，亦无益于吾人；果尔，则冲突必难幸免，而吾人不能任

咎。国民政府任令群众聚集汉口英租界之边界，难辞厥责、显而易见。余固主张租界应归中政府管理，惟群众激昂，是否即为此故？如为此故，曷为法、日租界皆安然无事？况英人退出租界后，界内墙上所贴之标语，非表示中国国民主义，直为仇英而已。吾人其被许和平清理乎？抑此践踏独施于吾人？余用和平二字，窃余望广州外交总长能善用之也云云。

世界的大工贼麦克唐纳尔，他居然对屠杀中国市民的英国水兵表示极深钦佩！他居然拥护帝国主义者依据不平等条约在中国管理租界！他居然咀〔诅〕咒中国为民族自由而奋斗的民众为暴众！他居然斥责国民政府任令中国民众在中国地方集会之自由！他以为群众激昂只是仇英，而不是为了租界问题，不然何以日、法租界都安然无事；他装着好像不知道"一三"事件杀伤中国人的只有英国水兵而没有日、法等国人这个事实！他和全英国资产阶级的论调一样，以为租界可归中政府管理，但须用和平方法，这完全是欺骗手段。民国以来的外交那一时那一事不和平，而帝国主义的态度是怎样？在巴黎和会，在华盛顿会议，在国际联盟，北京政府代表那一次不是和平的提议与哀求，中国得到了什么？五卅运动前，各帝国主义者，对于他们自己在华盛顿会议中关于中国关税问题之（二）（三）两条决定（即是："于华盛顿会议闭幕后四个月以内，在上海组织改订委员会，决定实行照现行进口税率实行值百抽五，征收附税百分之二点五及奢侈品百分之五。"），忘记了没有？五卅后在北京召集的关税会议，是十分和平的，有了丝毫结果没有？前年在上海在广州屠杀中国人的凶手是英国人，去年在万县屠杀中国人的凶手也是英国人，此次"一三"汉口事变以来，也并没有一个英国人被杀伤，而中国人被英国水兵杀伤的，前几天我们知道有：

> 海员某
> 李大生
> 方汉山（即方汉三）
> 张义贵
> 明宿生（明宿廷）
> 祝香山
> 不知姓名者一人
> 伍宣山

等八人；现在我们又知道还有：

> 夏兴发
> 韩奇生
> 萧中有
> 李海山
> 叶泽昆
> 许士希
> 朱太平

等七人；并且十一日晚，又有英舰两只，开足马力，并驾驶上，在武穴浪沉货船数百只，溺毙商民无算。这样看来，到底是谁践踏了谁？

大工贼麦克唐纳尔，一面口头上说他也主张租界应归中政府管理，可是要和平清理，即是主张被压迫的民族不应该对压迫者起反抗；一面却坚决的拥护帝国主义者的条约租界等权利，为拥护这些权利，他却很不和平的主张冲突；这分明是欺骗政策！

这班工人阶级的叛徒改良主义的第二国际首领，在欧洲一向是帮助资产阶级欺骗工人；现在他们又用同样的欺骗政策，帮助资本帝国主义者欺骗东方被压迫的民族。改良主义者在欧洲对工人说：你们不要革命，只有用和平方法和资产阶级协作，可以达到你们生活改良之目的；其结果，和缓了工人的革命运动，巩固了资产阶级的统治权，被欺骗的工人阶级所得到的，不是生活改良，而只是加时减资饥寒与失业。同时，改良主义者对东方被压迫的民族也是说：你们不要革命，只有用和平方法，和统治者协作，他们可以帮助你们得到知识、幸福与自由；其结果，和缓了殖民地半殖民地的民族革命运动，巩固了资本帝国主义者在殖民地半殖民地的统治权，被欺骗的东方民族所得到的，不是知识、幸福与自由，而只是无产、穷困、侮辱与屠杀。

这班巧于欺骗的改良主义者，常常巧于利用各种不同的口号与理论，以达他们唯一目的——拥护反革命与反对革命。当欧战及其他资产阶级政府争夺殖民地时，改良主义者便帮着资产阶级大喊其"保卫祖国"、"为民族利益而战"等口号，把国际主义抛在九霄云外；到了殖民地半殖民地民族革命运动发生时，例如五卅运动时，中国人要求各国人士援助，德国改良主义的社会民主党却回答说："我们是国际主义者，不能赞助你们的民族运动。"

　　欺骗工人阶级的麦克唐纳尔，他就是这班改良主义的第二国际领袖之一，用和平这一口号欺骗工人阶级和欺骗东方民族，这本是他们出力报效资产阶级同一作用之二方面。当一九二四年麦克唐纳尔及其党徒掌握英国政权之时，他们的殖民大臣汤姆斯（亦第二国际派首领之一）曾向各殖民地代表演说："请各销除阶级战争，勿发阶级议论。"同时，他们拒绝埃及和印度民族解放的要求，他们任令香港政府公然帮助商团背叛广州政府，任令英公使公然训令英领事致哀的美敦书于广州政府，声称如果政府攻击商团时，英军舰就要炮击广州；他们对待工人阶级和东方民族的政策，和资产阶级最反动的保守党内阁没有两样。

　　现在，麦克唐纳尔对于汉口"一三"屠杀事件的态度，仍旧和保守党没有两样，这本是改良主义的第二国际领袖之本色。因此，全世界殖民地半殖民地的民族革命党人，都应该懂得反对阶级争斗、主张阶级调和的改良主义是什么东西了；应该懂得殖民地半殖民地的阶级争斗与民族争斗、社会主义运动与民族解放运动有密切关系了；应该懂得民族革命的好友是革命的第三国际而不是改良主义的第二国际了！

署名：独秀

《向导》周报第一八五期

1927 年 1 月 27 日